Sebastian Adlung

Die Minoischen Villen Kretas. Ein Vergleich spätbronzezeitlicher Fund- und Siedlungsplätze

Sebastian Adlung

# Die Minoischen Villen Kretas

## Ein Vergleich spätbronzezeitlicher Fund- und Siedlungsplätze

Hamburg University Press
Verlag der Staats- und Universitätsbibliothek Hamburg
Carl von Ossietzky

Zugl.: Dissertation, Universität Hamburg, 2018 u. d. T.
Die Minoischen Villen Kretas. Ein Vergleich spätbronzezeitlicher Fund- und Siedlungsplätze

BIBLIOGRAFISCHE INFORMATION DER DEUTSCHEN NATIONALBIBLIOTHEK
Die Deutsche Nationalbibliothek verzeichnet diese Publikation in der Deutschen Nationalbibliografie; detaillierte bibliografische Daten sind im Internet über https://portal.dnb.de abrufbar.

ONLINE-AUSGABE
Die Online-Ausgabe dieses Werkes ist eine Open-Access-Publikation und ist auf den Verlagswebseiten frei verfügbar. Die Deutsche Nationalbibliothek hat die Online-Ausgabe archiviert. Diese ist dauerhaft auf dem Archivserver der Deutschen Nationalbibliothek (https://portal.dnb.de) verfügbar.

DOI https://doi.org/10.15460/HUP.HHD.007.205

PRINTAUSGABE
ISBN 978-3-943423-78-5


Druck und Bindung Books on Demand - Norderstedt

Verlag Hamburg University Press, Verlag der Staats- und Universitätsbibliothek
Hamburg Carl von Ossietzky, Hamburg (Deutschland), 2020
http://hup.sub.uni-hamburg.de

## Zusammenfassung

Die *Minoischen Paläste und Villen* Kretas vermitteln oftmals den Eindruck einer spätbronzezeitlichen Kultur, welche von elitären Gesellschaftssystemen und mysteriösen Kulten geprägt war. Dabei schildern die mittlerweile zahlreichen bekannten spätbronzezeitlichen Siedlungsplätze und deren vielfältige Funde in verschiedenen Regionen Kretas variantenreiche Siedlungsentwicklungen. Das vorliegende Werk legt einen umfassenden Überblick über Fundmaterialien, Baubefunde und Lagebedingungen von 23 *Minoischen Villen* Kretas vor. Hierbei wird die Analyse durch einen Einbezug der geographischen Verhältnisse der Umgebung und durch einen Vergleich mit weiteren spätbronzezeitlichen Fund- und Siedlungsplätzen Kretas entscheidend erweitert. Auf diesem Wege bietet die Untersuchung Perspektiven etablierte Interpretationen über die spätbronzezeitlichen Siedlungsverhältnisse Kretas zu hinterfragen.

## Abstract

The *Minoan palaces and villas* often give the impression of a late Bronze Age culture, which was characterized by elitist societies and mysterious cults. The numerous known Bronze Age settlement sites and their rich finds in different regions on Crete illustrate varying settlement developments. The study presents a comprehensive overview of find materials, building features and site conditions of 23 *Minoan villas* on Crete. The analysis is decisively extended by including the geographical conditions of the surroundings and by comparing the 'Minoan villas' with other Late Bronze Age find and settlement sites on Crete. The investigation offers perspectives to review established interpretations of Late Bronze Age settlement conditions of Minoan Crete.

# Danksagung

Die vorliegende Arbeit stellt die überarbeitete Version meiner im November 2018 am Institut der Klassischen Archäologie an der Universität Hamburg vorgelegten und von der Prüfungskommission anerkannten Dissertation dar. Im Laufe der Arbeit ermöglichte mir ein Stipendium der Universität Hamburg, im Rahmen des Graduiertenkollegs der Geisteswissenschaften, die Finanzierung mehrerer Forschungsreisen nach Kreta.

Meinen beiden Betreuerinnen Prof. Dr. Martina Seifert und Prof. Dr. Inge Nielsen möchte ich an dieser Stelle für die jahrelange Unterstützung und die vielen Ratschläge im Zuge dieser Forschungen danken. Prof. Dr. Frank Nikulka sei an dieser Stelle für sein Mitwirken in der Prüfungskommission gedankt. Bei Michael Antonakis, Nicola Daumann, Julia Daum und Gabriele Schönheit möchte ich mich für das Korrekturlesen ganz herzlich bedanken.

Darüber hinaus bin ich Eleni Mantzourani, Stella Chryssoulaki, Jan Driessen und Diamantis Panagiotopoulos zu Dank verpflichtet, Pläne und Zeichnungen in dieser Arbeit zu publizieren. Gleiches gilt für die British School at Athens, die Archaeological Society at Athens, das Bolletino d'Arte, das Danish Institute at Athens, die Scuola Archeologica Italiana di Atene, das Bulletin de Correspondance Hellenique und das Institut für Klassische und Byzantinische Archäologie der Universität Heidelberg, die mir freundlicherweise Genehmigungen zur Publikation von Plänen ermöglichten.

Bei meinen Eltern bedanke ich mich für ihre uneingeschränkte Unterstützung und die Möglichkeit mein Interesse an der Archäologie im Rahmen eines Studiums zu verfolgen. Den größten Dank möchte ich an dieser Stelle meiner Frau Lilian Adlung-Schönheit für ihren stetigen Rückhalt und ihre fortwährende Geduld bei der Anfertigung dieser Arbeit aussprechen.

Sebastian Adlung, im Juli 2020

# Inhaltsverzeichnis

# Abbildungsverzeichnis

# Einleitung

## 1.1 Zielsetzung

Im Forschungsfeld der kretischen Bronzezeit veränderten im 20. Jahrhundert die Entdeckungen großflächiger Gebäudeformationen im äußersten Osten in der Bucht von Kato Zakros und im Idagebirge bei Zominthos geläufige Interpretationen über die Lage, Gestalt und Größe bronzezeitlicher Siedlungsplätze Kretas. Bis heute stellen weitere Baubefunde an den Siedlungsplätzen Kephali-Sphendili in einem Hochplateau an der Nordküste, Skinias in der östlichen Messara, Gaidorouphas im Gebirge nordwestlich von Ierapetra und Katalymata auf Gavdos gängige Forschungsansichten über spätbronzezeitliche Siedlungsverhältnisse laufend in Frage. Dank neu entdeckter Fund- und Siedlungsplätze steigt die Gesamtanzahl bronzezeitlicher Siedlungsplätze und die Gruppen der Paläste und Villen, die im wissenschaftlichen Diskurs konstruiert wurden, verändern sich in ihren Mengen und Verhältnissen zueinander. Aus dieser stetig wachsenden Anzahl an Fallbeispielen entsteht die Notwendigkeit, Gebäude und Siedlungsplätze Revisionen zu unterziehen und wissenschaftliche Kategorisierungen bronzezeitlicher Gebäude sowie Interpretationen der Siedlungsverhältnisse vor einem erweiterten Informationshintergrund zu überprüfen.

Die vorliegende Vergleichsstudie von 23 Siedlungsplätzen hat die Revision des Forschungsfeldes der *Minoischen Villen* als Ziel. Die *Villen* mit ihren Baubefunden und Funden fanden bisher vor allem in Einzeluntersuchungen Beachtung. Die vorliegende Neubetrachtung geht über die Einzelbewertungen hinaus und bezieht die geographischen und orographischen Verhältnisse dieser Orte sowie die Topographie Kretas in die Interpretationen mit ein. Die auf einer erweiterten Materialbasis basierende Neubewertung der *Minoischen Villen* umfasst einerseits Aspekte ihrer Terminologie, Lage[1], Funktionszusammenhänge[2] und Datierung[3]. Die Revision betrifft ebenfalls die Interpretationen der Siedlungsverhältnisse[4] zwischen *Villen* und

1 Für die wiederholt genannte isolierte Lage siehe bei Marinatos 1973, 15. 40; Davaras 1976, 339; Platon 1997, 187. 202; Matthäus 2009, 91–93.

2 Die Interpretationen als Subzentren liegen vor bei Betts 1967, 26 f.; Renfrew 1972, 257–259; Watrous 1984, 133 f.; Hägg 1985, 214; Alexiou 1987, 252; Bennet 1990, 197 f.; Weingarten 1990, 109. 112; Weingarten 1991, 309; Bennet 1992, 178; Michaelidis 1993, 38; Walberg 1995, 159 f.; Driessen – MacDonald 1997, 58; Betancourt – Marinatos 1997, 92; Hood 1997, 115; Rehak 1997, 174; Rehak – Younger 1998, 84–86. 101 f.; Evely 2000, 552 f.; Alušík 2007, 163; Soetens u. a. 2008, 157; Younger – Rehak 2008a, 150 f.

3 Die Wahrnehmung als zeitlich und räumlich auf die *Neupalastzeit* beschränktes Phänomen tritt auf bei Evans 1921, 27 f.; Bintliff 1977, 155; Halstead 1981, 203; Niemeier 1997; Rehak – Younger 1998, Tafel 1; Evely 2000, 552; Manning u. a. 2006, 569; Hatzaki 2007, 151; Alušík 2007, 163; Reid 2007, 10; Adams 2007, 414; Kryszkowska 2008, 122; Younger – Rehak 2008a, 140; Manning 2010a, Tafel 2.2.

4 Überlegungen über die Rolle im Rahmen übergeordneter Systeme sind zu finden bei Cherry 1986, 23 f.; Nixon 1987, 38 f.; Walberg 1995, 158 f.; Koehl 1997, 147; Platon 1997, 202; Rehak – Younger 2000, 251; Platon 2002, 146; Todd – Warren 2012, 54.

anderen Fund- und Siedlungsplätzen Kretas[5]. Andererseits hat die Arbeit nicht als Ziel, die spätbronzezeitlichen Gesellschaftsformen- und Systeme, Machtstrukturen und politisch-religiösen Verhältnisse Kretas neu auszulegen[6]. Analysen über die Rolle von *Palästen* und *Villen* im Rahmen hierarchischer, heterarchischer oder andersartiger Ausprägungen stehen wegen lückenhafter Informationshintergründe und überlagernder Forschungsansichten nicht im Zentrum der Arbeit[7]. Stattdessen soll, ausgehend von Fundmaterialien, Baubefunden und den geographischen Verhältnissen, eine materialbasierte und neutrale Neubewertung der Siedlungsplätze im Rahmen von Regionalstudien vorgenommen werden. Dieser von Interpretationen befreite Zugang bezweckt einen unbelasteten Blick auf die Funde und Befunde sowie auf die bronzezeitlichen Siedlungsverhältnisse. Im Zuge der Distanzierung vom traditionellen Verständnis spätbronzezeitlicher Gesellschaftsformen Kretas werden bestehende Sichtweisen nicht grundlegend abgelehnt, sondern die Möglichkeiten divergierender Ausprägungen erörtert.

Die Arbeit ist in vier Abschnitte aufgeteilt. In der Einleitung (I) schließt an eine Darstellung der Topographie (1.2) ein Resümee über die Ausgrabungstätigkeiten auf Kreta an (1.3). Eine Diskussion des Begriffes Villa folgt auf dieses Kapitel (1.4). Daraufhin (II) werden die 23 *Minoischen Villen* vorgestellt[8]. Zu diesen gehören die Siedlungsplätze Nerokourou, Zominthos, Sklavokambos, Nirou Khani, Vathypetro, Pitsidia, Kannia, Achladia, Klimataria, Prophitis Ilias, Zou, Epano Zakros und Makrygialos. Diese werden von Gebäuden an den Siedlungsplätzen Tylissos, Knossos, Amnisos, Agia Triada und Pyrgos ergänzt (2.1–2.23)[9]. Die Untersuchungsbeispiele werden mit

---

5 Als Fundplätze gelten die Orte, an denen bisher Oberflächenbegehungen, Surveys oder andere Forschungen Hinweise auf spätbronzezeitliche Aktivitäten darlegten. Als Siedlungsplätze werden hingegen die Orte benannt, an denen Ausgrabungen den Nachweis über Baubefunde und Fundmaterialien erbrachten.

6 Siehe Zusammenfassungen bei Schoep 1999; Warren 2002; Vansteenhuyse 2011.

7 Vergleiche einführend hierzu Driessen 2001; Hamilakis 2002b; Schoep 2010a.

8 Die folgenden Fundplätze wurden bewusst nicht analysiert. Die Fundplätze Xeri Kara, Seli, Prinias-Flega und Kavousi-Avgos besitzen keinen ausreichenden Informationshintergrund. Die Bauten bei Prasa, Stilos, Aposthestres, Pobia, Kalamaki, Asphendilias und Kamilari Asape weisen umstrittene Bezeichnungen auf. Die Fundplätze Amira-Khoroi, Malevyzoi-Korphoi, Philippo/Metochi, Kalo-Chorio-Kostakiano und Dasonari sind nur anhand von Oberflächenfunden nachgewiesen. Die Häuser in Malia oder Chondros Viannou wurden nur selten mit dem Begriff Villa bezeichnet. Für Informationen zu den Fundplätzen siehe Hood 1962, 25; Hood u. a. 1964, 86; Catling 1975/1976, 30; Preziosi 1983, 22 f.; Pini – Platon 1984, 293; French 1989/1900, 72; French 1992/1993, 72; Driessen – MacDonald 1997, 195; Blackman 1999/2000, 139; Schlager 2001, 161. 171; Shay – Shay 2004, 295; Alušík 2007, 163; Christakis 2008, 63 f.

9 Im September 2016 und im Mai sowie August/September 2017 wurden siebzehn Siedlungsplätze untersucht. Am Siedlungsplatz Prophitis Ilias war der südliche eingezäunte Bereich nicht zugänglich. Bei den Bauwerken Sklavokampos, Pitsidia und Kannia war der Siedlungsplatz nicht zu betreten. Das *Zentralgebäude* von Zominthos wurde im Zuge einer studentischen Exkursion im August 2017 im Rahmen einer Führung besichtigt. Die *Unexplored Mansion*, der *Little Palace* und die *Royal Villa* wurden aufgrund der begrenzten Zugangssituation nicht vor Ort besucht.

Blick auf ihre Lage, Umgebung, Baubefunde, Funde und Datierung schematisch vorgestellt[10]. Die vergleichende Analyse der Arbeitsergebnisse bildet den Anschluss (III). In diesem Kapitel werden vielfältige Aspekte dargelegt, diskutiert und mit weiteren gleichzeitigen Siedlungsplätzen Kretas verglichen. Zu diesen Aspekten gehören ortsspezifische Forschungen, Lagebedinungen, Größenverhältnisse, Baumaterialien, Konstruktionselemente und die unterschiedlichen Fundmaterialien (3.1–3.6). Folgend kommt es auf Grundlage dieser Vergleiche zur Diskussion der Funktionen der Baubefunde und Funde sowie zur Darstellung der chronologischen Hintergründe (3.7–3.8). Die anschließende Interpretation beinhaltet unter Einbeziehung der geographischen und orographischen Verhältnisse Kretas Diskussionspunkte zu den Lagebedingungen, Ressourcen und Kontaktmöglichkeiten der Siedlungsplätze (IV). Im Fazit kommt es zur Darstellung der Arbeitsergebnisse und bestehender Forschungsdesiderate (V).

## 1.2 Topographie

Kreta ist mit 8.700 Quadratkilometer Gesamtfläche und 1100 Kilometer Küstenlinie die größte ägäische Insel (Abb. 1)[11]. Von Westen nach Osten misst die Insel 260 Kilometer während von Norden nach Süden die Ausmaße im Zentrum der Insel und im Isthmus zwischen Ierapetra und der Mirabellobucht zwischen 15–55 Kilometer variieren. Mit der Lage am Spannungspunkt der afrikanischen und eurasischen Kontinentalplatten und im Zentrum des Hellenischen Bogens liegt Kreta in einer tektonisch komplexen Zone. Aus diesem Grund ereigneten sich in den Jahren 66, 365, 1246, 1304, 1508, 1665, 1810, 1856 und 1926 wiederholt Erdbebenkatastrophen[12]. Daher entspricht die gegenwärtige Küstenlinie nicht dem bronzezeitlichen Küstenverlauf. Durch das Absenken der Landmasse im Westen und Osten der Insel hat sich der Verlauf der Küstenlinie besonders in den Jahren 365 und 1604 verändert[13]. Im

10 Vergleiche andere Untersuchungen der Siedlungsplätze mit Blick auf Fragestellungen der Raumnutzung, den Bewegungsrichtungen und anderer Zusammenhänge bei u. a. McEnroe 1982; Westerburg-Eberl 2000; Letesson 2009.

11 Pendlebury 1939, 1–4; Fröhlich 1987, 16; Watrous 2004, 29.

12 Für die Auswirkungen von Erdbebenkatastrophen siehe Evans 1928, 312–325; Schoo 1937, 269–272; Angelier u. a. 1982, 160–162; Faure 1983, 88–92; Driessen 1987, 171 f.; Friedrich 2000, 163–180; Caputo u. a. 2010, 111; Mourtzas u. a. 2016, 44 f.; Fassoulas 2017, 135–137. 152–158.

13 Veränderungen der Küstenlinien fanden Diskussion bei Spratt 1865, 149 f.; Pendelbury 1939, 3; Bintliff 1977, 11–26. 35; Gifford 1992, 17. 23; Flaccus 1992, 27; Nowicki 2000, 22; Siart 2010, 138; Mourtzas u. a. 2015, 25.

Zuge seismischer Aktivitäten erfolgten inselweit heterogene Prozesse des Absenkens und Anhebens der Landmasse[14]. Ehemals in einiger Entfernung zur Küste gelegene Siedlungen können heute am Meer, und ursprünglich am Wasser gelegene Orte mittlerweile unter Wasser oder im Inland liegen[15].

Kreta besitzt eine ungleichmäßige orographische Landmasse. Im Norden befinden sich bei Kissamos, Chania, Rethymnon, Iraklion und Sitia tendenziell eher flache Küstenebenen und im Süden mit wenigen Ausnahmen steile Gebirgszüge und wenige kleinflächige Buchten[16]. Im Zentrum der Insel dominieren von Westen nach Osten Bergmassive. Diese umfassen unter anderem die bis zu 2450 Meter hohen Gebirgszüge Lefka Ori im Westen, Kedros und Ida im westlichen Zentrum, Asterousia an der Südküste, Dikti im östlichen Zentrum und Thripti im Osten[17]. An diese Gebirgsregionen schließen vielfältig Ebenen, Plateaus und Täler in zueinander abweichenden Höhenlagen an. Zu den Ebenen zählen unter anderem die großflächige Messara im Süden und weitere kleinflächige bei Frangokastello und Xerokampos im Inland und an der Küste. Zu den Plateaus gehören die Gebiete bei Lasithi, Omalos und Nida[18]. Von der Landmasse Kretas liegen nur 10% unterhalb von 300 Meter, weniger als 30% zwischen 300 und 800 Meter und der Rest oberhalb von 800 Meter[19]. Aus heutiger Sicht besitzt die Vegetationszone unter 300 Meter die besten Voraussetzungen für eine ganzjährige landwirtschaftliche Nutzung, während die durchgehend kultivierte Zone bei 700 Meter endet und die dort beginnende Waldzone eine zeitlich beschränkte Nutzung in den Sommermonaten zulässt[20].

Die Gewässer Kretas sind im Inneren Flüsse sowie durch die Lage am Meer umgebende Küsten. Von den zwischen 1619 und 1630 vermerkten 47 Flüssen Kretas sind heutzutage nur noch wenige vorhanden, die meisten Flüsse führen nur in den Wintermonaten Wasser[21]. Zu den ganzjährig Wasser führenden Flüssen zählen unter

14 Regionale Prozesse gerieten erst in den letzten Jahren vermehrt in den Mittelpunkt, siehe hierfür Sanders 1982, 181 f.; Catling 1985, 67; Blackman 2000/2001, 141; Evely 2007/2008, 99 f.; Blackman in Discussion zu Brogan – Sofianou 2011, 352 f.; Blackman in Final Discusion, in: Tsipopoulou 2012a, 352 f.; Mourtzas u. a. 2016, 53–62. 67; Fassoulas 2017, 150–152.

15 Bintliff 1977, 10; Gifford 1992, 23; T. Brogan, in: Discussion zu Brogan – Sofianou 2011c, 338.

16 Nevros – Zvorykin 1939, 243; Faure 1983, 85; Hempel 1991, 11; Nowicki 1999, 21; Siart 2010, 6 f. 12; Sarpaki 2012, 42; Widman 2013, 56 f.

17 Nevros – Zvorykin 1939, 242; Chaniotis 1991, 92 f. 94. 105; Rackham – Moody 1996, 12 f. 25. 33 f. 179; Moody – Rackham 2000, 29–32; Watrous 2004, 29; Wilson 2008, 77 f.; Sarpaki 2012, 35.

18 Weitere Beschreibungen sind zu finden bei Pendlebury 1939, 1–16; Watrous – Blitzer 1982; Faure 1983, 72–77; Chaniotis 1991, 92 f. 96; Watrous u. a. 1993; Rackham – Moody 1996, 27 f. 95. 194–201; Watrous 2004, 29. 32. 35; Rackham u. a. 2010, 271–282; Moody 2012, 261–263.

19 Watrous 2004, 32.

20 Lyrintzis – Papanastasis 1995, 82; Watrous 2004, 32.

21 Zu diesen Flüssen zählen der Tiflos, der Platanias-Keritis, der Kladissos, der Kiliaris, der Xidhas, die Mousella, der Arkadiotis, der Mylopotamos, der Gazanos, der Giophyro, der Kairatos, der Karteros, der Apo-

anderem der Platanias im Westen von Chania und der Mylopotamos im Westen von Iraklion[22]. Auf Kreta herrscht ein mediterranes, arides Klima mit heißen, trockenen und regenarmen Sommermonaten sowie moderaten feuchten Wintermonaten. Die jährliche Niederschlagsmenge schwankt im Südosten der Insel und im mittleren Bergmassiv zwischen Mengen von 200 bis 1100 Milimeter[23]. Ein Vergleich zwischen den bronzezeitlichen und gegenwärtigen klimatischen Bedingungen wurde von jeher kontrovers diskutiert. Während eine Forschergruppe von geringen Unterschieden ausgeht, nimmt eine andere Fraktion ein feuchteres Klima mit milden Winter- und moderaten Sommermonaten an[24]. Das gegenwärtige Klima weist an der gemäßigten Nordküste, den moderaten Gebirgsmassiven, dem südtropischen Südosten sowie der heißen Südküste und der Messara regionale Unterschiede auf[25].

Kreta besitzt in der geologischen Zusammensetzung eine vielfältige Mischung aus Kalk-, Gips- und Schiefergesteinen[26]. Bei den Kalksteinen werden weiche und harte Kalkkarbonatgesteine sowie karbonatfreie Gesteine voneinander unterschieden[27]. Da annähernd 75% der Landmasse aus Karbonatgesteinen bestehen und diese kein Oberflächenwasser halten, ist unter diesen geologischen Grundvoraussetzungen die Nähe zu einer Frischwasserquelle für die Anlage eines Siedlungsplatzes und die landwirtschaftliche Nutzung von großer Bedeutung[28]. Bei Milatos liegen Abbaustätten für Kalkstein, bei Kato Zakros, Mochlos und Malia für Sandstein sowie bei Rodia für Schiefer[29]. Breccie bei Agios Nikolaos, Viannos und Pseira, Marmor

---

selemis, der Istronas, der Pandelis, der Akala, der Adromylis, der Koutsouras, der Kryopotamos oder Myrtos, der Katrouliaris, der Platys Potamos oder Amariotis, der Megas Potamos und der Vithias. Siehe hierfür bei Faure 1983, 73 f. 83. 85; Rackham – Moody 1995, 41; Shaw 1995, 1.

22 Weitere Angaben zu Flüssen liegen vor bei Pendlebury 1939, 7; Rackham – Moody 1995, Abb. 4.3; Shay – Shay 2004, 65; Papatsaroucha 2014, 204.

23 Nevros – Zvorykin 1939, 244; Faure 1983, 82–85; Fröhlich 1987, 38–40; Flaccus 1992, 27; Rackham – Moody 1995, 33–39; Shay – Shay 2004, 75; Watrous 2004, 31; Dunn 2005, 115.

24 Vergleiche die Entwicklung dieser Debatte bei Evans 1928b, 463; Evans 1930, 138; Hood 1971, 19; Flaccus 1992, 27; Moody 2000, 58 f.; Palyvou 2009, 71; Moody 2004, 258; Moody 2009a, 18 f.; Moody 2009b, 244–246; Widman 2013, 64–73; Papatsaroucha 2014, 200.

25 Faure 1983, 84 f.; Flaccus 1992, 27 f.; Shay – Shay 2004, 66; Siart 2010, 144.

26 Warren 1969, 132–134. 137; Chlouveraki 2003, 110–141.

27 Nevros – Zvorykin 1939, 244. 250 f.; Jones 1986, 225; Gifford 1992, 23.

28 Fassoulas 2017, 155.

29 Für die Steinbrüche siehe Hogarth 1900/1901, 142; Bosanquet 1901/1902, 306. 315; Evans 1928b, 192; Hutchinson 1963, 33; Hood u. a. 1964, 99; Warren 1969, 127 f. 132; Roberts 1981c, 5; Soles 1983, 34. 44 f.; MacGillivray 1984, 144–149; Graham 1987, 143–145; Schlager 1987, 72; Sakellarakis – Sapouna-Sakellarakis 1992b, 59. 61; Platon 1992, 296; Pelon u. a. 1992, 177; Shaw 2009, 18–20. 29–36.

bei Agios Nikolaos, Serpentin bei Gonies sowie Spili und Steatit bei Myrtos und Lendas sind auf der Insel natürlich vorkommende Gesteine[30]. Die Existenz von Alabaster, Tuffstein, Basalt, Vulkangesteinen, Obsidian und Trachyt wurde nicht nachgewiesen[31].

Abbaugebiete der Mineralien und Tiefengesteine Calcit, Chlorit, Dolomit und Diorit sind nicht bekannt[32]. Mit Blick auf das Tonvorkommen Kretas wurde von Nochia bis Perama eine westliche Zone, vom Zentrum bis nach Ierapetra eine zentrale und im Osten der Insel eine östliche Zone definiert[33]. Das natürliche Metallvorkommen Kretas wurde ebenfalls kontrovers diskutiert[34]. Einige Forscher gehen von geringen Gold-, Silber- und Bleivorkommen aus. Andere Forscher argumentierten mit einem Vorkommen von Kupferkarbonaten und -sulfiden im Asterousiagebirge, von Eisen im Idagebirge sowie von Silber bei Kato Zakros und Ziros. In der Bronzezeit genutzte Abbauplätze von Metallvorkommen sind heutzutage mehrheitlich nicht klar identifizierbar. Dies mag daran liegen, dass zwischen modernen und bronzezeitlichen Anforderungen des Metallabbaus erhebliche Unterschiede vorliegen[35].

## 1.3 Forschungsgeschichte

In Reiseberichten des 13. und 18. Jahrhundert wurden obertägige antike Hinterlassenschaften Kretas erstmals beschrieben und skizziert[36]. Im Zuge späterer Forschungsfahrten fertigten Thomas Spratt und Robert Pashley in ihren Beschreibungen an vielen Orten Zeichnungen antiker Siedlungsspuren an[37]. Etwa zur gleichen Zeit beeinflussten Ausgrabungen in Mykene und Hissarlik mit dem Nachweis vorklassischer Besiedlungsphasen die Erforschung der Ägäis und Kretas im Besonderen[38]. Im Jahre 1878 kam es auf Kreta durch Minos Kalokairinos im Südosten von Iraklion zur Freilegung von Mauerformationen und Pithoi des später als *Palast* von

30 Evans 1935, 234–236; Warren 1969, 125–156; Becker 1976, 363 f.; Betancourt 1995, 165; Krzyszkowska 2008, 82. FN 12.

31 Vergleiche diese Aspekte bei Warren 1969, 125–156; Betancourt 1995, 165.

32 Warren 1969, 128–131. 136 f.; Kryszkowska 2008, 147.

33 Jones 1986, 256–258; Hein u. a. 2004, 358.

34 Vergleiche unterschiedliche Interpretationen bei Faure 1966, 51–71; Marinatos – Hirmer 1973, 45; Becker 1976, 362; Matthäus 1980, 325; Faure 1983, 77–82; Rehak – Younger 1998, 123; Evely 2000, 335. 404; Tzachili 2008c, 328; Clarke 2010, 67; Burke 2010, 17; Lowe Fri 2011, 7. 16 f.

35 Siehe hierzu Tzachili 2008c, 327; Muhly 2008.

36 Pendlebury 1939, 16 f.; Fitton 1995, 112 f.; Warren 2000, 1–4.

37 Pashley 1837, 262–268; Spratt 1865, 66–68.

38 MacDonald – Thomas 1991, 3–6. 10. 13–17. 42 f. 46–48. 71 f. 78 f.; Fitton 1995, 15–19. 53–103; Preziosi – Hitchcock 1999, 13–15; Muhly 2010, 3 f.; Karadimas 2015, Abb. 4.

Knossos bezeichneten Siedlungsplatzes[39]. Ab 1880 intensivierten sich die Forschungstätigkeiten in der Messara, im Idagebirge und an der Nordküste[40].

In der Folgegezeit beschrieben Forscher in ihren Expeditionen auf den Juktas und auf das Plateau von Lassithi obertägig sichtbare Mauerverläufe[41]. Der forschungsgeschichtliche Höhepunkt ereignete sich mit den Ausgrabungskampagnen am *Palast* von Knossos unter der Leitung von Sir Arthur Evans im Jahre 1899[42]. Während die Ausgrabungsberichte primär auf den Siedlungsplatz Knossos beschränkt sind, stellt der später von Evans verfasste Monumentalband bis heute das wesentliche Grundlagenwerk zur Bronzezeit Kretas dar[43]. In diesem vierteiligen Band vermittelte Evans auf Basis der Funde und Befunde aus Knossos sowie anderer Siedlungsplätze Kretas Vorstellungen über die Religion, Architektur und Gesellschaft der Bronzezeit Kretas[44].

Im Nachklang dieser intensiven Forschungstätigkeiten erfolgten von 1901 bis 1918 im Osten Kretas bei Gournia, Pseira, Mochlos, Kato Zakros, Palaikastro, in der westlichen Messara bei Agia Triada und Phaistos und an der Nordküste bei Plati und Malia weitere Ausgrabungen[45]. Nach dem Zweiten Weltkrieg wurden die Grabungen an diesen Plätzen fortgesetzt und im Umfeld Sitias und Archanes‘ starteten ebenfalls Untersuchungen[46]. Im Zeitraum zwischen 1950 und 2000 folgten unter anderem in Archanes, Palaikastro, Chania, Petras, Kommos, Monastiraki, Galatas und Mochlos Grabungen an unerforschten sowie bereits erforschten Orten[47]. In den letzten zwanzig Jahren gab es Untersuchungen unter anderem in Zominthos, Sisi und Papadiokampos sowie auf Chrisi und Gavdos[48]. An den Siedlungsplätzen bei Stavromenos

---

39 Fabricius 1886, 135 f.

40 Platon 1958a, 16–18; Schachermeyr 1979, 29 f.

41 Brown 2001, 64–73.

42 McDonald – Thomas 1990, 118; Fitton 1995, 123–125; Palyvou 2003, 208–210. 223; Shaw 2015, 88–91.

43 Evans 1899/1900 – Evans 1904/1905; Evans 1921 – Evans 1935b.

44 Evans 1928a – Evans 1935b.

45 Hogarth 1900/1901a; Bosanquet 1901/1902; Pernier 1902; Bosanquet u. a. 1902/1903; Halbherr 1903; Dawkins – Currelly 1903/1904; Paribeni 1904; Dawkins u. a. 1904/1905; Dawkins 1905/1906; Hawes u. a. 1908; Seager 1909; Seager 1910; Dawkins 1913/1914. Für weitere Informationen zu den frühen Grabungen siehe Cadogan 2000.

46 Marinatos 1950; Marinatos 1951; Platon 1952; Platon 1956; Platon 1959; Platon 1971 42 f.

47 Kirsten 1951a; Ervin-Caskey 1970, 278–281; Ervin-Caskey 1971, 310–312; Ervin-Caskey 1977, 520–522; Shaw 1977; MacGillivray – Driessen 1990, 396; Driessen – MacDonald 1997, 121–124; Blackman u. a. 1997/1998, 112 f. 127; Blackman u. a. 1999/2000, 129 f.; Tsipopoulou 2002, 134; Rethemiotakis 2002, 55; Whitley u. a. 2006/2007, 105 f.; Whitelaw – Morgan 2008/2009, 94–97; Peatfield 2009, 252; Evely 2009/2010, 186.

48 Sakellarakis – Panagiotopoulos 2006; Evely 2007/2008, 97; Whitelaw – Morgan 2008/2009, 79 f. 85 f.; Evely 2009/2010, 175–177; Chalikias 2009/2010, 41; Bennet 2010/2011, 67 f.; Chalikias 2015, 38 f.

und Chania an der Nord- sowie Ierapetra an der Südküste sind Ausgrabungen durch moderne Bebauungen bis zum heutigen Tage räumlich begrenzt[49].

Neben Ausgrabungen gab es seit den 1970er Jahren, mit dem Ziel den bis dahin ermittelten Informationsgehalt der bronzezeitlichen Siedlungsverhältnisse zu erweitern, Surveys und Geländebegehungen. Diese verliefen im Umfeld der *Paläste* von Knossos, Phaistos und Galatas sowie in der Messara und auf dem Plateau von Lassithi[50]. Weitere Arbeiten erfolgten in der Bucht von Mirabello sowie im Umfeld von Palaikastro, Ziros, Zakros und Xerokampos. Untersuchungen über Verbindungen zwischen Fund- und Siedlungsplätzen Ost- und Zentralkretas werden seit 1984 im Rahmen eines Projektes zu bronzezeitlichen Straßen und Wegen Kretas durchgeführt[51]. Durch die Einbeziehung all dieser Forschungsergebnisse veränderten, erweiterten und bestätigten bis heute Forscher die von Evans formulierten Vorstellungen und legten ihrerseits Analysen der Bronzezeit Kretas vor[52].

Die Chronologie der Ägäischen Bronzezeit beruht mit der Einteilung in eine frühe, mittlere und späte Phase sowie weitere Unterteilungen auf Arbeiten aus dem frühen 19. Jahrhundert. Diese Aufteilung fand zuerst auf die archäologischen Funde Ägyptens Anwendung und wurde durch Evans auf Kreta transferiert[53]. Nikolaos Platon stellte dieses bis heute kritisierte System mit einer abweichenden Terminologie, die sich an den architektonischen Phasen des *Palastes* von Knossos orientierte, in Frage[54]. Beide Systeme finden in der heutigen Betrachtung, trotz diverser Kritikpunkte, Anwendung. In einer Kombination beider Systeme umfasst die *Vorpalastzeit* die Phasen Frühminoisch I bis Mittelminoisch IA, die *Altpalastzeit* die Phasen Mittelminoisch IB–II, die *Neupalastzeit* die Phasen Mittelminoisch III–Spätminoisch IB, die *Monopalastzeit* die Phasen Spätminoisch II–IIIA2 und die *Nachpalastzeit* die Phasen Spätminoisch III–SM IIIB[55].

---

49 Niemeier 1985, 179; Driessen – MacDonald 1997, 126; Müller 1997, 303; Kryzskowska 2008, 173 f.; Andreadaki-Vlasaki 2011, 55 f.

50 Kirsten 1951b; Blackman – Branigan 1975; Blackman – Branigan 1977; Hood 1981a; Watrous – Blitzer 1982; MacGillivray 1984; McGillivray 1984; Schlager 1987; Tsipopoulou 1989; French 1990/1991, 74; Hayden u.a. 1992; Haggis 1992; Haggis – Mook 1993; Watrous u. a. 1993; Haggis – Nowicki 1993; Simpson 1995, 325–402; Tomlinson 1995/1996, 44; Haggis 1996; Branigan 1998; Watrous – Blitzer 1999; Schoep 2001, 87; Shaw 2002; Panagiotakis 2003; Shaw 2004; Watrous u. a. 2004b, XXV; Whitley u. a. 2006/2007, 104–106; Evely 2007/2008, 104; Evely 2009/2010, 188; Christakis – Rethemiotakis 2011; Vokotopoulos 2011, 138; Whitelaw 2012, 114; Tsipopoulou 2012a; Tsipopoulou 2012b; Haysom 2013/2014, 7; Bennet 2015/2016.

51 Tzedakis u. a. 1989a; Tzedakis u. a. u. a. 1990; Chryssoulaki 1999, 75. Vergleiche zudem Brown 2002, 223–227; Alušík 2007, 10.

52 Zu diesen Werken gehören u. a. Hood 1971; Cadogan 1976; Hiller 1977; Schachermeyr 1979; Graham 1987; Myers u. a. 1992; Dickinson 1994; Driessen – MacDonald 1997; Cullen 2001; Shelmerdine 2008a; Cline 2010.

53 Thomsen 1837, 25–93; Flinders Petrie 1890, 274–277; Evans 1906, 5–11; Evans 1921, 25–27; Fitton 1995, 36.

54 Platon 1961, 671–676.

55 Vergleiche hierzu Gesell 1985, 4; Niemeier 1985, 183–188; Dickinson 1994, 11; Höflmayer 2010, 44.

Die Analyse der *Minoischen Villen* ist durch terminologische Probleme erschwert. Diese liegen vordergründig darin begründet, dass bronzezeitlicher Funde und Befunde mit zumeist modernen Begriffen und Konzepten bezeichnet werden. Zu diesen Begriffen zählen allen voran die von Evans aus anderen Kontexten auf Kreta übertragenen Termini *Palast* und *minoisch*. Den zuvor chronologisch konnotierten Begriff *minoisch* etablierte Evans als Gegenpol zu dem mit dem Festland in Verbindung stehenden Begriff *mykenisch*, und den Terminus *Palast* wandte er als Bezeichnung für die großflächigen Gebäudeformationen im Süden von Iraklion an[56]. Neben dem *Palast* von Knossos erhielten Gebäude an anderen Fundplätzen Kretas wegen architektonischer Gemeinsamkeiten ebenso die Bezeichnung *Palast*. Zu diesen gehören Bauwerke an den Siedlungsplätzen Phaistos in der Messara, Malia an der Nordküste und Kato Zakros im Osten der Insel[57]. Bei diesen Orten herrscht bis heute weitestgehend Einigkeit über die Bezeichnung als *Palast*.

Bei anderen Siedlungsplätzen, die Unterschiede in der Gestalt und Architektur aufweisen, wurde die Ansprache als *Palast* kontrovers diskutiert. Dies trifft auf die Baubefunde von Chania, Palaikastro, Rethymnon, Archanes, Gournia, Petras, Kommos, Galatas, Stavromenos, Pretoria, Apodoulou und Sisi zu[58]. Im Laufe der lang andauernden Forschungsdiskussion setzte sich der Begriff Palast trotz der Alternativen Hofgebäude, Hofkomplex und Regionalzentrum durch und wird bis heute genutzt[59]. Die Identifikation eines Gebäudes und eines Siedlungsplatzes als *Palast* ist jedoch von folgenden stellvertretenden Problemen begleitet[60]. Der Begriff meint ursprünglich nur die letzte Entwicklungsphase des *Palastes* von Knossos. Damit besitzt der Begriff keinen Bezug zu früheren Entwicklungsphasen der Gebäudeformationen vor Ort und anderen Orten auf der Insel. Aus diesem Sachverhalt entwickelte sich ein Terminus, der vordergründig Homogenität suggeriert aber abweichende Formen sowie chronologische und bautechnische Entwicklungsprozesse an anderen Fund- und Siedlungsplätzen missachtet.

56 Evans 1899/1900; Evans 1900/1901; Evans 1901/1902; Evans 1906, 4; Vergleiche die Bewertung bei Bintliff 1984; Karadimas – Momigliano 2004, 251 f.

57 Pernier 1902; Evans 1921, V f. 1–31. 203 f.; Evans 1928b, 397–413; Platon 1971; Platon 1983. Vergleiche zudem die Interpretationen bei Palyvou 2000, 175–177; Schoep 2010a; Schoep 2010b.

58 Vergleiche voneinander abweichende Benennungen und Einteilungen bei Hiller 1977, 146–157; Driessen – MacDonald 1997, 126; Rehak – Younger 1998, 102; Day – Relaki 2002, 218 f. 222 f.; Tsipopoulou 2002, 133; Andreadaki-Vlasaki 2002, 165; Whitley 2002/2003, 85; Warren 2004, 160; McEnroe 2010, 89–92; Christakis – Rethemiotakis 2011; Poursat 2010, 259; Tsipopoulou – South 2012, 213; Tomkins 2012; Morgan 2014/2015, 35; Shaw 2015, 3. 41.

59 Siehe hierzu Kritik an dem Begriff und andere vorgeschlagene Termini bei Rehak – Younger 1998, 102; Driessen 2001, 6; Schoep 2007, 216–220; Burke 2010, 34; McEnroe 2010, VIII; Schoep – Tomkins 2012, 11; Tomkins 2012, 74 f.; Shaw 2015, 2.

60 Driessen 2002, 1; Schoep 2002a, 15–18; Tsipopoulou 2002, 133; Schoep 2004, 243–246; Schoep 2010b, 115.

Die forschungsgeschichtliche Diskussion des Begriffs Villa beginnt bei der Ausgrabung des *Palastes* von Knossos. Im Zuge dieser Arbeiten wurden moderne Häuser in der Nachbarschaft als Landhäuser und ausgegrabene bronzezeitliche Gebäudereste als Privathäuser bezeichnet[61]. Die erste Anwendung des Begriffes Villa in Bezug auf bronzezeitliche Gebäude erfolgte 1903 an zwei Orten der Insel. Die britischen Forscher in Knossos bezeichneten die *Royal Villa* als ein vom *Palast* abhängiges Gebäude und die italienischen Ausgräber bei Agia Triada benannten das dortige Bauwerk als *Villa Reale*[62]. Im gleichen Zeitraum benannte Iosif Chatzidakis die Gebäude am Siedlungsplatz Tylissos hingegen als Häuser[63]. Bei Beurteilung damaliger Berichte tritt die Übertragung zeitgenössischer Gesellschaftsvorstellungen auf bronzezeitliche Befunde deutlich hervor. So benannte John Pendlebury das Gebäude am Siedlungsplatz Kouse als Privathaus, die Bauten von Gournia als herschaftliches Haus eines Gutsherren, das *South House* als Bestandteil einer höheren Klasse an Privathäusern und die Gebäude im Umfeld des *Palastes* von Knossos als der Elite zugehörig[64]. Ähnliche Interpretationsansätze liegen bei der Bezeichnung der Bewohner des Bauwerkes von Kannia als Gutsherren des Landes vor[65]. Schon in der Mitte des 20. Jh. treten Unstimmigkeiten bei der Benennung bronzezeitlicher Bauten auf. So betitelte Fritz Schachermeyr die Gebäude von Achladia und Prophitis Ilias als Einzelhäuser, den Bau bei Zou als landwirtschaftlichen Betrieb, die *Villa Reale* von Agia Triada als Sommervilla und das Gebäude bei Sklavokampos als ungeschütztes Herrenhaus[66].

Einige Jahre später definierte Gerald Cadogan die sichere Lage vor Angriffen, das Vorhandensein eines landwirtschaftlichen Betriebes, die Kontrolle der Umgebung und die Institution eines Anführers vor Ort als Charakteristika der Villen. Darüber hinaus skizzierte er Übereinstimmungen mit den venezianischen Gebäuden Kretas, die mit dem Begriff Villa die gleiche Bezeichnung aufweisen[67]. An anderer Stelle verorteten Spyridon Marinatos und Costis Davaras Herrenhäuser als Mittelstufe zwischen den *Palästen* und Bürgerhäusern, und bezeichneten sie als isolierte Beamtengebäude inmitten großer Landgüter[68]. Gerald Cadogan zweifelte später die Bezeichnung Villa an und sprach sich für den Begriff Landhaus aus[69]. In anderen

61 Evans 1899/1900, 3. 37; Evans 1900/1901, 7 f.; Evans 1901/1902, 16. 19. 59.

62 Evans 1902/1903, 1. 52. 148; Evans 1928b, 413; Halbherr 1903, 7; Woodward 1926, 240.

63 Chatzidakis 1934, 2.

64 Pendlebury 1939, 132. 191–193. 287. 368. 373.

65 Levi 1959, 237 f.

66 Schachermeyr 1964, 90 f. 99. 106; Rutkowski 1972, 239.

67 Cadogan 1971, 145–148; Vergleiche auch Driessen 1982, 27.

68 Marinatos 1973, 15. 40; Davaras 1976, 339.

69 Cadogan 1976, 135–152.

Überlegungen trennte Paul Faure die Villen von Bauern- und Landhäusern, bezeichnete sie als große Gehöfte mit Obergeschossen und Nebengebäuden und sah sie als Prototypen der gallorömischen Villen mit Funktionen der landwirtschaftlichen Produktion und handwerklichen Tätigkeiten[70]. Zeitgleich wandte John Bintliff mit *villa rustica*, *villa urbana* und Haus mehrere unterschiedliche Bezeichnungen auf die Bauwerke an[71].

John McEnroe unterschied 1982 in einem ersten methodischen Beitrag die Bauwerke mittels ihrer Gestalt, ihrer Größe und ihrer Raumanzahl voneinander[72]. Beispiele des Typ 1 weisen in einer auffallenden Größe architektonische Gemeinsamkeiten mit den *Palästen* auf. Beispiele des variantenreichen Typ 2 verfügen hingegen über wenige architektonische Gemeinsamkeiten mit den *Palästen*. Bauten des Typ 3 sind kleiner als Gebäude des Typ 2 und zeigen wenige Gemeinsamkeiten mit Bauwerken des Typ 1. Im selben Jahr unterteilte auch Antonis Zois die Gebäude[73]. In diesen Überlegungen haben große und kleine Palaststädte jeweils einen *Palast* oder ein Regierungsgebäude. Unabhängige größere Städte sowie kleinere Städte oder Siedlungen besitzen keinen sich abhebenden Bau und Landhäuser sind alleinstehende Anlagen auf dem Lande. Zeitgleich differenzierte Jan Driessen anhand variantenreicher Bauelemente oder Raumkonzepte an den Bauwerken zwischen innovativer palatialer und stagnierender häuslicher Architektur[74].

Donald Preziosi stellte in einem weiteren Beitrag viele Gemeinsamkeiten bei der internen Zirkulation, den Bewegungsrichtungen und den inneren Verbindungen der Gebäude fest[75]. An anderer Stelle bezeichnete Livingston Watrous die Villen als luxuriöse Häuser, die Bewohner als Teil einer hohen Gesellschaftsschicht und die Verbindung zu den *Palästen* weiterhin als ungeklärt[76]. James Walter Graham und John Cherry erweiterten durch die Begriffe Bauernhaus, Bauernhof, kleinflächige ländliche Bauten oder unpalatiale Städte das Spektrum an Bezeichnungen[77].

Im selben Jahr unterschied Lucia Nixon zwischen typisch entlegenen Siedlungen und untypisch entlegenen Siedlungen mit Unterschieden in der chronologischen Entwicklung und der Lage der Orte[78]. Als Differenzierungsmerkmale gelten das Vorhandensein palatialer Elemente und das Auftreten der von John McEnroe definierten Typen. Typisch entlegene Siedlungen besitzen eine Kombination von

70 Faure 1983, 153–164.
71 Bintliff 1977, 155.
72 McEnroe 1982, 3–13. 18 f.
73 Zois 1982, 207.
74 Driessen 1982, 27.
75 Preziosi 1997, in: Hägg 1997, Session on the Functional Analysis of Architecture, 157.
76 Watrous 1984, 123.
77 Cherry 1986, 23; Graham 1987, 72. 132.
78 Nixon 1987, 95–98.

Gebäuden der Typen 2 und 3, wenige palatiale Eigenschaften sowie kurze Besiedlungsaktivitäten. Untypisch entlegene Siedlungen besitzen hingegen Gebäude des Typ 1, viele palatiale Elemente und lang zurückreichende Besiedlungsphasen. Resümierend schlossen Jan Driessen und Joseph Alexander MacGillivray, dass die Bezeichnungen als Villen und Landhäuser forscherabhängig erfolgten, die Beziehung zu den *Palästen* zumeist mit hierarchischen Abhängigkeitsverhältnissen Erklärungen fanden und die Siedlungsplätze zeitlich und räumlich beschränkt waren[79]. An anderer Stelle bezeichnete Oliver Dickinson die *Villen* als spezifisches Phänomen Kretas, und zweifelte die isolierte Lage der Gebäude an[80].

Im Rahmen des 1997 erschienenen Tagungsbandes zu den Funktionen der *Minoischen Villen* standen zudem auch typologische Fragestellungen im Mittelpunkt. Laut Stella Chryssoulaki existierten mit Villen und Bauernhöfen zwei Gebäudegruppen in ähnlichen geographischen Verhältnissen im gleichen Zeithorizont[81]. Nach Lefteris Platon liegen die Gebäude isoliert und sind als große Bauernhöfe oder Landhäuser anzusprechen[82]. Vasso Fotou und Katerina Kopaka verdeutlichten die terminologische Schwierigkeit unterschiedliche Gebäude mit einem einzigen Begriff zu bezeichnen[83]. Im selben Band schlugen Henri und Micheline van Effenterre vor, den Begriff Villa weiter zu differenzieren. Sie trennten fürstliche Villen mit Archiven von Tontafeln mit Zeichen der Linearschrift A, auf den Wohnsitz bezogene Villen im Umfeld eines *Palastes* und isoliert im Hinterland zu einem Gut gehörende Villen[84]. An anderer Stelle bezeichneten Philip Betancourt und Nanno Marinatos die Datierung und die Umgebung der Villen als Desiderate. Zeitgleich unterschieden sie zwischen isolierten Landvillen, herschaftlichen Villen, die Siedlungen oder Städte dominieren, und urbanen Villen in einer großen Stadt[85]. In einem anderen Beitrag stellte Wolf-Dietrich Niemeier Gemeinsamkeiten zwischen den bronzezeitlichen Gebäuden und den Villen der venezianischen Zeit in der Präsenz von Lagerräumen und einer landwirtschaftliche Nutzung fest[86]. Zeitgleich betonte er die Wichtigkeit der unterschiedlichen Bedingungen an den Siedlungsplätzen.

---

79 Driessen – MacGillivray 1989, 102; Siehe hierzu Kritik bei Treuil u. a. 1989, 233 f.

80 Dickinson 1994, 69–71.

81 Chryssoulaki 1997, 28.

82 Platon 1997, 187. 202.

83 Fotou und Kopaka 1997, in: Hägg 1997, General Discussion 230.

84 Van Effenterre – van Effenterre 1997, 9–12.

85 Betancourt – Marinatos 1997, 91 f. 97.

86 Niemeier 1997, 15 f. 18 f. Cadogan 1971, 147.

An anderer Stelle ersetzte Gerald Cadogan ein weiteres Mal den Begriff Villa durch den Terminus Landhaus, da erstgenannter aufgrund des städtischen Charakters die Verbindung zu der Lage auf dem Land verloren hat[87]. In der Abschlussdiskussion des Symposions blieb offen, ob mittels der Lage eine Klassifizierung in offenes Gelände, dominierendes Gebäude im Dorf, dominierendes Gebäude in Stadt, unsichere Siedlung, Stadt ohne dominierendes Gebäude und Stadt mit großen Nebengebäuden Bestand haben kann[88]. Im selben Jahr skizzierten Jan Driessen und Colin MacDonald bei dem Großteil aller Gebäude wiederkehrende Muster von Lagerplätzen und architektonische Veränderungen[89].

John Younger und Paul Rehak lehnten aufgrund der unterschiedlichen Gebäude eine Anwendung des Begriffes Villa ab und differenzierten zwischen administrativen Zentren sowie urbanen und ländlichen Wohnorten[90]. Ein Jahr später beanstandete auch Ilse Schoep die Terminologie und zweifelte die Deutungen der Villen als soziale und wirtschaftliche Sekundärzentren an[91]. Diese Schwierigkeiten sah Peter Day in den wenigen ausführlichen Grabungsberichten von entlegenen Gebäuden und Siedlungen begründet[92]. Auch Donald Preziosi und Louise Hitchcock beanstandeten die ungenaue Trennung zwischen *Palast* und Villa und forderten dazu auf, lokale Entwicklungen von Gebäuden und Siedlungsplätzen in den Forschungsmittelpunkt zu stellen[93]. Im Jahr 2000 unterschied Sabine Westerburg-Eberl zwischen palatialen, städtischen und ländlichen Villen oder Landhäusern[94]. Die palatialen Villen lagen im räumlichen Umfeld der *Paläste* und verfügten über Kultplätze und palatiale Konstruktionselemente. Die städtischen Villen waren hingegen große Häuser im urbanen Umfeld mit Wohnflächen sowie Arbeits- und Lagerplätzen. Die ländlichen Villen wiesen als Mittelpunkt einer Kleinsiedlung nur geringe palatiale Elemente auf.

Wiederum zwei Jahre später bezeichneten Yannis Hamilakis und Metaxia Tsipopoulou die Villen als Machtzentren, und unterstützten aufgrund architektonischer Hinterlassenschaften im Umfeld die Bezeichnung als mittelgroße Siedlungen[95]. Im Jahr 2005 beanstandeten die Autoren um Eleni Mantzourani die

87 Cadogan 1997, 99 f.
88 Hägg 1997, 229–232; Hood 1997, 115.
89 Driessen – MacDonald 1997, 125–135. 157–159. 176–180. 200–208. 210. 217. 220–226. 234 f.
90 Rehak – Younger 1998, 104 f.
91 Schoep 1999, 219.
92 Day 1997, 219.
93 Hitchcock – Preziosi 1999, 120–122.
94 Westerburg-Eberl 2000, 87–94.
95 Hamilakis 2002b, 183; Tsipopoulou 2002, 134.

Unstimmigkeiten zwischen griechischer und englischer Terminologie und kennzeichneten griechische Begriffe für Landhaus ebenso als ungeeignet[96]. Nach Jannis Sakellarakis und Diamantis Panagiotopoulos umschreibt der Begriff Villa große freistehende Gebäude im Siedlungsverbund in strategisch günstiger Lage, die mit der Kontrolle des Hinterlandes beauftragt waren[97].

John Younger und Paul Rehak differenzierten zwischen *Palästen*, kleinen Städten, Dörfern, Villen, Landhäusern oder Bauernhöfen und lehnten die isolierte Lage der Villen aufgrund benachbarter Befunde und Funde ab[98]. Nach Hartmut Matthäus ist durch die Vielzahl an architektonischen Gestaltungsmöglichkeiten und Grundrisskonzeptionen eine Typologie der Gebäude und eine Rückführung auf feste Grundschemata nicht möglich[99]. Sabine Westerburg-Eberl bezeichnete Villen als Gebäude, die außerhalb der *Paläste*, vereinzelt oder im kleinen Siedlungsverbund gelegen sind und untereinander in ihren architektonischen Ausführungen divergieren[100]. Jan Driessen unterschied zwischen Villen in urbaner und ländlicher Lage und bezeichnete diese als Häuser mit einem hohen, mittleren oder niedrigen Status[101]. Alexandra Karetsou und Iro Mathioudaki bezeichneten die Wahl des Standortes bei Villen im Gegensatz zu anderen Siedlungsplätzen als bewusst getroffen[102]. Des Weiteren bezeichnete Torben Kessler Villen als Nichtpaläste mit über dem Durchschnitt der sie umgebenden Siedlungskammern liegenden Grundflächen[103]. Mit zeitlichem Abstand unterschied Esther Widman zwischen zeitgleichen megalithischen Villen und Bauernhöfen, und zwischen Siedlungsplätzen mit kleinen und großen Bedeutungen[104].

---

96 Mantzourani u. a. 2005, FN 13.

97 Sakellarakis – Panagiotopoulos 2006, 63 f. Vergleiche zudem Adams 2006, 6.

98 Younger – Rehak 2008a, 143. 146. 216.

99 Matthäus 2009, 91–93.

100 Westerburg-Eberl 2009, 98. 102–107. Vergleiche hierzu Shaw 2009, 163.

101 Driessen 2001, 13. 16. 18; Driessen 2010, 53. 57; Driessen 2011, 24.

102 Karetsou – Mathioudaki 2012, 83.

103 Kessler 2013, 121.

104 Widmann 2014, 433 f.

# Vorstellung

## 2.1 Nerokourou

Der Siedlungsplatz Nerokourou liegt vier Kilometer südlich von Chania und 400 Meter nordöstlich vom gleichnamigen Ort auf einer Höhe von 46 Meter. Das Gebiet zwischen dem Siedlungsplatz und dem Stadtgebiet Chanias ist eine flache Küstenebene mit durchschnittlichen Höhen von 100 Meter (Abb. 2). Diese Ebene findet im Süden hinter Nerokouros, Tsikalaria und Mournies durch 400 Meter hohe Gebirgsausläufer eine Begrenzung. In östlicher Richtung verläuft die Ebene bis nach Souda an die Küste und findet dort Beschränkung durch durschnittlich 300 Meter hohes Terrain. Nach Norden und Nordosten liegen 100 Meter hohe Gebirgsregionen. Einzig nach Westen und nach Süden über Kirtomados zieht sich die flache Ebene weiter an der Küste entlang und ins Hinterland hinein. In östlicher Richtung verlaufen in bis zu 400 Meter Entfernung zwei Flüsse aus südlicher Richtung an die Nordküste. In westlicher Richtung liegen in zwei Kilometer Distanz zwei weitere Flussläufe. Von der Bucht von Souda im Nordosten liegt der Siedlungsplatz gegenwärtig ebenfalls zwei Kilometer entfernt.

Das Ausgrabungsgelände liegt inmitten moderner landwirtschaftlicher Nutzflächen des Oliven- und Fruchtanbaus. In 150 Meter Entfernung westlicher Richtung befindet sich ein modernes Gewächshaus von 100 x 40 Meter Größe. Die Kapelle des Agios Georgios ist 160 Meter südwestlich situiert. Mit Ausnahme der 250 Meter entfernten Schnellstraße im Norden sind im Radius von 200 Meter keine modernen Konstruktionen vorhanden. Im Zuge moderner Baumaßnahmen wurde der Baubefund zufällig entdeckt und von 1976 bis 1982 freigelegt[105]. Die Bezeichnung Nerokourou mag in den benachbarten Gewässern der Gegend begründet liegen. Vom Ort sind durch das ansteigende Terrain die Gebirge im Süden gut zu erkennen, darunter die Windräder im Südosten von Souda in vier Kilometer Entfernung. Nach Süden sind die Berge hinter Nerokourous in zwei Kilometer Entfernung zu sehen. Nach Nordosten sind die Gebirge der Halbinsel von Akrotiri in drei Kilometer Entfernung ebenso sichtbar wie die Bucht von Souda im Nordwesten. Der Ausblick nach Westen ist aufgrund der gegenwärtigen Vegetation eingeschränkt.

In westlicher Richtung liegen bei Stalos und Vrysses in zehn und vierzehn Kilometer sowie in südöstlicher Richtung bei Stylos in neun Kilometer Entfernung weitere spätbronzezeitliche Fundplätze[106]. In nordwestlicher Richtung deuten in fünf

---

105 Catling 1984/1985, 67; Catling 1986, 95; Tzedakis u. a. 1989b, Premessa; French 1989/1990, 80; Kanta – Rochetti 1989a, 293; MacGillivray 1993, 360 f.; Chryssoulaki 1997, 27.

106 Für Informationen zu diesen Fundplätzen siehe Hood 1962, 25; Hood 1965, 100. 106 f.; Touchais 1978, 611; Kanta 1980, 233 f.; Catling 1982, 59; Touchais 1982, 631; Sanders 1982, 168; Mortzos 1982; Kanta 1984, 9 f. 13 f.; Driessen – MacDonald 1997, 121; Christakis 1999, 135 f.; Blackman 1999/2000, 150; Whitley u. a. 2006/2007, 119 f.; Christakis 2008, 56.

Kilometer Entfernung im Stadtgebiet von Chania mehrere benachbarte Fundplätze auf einen großflächigen Siedlungsplatz hin[107]. Am Siedlungsplatz Nerokourou kam es zum Nachweis weiterer spätbronzezeitlicher Siedlungsaktivitäten. Diese Befunde liegen 100 Meter nördlich, 100 Meter östlich, 300 Meter östlich sowie 500 Meter westlich[108]. Eine Analyse weiterer Baubefunde in 500 und 50 Meter Entfernung bleib aus[109]. Vom Siedlungsplatz selbst stammen neolithische, frühminoische sowie griechische, hellenistische und römische Streufunde[110].

Die Bauglieder in flachem Terrain weisen untereinander geringe Niveauunterschiede auf. Die Bodenplatten aus Kalkstein einzelner Räume lagen bei Ausgrabung zwischen 0,3 und 0,6 Meter unterhalb des Bodenhorizontes[111]. Die Mauern des 17 x 23 Meter großen Baubefundes sind zwischen 0,4 und 0,7 Meter Höhe erhalten (Abb. 3)[112]. Im nördlichen Teil befindet sich ein breiter Mauerverlauf aus Bruchsteinen und beschlagenen Baugliedern in einer westlichen Ausrichtung. Von diesem Mauerzug verlaufen in nördlicher Richtung drei kurze Mauersetzungen. Nach Süden schließt sich eine großflächige rechteckige Baukonstruktion, die durch zwei kleine Mauerzüge verbunden ist, an. Insgesamt liegen mit einer nördlichen Ausrichtung drei Mauerzüge vor. Orthogonal zu diesen liegen zwei lange und ein kurzer Mauerzug vor. Diese Bauteile und frei im Raum situierte Bauelemente gliedern den Baubefund in vier Abschnitte[113]. Die zwei nördlichen werden durch Türwangenbasen sowie zwei kleine Mauerzüge in drei Teilabschnitte geteilt. In der südwestlichen Ecke des südwestlichen Raumes bilden weitere Türwangenbasen im Mauerbefund Durchgänge nach Westen und nach Süden. Die zwei südlichen Abschnitte erhalten durch zwei Säulenbasen, welche auf einer Linie mit rechteckig bearbeiteten Steinen innerhalb des Mauerverbundes liegen, ebenfalls Aufteilung[114]. In der südwestlichen Ecke des südlichen Gebäudeteils liegt eine runde, vertiefte und mit Mörtel verputzte Steinfassung[115]. Im Osten der rechteckigen Baukonstruktionen liegt im südlichen Abschnitt eine weitere Mauer vor dem Mauerzug in nördlicher Ausrichtung.

---

107 Andreadaki-Vlasaki 2002, 158–162.

108 Hood 1965; Touchais 1981, 884; Touchais 1988, 690; Catling, 1988/1989, 108; Tzedakis u. a. 1989b, Premessa; French 1990/1991, 77.

109 Tzedakis – Chryssoulaki 1987, 112; Kanta 1989, 109. 112; Chryssoulaki 1997, 29.

110 Hood 1957, 19; Levi 1959, 242; Catling 1976, 32; Catling 1987/1988, 76; Vagnetti u. a. 1989, 87–91; Pariente 1990, 835; French 1990/1991, 77; Efstratiou u. a. 2004, 47 f.; Tomkins u. a. 2004, 51.

111 Kanta – Rochetti 1989a, 293.

112 Chryssoulaki 1997, 29.

113 Kanta – Rochetti 1989a, 293.

114 Kanta – Rochetti 1989a, 296.

115 Kanta – Rochetti 1989a, 296.

Fragmente von Kelchen, kleinen Schalen, Krügen und Kannen sowie sechs Becherformen sind Objekte des Trinkgeschirrs[116]. Fragmente und teils vollständig erhaltene Becken, Schüsseln und große Schalen sowie Dreifüße gehören zur Gattung des Koch- und Zubereitungsgeschirrs[117]. Pithoi auf dem Boden und in diesen eingelassen und weitere Fragmente dieser Gefäßgattung sowie verwandte Amphoren sind Objekte des Lagergeschirrs[118]. Weitere Gefäßformen sind Alabastra, Vogelnestschalen und Pyxiden[119]. Eine fragmentarische Töpferscheibe, drei *Fire-Boxes* sowie zwei Lampen bestehen ebenfalls aus Ton[120]. Zwei Zangen, eine Speerspitze und eine Doppelaxt aus Bronze sowie ein Bleigewicht sind Metallfunde[121]. Aus Stein sind folgende Objekte überliefert[122]: Fragmente von Obsidian, Bergkristall und Steatit, eine Schüssel und Lampe aus Serpentin, zwei Webgewichte, Werksteine, ein röhrenförmiges Steinobjekt mit einem Zeichen der Linearschrift A, ein Serpentinstein mit der Darstellung weiblicher Figuren sowie ein Stein mit einem Spinnenmotiv.

Innerhalb des Gebäudes wurden Tongefäße der Keramikphasen MM IIIA, MM IIIB, SM IA und SM IB dokumentiert[123]. Einige dieser Gefäße weisen stilistische Übereinstimmungen mit Tongefäßen aus Knossos, Malia, Phaistos und Archanes auf, die aus Deponierungen der Keramikphase MM IIIA stammen[124]. Weitere Gefäße, die stratigraphisch über diesen Objekten lagen, zeigen stilistische Gleichheiten mit Gefäßen aus Palaikastro und Kythera aus der Keramikphase SM IB[125]. Bodenablagerungen vor Ort existieren nur aus der finalen Nutzung in der Phase SM IB[126]. Karbonisierte Holzfragmente, verbrannte Keramikscherben und Brandspuren an Kalksteinplatten deuten auf eine Zerstörung des Bauwerkes durch ein Feuer hin, wohingegen herabgefallene Bauglieder für eine Verwüstung durch ein Erdbeben sprechen[127]. In einigen Teilabschnitten bilden kleinere Bruchsteinmauern spätere Additionen zur ursprünglichen Baukonstruktion[128]. Tongefäße und Schieferplatten verdeutlichen aufgrund

---

116 Kanta – Rochetti 1989a, 302–308. 313–315. 318.

117 Kanta – Rochetti 1989a, 304 f. 309 f. 317 f.

118 Kanta – Rochetti 1989a, 294. 299. 309–316.

119 Kanta – Rochetti 1989a, 315–317.

120 Kanta – Rochetti 1989a, 312. 316. 318.

121 Kanta – Rochetti 1989a, 320.

122 Kanta – Rochetti 1989a, 293 f. 297. 300. 319 f.; Pini 1992, 108. 189 f.; Pini – Platon 1999, 274. 314.

123 Kanta – Rochetti 1989a, 301–318. 321 f. 326; MacGillivray 1993, 361; Chryssoulakis 1997, 29; Driessen – MacDonald 1997, 52. 125; Christakis 2008, 58; Kanta 2011, 615. 618.

124 Kanta – Rochetti 1989a, 322.

125 Kanta – Rochetti 1989a, 323.

126 Kanta – Rochetti 1989a, 320.

127 Kanta – Rochetti 1989a, 296 f.

128 Siehe hierfür bei Tzedakis – Chryssoulaki 1987, 112 f.; Kanta – Rochetti 1989a, 322. 326.

ihrer außergewöhnlichen Fundhöhe die Zugehörigkeit zum vertikalen Gebäudeaufbau[129].

## 2.2 Zominthos

Der Siedlungsplatz Zominthos liegt fünf Kilometer südlich von Anogeia im nördlichen Idagebirge auf einer Höhe von 1200 Meter am Platz Alones. Der Ort befindet sich auf einem hügeligen Plateau 400 Meter oberhalb der modernen Habitationsgrenze, welche bei Anogeia auf 720 Meter endet (Abb. 4). Nach Norden und Westen offenbart das Plateau kleinere Hügel und fällt in zwei Kilometer Entfernung in Richtung Anogeia ab. Im Osten in 200 Meter sowie im Süden in 900 Meter Entfernung schließt das Hochgebirge mit Höhen über 1500 Meter an. In der Umgebung befinden sich drei Schichtquellen[130]. Die moderate Hangneigung ist zusammen mit der Wasserversorgung innerhalb des Idagebirges für eine gute Bodenbildung verantwortlich[131]. Vor Ort liegt im Gegensatz zu benachbarten Gegenden einer der wenigen Sedimentfänger, welcher den Abtransport und Verlust von Bodensedimenten verhindert[132].

In 80 Meter Entfernung westlicher Richtung befinden sich moderne Bauten, in 100 Meter nördlicher sowie östlicher Richtung verläuft die moderne Straße von Anogeia zur Idäischen Grotte. Darüber hinaus liegen in 200 Meter östlicher und 300 Meter südlicher Richtung zwei moderne Molkereigebäude[133]. Der Siedlungsplatz wurde in den 1980er Jahren partiell freigelegt und die Grabungen dauern bis heute an[134]. Die Bezeichnung Zominthos mag durch das Suffix -nthos auf eine vorgriechische Namensherkunft des Ortes hindeuten[135]. Vom Ort selbst sind durch das abfallende Terrain und die geringen Hangneigungswerte vor allem die nördlichen angrenzenden Gebiete einsehbar. Sichtverbindungen bestehen unter anderem zu den benachbarten Fundplätzen und Nekropolen von Kylistria und Spiliari[136].

129 Kanta – Rochetti 1989a, 293. 296 f. 300. 326.

130 Sakellarakis – Panagiotopoulos 2006, 51; Siart 2010, 140; Widman 2013, 210. 215; Sakellerakis - Panagiotopolous 2006, 51; Soetens 2009, 264.

131 Panagiotopoulos 2007, 22.

132 Siart 2010, 139.

133 Traunmüller 2009, 9 f.

134 Faure 1969, 182; Sakellarakis 1983, 443. 488–498; Catling 1984/1985, 61; Catling 1986/1987, 57; Catling 1988/1989, 101 f.; Sakellarakis – Panagiotopoulos 2006, 55; Fieldnotes 2005; Fieldnotes 2006; Fieldnotes 2007; Traunmüller 2009, 15.

135 Faure 1969, 109–118; Rackham – Moody 1996, 104.

136 Siart 2010, 141.

Das *Bergheiligtum* von Keria liegt acht Kilometer östlich von Zominthos[137]. Beim dem sieben Kilometer östlich entfernten Krousonas wurden zwei Bauwerke mit Tongefäßen der Keramikphasen MM III–SM I freigelegt[138]. In der Schlucht im Nordwesten von Krousonas sind bei Faragi, Voskero und Livadi mehrere Fundplätze bekannt[139]. Am Platz Kylistria befindet sich zwei Kilometer östlich von Zominthos eine Höhle, die bronzezeitliche Siedlungsaktivitäten aufweist[140]. In Spiliari, 500 Meter südlich, sind menschliche Knochen, Pithoifragmente und Larnakes eines bronzezeitlichen Begräbnisplatzes überliefert[141]. Aus der Nähe des Baubefundes von Zominthos sind geometrische, archaische und römische Funde bekannt[142]. Am Platz Mnemata, 200 Meter östlich des Bauwerkes, sind Funde der Phase SM III und im weiteren Umfeld frühminoische Funde bekannt[143]. Im Norden und Nordosten deuten weitere Funde auf die Präsenz eines größeren Siedlungsplatzes, dessen Ausdehnung bisher unbekannt ist[144].

Die Bauglieder aus Kalk- und Schiefersteinen liegen am westlichen Rand eines niedrigen Hügels und weisen untereinander Niveauunterschiede auf[145]. Die Bodenbeläge der Räume lagen unter drei Meter dicken, teils ungestörten Kulturschichten[146]. Der Baubefund misst eine Größe von 55 x 37 Meter, die Mauern sind mit Dicken bis zu einem Meter und Höhen bis zu drei Metern erhalten[147]. Die Bauglieder bilden eine rechteckige Form mit Anschlüssen weiterer Abschnitte im nordwestlichen sowie südöstlichen Teil (Abb. 5)[148]. Den westlichen Abschluss des Baubefundes bildet über die gesamte Länge eine Mauer mit mehreren Vorsprüngen. Der nördliche Abschluss besitzt neben einem deutlichen Versatz eine Lücke zwischen dem nordwestlichem und dem nordöstlichen Bereich. Die östlichen sowie die südlichen

137 Faure 1969, 182 f.; Rutkowski 1988, 93; Rethemiotakis 2009, 189 f.

138 Pariente 1990, 830; French 1990/1991, 69; Pariente 1992, 939 f.; French 1992/1993, 71; French 1993/1994, 78; Löwe 1996, 234; Driessen – MacDonald 1997, 132; Christakis 2008, 60.

139 Sakellarakis 1983, 488–550; Sakellarakis – Panagiotopoulos 2006, 51; Rethemiotakis 2009, 189 f.

140 Sakellarakis – Panagiotopoulos 2006, 50.

141 Sakellarakis – Panagiotopoulos 2006, 51 f.

142 Sakellarakis 1983, 498–500; Sakellarakis – Panagiotopoulos 2006, 51 f. 56; Fieldnotes 2010, Week 1–4; Fieldnotes 2011, Week 3–4; Fieldnotes 2017, Week 1.

143 Sakellarakis 1983, 498–500; Catling 1987/1988, 76; Fieldnotes 2005; Fieldnotes 2010, Week 1–4; Fieldnotes 2010, Week 1, 3; Fieldnotes 2011, Week 3; Fieldnotes 2013, Week 5.

144 Sakellarakis – Panagiotopoulos 2006, 49–52. 55.

145 Siart 2010, 143.

146 Panagiotopoulos 2007, 19.

147 Sakellarakis – Panagiotopoulos 2006, 54.

148 Die folgende Beschreibung basiert auf dem Plan nach den Ausgrabungskampagnen 2019 Zominthos 2019, Week 6 https//www.archaeological.org/wp-content/uploads/2019/08/The-Zominthos-Project_Week-6_Areas-of-investigation.jpg (18.03.2020)

Grenzen des Baubefundes sind aufgrund des anstehenden Gesteins und nicht erforschter Gebiete unbekannt. Innerhalb des Gebäudes verbinden mehrere Korridore einzelne Räume miteinander. Allen vorran ermöglichte der 25 Meter lange Korridor 10 an sieben Stellen Zugang zu den nordöstlichen, südlichen sowie westlichen Abschnitten[149]. In ähnlicher Weise verbinden die kürzeren Gänge 16 im Norden, 21 im Nordosten und 34 im Südosten umliegende Räume. Mit Blick auf die Raumgröße hebt sich die Raumgruppe 30 und 50, 51 und 52 im Osten des Gebäudes von den übrigen Abschnitten ab. Die weiteren großflächigen Räume befinden sich mit 17, 26, 37, 38 und 53 im westlichen Abschnitt. Die Raumgruppe 19, 26, 28 und 53 würde durch die Einbeziehung der benachbarten Räume ebenfalls einen großflächigen Bereich einnehmen. Nach Abtrag der mittleren Mauer unterhalb eine Säulenbasis zeigte sich für die benachbarten Räume 26 und 53 eine ursprüngliche Zugehörigkeit zu einem großflächigen Raum[150].

Zwischen den Räumen 27 und 35 befinden sich großformatige Türschwellensteine, und in den Räumen 34, 51 und 56 liegen frei im Raum T- und L-förmige Türwangenbasen[151]. Steinerne Bänke und Aufbauten in Γ, U und L-Form mit teils plastischer Verkleidung sind unter anderem in den Räumen 4, 7, 24, 26, 30, 37, 43, 53 und 57 erhalten[152]. Andere Elemente umfassen Säulen- und Pfeilerbasen im Zentrum der Räume 4, 30, 42, 52, 26, 17, 37, 38 und 53[153]. Weitere Auffälligkeiten sind zwei Nischen in 15 und 17, ein Herd in 57 sowie eine runde Vertiefung mit einem Durchmesser von 0,8 Meter im Boden von Raum 12[154]. In den Räumen 35A und 35B befinden sich zwei parallele Treppenaufgänge, drei weitere Stufen sind zwischen den Räumen 37 und 47A nachgewiesen[155]. Im Norden der Raumgruppe 13, 14 und 15 befindet sich ein Ofen, eine Herdstelle wurde unter anderem in Raum 30 identifiziert[156]. Aufgrund der Mauerhöhen sind bei den Räumen 8, 9, 14 und 15 Fenster an den Außenwänden des Gebäudes nachgewiesen[157]. Aus den Räumen 3, 5, 6, 7, 8 und 34 stammen hohe Mengen verputzter, teils farbiger, Wandverkleidung[158].

---

149 Fieldnotes 2014, Week 5.

150 Fieldnotes 2013, Week 2.

151 Fieldnotes 2015, Week 1–2 und 4; Fieldnotes 2016, Week 1.

152 Fieldnotes 2012, Week 1; Fieldnotes 2013, Week 1 und 3; Fieldnotes 2014, Week 2; Fieldnotes 2015,Week 1–3; Fieldnotes 2016, Week 1 und 5; Fieldnotes 2017, Week 4–5.

153 Fieldnotes 2012, Week 1; Fieldnotes 2013, Week 5; Fieldnotes 2014, Week 2 und 4; Fieldnotes 2016, Week 1 und 4; Fieldnotes 2017, Week 1–2 und 5; Fieldnotes 2018, Week 1.

154 Traunmüller 2012, 12; Fieldnotes 2015, Week 4.

155 Fieldnotes 2014, Week 2; Fieldnotes 2015, Week 1–3; Fieldnotes 2017, Week 1–2.

156 Fieldnotes 2012, Week 1; Fieldnotes 2014, Week 4–5; Fieldnotes 2015, Week 1–3.

157 Papadopoulos – Sakellarakis 2010, 2.

158 Sakellarakis – Panagiotopoulos 2006, 54; Fieldnotes 2012, Week 1; Fieldnotes 2013, Week 1; Fieldnotes 2015, Week 1–2; Fieldnotes 2017, Week 1.

Fragmente und vollständig erhaltene Kannen, Kelche, Kylikes und sechs Becherformen zählen zum Trinkgeschirr[159]. Innerhalb des Koch- und Zubereitungsgeschirrs wurden unter anderem Fragmente von Becken, Schüsseln und Schalen erkannt[160]. Objekte des Lagergeschirrs umfassen neben Fragmenten von Amphoren und Pithoi zudem Pithoi in den Räumen 11, 12 und 40, die dort in situ auf dem Boden standen und in diesen vertieft eingelassen waren[161]. Weitere Gefäßformen, darunter Rhyta, Pyxiden und Lekanen, sind fragmentarisch erhalten[162]. Zwei Rhyta, eine Ochsenfigurine, eine Töpferscheibe, Räuchergefäße, Webgewichte, ein gesiegeltes Objekt mit floralem Motiv sowie ein Fragment einer Tafel mit Zeichen der Linearschrift A bestehen allesamt aus Ton[163]. Metallobjekte umfassen drei männliche sowie eine weibliche Bronzefigurine, zwei Bronzeringe mit Spiraldekor, Doppeläxte, einen Meißel, einen Bohrer, ein Messer, einen Spinnwirtel, eine Pfeilspitze aus Eisen sowie eine Bronzeschale mit drei verzierten Henkeln[164]. Organische Funde sind hohe Mengen an Tierknochen, karbonisierte Holzfragmente sowie teils bearbeitete Knochenobjekte[165]. Aus Stein sind folgende Objekte überliefert: eine Klinge aus Obsidian, Klopf- und Schleifsteine, Webgewichte, ein Tisch mit Zeichen der Linearschrift A und bearbeitete Bergkristallobjekte[166]. Auf Siegelsteinen aus Steatit sind Motive von Löwen, Vögeln, weiblichen Mischwesen, Skorpionen und nicht näher beschriebene Szenen angebracht[167].

In mehreren Räumen des Bauwerkes wurden durch Tiefenschnitte Keramikscherben und vereinzelte Baubefunde älterer Siedlungsphasen dokumentiert[168]. In den bisher freigelegten Räumen des Bauwerkes befanden sich Tongefäße der Keramikphasen MM III–SM IA. Der Zerstörungszeitpunkt des Bauwerkes wurde unter stilistischen Gesichtspunkten im Zeitraum zwischen dem Ende der Keramikphase

---

159 Sakellarakis – Panagiotopoulos 2006, 56.

160 Sakellarakis – Panagiotopoulos 2006, 56. 60; Traunmüller 2013, 98 f.; Fieldnotes 2015, Week 5; Fieldnotes 2018, Week 2; Fieldnotes 2019, Week 6.

161 Sakellarakis – Panagiotopoulos 2006, 56 f.; Panagiotopoulos 2007, 19; Fieldnotes 2014, Week 3; Fieldnotes 2016, Week 5; Fieldnotes 2017, Week 1; Fieldnotes 2019, Week 2.

162 Traunmüller 2013, 96. 101 f.; Fieldnotes 2019, Week 6.

163 Sakellarakis – Panagiotopoulos 2006, 57 f. 60; Fieldnotes 2013, Week 2; Fieldnotes 2019, Week 2 und 4.

164 Sakellarakis – Panagiotopoulos 2006, 49; Fieldnotes 2011, Week 2 und 5; Fieldnotes 2012, Week 2 und 5; Fieldnotes 2014, Week 1 und 5; Fieldnotes 2015, Week 1–4; Fieldnotes 2016, Week 5; Fieldnotes 2019, Week 1.

165 Sakellarakis – Panagiotopoulos 2006, 56; Fieldnotes 2014, Week 3; Fieldnotes 2018, Week 2.

166 Fieldnotes 2011, Week 1; Fieldnotes 2013, Week 5; Fieldnotes 2015, Week 1–2; Fieldnotes 2018, Week 1 und 4; Fieldnotes 2019, Week 6.

167 Fieldnotes 2011, Week 3–4; Fieldnotes 2012, Week 1; Fieldnotes 2014, Week 3; Fieldnotes 2016, Week 1; Fieldnotes 2017, Week 1–3.

168 Fieldnotes 2009, Week 3–4; Fieldnotes 2010, Week 3–4; Fieldnotes 2011, Week 4–5.

SM IA und vor dem Beginn der Phase SM IB vorgeschlagen[169]. Die Dekorationselemente der Gefäße aus den Räumen 13, 14 und 15 umfassen Motive des *Standard Tradition Stils* der Phase SM IA[170]. Die Tongefäße besitzen keine stilistischen Motive des *Special Palatial Tradition Stils* aus der Keramikphase SM IB[171]. Übereinstimmungen bestehen mit Objekten aus Knossos aus der *Stratigraphical Museum Extension Site* aus der Phase MM III–SM IA, mit Kannen aus Palaikastro aus der Phase SM IA, mit Rhyta aus Gournia und Akrotiri aus MM III–SM IA sowie mit einer Kanne aus Kamilari aus SM IA[172]. Die meisten Gemeinsamkeiten der Zusammenstellung vor Ort bestehen mit der *Knossian Gypsadhes Well Upper Deposit Group*[173]. Anhand der Sturzlage der Wand in Raum 11 wurden die Auswirkungen eines Erdbebens als Zerstörungsgründe formuliert[174]. Mit Blick auf die zeitliche Bauentwicklung kam es zur Differenzierung zweier Gebäudephasen. In diesen Überlegungen erhielt das Gebäudezentrum in späteren Phasen im Nordwesten und anderen Gebieten Annexbauten[175]. Neben den Treppenaufgängen deuten die Fundhöhen und -umstände auf den vertikalen Gebäudeaufbau hin, besonders eindrucksvoll in Raum 10[176].

## 2.3 Sklavokambos

Der Siedlungplatz Sklavokampos liegt drei Kilometer südöstlich von Gonies und zwanzig Kilometer südwestlich von Iraklion auf einer Höhe von 422 Meter am südlichen Rand eines Hochplateaus. Diese Region auf durchschnittlich 650 Meter findet in östlicher und nordöstlicher Richtung durch die modernen Orte Gonies, Kamaraki, Kamariotis, Ahdovochori und Asturaki eine Begrenzung (Abb. 4). In nördlicher und südlicher Richtung liegen mit dem Stroumboulas und den Ausläufern des Idagebirges Höhen von bis zu 1200 Meter vor. Im Osten des Plateaus bildet eine Schlucht eine Lücke im Gebirgsterrain und gewährt Zugang in östlicher Richtung ins Inselzentrum. Nach Westen bildet das Hochplateau einen eher flachen Korridor, welcher sich in westlicher Richtung parallel zur gebirgigen Nordküste

169 Sakellarakis – Panagiotopoulos 2006, 56. 62; Traunmüller 2011, 94. 106. 109; Hallager, Rethemiotakis und Traunmüller in: Traunmüller 2011, 115 f.; Traunmüller 2012, 14.

170 Traunmüller 2012, 14.

171 Traunmüller 2012, 12; Traunmüller 2013, 103.

172 Traunmüller 2013, 104.

173 Traunmüller 2012, 19.

174 Sakellarakis – Panagiotopoulos 2006, 56.

175 Sakellarakis – Panagiotopoulos 2006, 55.

176 Sakellarakis – Panagiotopoulos 2006, 54 f.; Panagiotopoulos 2007, 22.

zieht. Unmittelbar nördlich des Siedlungsplatzes schlängelt sich aus südlicher Richtung ein Fluss in Richtung der Schlucht. Von der Bucht bei Iraklion im Nordosten ist der Ort gegenwärtig zehn Kilometer entfernt.

Das Ausgrabungsgelände liegt im zugleich tiefsten Gebiet des Plateaus inmitten moderner landwirtschaftlicher Nutzflächen des Olivenanbaus. In westlicher, nordwestlicher sowie nordöstlicher Richtung befinden sich in bis zu 600 Meter Entfernung moderne Viehwirtschaftsgebäude. Unmittelbar nördlich des Baubefundes verläuft die Landstraße zwischen Tylissos und Anogeia. Der Baubefund wurde bei Bauarbeiten dieser Straße zufällig entdeckt, und in Rettungsgrabungen der 1930er Jahre freigelegt[177]. Die Bezeichnung Sklavokampos mag in der umgebenden Ebene begründet liegen. Heute ist der Blick vom Ausgrabungsplatz durch die Vegetation und die Terrainunterschiede der Umgebung eingeschränkt. Einzig nach Westen sind weitläufige Aussichten über das Umland möglich. Vom Ort selbst sind Gonies sowie das gleichnamige *Bergheiligtum* über dem Ort sichtbar. Dementgegen sind von Gonies das gesamte Plateau, der Ausgrabungsplatz sowie die Schlucht einsehbar.

Weiter nordwestlich sind bei den Plätzen Roussokefala und Armi tou Fouski weiterer Fundplätze verzeichnet[178]. Das *Bergheiligtum* von Gonies liegt drei Kilometer westlich, zu den dort dokumentierten Funden zählen Tongefäße der Zeitphasen MM I und MM III[179]. Am Platz Lepria, in der Umgebung von Gonies, wurde ein natürliches Vorkommen von Serpentin nachgewiesen, und am benachbarten Platz Stalona Tongefäße der Keramikphasen MM I–SM I dokumentiert[180]. Aus der Umgebung stammen römische Münzen, und in der Nähe von Gonies befinden sich römische Gebäude[181]. Nicht näher analysierte Baubefunde im Norden des Baus wurden als Bestandteil einer größeren Siedlung vor Ort gedeutet[182].

Innerhalb der Bauglieder aus Kalkstein liegen terrainbedingte Niveauunterschiede mit einem Anstieg von Norden nach Süden von 0,4 Meter vor[183]. Der Baubefund misst eine Größe von 28 x 20 Meter (Abb. 6). Die Mauern aus Bruchsteinen und bearbeiteten Steinen sind in Dicken zwischen 0,4 und 0,9 Meter und in Ausnahmefällen bis zu einer Höhe von 2,5 Meter erhalten[184]. Besonders die nördlichen und westlichen Wände grenzen sich durch großformatige Steine in den unteren

177 Béquignon 1929, 529; Béquignon 1930, 516; Payne 1932, 255; Marinatos 1948, 69; Megaw 1965, 28; Daux 1967, 777 f.; Daux 1971; Marinatos – Hirmer 1973, 109.

178 Platon 1955, 568.

179 Rutkowski 1988, 79–81; Adams 2017, 148. FN 62.

180 Warren 1965; Warren 1969, 138 f.; Becker 1976, 361 f. 363 f.; Krzyszkowska 2005, 12; Bevan 2007, 133; Soetens u. a. 2008, 157; Athanasaki 2014, 68 f.

181 Sanders 1982, 154.

182 Marinatos 1948, 94.

183 Marinatos 1948, 77 f.

184 Marinatos 1948, 74. 77.

Schichten von den anderen Baugliedern ab[185]. Diese besitzen je nach Lage im Inneren des Gebäudes und in der Fassade unterschiedliche Dicken. Die westliche Begrenzung des Baubefundes bildet über die gesamte Länge des Gebäudes ein nördlich ausgerichteter Mauerzug. In südlicher Richtung schließt eine orthogonale Mauer mit einer Lücke an. Die nördliche Begrenzung umfasst drei Pfeilerbasen mit unklarer nördlicher Anbindung und einen Mauerzug in östlicher Ausrichtung. Die östliche Seite umfasst zwei über einen Vorsprung verbundene nördlich ausgerichtete Mauerzüge.

Innerhalb des Baubefundes ermöglichen die zwei langgestrecken Korridore 1-3-5 und 14-19 Zugang zu anderen Räumen[186]. Über diese lässt sich der Baubefund in zwei Bereiche aufteilen. Der nördliche Abschnitt umfasst die kleinflächigen Räume 4, 6, 7, 8, 9 und 10 mit Zugang zu dem Korridorabschnitt 3-5. Über die verbundenen Räume 11 und 12 war Zugang zu dem Abschnitt 13 möglich. Die Räume im südlichen Abschnitt lagen um den zentralen Raum 15 herum gruppiert. Ein weiterer Abschnitt, 20, im Südwesten besitzt keine klare Anbindung an die anderen Räume. Im großflächigen Raum 15 waren drei Pfeilerbasen aus Stein erhalten[187]. Über den nördlichen Korridor erhielt man Zugang zu den anderen Räumen. In Raum 4 wurden Türwangenbasen dokumentiert, und die parallele Lage der Räume 6 und 7 lässt vermuten, dass es sich um einen Treppenaufgang handelt[188].

Publizierte Objekte des Trinkgeschirrs umfassen zehn Becher, vier Tassen, drei Kelche, sechs Kannen sowie Krüge und Brückenskyphoi[189]. Eine großformatige Schüssel lässt sich als Koch- und Zubereitungsgeschirr ansprechen[190]. Objekte des Lagergeschirrs sind fünf Amphoren, fünfzehn teils in den Boden eingelassene Pithoi und fünf nicht näher benannte Lagergefäße[191]. Weitere Tonobjekte umfassen 39 Plomben mit gestempelten Stiersprungszenen, fragmentarische anthropomorphe und zoomorphe Figuren in Form von Stieren, zwei Webgewichte sowie zwei *Fire-Boxes*[192]. Zinn- sowie Kupferfragmente sind publizierte Metallfunde[193]. Knochenfunde im südlichen Bereich sowie Olivenkerne, Getreidekörner und Hülsenfrüchte in der Nähe von Pithoi und anderen Tongefäßen sind organische Funde[194].

185 Marinatos 1948, 77.
186 Marinatos 1948, 73 f.
187 Marinatos 1948, 75.
188 Marinatos 1948, 73.
189 Marinatos 1948, 74.
190 Marinatos 1948, 85. 93; Tafel 1–4.
191 Marinatos 1948, 74 f. 83; Christakis 2008, 58.
192 Marinatos 1948, 72–74. 86–91; Georgiou 1980, 138. 145.
193 Mariantos 1948, 75.
194 Marinatos 1948, 76 f.

Steinobjekte sind ein Hammer aus Kalkstein, Schleif- und Schlagsteine, mehrere Steingefäße sowie ein Tritonfragment aus Serpentin[195].

Zu den frühesten Funden zählen neolithische Keramikfragmente[196]. Partielle Mauerabschnitte älterer Siedlungsaktivitäten sind mit Tongefäßen der Keramikphasen MM nachgewiesen, und bestimmte Pithoi können durch stilistische Übereinstimmungen mit Objekten aus dem *Palast* von Phaistos und aus dem *House of the Frescoes* aus Knossos ebenfalls aus früheren Siedlungsphasen stammen[197]. Im Bauwerk selbst wurden Tongefäße der Keramikphasen MM III, SM IA und SM IB dokumentiert[198]. Anhand dieser Objekte lag der Zeitpunkt der Errichtung des Gebäudes mutmaßlich nicht vor dem Beginn der Keramikphase SM IA. Eine finale Zerstörung des Gebäudes ging mutmaßlich mit einem Feuer in dem Zeitraum der Keramikphase SM IB vonstatten, welches seine Spuren an Baugliedern aus Stein und Holz hinterlassen hat. Über den vertikalen Gebäudeaufbau wurden bisher anhand weniger Funde und eines potentiellen Treppenaufgangs lediglich unsichere Mutmaßungen vorgelegt[199].

## 2.4 Tylissos

Der Siedlungplatz Tylissos liegt elf Kilometer südwestlich von Iraklion auf einem Plateau von 190 Meter Höhe (Abb. 4). In diesem Plateau zwischen Küstenebene im Norden und Idagebirge im Südwesten liegen mehrere Flussläufe, die aus südlicher und südwestlicher Richtung nach Tylissos verlaufen. Begrenzung erfährt dieses Gebiet in durchschnittlich zwei Kilometer Entfernung im Westen und Südwesten durch das 800 Meter hohe Idagebirge und im Norden durch 400 Meter hohe Gebirgsausläufer. Nach Osten öffnet sich das Gelände weiträumig, während nach Süden entlang der Flanke des Ida das Gelände stetig ansteigt. Der Siedlungsplatz wird in bis zu zwei Kilometer Entfernung in südwestlicher, südlicher und östlicher Richtung von mehreren Flussläufen eingefasst. Von der Küste im Nordosten ist der Ort gegenwärtig sechs Kilometer entfernt.

---

195 Marinatos 1948, 72 f. 85; Warren 1969, 91; Darcque – Baurain 1983, 67.

196 Marinatos 1948, 82.

197 Marinatos 1948, 82–84.

198 Marinatos 1948, 84 f. 93–96. Vergleiche zudem Niemeier 1980, 9; Müller 1997, 302; Warren 2001, 116; Adams 2007, 401.

199 Driessen – MacDonald 1997, 127.

Das Ausgrabungsgelände befindet sich im nordöstlichen Gebiet des modernen Tylissos und wird in bis zu 150 Meter Entfernung an allen Seiten von modernen Bauten umgeben. Zwischen 1909 und 1920 kam es aufgrund von Zufallsfunden zur Freilegung von drei benachbarten Gebäuden (Abb. 7)[200]. Die Bezeichnung Tylissos mag durch das Suffix -(s)sos und durch Angaben auf Tontafeln mit Zeichen der Linearschrift B aus Knossos auf eine vorgriechische Namensherkunft des Ortes hindeuten[201]. In nördlicher Richtung ist in fünf Kilometer Entfernung der Gipfel des Stroumboulas sichtbar. Nach Westen ist die Bergkette des Idagebirges in bis zu zwei Kilometer Entfernung über ihren gesamten Verlauf zu erkennen. Nach Osten ist die benachbarte Hügelkette in zwei Kilometer Entfernung sowie die Radaranlage in Nachbarschaft zum *Bergheiligtum* des Juktas in zwölf Kilometer bemerkbar[202]. Nach Süden sind Ausblicke bis nach Keramoutsi in drei Kilometer Entfernung südöstlicher Richtung und bis zu den Windrädern auf der östlichen Flanke des Idagebirges in bis zu sechs Kilometer Entfernung südwestlicher Richtung möglich. Tylissos selbst ist von den nördlichen und westlichen Gebirgszügen und vom Gipfel des Juktas zu erkennen.

Am Westhang der Hügelkette von Daverona, östlich von Tylissos, kam es zur Dokumentation von zwei Baubefunden mit Tongefäßen der Keramikphasen MM III–SM I[203]. Weitere spätbronzezeitliche Spuren sind aus dem benachbarten Kavrochori, drei Kilometer nordöstlich von Tylissos, bekannt[204]. Im Westen von Tylissos wurde bei Trapeza Spiliaridia eine Höhle mit Siedlungsaktivitäten der *Neupalastzeit* dokumentiert[205]. Das *Bergheiligtum* von Pyrgos liegt drei Kilometer nordwestlich von Tylissos, vor Ort sind anthropomorphe und zoomorphe Tonfiguren sowie Tongefäße der Phasen MM I–MM II bekannt[206]. Im Umkreis von Tylissos befinden sich neben zwei Grabplätzen der Phase SM III zudem ein protogeometrischer und ein hellenistischer Bestattungsplatz[207]. Unter den *Villen A, B* und *C* und im Nordosten sowie im Süden von *Villa B* liegen Baubefunde mit Tongefäßen der Phasen FM II–MM II[208]. In unmittelbarer Nachbarschaft zu den *Villen* liegen Bauten der Phasen SM III A–SM III C[209].

---

200 Chatzidakis 1921, 8. 54.

201 Chatzidakis 1934, 3.

202 Nilsson 1927, 65 f.; Karetsou 1981; Mountjoy 1984, 170; Rutkowski 1988, 81 f.; Adams 2004, 32.

203 Chatzidakis 1934, 72 f.; Chatzidakis 1992, 274.

204 Chatzidakis 1934, 73.

205 Dawkins 1910, 364; Chatzidakis 1934, 72; Branigan 1971, 65; Watrous 1995, 395 f.; Adams 2017, 150.

206 Rutkowski 1972, 152. 155; Rutkowski 1988, 87 f.

207 Chatzidakis 1921, 82–85; Chatzidakis 1934, 71. 73 f.; Pini 1968, 93; Kanta 1980, 10; Matthäus 1980, 352; Catling 1980/1981, 44; Löwe 1996, 253 f.

208 Chatzidakis 1921, 69–75; Chatzidakis 1934, 10. 26. 28. 43. 59 f. 71 f. 79–84.

209 Chatzidakis 1934, 60–65; Catling 1977/1978, 63; McEnroe 1979, 277 f. 355 f. 385–388; Kanta 1980, 9–13; Hayden 1984; Niemeier 1985, 178 f.; Driessen – MacDonald 1997, 130.

Diese umfassen eine Stoa mit Altar im Norden der *Villen*, eine Zisterne im Norden der *Villa C* sowie Konstruktionen im Südwesten der *Villen A* und B, im Norden von *Villa C* und im Osten von *Villa A*. Oberhalb der spätbronzezeitlichen Befunde und im Norden, Nordwesten und Süden sind Architekturelemente und Säulenbasen aus protogeometrischen, klassischen und hellenistischen Phasen erhalten[210].

In den drei analysierten Baubefunden wurden Tongefäße der Keramikphasen MM III–SM II dokumentiert. Der chronologische Abstand der zwei differenzierbaren Perioden war aufgrund der 0,8 Meter dicken Schicht nicht beträchtlich[211]. Die Tongefäße der ersten und zweiten Perioden enthalten folgende Formen[212]. Tassen, konische Becher, Oinochoen, Hydrien und Skyphoi als Trinkgeschirr, Bassins und Dreifüße als Misch- und Kochgefäße und Amphoren sowie Pithoi mit Griffen und Reliefdekoration als Lagergefäße. Ein Bassin, mehrere *Fire-Boxes*, Tische, vier Töpferscheiben und anthropomorphe Figurinen bestehen ebenfalls aus Ton[213]. Darüber hinaus informierten Bewohner aus Tylissos über den Fund zweier männlicher Bronzefigurinen[214]. Weitere Metallfunde umfassen eine Pfeilspitze, zwei Scheren und Meißel, ein Messer, eine kleine Säge, drei Bleigewichte sowie Kupferkessel[215]. Steinobjekte sind Schlag- und Schleifsteine, polychrome Rhyta und Pyxiden, eine Töpferscheibe aus Marmor, eine Basis für den Einsatz einer Doppelaxt, mehrere Siegelsteine sowie ein Gewicht mit Einritzung[216]. Weitere Funde sind Elfenbeinobjekte sowie Fragmente farbiger Wandverkleidung[217].

In nordöstlicher, nördlicher und östlicher Richtung wurden in einer Entfernung von bis zu 60 Meter weitere spätbronzezeitliche Funde und Befunde dokumentiert[218]. Zwischen *Villa A* und *C*, im Norden von *Villa B* und im Osten von *Villa C* verlaufen Mauerverläufe sowie eine gepflasterte Wegführung, welche anhand der Tongefäße eine zeitgleiche Verwendung mit den Gebäuden offenbaren[219]. Aufgrund der ähnlichen Fassadenausrichtung ist eine gleichzeitige Entstehung der drei Gebäude denkbar, wohingegen eine zeitgleiche Anlage der *Villa B* anhand der ähnlichen Ausrichtung zu *Villa C* und vor der *Villa A* unklar ist[220]. In den Zerstörungsschichten der drei Gebäude wurden mehrheitlich Tongefäße der Keramikphase SM

210 Chatzidakis 1921, 11; Chatzidakis 1934, 26. 60–69. 71. 109 f.; Sanders 1982, 154.

211 Chatzidakis 1934, 79.

212 Chatzidakis 1921, 12–23. 28–31. 68–70; Chatzidakis 1934, 82–91.

213 Chatzidakis 1921, 35–37. 71–75; Chatzidakis 1934, 94.

214 Chatzidakis 1934, 95.

215 Chatzidakis 1921, 54–60; Chatzidakis 1934, 96.

216 Chatzidakis 1921, 47–54; Chatzidakis 1934, 98.

217 Chatzidakis 1921, 60–63.

218 Chatzidakis 1934, 71.

219 Chatzidakis 1934, 70 f.

220 Preziosi 1983, 7. 29. 68 f.

IB dokumentiert[221]. Einige der publizierten Tongefäße aus Tylissos bieten anhand stilistischer Merkmale jedoch die Möglichkeit einer Einordnung in die Keramikphasen SM II und SM IIIA1. Aufgrund dieser Objekte besteht die Möglichkeit, dass Tongefäße der Keramikphasen SM IB als langlebige Objekte bis in die Keramikphase SM II Anwendung fanden, als in diesem Zeitraum die Gebäude zerstört wurden[222]. In den *Villen A* und *C* deuten Brandspuren an Funden und Befunden auf eine Zerstörung durch ein Feuer hin[223].

### 2.4.1 *Villa A*

Die Bauglieder der 22 x 32 Meter großen *Villa A* liegen in leicht nach Süden und steil nach Osten abfallendem Gelände[224]. Die Fassaden aus großformatigem Quadermauerwerk sind zu Höhen von 1,6 Meter und zu Breiten zwischen 0,7 und 0,8 Meter erhalten[225]. Der Baubefund erhält an den Seiten unterschiedliche Begrenzungen (Abb. 8). Die östliche bildet eine Mauer in nördlicher Ausrichtung mit einem Versatz zwischen nördlichem und südlichem Teil und einer zentralen Lücke. Die nördliche Begrenzung liegt in einer Mauer mit westlicher Ausrichtung vor. Die westliche Begrenzung bildet eine Mauer in nördlicher Richtung mit mehreren Vorsprüngen und einer zentralen Lücke. Die südliche Begrenzung verläuft als Mauer mit mehreren Versatzstücken.

Der Baubefund bietet eine Aufteilung in einen nördlichen sowie einen südlichen Bereich an. Beide Gebäudeabschnitte sind von dem zentralen Eingang an der Ostseite betretbar. Der nördliche Abschnitt besteht im östlichen Teil aus den großflächigen miteinander verbundenen Räumen 15, 16 und 17. In den nordwestlichen Abschnitten des Gebäudes, welche auf einem höheren Niveau liegen, wurden keine Funde dokumentiert[226]. Der südliche Gebäudeabschnitt erhält durch den Korridor A mit einer nördlichen Ausrichtung Gliederung. Von diesem sind in Kombination mit der großflächigen Raumgruppe 6 und Φ alle weiteren Räume betretbar. Im Gegensatz zum nördlichen Gebäudeabschnitt weisen die zumeist kleinflächigen Räume mit Ausnahmen von 3, 6 und Φ keine weiteren Gestaltungselemente auf. In Korridor A belegen Rillen in den Steinmaterialien die Verwendung vertikaler

---

221 Popham 1970, 86, FN 91; Mountjoy 1984, 196.
222 Niemeier 1985, 178.
223 Chatzidakis 1934, 10. 12. 21. 40. 59 f.
224 Chatzidakis 1934, 7.
225 Chatzidakis 1934, 8.
226 Chatzidakis 1934, 23 f.

Holzelemente im Mauerverbund[227]. In einigen Räumen sind Teile der Bodenpflasterung erhalten, wobei im südlichen Bereich die Bodenpflasterung der Steinplatten der Abschnitte 6 und Φ sich vom Rest in markanter Weise unterscheidet[228]. Aus dem südöstlichen Bereich des südlichen Teils stammt ein eingeritztes Zeichen eines Fensters, aus dem Abschnitt 3 ist zudem ein Zeichen eines Sterns bekannt[229].

Aus den Räumen 3, 11, 15, 16 und 17 stammen rechteckige Pfeilerbasen mit mehreren Steinlagen[230]. Die Pfeilerbasen in den nördlichen Räumen 16 und 17 sind in paralleler Form nebeneinander im Zentrum und unmittelbar am Eingang platziert, die Pfeilerbasis in Raum 3 liegt ebenfalls zentral. Aus dem zentralen Eingang 15 ist eine runde Säulenbasis erhalten, drei weitere bilden in den südlichen Räumen 6 und Φ in einer L-Form den südwestlichen Raumabschluss[231]. Zwischen einigen Räumen lagen großflächige Türschwellensteine[232]. Auch treten L- und T-förmige Türwangenbasen in mehreren Gebäudeabschnitten auf, darunter in den Räumen 6 und Φ[233]. Aus den Abschnitten 11, II und I deuten einzelne 0,9 Meter breite Stufen auf ehemalige Treppenaufgänge hin[234].

Konische Becher ohne genauere Angaben zu ihren Mengenverhältnissen sind Objekte des Trinkgeschirrs[235]. Ein Dreifuß ist der Kategorie des Koch- und Zubereitungsgeschirrs zuzuordnen[236]. Innerhalb des Lagergeschirrs lagen in den großflächigen Räumen 15 und 16 teils in den Boden eingelassene Pithoi an den Wänden[237]. Drei fragmentarische Tafeln mit Zeichen der Linearschrift A bestehen ebenfalls aus Ton[238]. Im Kontext der Metallobjekte bestehen drei Kessel, eine Figurine, ein Barren, zwei Nägel und mehrere Doppeläxte aus Bronze[239]. Die Steinobjekte umfassen einen Hammer aus Marmor, eine Lampe aus Speckstein sowie ein Becken und ein Steatitgefäß mit zwei Henkeln[240]. Das Miniaturfresko aus Raum 17 zeigt anthropomorphe Figuren mit Gefäßen[241].

---

227 Chatzidakis 1934, 12.
228 Chatzidakis 1934, 11–13.
229 Chatzidakis 1934, 11. 14.
230 Chatzidakis 1934, 9. 13. 17 f. 21.
231 Chatzidakis 1934, 13. 21.
232 Chatzidakis 1934, 11.
233 Chatzidakis 1934, 15–17.
234 Chatzidakis 1934, 10. 20 f.
235 Chatzidakis 1934, 9 f.
236 Chatzidakis 1934, 11.
237 Chatzidakis 1934, 21 f.
238 Chatzidakis 1921, 38–42; Chatzidakis 1934, 15.
239 Chatzidakis 1921, 56 f.; Chatzidakis 1934, 11. 14 f. 21.
240 Chatzidakis 1934, 10 f. 14.
241 Shaw 1972; Immerwahr 1990, 66 f. 95; Wingerath 1995, 117 f. 122. 133 f.

### 2.4.2 *Villa B*

Unmittelbar westlich der *Villa A* schließt die 16 x 23 Meter große *Villa B* in rechteckiger Grundform an. Die 0,8 bis 0,9 Meter breiten Fassaden bestehen aus unregelmäßig bearbeiteten Bruchsteinen und sind breiter als die 0,6 Meter breiten Bruchsteinmauern im Inneren[242]. Der rechteckige Baubefund weist mit einer Lücke an der östlichen Seite durchgehende Mauern als Begrenzung auf (Abb. 9). Im Bereich der Lücke lag in der Ostfassade eine zwei Meter lange Steinplatte[243]. Durch den U-förmigen Korridor a-b-c waren mit Ausnahme der Räume 2, 11, 13 und 15 alle Gebäudebereiche betretbar. Neben partieller Bodenpflasterung stammen aus den Räumen 7 und 9 Teile farbiger Wandverkleidung[244]. Der Raum K im Nordosten wurde als potentieller Treppenaufgang diskutiert[245]. Aus den südlichen Räumen 10, 11, 12 und 13 stammen Fragmente plastischer Wandverkleidung[246]. In Raum 6 wurden nicht näher genannte Mengen konischer Becher notiert[247]. Steinobjekte umfassten vier Tische aus Steatit[248]. Knochenfunde von Auerochsen bilden organische Funde[249].

### 2.4.3 *Villa C*

Nördlich der *Villa A* schließt die 20 x 24 Meter große *Villa C* an[250]. Treppenstufen zwischen einzelnen Räumen veranschaulichen Niveauunterschiede im Baubefund[251]. Vereinzelte Abschnitte der *Villa C* orientierten sich in ihrer Ausrichtung an Mauern früherer Siedlungsphasen und nutzten diese als Fundamentierungen[252]. Die Fassaden bestehen aus bearbeitetem Quadermauerwerk, an der Nordmauer treten eingeritzte Zeichen der Doppelaxt auf[253]. Der Baubefund wird durch rechteckig zueinander situierte Mauerzüge an allen Seiten begrenzt (Abb. 10). Die südli-

242 Chatzidakis 1934, 27. 32.
243 Chatzidakis 1934, 27.
244 Chatzidakis 1934, 29 f.
245 Chatzidakis 1934, 28.
246 Chatzidakis 1934, 30 f.
247 Chatzidakis 1934, 29.
248 Chatzidakis 1921, 47 f.; Chatzidakis 1934, 28.
249 Chatzidakis 1934, 30 f.
250 Chatzidakis 1934, 32.
251 Chatzidakis 1934, 38.
252 Chatzidakis 1934, 35.
253 Chatzidakis 1934, 33.

che Begrenzung besitzt einen Versatz zwischen dem westlichen und östlichen Teilabschnitt. Die westliche Begrenzung offenbart im nördlichen Bereich Vorsprünge und Einbuchtungen der Fassade. Ein ähnliches Bild bietet die nördliche Begrenzung mit dem hervorspringenden Gebäudeteil im Zentrum der Fassade. An der östlichen Seite umfassen zwei Vorsprünge den Eingangsbereich.

Der Baubefund bietet eine Aufteilung in vier Rechtecke an. Das südliche Rechteck umfasst die Räume 2, 3, 7 und Z, das folgende 1 sowie 4, 5, 6, 7, 8, 9 und 10, das weitere H, 12, 13 und 14 und das nördliche Rechteck den Abschnitt 15. Verbindendes Element der Bereiche ist der Korridor A-B-Γ-Δ mit Zugangsmöglichkeiten benachbarter Räumen. Die Räume 2 im südlichen und 15 im nördlichen Teil grenzen sich aufgrund der Raumgröße von den übrigen Räumen ab. Die Bereiche im Südosten und Westen ließen sich nicht weiter dokumentieren[254]. In einigen Mauerabschnitten liegen vertikale Aussparungen der ehemals verbauten Holzbalken von Rahmenkonstruktionen vor[255]. An einigen Wänden wurden zudem Fragmente farbiger Wandverkleidung in weißer und roter Farbe sowie mit floralen Motiven von Krokussen und Lilien dokumentiert[256]. In den Räumen 1, 2 und Δ waren Teile der Bodenpflasterung erhalten[257].

In dem südlichen Raum 2 liegt im Zentrum eine rechteckige Pfeilerbasis, in dem Raum 15 treten zwei runde Säulenbasen auf[258]. Zwischen dem Korridor und den angeschlossenen Räumen wurden in unterschiedlicher Form Türwangenbasen dokumentiert[259]. In Raum 15 existieren zudem Hinweise auf die Verwendung von vier T- und L-förmigen Türwangenbasen westlich der Säulenbasen[260]. Aus den Räumen Z, Θ und H deuten jeweils zwischen neun bis zehn Stufen aus Schieferstein auf ehemalige Treppenaufgänge[261]. Raum 12 lag in einer früheren Phase komplett vertieft und erhielt später einen Angleich an das umgebende Bodenniveau[262]. Konische Becher nicht weiter genannter Mengenverhältnisse sowie eine Oinochoe sind Objekte des Trinkgeschirrs[263]. An den Wänden der miteinander verknüpften Räume 8, 9 und 10 standen Pithoi[264]. *Weihhörner*, die ohne weitere Angabe aus Ton oder aus Stein bestanden, stammen ohne genaue Angabe über den Fundort ebenfalls aus dem Gebäude[265].

---

254 Chatzidakis 1934, 40.
255 Chatzidakis 1934, 43.
256 Chatzidakis 1934, 35. 37. 40 f. 43.
257 Chatzidakis 1934, 34. 41.
258 Chatzidakis 1934, 34. 44. 49.
259 Chatzidakis 1934, 50 f.
260 Chatzidakis 1934, 44–46.
261 Chatzidakis 1934, 35 f. 38.
262 Hayden 1980, 41.
263 Chatzidakis 1934, 34. 40.
264 Chatzidakis 1934, 37.
265 Chatzidakis 1921, 49; Chatzidakis 1934, 35. 101 f.

## 2.5 Knossos

Der Siedlungsplatz Knossos liegt drei Kilometer südlich von Iraklion in einem Tal auf einer Höhe von 120 Meter (Abb. 15). Das Tal wird an den westlichen, östlichen und südlichen Seiten von durchschnittlich 250 Meter hohe Hügel umschlossen. Der *Palast* von Knossos und die Baubefunde in dessen Umgebung erstrecken sich über den Siedlungshügel Kephala und seine Abhänge. Die Flussläufe Vlychia und Kairatos kommen aus südlicher Richtung, vereinigen sich unmittelbar südlich des Kephala und münden weiter nördlich bei Amnisos ins Meer. Im Tal selbst wurden viele Quellen verortet[266]. In der Umgebung liegt Mergel als Sedimentgestein vor, und die Böden wurden als fruchtbar bezeichnet[267].

Das Ausgrabungsgelände ist in bis zu 400 Meter Entfernung im Westen, Nordosten und Norden durch moderne Bauten begrenzt. Nach Süden, Südwesten und Südosten nimmt die Dichte an moderner Bebauung ab. Unmittelbar westlich des Areals verläuft die Straße zwischen Iraklio und Archanes. Der Siedlungsplatz wurde im Zuge planmäßiger Grabungen 1878 durch Minos Kalokairinos entdeckt und von 1899 bis 1915 unter der Leitung von Sir Arthur Evans ausgegraben[268]. Die Bezeichnung Knossos geht auf die Angaben in antiken Schriftquellen als Sitz des König Minos zurück[269]. Vom Zentralhof des *Palastes* sind die östlich entfernten Westhänge des Ailias bis zu ihrem südlichen Ende in zwei Kilometer Entfernung sichtbar. Der Juktas sowie die dortige Radarstation in sechs Kilometer südlicher Entfernung sind ebenfalls zu erkennen. In kürzerer Entfernung begrenzen in einem Kilometer die südlichen Ausläufer des Gypsades den Blick. Nach Norden sind die ansteigenden Hügel in zwei Kilometer Entfernung ebenfalls einsehbar. Die Hänge des 700 Meter entfernten Monastiriako Kefali im Westen des Siedlungsplatzes sind gleichfalls zu erkennen.

Das bronzezeitliche Siedlungsgebiet dehnte sich nach Nordwesten aus und grenzte am Gypsades und an den Hängen des Ailias und Monastiriako Kefali an Grabplätze[270]. Bei Mavro Spelio, Ailias, am Gypsades und bei Monastiriako Kephali liegen mittel- und spätbronzezeitliche Kammer- sowie Schachtgräber[271]. Am südlichen Akropolishügel, im Norden der Kirche der Agia Paraskevi, im Osten von Tholos 17 und im Bereich eines Turmbaus der klassischen und hellenistischen Zeitphase

---

266 Roberts 1981c, 5; Soetens 2009, 264; Widman 2013, 210. 215.

267 Nevros – Zvorykin 1939, Karte 1; Roberts 1981c, 5; Jones 1986, 234; Cadogan 1992, 136.

268 Cadogan 1992, 136.

269 Hom. Od. 19, 4; Hom. Il. 2, 640; Paus. 1, 18, 5; 1, 27, 10; 3, 2, 4; 6, 4, 11; 8, 53, 8; 9, 40, 3.

270 Hood – Smyth 1981b, 1; Hood 1981a, 10; Whitelaw 2004, 150–152.

271 Forsdyke 1926/1927, 245. 248; Hood u. a. 1958/1959, 194–197; Long 1959, 60 f.; Shaw 1978b, 27; Driessen – MacDonald 1997, 168–170; Dimopoulou 1999, 28. 36; Miller 2007, 32–47. 73–80; Hood 2010, 161 f. Preston 2013, 57–59; Alberti 2013, 47. 54.

schildern sechs Gebäudeformationen die Ausdehnung des weiträumigen spätbronzezeitlichen Siedlungsgebietes[272]. Weiter nordöstlich liegen am drei Kilometer entfernten Siedlungsplatz Prasa zwei benachbarte Baubefunde mit Tongefäßen der Keramikphasen MM III–SM I[273]. Am Gypsades, nördlich von Spilia und bei Agia Irini liegen Abbaugebiete von Kalk- und Gipsgestein. Während Nutzungen in griechischer und römischer Zeit als gesichert gelten, stehen die Abbauarbeiten in der Bronzezeit aufgrund fehlender Nachweise zur Diskussion[274].

Am Siedlungsplatz Knossos befinden sich neben den vier Untersuchungsbeispielen weitere Gebäude (Abb. 11). Diese liegen 90 und 300 Meter westlich und südlich des *Little Palace* und der *Unexplored Mansion* sowie 80 Meter südlich der *Royal Villa*[275]. Ferner liegen im Umfeld des *Palastes* unter anderem das *House of the Frescoes*, das *South East House* und das *House of the Chancel Screen*[276]. Von diesen Gebäuden sind der *Little Palace* und die *Unexplored Mansion* sowie das *South House* 200 und 120 Meter entfernt. Weiter südlich befinden sich in 100 Meter Entfernung zu dem *South House* die *Caravanserai* sowie auf dem Gypsades das *House of the High Priest*[277].

Am Siedlungsplatz Knossos befinden sich Bauformationen der Zeitphasen FM I, FM IIA/B, FM III, MM IA und MM IB–MM IIA[278]. Diese schließen einen Brunnen im Nordosten, Bauten im Süden, ein Bauwerk unterhalb einer *Kouloura* sowie weitere Gebäude im Westen des *Palastes* ein. In dem *Palast* und auch in der Umgebung sind darüber hinaus Funde und Bauten der Phasen SM II–SM III vorhanden. Diese umfassen unter anderem das *Arsenal*, die *Caravanserai* und die *Stratigraphical Excavation Site*[279]. Die protogeometrischen, geometrischen, archaischen, klassischen, hellenistischen, römischen und spätantiken Siedlungsbereiche liegen westlich und nordwestlich des bronzezeitlichen Ausgrabungsgebietes[280].

---

272 Hogarth 1899/1900a, 81; Hood 1981a, 9 f.; Hood 1981b, 35. 45. 47. 54. 58.

273 Siehe hierzu Dunbabin 1944, 86; Platon 1951; Platon 1958b, 306; Shaw 1978b, 27; Immerwahr 1990, 183 f.; Driessen – MacDonald 1997, 137 f.; Whitley 2006/2007, 109.

274 Evans 1921, 211 f. 532 f.; Evans 1928a, 119. 143; Evans 1928b, 683. 812; Evans 1930, 192; Evans 1935a, 95; Evans 1935b, 992; Hood 1981a, 15; Hood 1981b, 61; Shaw 2009, 34 f. 36 f.

275 Catling u. a. 1979, 72–78; Warren 1980/1981, 73–79; Müller 1997, 280; Driessen – MacDonald 1997, 153 f. 159–161; Hatzaki 2005, 197; Warren 2013.

276 Evans 1928, 435–437; Preziosi 1983, 57–59. 352–355; Gesell 1985, 95. 97 f.; Driessen – MacDonald 1997, 149. 151–154; Müller 1997, 281–283; Mountjoy 2003b, 1; Chapin – Shaw 2006, 57 f.

277 Evans 1928, 116; Evans 1935a, 202–216; Hood 1981b, 55 f.; Gesell 1985, 95 f.; Driessen – MacDonald 1997, 163–166; Müller 1997, 283 f.; Hatzaki 2011, 252–254; Morgan 2014/2015, 34 f.; Shaw 2003b, 101.

278 Cadogan 1976, 53. 95. 111 f.; Preziosi 1983, 85. 121; Graham 1987, 134 f.; Pelon u. a. 1992, 178; Strasser 1997, 73 f. 77–79. 89 f. 92; Halstead 1997, 106; Preziosi – Hitchcock 1999, 79–84; Hatzaki 2005, 197; McEnroe 2010, 60; Privitera 2014a, 433; Kessler 2015, 156. 158. 162; Shaw 2015, 31–34.

279 McEnroe 1979, 394–406; Driessen – MacDonald 1997, 168; Popham 1984b, 261–264; Hatzaki 2004, 121–123; Hatzaki 2005, 196. 202–204.

280 Vergleiche hierfür Sanders 1982, 152 f.; Coldstream u. a. 1999; Sweetman 2004, 481–483; Sweetman 2007, 61–65. 68–70.

### 2.5.1 *Unexplored Mansion*

Die *Unexplored Mansion* wurde 1908 von Sir Arthur Evans im Zuge der Untersuchungen des *Little Palace* in Teilzügen freigelegt[281]. Von 1968 bis 1977 wurden Ausgrabungen durchgeführt und die Ergebnisse in ausführlicher Form publiziert[282]. Der Baubefund misst eine Größe von 24 x 14,5 Meter und umfasst in einer rechteckigen Grundform siebzehn Räume eines Erdgeschosses (Abb. 12)[283]. Für die Anlage des Gebäudes kam es zum Abtrag anstehenden Geländes, nur an der Rückwand findet das Gebäude Begrenzung von anstehendem Gestein[284]. Der Baubefund liegt wie der benachbarte *Little Palace* auf einer Höhe von 110 Meter. Die Mauern aus Kalk- und Gipsgestein waren in Raum M teilweise bis zur Deckenhöhe erhalten[285]. Besonders die in den anstehenden Boden eingeschlagene Westwand mit den unteren Steinlagen des Obergeschosses zeigte gute Erhaltungszustände[286]. Die Fassaden bestehen aus großen rechteckig bearbeitetem Quadermauerwerk[287]. In Raum H belegen Holzfragmente sowie Einkerbungen in den Mauern den Einsatz vertikaler Holzbalken als Stützelemente des Mauerverbundes[288]. Weitere Verwendung fand Holz als Element des Fußbodens sowie als Balken und Pfosten im Türaufbau[289]. In einigen Bereichen, darunter in Raum H, sind Teile der Bodenpflasterung aus Gipssteinplatten erhalten[290]. Auf 70 Baugliedern in situ und 31 Objekten, die in den Ausgrabungen als Versturzmaterial entfernt wurden, sind eingeritzte Zeichen angebracht, darunter aus Raum H[291]. Innerhalb dieser Einritzungen liegen viele Symbole der Kiste und des Astes und wenige Zeichen des Dreizacks und des Sternes vor.

Die westliche Begrenzung des rechteckigen Baubefundes bildet eine Mauer in nördlicher Ausrichtung. In südlicher und nördlicher Richtung schließen die Mauern NC, NP, SC und SP mit westlicher Ausrichtung an. In östlicher Richtung liegen zwischen *Unexplored Mansion* und *Little Palace* mit SC, R und NEP kleinere Freiflächen im Umfeld kleinteiliger Mauerverläufe. Im nördlichen Teil liegt zwischen beiden Baubefunden eine Mauer mit Vorsprüngen und Ecken. Innerhalb dieser Grenzen ist es möglich, den Baubefund durch den U-förmigen Korridor L, F und E in drei

281 Evans 1928b, 542 f.; Hatzaki 2005, 17.
282 Popham 1984a, 2.
283 Popham 1984a, 2.
284 Popham 1984a, 2.
285 Popham 1984a, 3. 5. 53; Smyth u. a. 1984, 116 f.
286 Popham 1984, 16; Smyth u. a. 1984, 100.
287 Smyth u. a. 1984, 100.
288 Popham 1984a, 5; Smyth u. a. 1984, 117.
289 Smyth u. a. 1984, 117.
290 Smyth u. a. 1984, 107.
291 Smyth u. a. 1984, 121 f.

miteinander verknüpfte Abschnitte aufzuteilen. Über den Eingang in der Ostfassade waren von dem Korridor die südlichen, zentralen und nördlichen Bereiche betretbar. An den südlichen Korridorabschnitt L schließen die fünf parallelen Räume Q, P, O, N und M mit ähnlichen Größen an. Über den nördlichen Korridorabschnitt E erhielt man Zutritt zu den ebenfalls parallelen Räumen B, C und D mit einer kleinen Kammer A westlich davon. Im Zentrum des Gebäudes befindet sich der größte Raum H mit vier zentralen Pfeilerbasen. Zugang zu diesem Abschnitt erfolgte südlich über den Korridor L und nördlich von der kleineren Raumgruppe J und K.

Zwischen den Räumen A, B, D, F, H und L befinden sich großformatige Türschwellen und Türpfosten aus Gips- und Kalkstein[292]. In den Räumen B, C und D lagen fünf vertiefte Einfassungen aus denselben Materialien vor[293]. Andersartige Elemente umfassen vier Pfeilerbasen aus Kalkstein im Zentrum von H. Diese waren teilweise bis zu einer Höhe von 0,6 Meter erhalten und zwischen 0,6 und 0,8 Meter breit[294]. In den Räumen B, D und H liegen mehrere potentielle Herdstellen[295]. Aus den Räumen G, K und O deuten zwei und vier Stufen aus Gipsstein auf ehemalige Treppenaufgänge[296]. Fragmente verputzter, teils farbiger, Wandverkleidung sind aus den Räumen A, B, C, D, G, H, L und Q als Versturzmaterial auf dem Obergeschoss bekannt[297]. Aus dem Raum P wurden zudem Rückstände von Kalk- und Tonmörtel nachgewiesen[298]. Die Fragmente aus diesem Raum zeigen florale Motive und waren aufgrund der Verteilung mutmaßlich in umlaufender Form in einem Raum des vertikalen Gebäudeaufbaus angebracht[299].

Objekte des Trinkgeschirrs umfassen Fragmente mehrerer Becherformen, Kylikes sowie Bügelhenkelkannen[300]. Schüsseln sowie Dreifüße lassen eine Einordnung in die Gattung des Koch- und Zubereitungsgeschirrs zu[301]. Fragmente von Amphoren sowie Mischformen von Pithoi und Amphoren sind Objekte des Lagergeschirrs[302]. In Raum P waren diese Mischformen an den Wänden und in den Ecken angebracht[303]. Fragmente von Pyxiden, Askoi, Kalathoi, Alabastra und konischer

292 Popham 1984a, 5. 10. 14; Smyth u. a. 1984, 107. 117.
293 Smyth u. a. 1984, 119–121.
294 Smyth u. a. 1984, 109 f.
295 Popham 1984a, 5. 10. 21; Smyth u. a. 1984, 121.
296 Popham 1984a, 15. 40. 69 f.
297 Popham 1984a, 3; Smyth u. a. 1984, 114; Cameron 1984, 137–142.
298 Smyth u. a. 1984, 118.
299 Cameron 1984, 128–132.
300 Popham 1984a, 3 f. 9. 13 f. 26. 31–34. 48. 59. 62. 65 f. 71. 74 f. 80. 84–86. 96 f.
301 Popham 1984a, 9. 14. 36. 47. 66. 71. 74. 80. 84 f.
302 Popham 1984a, 11. 14. 26. 36 f. 48. 60–62. 66. 82–86.
303 Popham 1984a, 77.

Rhyta wurden ebenfalls dokumentiert[304]. Räuchergefäße, Webgewichte, *Fire-Boxes*, eine Töpferscheibe, unterschiedliche anthropomorphe sowie zoomorphe Figurinen, ein Fragment einer Tafel sowie ein gesiegeltes Objekt sind weitere Gegenstände aus Ton[305].

In großen Mengen sind Metallobjekte erhalten: aus Bronze sind dies unter anderem Gefäßfragmente, Messer, Nadeln, Speerspitzen, Stäbe, Stichel, eine weibliche Figurine sowie kleinformatige Werkzeuge, eine Doppelaxt aus Kupfer und ein goldenes Blatt[306]. Aus den Räumen H, L, M, N und P stammen über 200 Kupfer- und Bronzefunde. Diese wurden zu 25,5 % als Abfall, 18,5 % als Ausschuss und 55,5 % als fertige Produkte und Werkzeuge angesprochen[307]. Organische Funde sind Plaketten aus Elfenbein und Knochen sowie ein Ring aus Muscheln[308]. Perlen und Knöpfe aus Serpentin und Fayence, sowie Werkzeuge aus Schiefer und Kalkstein, kleinformatige Äxte- und Hämmer und Gefäße sind Steinobjekte[309]. Werkzeuge aus Stein umfassen Polier-, Schleif- und Schlagsteine sowie bearbeitete Objekte aus Bimsstein und Obsidian[310]. Innerhalb der Steingefäße liegen Schüsseln und Schalen, Lampen, Säulen, Ständer sowie alabastron- und tierkopfartige Rhyta vor[311]. Daneben treten fünfundzwanzig Siegelsteine aus Steatit, Serpentin, Karneol und Chlorit sowie Fragmente von Bergkristall auf. Auf diesen Objekten sind Motive von Stieren, Ziegen, Löwen sowie Szenen mit anthropomorphen Figuren angebracht[312].

Die Errichtung der *Unexplored Mansion* ging, mit Blick auf die Veränderungen am *Little Palace*, nach der Errichtung dieses Bauwerkes im Zeitraum der Keramikphasen MM III–SM IA von statten[313]. Vereinzelte Befunde und Funde unterhalb der *Unexplored Mansion* sind Bestandteil früherer Siedlungsaktivitäten am gleichen Ort[314]. Im südlichen Korridor wurden Tongefäße der Keramikphase MM III und SM IA unterhalb von Tongefäßen einer späten Phase der Keramikphase SM IA nachgewiesen[315]. Mutmaßlich in den Baubefund gerutschte Fragmente farbiger Wandverkleidung erlauben ebenfalls eine stilistisch Einordnungen in die Zeitphasen MM

304 Popham 1984a, 9. 11. 14. 21. 35 f.

305 Popham 1984a, 3 f. 9. 11. 14. 16. 21 f. 24–26. 29. 31 f. 38–40. 44 f. 49. 51. 76. 80. 92; Betts 1984, 187; Higgins 1984, 197–202.

306 Popham 1984a, 6. 9. 21 f. 26. 29. 37. 44. 49 f. 57. 59–62. 66 f. 71. 75. 78. 80. 87. 92.

307 Matthäus 1980, 10; Catling – Catling 1984, 203–208. 219 f.; Evely 1984, 247–249; Evely 1988b; Evely 2000, 338. 404 f. 414; Lowe Fri 2011, 14 f.; Clarke 2013, 97–100.

308 Popham 1984a, 7. 10. 12. 68. 78. 80; Evely 1984, 240 f. 245–248.

309 Popham 1984a, 4. 6 f. 9 f. 12. 16. 21. 31. 37 f. 44 f. 47. 49. 51. 53. 57. 59–62. 71. 80. 87. 92; Evely 1984, 237–240.

310 Evely 1984, 224–229.

311 Kaiser 1976, 15 f.; Evely 1984, 232–236.

312 Popham 1984a, 10. 12. 24. 31. 38 f. 41. 82; Betts 1984, 187–196.

313 Popham 1984b, 261.

314 Popham 1984b, 261.

315 Popham 1984c, 152.

III–SM IA[316]. Im Zeitraum der Keramikphasen MM III und einer frühen Phase von SM IA scheint das Gebäude nur in zwei Räumen im Nordsektor abgeschlossen gewesen zu sein[317]. Vor Ort sind einige farbige Freskenmalereifragmente durch stilistische Übereinstimmungen mit anderen Funden aus Knossos in die Phase SM IA einzuordnen[318]. Aus der Keramikphase SM IB stammen wenige Streufunde, während die vielen Funde aus der Keramikphase SM II die Hauptsiedlungsaktivität in dem Gebäude schildern[319].

In vielen Bereichen des Gebäudes liegen Tongefäße der Keramikphase SM II in einer Zerstörungsschicht über Tongefäßen der Keramikphase SM IA[320]. Rund 140 Gefäße dieser Phase stammen aus den Räumen H, L, M, N und P[321]. Diese umfassen Becher, Schüsseln, Kylikes, Kannen, Amphoren, Alabastra, Pyxiden, Dreifüße sowie Pithoi[322]. Nach einer großflächigen Zerstörung verblieb in den folgenden Keramikphasen SM IIIA1 und SM IIIA2 dem Anschein nach nur der nördliche Bereich intakt[323]. Becher sowie Schüsseln und Kylikes als Funde dieser Keramikphasen stammen aus Verfüllungsschichten[324]. Die Zerstörung des Gebäudes durch ein Feuer äußert sich durch Brandspuren an Steinen, kalzinierte Gipssteinelemente und karbonisiertes Holz in Raum H[325]. In einer späteren Zeitphase von SM IIIB kam es zur Aufgabe des Gebäudes und zur Verwendung als Steinbruch[326]. In den nördlichen Gebäudeabschnitten liegen Tongefäße der Keramikphasen SM IIIA1 oberhalb von Tongefäßen der Phase SM II[327]. Auch hier treten Fragmente von Bechern, Kannen, Kylikes und Schüsseln auf[328]. Die Interpretation des vertikalen Gebäudeaufbaus basiert auf folgenden Hinweisen. Zu diesen gehören die unteren Teilabschnitte der Mauern des Obergeschosses, die Höhe und Dicke der Mauern des Erdgeschosses sowie heruntergefallene Baumaterialien und Funde[329]. Die Gestalt des Aufbaus ist in der Gesamterscheinung unklar. Ein plangleicher Raum über dem zentralen Raum H ist auf Basis der Mauern denkbar[330].

---

316 Cameron 1984, 146.
317 Popham 1984b, 261.
318 Cameron 1984, 146 f.
319 Popham 1984b, 262 f.
320 Popham 1984c, 152. Vergleiche zudem Müller 1997, 279 f.
321 Popham 1984c, 159 f.
322 Popham 1984c, 160–181.
323 Popham 1984b, 262 f.
324 Popham 1984c, 181–184.
325 Popham 1984a, 18.
326 Popham 1984b, 263.
327 Popham 1984c, 152.
328 Popham 1984c, 184 f.
329 Smyth u. a. 1984, 114.
330 Smyth u. a. 1984, 114–116.

### 2.5.2 *Little Palace*

Der *Little Palace* liegt unmittelbar östlich der *Unexplored Mansion*. Das Gebäude wurde in den Jahren 1905, 1908 und 1910 ausgegraben, eine zusammenfassende Auswertung erschien im Zuge einer Analyse der Grabungstagebücher 2005[331]. Der Einfluss des *Wettsystems* auf die oberen Kulturschichten und die Fundzusammenstellung sowie der Analogieschluss Mackenzies´, bronzezeitliche Schichten anhand der Verfärbung des Bodens zu erkennen, wurden als negative Einflüsse der Ausgrabung und Bewertung des Gebäudes beschrieben[332]. Im Rahmen dieses *Wettsystems* konkurrierten Gruppen aus fünf Ausgräbern um den Gewinn eines Sach- und Geldpreises. Im Zuge dieser Tätigkeiten, die auf einen zügigen Fortschritt und eine vorher definierte Tiefe ausgerichtet waren, kam es zum Verlust von Unmengen an Informationen[333].

Der *Little Palace* misst eine Größe von 44 x 28 Meter (Abb. 12). Die nördlichen, westlichen und südlichen Grenzen des Baubefundes sind deutlich zu erkennen, wohingegen die östliche Begrenzung durch nachbronzezeitliche Steinraub unklar verbleibt[334]. Für die Anlage des Gebäudes kam es zur Nivellierung des Geländes und zur Entfernung früherer Baubefunde[335]. Das Gebäude auf drei unterschiedliche Ebenen besitzt zwischen einzelnen Abschnitten Niveauunterschiede von bis zu drei Meter. In Bereich 33 glichen Steinstufen den Höhenunterschied zwischen Räumen aus[336]. Die Mauern waren bei den Räumen 19 und 20 bis zu einer Höhe von 2,6 Meter erhalten[337]. Die Fassaden und einige Mauern im Inneren bestehen aus großformatigem Kalksteinquadermauerwerk sowie Orthostaten aus Gipsstein, im Inneren liegen Bruchsteinmauern vor[338]. Im Gegensatz zur benachbarten *Unexplored Mansion* wurden im *Little Palace* neben Kalk- und Gipsstein auch Sandstein, Serpentin und Schiefer verbaut[339]. Holz als Baumaterial wurde als Stützbalken von Türkonstruktionen, als Säule in einer Balustrade und als Stützelement im Raum genutzt[340]. Holzelemente scheinen im nördlichen Abschnitt weniger verwendet worden zu sein

331 Hatzaki 2005, 1. 29 f.
332 Hatzaki 2005, 5.
333 Evans 1928, 93–96.
334 Hatzaki 2005, 29.
335 Hatzaki 2005, 29. 74.
336 Hatzaki 2005, 60.
337 Hatzaki 2005, 9. 48. 54.
338 Hatzaki 2005, 15. 31. 65 f.
339 Hatzaki 2005, 65–67.
340 Hatzaki 2005, 8. 46. 48. 68 f.

als im südlichen Gebäudeteil[341]. In Raum 7 sind Teile der Bodenpflasterung aus Eisen- und Gipsstein erhalten, die Funde farbiger Wandverkleidung sind mittlerweile verloren[342]. Auf den Kalksteinblöcken des Gebäudes sind fünfzig eingeritzte Zeichen angebracht[343]. Die Symbole des Dreizacks und Etas sind häufig an Spolien älterer Bauglieder angebracht. Symbole der Zweige, Fenster, Doppeläxte und Zeta stehen hingegen mit der Konstruktion des Gebäudes in Zusammenhang.

Die *Unexplored Mansion* sowie die östlichen Mauerzüge bilden die westliche Begrenzung des *Little Palace*. Dessen westlicher Abschluss besitzt eine unregelmäßige Form mit vielen Vorsprüngen und einer leicht versetzten Form zwischen südlichem und nördlichem Teil. Den nördlichen Abschluss bildet ein weiterer markanter Vorsprung. Die südliche Grenze weist eine zentrale Lücke zwischen zwei rechteckigen Raumgruppen auf. Der östliche Anschluss ist aufgrund der Erhaltungszustände im nördlichen Teilabschnitt unvollständig. Der Baubefund ist in einen südlichen, einen östlichen sowie einen westlichen Teil aufzuteilen. Der südliche Bereich umfasst die rechteckige, untereinander verbundene, Raumgruppe 1, 2, 3, 4 und 5 mit mehreren Pfeilerbasen in den großflächigen Räumen 1 und 3. Weiter westlich liegen hinter einer Freifläche mit den Räumen 36 und 37 weitere großflächige Räume mit teils doppelten Pfeilerbasen.

Im Norden der erstgenannten Gruppe liegen weiträumig Säulen-, Pfeiler- und Türwangenbasen als Teilelemente miteinander verbundener großflächiger Räume[344]. Der westliche Teil besteht aus einer Vielzahl an kleinen miteinander verbundenen Räumen. Im nördlichen Abschnitt liegen die Räume 12, 13, 14, 15, 16, 18, 19, 20 und 21 an vier Seiten um den Raum 17 herum gruppiert. Der Raum 17 mit einer vertieften Fläche besitzt vier Stufen und eine mit Säulenbasen ausgestattete Balustrade aus Gipsstein[345]. Im südlichen Abschnitt liegen die Räume 28, 29 und 30 parallel zueinander und sind nur über den großflächigen Raum 31 zu betreten.

Zwischen den Räumen 2, 6a, 8, 9 und 18 befinden sich großformatige Türschwellen und Türpfosten aus Gips- und Kalkstein[346]. Einige der Türpfosten an der östlichen Wand des Raumes 8 waren in jüngere Baukonstruktionen integriert[347]. Säulenbasen aus Kalkstein, Serpentin und Breccie stammen aus den Räumen 7, 8, 9, 10, 17, 24 und 25, mehrere Pfeilerbasen aus Kalkstein wurden in Paaren in den Räumen 1, 3 und 36 rekonstruiert[348]. Von diesen war in Raum 1 nur eine von den

341 Hatzaki 2005, 68.
342 Hatzaki 2005, 7 f. 45. 71 f.
343 Hatzaki 2005, 72 f.
344 Hatzaki 2005, 44.
345 Hatzaki 2005, 11. 50–52.
346 Hatzaki 2005, 7 f. 41. 44–47.
347 Hatzaki 2005, 46.
348 Hatzaki 2005, 5–7. 9. 18. 22. 42. 57. 61 f. 69 f.

Säulenbasen erhalten[349]. In Raum 7 liegen fünf Säulenbasen aus Eisenstein, die übrigen drei sind rekonstruiert[350]. Weitere Auffälligkeiten umfassen eine Herd- oder Feuerstelle im Nordwesten von Raum 8 und eine weitere im südlichen Hof[351]. Aus den Räumen 2, 4, 32 und 34 deuten Gipssteinstufen auf ehemalige Treppenaufgänge hin, zudem liegen in den Bereichen 13 und 17 vereinzelte Stufen[352]. In den Räumen 1 und 3 liegen in den Boden vertiefte Kisten[353].

Die Tongefäße und weiteren Kleinfunde des Gebäudes waren Selektionsprozessen ausgesetzt. Damit bilden sie nur einen Teil einer nicht näher definierten Gesamtmenge ab. Nach Ausgrabung wurden die Funde zunächst in vierunddreißig Behältern aufbewahrt und ab 1960 im *Stratigraphical Museum* gelagert[354]. Für die Auswertung der Tongefäße liegen keine Grabungstagebücher vor[355]. Die meisten Tonobjekte sind Rand- und Körperfragmente dekorierter offener Gefäßtypen. Diese bilden ind ihrer geringen Menge einen deutlichen Kontrast zu den hohen Fundquantitäten der benachbarten *Unexplored Mansion*[356]. Becherformen sowie Kannen und Krüge sind Objekte des Trinkgeschirrs[357]. Schüsseln, Bassins, Kratere sowie Dreifußgefäße legen eine Einordnung in Koch- sowie Speisegeschirr nahe[358]. Innerhalb des Lagergeschirrs liegt ein Gefäß mit einer Verzierung mit dem Motiv der *Weihhörner* vor, zwei weitere Mischformen von Pithoi und Amphoren sind ebenfalls nachgewiesen[359]. Weitere Gefäßformen umfassen ein Alabastron mit der Darstellung eines Oktopoden, zwei Pyxiden und acht konische Rhyta[360].

Eine Perlenkette, ein Ständer, Tafelfragmente mit Zeichen in Linearschrift B, gesiegelte Objekte, eine Figurine einer Ziege sowie eine weibliche anthropomorphe Figurine sind weitere Objekte aus Ton[361]. Die Tafelfragmente Zeichen der Linearschrift B stammen aus den Bereichen 7, 8 und 9. Von den acht Fragmenten sind heutzutage nur noch drei erhalten, während andere dem *Little Palace* zugeordnete Fragmente mit großer Wahrscheinlichkeit aus dem *Palast* selbst stammen[362]. Von

349 Hatzaki 2005, 39.

350 Hatzaki 2005, 45.

351 Hatzdaki 2005, 8. 42. 72 f.

352 Hatzaki 2005, 10. 14. 17. 41 f. 49. 52. 60 f.

353 Hatzaki 2005, 40. 42.

354 Hatzaki 2005, 99. 101. 202.

355 Hatzaki 2005, 99.

356 Hatzaki 2005, 100 f.

357 Hatzaki 2005, 103 f. 109.

358 Hatzaki 2005, 104. 111–113.

359 Hatzaki 2005, 104. 108. 112.

360 Hatzaki 2005, 104. 108. 112.

361 Hatzaki 2005, 6 f. 10. 17. 104. 108 f. 122. 177 f.

362 Hatzaki 2005, 177 f.

den 116 gesiegelten Tonobjekten, die dem Anschein nach aus dem vertikalen Gebäudeaufbau stammen, sind heutzutage über 100 Objekte verloren[363]. Die meisten gesiegelten Abdrücke stammen von Siegelsteinen und vereinzelt von Metallringen aus den Zeitphasen SM II–SM IIIA1[364].

Eine weibliche Figurine aus Blei stellt einen Metallfund dar[365]. Karbonisierte Bohnen sind organische Funde[366]. Zu den Steinobjekten zählen das *Bulls Head Rhyton* aus Steatit und Serpentin, ein *Weihhorn* aus Kalkstein, Perlen und Werksteine aus Serpentin sowie Fragmente von Schüsseln, Pyxiden und Lampen[367]. Das *Bulls Head Rhyton* mit eingeritzter Doppelaxt zwischen den Augen verfügt über Löcher auf dem Kopf und im Mund[368]. Das Objekt wurde in einer gemauerten Grube in dem Bereich 35 zusammen mit Tongefäßen der Keramikphasen MM III–SM I gefunden[369]. Ein Siegelstein aus Steatit zeigt das Motiv eines Männerkopfes im Profil[370]. Nicht näher bestimmte Materialien umfassen drei Webgewichte, von denen eines ein Zeichen der Linearschrift A trägt[371].

Unterhalb der Fundamente des *Little Palace* und unter Raum 16 liegen Mauerzüge früherer, nicht näher analysierter Siedlungsaktivitäten vor[372]. Baubefunde, die durch beiliegende Tongefäße der Keramikphase MM IIIA datiert wurden, umfassen eine monumentale Fassade auf einer gestuften Fundamentierung, an deren Ausrichtung sich der *Little Palace* orientierte[373]. In dem Zeitraum der Keramikphasen MM IIIB und SM IA kam es zur Entfernung dieser Baubefunde durch die Errichtung des *Little Palace*[374]. Die Auffüllung von Raum 17 auf das Bodenniveau von Raum 12 stand mit Bauaktivitäten in der Keramikphase SM IA in Verbindung. In den Zeitphasen SM IA und auch in SM IB scheint das Gebäude verlassen worden zu sein. Das Fehlen von Tongefäßen der Keramikphase SM IB mag jedoch auch eine Erklärung in Aufräumarbeiten in der folgenden Zeitphase SM II finden[375]. Im nördlichen Sektor des Gebäudes wurden einige Mauerzüge mittels der beiliegenden Tongefäße in den Zeitraum der Keramikphase SM II–SM IIIA1 datiert[376].

---

363 Hatzaki 2005, 180.
364 Hatzaki 2005, 181–184.
365 Hatzaki 2005, 18. 187.
366 Hatzaki 2005, 202.
367 Hatzaki 2005, 11. 17. 122 f. 185 f.
368 Hatzaki 2005, 184 f.
369 Vergleiche die Interpretation der Zerstörung bei Warren 1969, 89; Rehak 1995, 435–437.
370 Hatzaki 2005, 13. 184.
371 Hatzaki 2005, 122.
372 Hatzaki 2005, 73 f.
373 Hatzaki 2005, 197.
374 Hatzaki 2005, 102–104. 119. 197 f.
375 Hatzaki 2005, 75. 119. 199. Vergleiche zudem Müller 1997, 278 f.
376 Hatzaki 2005, 75. 198. 200.

Die in Tagebüchern und frühen Berichten bezeichneten Keramik- oder Zeitphasen SM III finden heutzutage mit den Begriffen SM IIIA und SM IIIB Bezeichnung[377]. Aus dem Zeitraum der Keramikphase SM IIIA sind neben Zerstörungen auf Baubefunden und Funden räumliche Veränderungen nachgewiesen. Diese beinhalten das Blockieren der Durchgänge zwischen den Räumen 7, 8 und 9 sowie das Hinzufügen einer Bruchsteinmauer in Raum 19[378]. Brandspuren auf den Baumaterialien der nördlichen Raumgruppe und auf Tongefäßen im Osten und Norden deuten auf eine Zerstörung durch ein Feuer in der Keramikphase SM IIIA1–SM IIIA2 hin[379]. Anhand der Mengenverhältnisse der Tongefäße sind die Keramikphasen SM IIIA1, SM IIIA2 und SM IIIB die Hauptsiedlungsaktivitäten des Gebäudes[380].

Die Siedlungsaktivitäten in der Keramikphase SM IIIA2 wurden von einer weiteren großflächigen Feuerzerstörung beendet[381]. In der folgenden Keramikphase SM IIIB sind weitere Tongefäße im Gebäude dokumentiert, nach Aufgabe des Gebäudes erfolgte eine Nutzung als Steinbruch[382]. Der Erhaltungszustand und die Beschreibungen in den Grabungstagebüchern bilden eine gute Informationsbasis für die Bewertung eines oder mehrerer Obergeschosse[383]. In den Räumen 17 und 22 liegen Türwangenbasen und -pfosten im anstehenden Mauerverbund eines ersten Stockwerkes in situ vor[384]. Für das Bestehen eines solchen Obergeschosses sprechen zudem diverse Treppenaufgänge sowie die in den Grabungstagebüchern dokumentierten Materialien in Sturzlage[385].

### 2.5.3 *Royal Villa*

Die *Royal Villa* befindet sich 100 Meter nordöstlich der Nordostecke des *Palastes* und wurde unter der Leitung von Sir Arthur Evans 1902 freigelegt[386]. Der Baubefund liegt auf einer Höhe von 75 Meter. Die *Royal Villa* misst eine Größe von 20 x 15 Meter und umfasst in einer rechteckigen Grundform acht Räume eines Erdgeschosses (Abb. 13). Das Gebäude wurde in den anstehenden Kalkstein hineingeschlagen und

377 Hatzaki 2005, 23–25.

378 Hatzaki 2005, 76 f. 107 f. 119 f. 201.

379 Hatzaki 2005, 48. 196. 201 f.

380 Hatzaki 2005, 121. Siehe zudem Niemeier 1985, 165–167.

381 Hatzaki 2005, 78. 113–115.

382 Hatzaki 2005, 118. 203 f.

383 Hatzaki 2005, 63.

384 Hatzaki 2005, 63.

385 Hatzaki 2005, 64. 202.

386 Evans 1903, 130.

befindet sich auf einem niedrigeren Niveau als der *Palast*[387]. Die Mauern aus Kalk- und Gipsstein waren teilweise bis zu einer Höhe von 3,6 Meter erhalten. In der *Pfeilerkrypta* wurde das Quadermauerwerk mit einer außergewöhnlichen Qualität bezeichnet[388]. Holz als Baumaterial wurde für Mauerkonstruktionen verwendet, beispielsweise in einer kreuzweisen Verwendung eines großformatigen Hauptbalkens und dreier orthogonaler kleinerer Balken bei der Decke der *Pfeilerkrypta*[389].

Den westlichen Abschluss des Baubefundes bildet eine Mauer in nördlicher Richtung mit einem markanten Vorsprung. Orthogonal zu den Enden der Mauer liegen in östlicher Richtung zwei Mauerzüge als nördliche und südliche Begrenzungen. Der östliche Abschluss des Gebäudes ist ob des schlechten Erhaltungszustand unklar. Der innere Baubefund bietet eine Aufteilung in drei Bereiche. Im Zentrum des Baubefundes liegen in einer langestreckten Form drei untereinander verbundene Räume mit architektonischen Gestaltungselementen vor. In nordwestlicher Richtung schließt ein Raum mit zentraler Pfeilerbasis und benachbartem Treppenaufgang an. In südlicher Richtung liegen auf der kompletten Länge andere Räumlichkeiten. Zu diesen gehört im östlichen Abschnitt eine untereinander verbundene Raumgruppe mit Öffnung in östlicher Richtung. Im westlichen Abschnitt liegt ein weiterer Treppenaufgang. Zugang zu diesen beiden Abschnitten war von dem zentralen Raum des Gebäudes möglich.

Zwischen Räumen befinden sich großformatige Türwangenbasen aus Gips- und Kalkstein[390]. Ebenfalls erhalten sind im Bereich der Treppe steinerne Einfassungen der Fensterrahmen, eine Steinbank in H und ein Sitz aus Gipsstein[391]. Andersartige Elemente umfassen zwei Säulenbasen aus Kalkstein im Zentrum von H[392]. Weitere Säulenbasen lagen im nördlichen Bereich dieses Raumes als Teil einer Balustrade[393]. Aus dem benachbarten Raum stammt ein zentraler Kalksteinpfeiler mit einer rekonstruierten Höhe von 1,8 Meter[394]. In Teilbereichen sind Gipsstein- und Schieferplatten der Bodenpflasterung überliefert[395]. Im Nordwesten des Gebäudes befinden sich zehn beziehungsweise sieben Stufen aus Kalk- und Gipsstein einer Treppenkonstruktion mit zwei seitlich versetzten Aufgängen[396]. Aus dem

387 Evans 1903, 132.
388 Evans 1903, 132; Evans 1928b, 396. 402. 406.
389 Evans 1903, 146; Evans 1928b, 408.
390 Evans 1903, 130; Evans 1928b, 403.
391 Evans 1928b, 402. 404.
392 Evans 1903, 143; Evans 1928b, 403.
393 Evans 1928b, 403 f.
394 Evans 1903, 149.
395 Evans 1903, 131. 141.
396 Evans 1903, 134 f.; Evans 1928b, 396.

Treppenbereich stammen Fragmente verputzter, teils farbiger, roter Wandverkleidung[397]. Im Boden der *Pfeilerkrypta* befindet sich ein vertiefter Kanal von 0,4 Meter Breite in Nachbarschaft zu zwei Vertiefungen[398].

Im Zuge der Grabungen wurden ohne nähere Angaben farbige Fragmente von Tongefäßen der letzten *Palastphase* dokumentiert[399]. Objekte des Trinkgeschirrs umfassen Bügelhenkelkannen aus dem Bereich der Treppe und Raum H[400]. Als Lagergeschirr anzusprechen ist eine Amphore aus dem vertikalen Gebäudeaufbau, die im Bereich der Treppe gefunden wurde[401]. Eine anthropomorphe Figurine mit farbiger Bemalung aus Raum H ist ein weiteres Tonobjekt[402]. Im Rahmen der Steinobjekte stammt eine ständerförmige Lampe aus Gipsstein aus dem Bereich der Balustrade[403].

Einige Tongefäße, die bisher der *Royal Villa* zugesprochen wurden, stammen nach Revision mit großer Wahrscheinlichkeit aus anderen benachbarten Gebäuden[404]. Auf der anderen Seite konnten durch die Revision der Keramikfragmente die geringen Mengen an Gefäßen um dreizehn Objekte ergänzt werden[405]. In der *Royal Villa* wurden geringe Mengen an Tongefäßen der Keramikphasen SM IA und SM IB sowie hohe Mengen der Keramikphasen SM IIIA und SM IIIB dokumentiert[406]. Mittels eines Analogieschlusses zwischen den Mauerzügen und anderen Gebäuden in Knossos wurde der Bau dem Anschein nach im Zeitraum der Keramikphase SM IA errichtet und in der Zeitphase SM IIIA zerstört[407]. Der Baubefund bietet mit den entgegengesetzten Treppenaufgängen sowie in situ verbliebener Stufen des vertikalen Gebäudeaufbaus Einblicke in die Gestalt gleich mehrerer Stockwerke[408]. Für die Rekonstruktion des Aufbaus liegen oberhalb des zentralen Raumes Türwangenbasen und die unteren Mauerzüge eines ersten Stockwerkes vor[409].

---

397 Evans 1928b, 400.

398 Evans 1928b, 406.

399 Evans 1903, 131; Abb. 192.

400 Evans 1903, 142; Evans 1928b, 400.

401 Evans 1928b, 400.

402 Evans 1903, 142.

403 Evans 1928b, 404.

404 Popham 1970, 17 f.

405 Popham 1970, 16–20.

406 Niemeier 1985, 165.

407 Popham 1970, 18–20; Niemeier 1985, 165; Driessen – MacDonald 1997, 168; Müller 1997, 281.

408 Evans 1928b, 398 f.

409 Evans 1928b, 409.

### 2.5.4 *South House*

Das *South House* wurde 1908 von Sir Arthur Evans freigelegt, und eine Revision der Grabungsergebnisse erschien im Jahre 2003[410]. Das *South House* überblickt elf Meter unterhalb des Zentralhofes vom *Palast* in südlicher Richtung das Tal des Vlychia und des Kairatos in Richtung der *Caravanserai* und des Gypsades[411]. Der Baubefund liegt auf einer Höhe von 95 Meter. Das *South House* misst eine Größe von 19 x 13 Meter und liegt auf einer 24 x 15 Meter großen Terrasse[412]. Für die Anlage des Gebäudes wurde das Gelände abgetragen, infolgedessen in die Bauformationen des *Stepped Portico* und des *South Corridor* eingegriffen wurde[413]. Die Mauern aus Gips- sowie Kalkstein waren durch die Hanglage im Bereich der Westfassade und dem nördlichen Außenbereich bis zu einer Höhe von 3,5 Meter erhalten[414]. Die 0,8 Meter dicken Fassaden bestehen aus großen rechteckigen Kalksteinquadern auf einem Fundament aus Gipssteinen[415]. In Teilbereichen ist Bodenpflasterung aus Kalk- und Gipssteinplatten erhalten[416]. Mauerzeichen eines Dreizacks, eines Sterns und weiterer nicht näher genannter Zeichen stammen von der Westwand an der Treppe, von der Nordwand des Gebäudes und von Architekturblöcken aus dem nördlich angrenzenden Gebiet[417].

Der Baubefund umfasst zwei Kellerabschnitte, acht Räume eines Erdgeschosses und einen Bodenabschnitt des vertikalen Gebäudeaufbaus (Abb. 14)[418]. Den nördlichen Abschluss bildet eine Mauer mit mehreren Vorsprüngen in westlicher Ausrichtung. Der westliche Abschluss ist lediglich in seinem nördlichen Teil in einer Mauer mit südlicher Ausrichtung erhalten. Gleiches gilt für die östliche Begrenzungsmauer in Nachbarschaft zu einer weiter östlich situierten Terrassierungsmauer. Die südliche Begrenzung ist über die gesamte Länge unvollständig.

Anhand der Raumaufteilung lassen sich vier Abschnitte des Erdgeschosses voneinander trennen. Der östliche Abschnitt besteht aus drei untereinander verbundenen Räumen mit einer Säulenbasis und mehreren Türwangenbasen. Im Westen schließt sich über weitere Türwangenbasen ein kleinerer Abschnitt mit Treppenaufgang und einem kleinflächigen vertieften Bereich an. Wiederum westlich liegt im südlichen Teil ein großer rechteckiger Raum mit Zugang zu zwei kleinen nördlich

---

410 Mountjoy 2003a, XIII.
411 Evans 1928a, 373.
412 Driessen 2003, 27.
413 Evans 1928a, 373.
414 Evans 1928a, 374; Mountjoy 2003b, 6.
415 Driessen 2003, 28.
416 Driessen 2003, 28. 32.
417 Driessen 2003, 28.
418 Driessen 2003, 27.

situierten Kammern. Über den großen Raum gelangte man in westlicher Richtung über einen Zugang zu einem Raum mit zentraler Pfeilerbasis und einem Treppenaufgang im nördlichen Bereich.

Zwischen Räumen befinden sich großformatige Türschwellen und Türpfosten aus Gipsstein[419]. Steinbänke und ähnliche Aufbauten liegen im östlichen Gebäudeabschnitt und an der Nordseite des westlichen Abschnittes, zudem sind Bruchstücke einer Bank aus Gipsstein aus dem vertikalen Gebäudeaufbau bekannt[420]. Im Zentrum des östlichen Abschnittes liegt eine Pfeilerbasis aus Kalkstein auf einem Stylobat aus Kalkstein mit Gipssteinanten, eine weitere befindet sich im nördlichen Bereich[421]. In diesem Abschnitt lagen zudem Gipssteinplatten sowie ums Eck abfallende Stufen eines Treppenabgangs[422]. Drei zu einer Höhe von 1,6 Meter überlieferte Steinpfeiler stammen aus dem südlichen Bereich und ein zu einer Höhe von 1,8 Meter erhalterner Gipssteinpfeiler stammt aus dem westlichen Abschnitt[423]. Die Treppenaufgänge mit Stufen aus Gipsstein verliefen vom Keller zum Erdgeschoss und von dort in Richtung des vertikalen Gebäudeaufbaus[424]. Aus dem südlichen Gebäudebereich und dem Treppenhaus stammen Fragmente verputzter, teils farbiger Wandverkleidung, mit Darstelungen von Vögeln und Pflanzen[425].

Die Tongefäße des Gebäudes waren ohne ausführliche stratigraphische Dokumentation Selektionsprozessen unterworfen und wurden zusammen in Kisten aufbewahrt. Datierungen dieser Tongefäße basieren somit auf stilistischen Vergleichen[426]. Die einzigen in situ Funde im Gebäude sind zwei Gefäße aus dem östlichen Abschnitt sowie geringe Mengen stratigraphisch dokumentierter Tongefäße aus dem nördlichen Bereich[427]. Nach Revision einiger Keramikfragmente, die ursprünglich der Keramikphase SM IIIA2 zugeordnet wurden, stammen sechs Gefäße dem Anschein nach aus der Keramikphase SM I[428]. Auch bei dem *South House* kam es zu einer Vermischung von Objekten aus dem Bauwerk und der Nachbarschaft[429]. Objekte des Trinkgeschirrs umfassen Becherformen sowie Kannen und Krüge[430].

419 Driessen 2003, 33.
420 Driessen 2003, 32. 34.
421 Driessen 2003, 32.
422 Evans 1928a, 378; Driessen 2003, 32.
423 Driessen 2003, 33 f.
424 Mountjoy 2003b, 10; Driessen 2003, 28. 33.
425 Evans 1928a, 378 f.; Mountjoy 2003b, 10. 22; Mountjoy 2003d, 37.
426 Mountjoy 2003a, XIII f.
427 Mountjoy 2003b, 22.
428 Mountjoy 2003c, 51.
429 Mountjoy 2003b, 15–18; Evely 2003, 167.
430 Mountjoy 2003c, 53. 57–62. 72. 74 f.

Unterschiedliche Schüsselformen bilden Objekte des Misch- und Zubereitungsgeschirrs[431]. Fragmente von Pithoi und Amphoren sind Lagergefäße[432]. Weitere Tonobjekte sind elf Webgewichte und ein fragmentarischer Spinnwirtel[433]. Fragmente von Knochenwerkzeugen und Elfenbein sind organische Funde[434]. Im Rahmen der Steinobjekte sind zwei pyramidale Ständer aus Gipsstein für den Einsatz einer Doppelaxt bekannt, zudem wurden Steinwerkzeuge, Fragmente von Obsidian, Fragmente weiterer Steingefäße sowie Siegelsteine aus Lapis Lazuli, Jaspis, Steatit und Serpentin dokumentiert[435]. Im Kontext der Metallobjekte sind vier Schüsseln aus Silber und eine Kanne bekannt, welche aus der nordwestlichen Ecke aus dem vertikalen Gebäudeaufbau heruntergefallen sind[436]. Weitere Metallobjekte umfassen zwei Zylinder, drei Sägen, eine Hammer-Axt sowie zwei Doppeläxte aus Bronze[437].

Fragmente von Tongefäßen unterhalb des Bodens des südlichen Bereiches umfassen Becherformen der Keramikphasen MM I–MM III[438]. Die Errichtung des *South House* fand am Ende der Zeitphase MM IIIB und in der Keramikphase SM IA statt[439]. In Bezug auf dieses Gebäude sind folgende Beobachtungen von Bedeutung[440]. Die meisten Keramikscherben haben keine stratigraphische Grundlage und sind vom nördlichen Abhang des *Palastes* in dieses Bauwerk hineingerutscht. Die Tongefäße der Keramikphasen SM IB, SM II und SM III stellen Füllmaterial eines Abfallplatzes dar, der nach der Zerstörung des *South House* an diesen Platz verlegt wurde. Die Keramikfragmente schildern damit keine Nutzphase des Gebäudes. Die Revision legte eine Zerstörung des Baus in der Keramikphase SM IA infolge eines Erdbebens nahe. Die Notizen in den Grabungstagebüchern schildern die Rekonstruktion des Zusammenbruchs des Gebäudezentrums im Zuge seismischer Aktivitäten[441]. Der Baubefund bietet aufgrund der nachgewiesenen Treppenaufgänge und der unteren Fundamente des vertikalen Gebäudeaufbaus eindrucksvolle Einsichten in ein Obergeschoss[442].

---

431 Mountjoy 2003c, 53. 58. 73. 75 f.

432 Evans 1928a, 380 f.; Driessen 2003, 32. 34; Mountjoy 2003c, 52. 57. 62; Christakis 2003, 153–157.

433 Barber 1991, 9–35; Burke 1997, 414; Evely 2000, 494–496. 502. 504; Soles u. a. 2003, 116; Evely 2003, 193 f.; Burke 2003, 195–197; Burke 2010, 34–37. 50–52. 54; Apostolakou u. a. 2014, 326. 328; Rahmstorf 2015, 1 f.; Bruun-Lundgren u. a. 2015, 197.

434 Evely 2003, 188 f.

435 Driessen 2003, 34; Evely 2003, 167–187; Krzyszkowska 2003, 199–203.

436 Evans 1928a, 387 f.; Mountjoy 2003b, 10; Mountjoy 2003e, 163–166.

437 Mountjoy 2003b, 12; Evely 2003, 190.

438 Knappett 2003, 41.

439 Driessen 2003, 34; Siehe zudem Mountjoy 2003c, 52.

440 Popham 1970, 59 f.; Mountjoy 1984, 172; Driessen – MacDonald 149 f.; Mountjoy 2003b, 23–25; Mountjoy 2003c, 78–153.

441 Mountjoy 2003b, 23. Vergleiche Müller 1997, 281 f.

442 Evans 1928a, 385–389.

## 2.6 Amnisos

Der Siedlungsplatz Amnisos liegt sieben Kilometer östlich von Iraklion und 500 Meter nördlich von Krateros am östlichen Abhang des dreißig Meter hohen Hügels Paleochora auf acht Meter (Abb. 15)[443]. Die Küstenebene stellt das Mündungsgebiet des Krateros dar, welcher aus südlicher Richtung an die Nordküste fließt. Nach Osten und Westen wird diese Ebene durch zwei Bergrücken von 30 und 170 Meter Höhe begrenzt. Neben dem Paleochora befindet sich im Süden ein weiterer Hügel, an dessen nördlichen Ende die *Höhle der Eileithyia* liegt. Neben dem Krateros endet im Osten des Berges ein weiterer Fluss an der Küste. Die verringerte Lebhaftigkeit des Krateros wird mit modernen Eingriffen am Oberlauf im 20. Jahrhundert erklärt[444]. Im Bereich des Paleochora liegt zudem eine wasserführende Quelle[445]. Zu der Küste im Norden ist der Baubefund gegenwärtig 160 Meter entfernt. Untersuchungen im Baubefund E zeigten, dass der Meeresspiegel in der Späten Bronzezeit zwischen 4,6 und 4,9 Meter tiefer lag als der gegenwärtige Meeresspiegel[446]. Der heutige Küstenverlauf weist damit Differenzen zu der antiken Küstenlinie auf, die sich dem Anschein nach in einer tieferen Bucht 150 Meter weiter südlich erstreckte[447].

Das Ausgrabungsgelände befindet sich inmitten moderner Konstruktionen. Nach Osten schließen diese über eine Fläche von 50 x 200 Meter direkt an den Baubefund an, einzig nach Süden verringern sich die Bauten in ihrer Anzahl und Dichte. Der Baubefund wurde in den 1920er und 1930er Jahren sowie in den Jahren 1963 und 1967 durch Ausgrabungen und von 1983 bis 1985 durch Bauaufnahmen untersucht[448]. In den Texten der Tontafelarchive von Knossos wurde die Bezeichnung Amnisos als Toponym oder Epitheton an 40 Stellen identifiziert[449]. Auf dem Sockel einer Königsstatue aus Theben West tritt der Name innerhalb einer Aufzählung kretischer Orte auf[450]. Zudem findet der Ort bei Homer und Strabon als schwierig anzulaufender Küstenort mit einer *Höhle der Eileithyia* Erwähnung[451]. Die Bezeichnung Amnisos ist vorgriechischen Ursprungs, und wird in anderen antiken Quellen in Bezug zur Ebene, Küste und Flussmündung verwendet[452].

443 Knoblauch 1992a, 201.
444 Schäfer 1992b, 3.
445 Knoblauch – Schäfer 1992, 151–155.
446 Knoblauch 1992b, 331.
447 Schäfer 1991; Knoblauch 1992b, 332 f.; Niemeier – Schäfer 1992, 346.
448 Schäfer 1992a, XV–XVIII; Schäfer 1992b, 7–10.
449 Hiller 1992, 18 f. 46–50.
450 Helck 1979, 28–33; Helck 1992, 13. 17; Cline – Stannish 2011.
451 Hom. Od. 19, 148; Strab. 4, 10.
452 Chaniotis 1992, 73; Schäfer 1992h, 337.

Dank des ansteigenden Terrains sind vom Ort aus die Gebirge im Süden zu erkennen. Gleichfalls ist der zwölf Kilometer entfernte Juktas zu erkennen. In nördlicher Richtung sind die Inseln Monocharako und Dia in 500 Meter und zwölf Kilometer sichtbar[453]. Nach Westen ist der Blick vom Paleochora zwar eingeschränkt, jedoch besteht Fernblick über die östlichen Ausläufer des Idagebirges sowie die Gebirge der Nordküste mit der Bergspitze des Stroumboulas. Nach Osten verläuft der Ausblick entlang der Küste bis zum Kakon Oros in zwei Kilometer Entfernung südöstlicher Richtung. Vom Paleochora selbst sind Blicke über die südlichen Hügel und das umliegende Land in bis zu zwei Kilometer Entfernung möglich.

In einem Kilometer Entfernung liegt südlich die *Höhle der Eileithyia* mit Funden von der neolithischen bis zur römischen Zeit[454]. Südöstlich von Areal 1 und an einer nicht näher genannten Stelle befinden sich zwei Steinabbaugebiete, die in der griechischen und römischen Phase genutzt wurden[455]. In west-südwestlicher Richtung nach Prasa und Knossos wurden Terrassierungsmauern und Grabplätze am Westhang des Profitis Ilias als Hinweise potentieller Wegführungen über die Hochebene von Kallithea diskutiert[456]. Auf dem Paleochora, bei der *Höhle der Eileithyia* und am Platz Maphese liegen mehrere Begräbnisplätze der spätneolithischen Zeit sowie aus dem Zeitraum der Keramikphase SM III A und SM III B[457].

Im Bereich des Bauwerkes wurden neolithische Funde dokumentiert[458]. Im Bereich des *Heiligtums des Zeus Thenatas*, in den Arealen D und E, südlich des Paleochora und nördlich der *Höhle der Eileithyia* befinden sich Baubefunde, die anhand der Tongefäße aus den Zeitphasen FM I, MM IA, MM IB und MM II stammen[459]. In den Arealen E, F und H liegen Baubefunde mit Beifunden der Keramikphase SM I[460]. Aus den Zeitphasen SM IIIA, SM IIIB und SM IIIC stammen in Nachbarschaft des Paleochora unter anderem das Brunnenhaus, das *Megaron* sowie weitere Baubefunde in Areal F[461]. Aus demselben Areal stammen zudem drei Pithoi aus dem 7. Jh. v. Chr. und ein Brandaschealtar, welcher von der geometrischen bis zur hellenistischen Periode genutzt wurde[462].

---

453 Knoblauch 1992b, 333 f.

454 Schäfer 1992b, 7 f.; Hiller 1992, 49 f.

455 Schäfer 1992b, 10; Knoblauch – Niemeier 1992, 326–328; Shaw 2009, 36.

456 Hood 1981a, 15; Hood 1981e, 53 f.; Nr. 242; Nr. 256; Knoblauch – Niemeier 1992, 323–328; Warren 1994, 200 f.

457 Pini 1968, 82; Kanta 1980, 39 f.; Schäfer 1992b, 7–9; Schäfer 1992h, 338.

458 Schäfer 1992b, 11.

459 Pini – Platon 1984, 159; Schäfer 1992h, 338.

460 Niemeier 1985, 177; Schäfer 1992d, 155–158; Schäfer 1992e, 159–185; Alexiou 1992, 186–190; Schäfer 1992f, 200; Schäfer 1992h, 336.

461 McEnroe 1979, 391; Kanta 1980, 38–42; Niemeier 1985, 177; Alexiou 1992, 188 f.; Schäfer 1992e, 192–199.

462 Schäfer 1992e, 182–185.

Der 24 x 21,5 Meter große Baubefund ist im Osten des Paleochora in nach Norden und Osten abfallendem Terrain situiert (Abb. 16)[463]. Bei Ausgrabungsbeginn lag der westliche Abschnitt unter drei Meter dicken Kulturschichten[464]. Die Fassaden des Bauwerkes bestehen aus Orthostatenblöcken auf einem Fundament, welche an der Außenseite glatt verarbeitet und nach innen mit Bruchsteinen aufgefüllt sind[465]. Die teilweise 0,8 Meter hohen und 0,6 Meter dicken Bruchsteinmauern im Inneren bestehen aus Sideropetrasteinen[466]. Der Baubefund erhält an den westlichen und südlichen Seiten Begrenzung von einer dicken Mauer in nördlicher Ausrichtung mit diversen Vorsprüngen. In nördlicher Richtung liegen keine Baubefunde als Begrenzung vor, den südlichen Abschluss bildet ein massiver Mauerzug in westlicher Ausrichtung.

Innerhalb dieser Begrenzungen liegen im südlichen Teil kleinflächige Räume. In westlicher Richtung liegt zwischen der westlichen Begrenzung und diesen eine Freifläche mit zwei Säulenbasen auf einer Linie. Im Norden davon schließt die rechteckige Raumgruppe 8 und 9 mit einer westlich ausgerichteten Mauer in der Mitte an. Im Osten dieser Raumgruppe liegt eine Freifläche mit Architekturelementen in ihrem nördlichen Bereich. Diese befinden sich in Flucht mit der westlich situierten Mauer der Raumgruppe 8 und 9. Im nordöstlichen Bereich schließt ein weiterer rechteckiger Baubefund mit einer Mauer im Zentrum sowie einem unklaren Zugang aus nördlicher Richtung an. In ähnlicher Weise liegen am südwestlichen Ende des Baubefundes mit den Abschnitten 10 und 13 weitere durch Mauern definierte Abschnitte.

Zwischen den Abschnitten 7a und 8 sowie zwischen 4 und 5 befinden sich großformatige Türschwellen. Darüber hinaus liegen im großflächigen Bereich 1 und zwischen 8 und 9 T- und L-förmige Türwangenbasen aus Kalk- und Gipsstein. Von den sieben Türwangenbasen im Bereich 1 waren zwei vollständig erhalten, zwei weitere wurden restauriert und drei sind moderne Ergänzungen[467]. Die Bodenpflasterung bestand aus rechteckigen und unregelmäßigen Schiefer- wie auch Kalksteinplatten mit weißem und rotem Fugenputz[468]. Auf der Außenseite der Nord- und Westfassade treten eingeritzte Mauerzeichen mit Motiven des Sterns und des Dreizacks auf[469]. Auf den Fassaden sind Fragmente verputzter, teils farbiger, Wandverkleidung erhalten[470]. Eine Ascheschicht sowie ein Säulenfragment wurden als Holzrückstände dokumentiert[471]. Im Zentrum der Abschnitte 7a und 7b

463 Stürmer 1992a, 129 f.
464 Stürmer 1992a, 130.
465 Stürmer 1992a, 130 f.
466 Stürmer 1992a, 131. 134. 141.
467 Stürmer 1992a, 133. 136 f.
468 Stürmer 1992a, 131 f. 136. 140 f.
469 Stürmer 1992a, 132.
470 Stürmer 1992a, 131. 146; Stürmer 1992b, 221.
471 Stürmer 1992a, 141.

sind zwei Säulenbasensteine erhalten[472]. In der Raumgruppe 5.16 deuten drei Stufen dem Anschein nach auf einen ehemaligen Treppenaufgang hin[473]. In der nordöstlichen Ecke von Raum 6 mögen Brandspuren auf eine ehemalige Herdstelle hindeuten[474]. Im Bereich 7 wurden in einer Höhe zwischen 0,4 und 1 Meter über dem Boden Fragmente des *Lilienfreskos*, des *Minzenfreskos* und des *Papyrusfreskos* aus dem vertikalen Gebäudeaufbau gefunden[475]. Das zusammengesetzte *Lilienfresko* zeigt in den ergänzten Maßen von 1,7 x 1,3 Meter drei weiße Lilien aus einem grünen Blattbüschel mit je vier Blättern vor einem roten Hintergrund[476]. Das ebenfalls aus Fragmenten zusammengesetzte *Minzenfresko* präsentiert in den hypothetischen Maßen von 2,3 x 1,8 Meter symmetrisch aufgeteilte Bündel von roten Lilien- und Irisblüten sowie sechs sich nach oben verästelnde Minzenpflanzen[477].

Die publizierten Materialien stammen aus Raum 2 und aus einer Kiste mit Scherben, welche die Beschriftung *aus dem Durchgang bei den Fresken* trug[478]. Objekte des Trinkgeschirrs umfassen Fragmente von einer Kanne, von drei Tassen und drei konischen Bechern der Keramikphase SM IA[479]. Ein globularer Brückenskyphos mit Horizontalstreifen und Gräsermotiv der Keramikphase SM IA war Bestandteil des Koch- und Zubereitungsgeschirrs[480]. Zwei 0,4 Meter hohe globular-konische Gefäße mit zwei Halshenkeln und horizontaler Bänderverzierung und zwei Pithoi der Keramikphase SM IA sind Objekte des Lagergeschirrs[481]. Ein weiteres Tonobjekt war eine *Fire-Box*[482]. Ein nicht näher benanntes Bronzegerät ist der einzige publizierte Metallfund des Gebäudes[483]. Organische Funde sind dreizehn Eberzähne und ein Elfenbeinstab mit unbekanntem Fundort[484].

Durch Analogieschlüsse mit anderen Gebäuden Kretas und auf Basis der stilistischen Übereinstimmungen mit anderen Freskenmalereien wurde die Errichtung des Gebäudes in dem Zeitraum der Keramikphasen MM IIIA–MM IIIB vorgeschlagen[485].

---

472 Stürmer 1992a, 133.
473 Stürmer 1992a, 135.
474 Stürmer 1992a, 147.
475 Marinatos 1992, in: Stürmer 1992, 149 f.; Stürmer 1992b, 223.
476 Stürmer 1992b, 220.
477 Stürmer 1992b, 220. 223.
478 Stürmer 1992b, 219.
479 Stürmer 1992b, 219.
480 Stürmer 1992b, 219.
481 Stürmer 1992b, 219.
482 Stürmer 1992b, 219.
483 Stürmer 1992b, 220.
484 Stürmer 1992b, 221 f.
485 Stürmer 1992a, 148; Stürmer 1992b, 223; Schäfer 1992h, 338.

Im Baubefund kam es zur Differenzierung von zwei Nutzungsphasen[486]. Zum ursprünglichen Bau gehört neben den Fassaden die innere Gliederung, die in die Fassaden einbindet. Als Baumaßnahmen gelten die Südwand von 7a und Raum 6, der Raum 3, die obere Hälfte der Bruchsteinmauer zwischen 8 und 9 sowie die Räume 13 und 14. Da keine stratigraphisch gesicherten Zusammenhänge vorliegen und nur wenige Tongefäße vorhanden sind, wurde eine Zerstörung des Bauwerkes am Ende der Keramikphase SM IA vorgeschlagen[487]. Anhand weit verteilter Brandspuren im Gebäude mit kalzinierten Kalksteinen, geschwärzter Erde, karbonisiertem Holz und der Sturzlage der Freskenfragmente sind Zerstörungen durch Feuer und Erdbeben denkbar[488]. Für einen Korridor über dem Bereich 7a spricht die Fundlage der Wandfresken um die Säulenbasis herum, darüber hinaus wurde die Mauerdicke der Räume 8 und 9 als Hinweis des vertikalen Gebäudeaufbaus gewertet[489].

## 2.7 Nirou Khani

Der Siedlungsplatz Nirou Khani liegt zwölf Kilometer östlich von Iraklio in Kokkini Hani auf einer Höhe von sieben Meter in einer flachen Küstenebene (Abb. 15). Diese wird im Westen und Süden von 150 Meter hohen Hügeln umschlossen, einzig nach Osten liegt ein schmaler Korridor zur nächsten kleinflächigen Ebene. Im Gegensatz zum vier Kilometer entfernten Sandstrand bei Amnisos liegen vor Ort kliffartige Küstenabschnitte. In 300 Meter Entfernung westlicher Richtung mündet ein Fluss ins Meer, welcher weiter südlich in der Umgebung von Stamnoi entspringt. Zu der Küste im Norden ist der Siedlungsplatz gegenwärtig 50 Meter entfernt.

Das Ausgrabungsgelände befindet sich inmitten moderner Konstruktionen. Nach Westen schließen Baukomplexe über eine Länge von 150 Meter an, gleiches gilt für die nördlich zugebaute Küste hinter der Straße. Einzig nach Osten und Süden ist die Umgebung in bis zu 60 Meter frei von moderner Bebauung. Zwischen 1918 und 1920 kam es aufgrund von Zufallsfunden zur Freilegung des Baubefundes[490]. Die Benennung Nirou Khani mag mit dem roten Boden vor Ort begründet

486 Stürmer 1992, 142–145. 147.

487 Niemeier 1985, 177; Stürmer 1992a, 148 f. Schäfer 1992h, 338.

488 Stürmer 1992a, 148–151.

489 Stürmer 1992a, 145–147.

490 Xanthoudídes 1922, 1.

sein. Die im Meer befindlichen Baubefunde in 800 Meter Entfernung nordwestlicher Richtung deuten auf einen drei bis fünf Meter niedrigeren bronzezeitlichen Meeresspiegel in diesem Bereich der Nordküste hin[491].

In nördlicher Richtung ist die zwölf Kilometer entfernte Insel Dia sichtbar. Eine Sichtverbindung zur 800 Meter nordwestlich entfernten Klippe bei Agios Theodoros ist, obwohl die gegenwärtige Vegetation und moderne Bauten diese einschränken, theoretisch denkbar. Nach Westen ist der Ausblick durch die modernen Bauten weitestgehend eingeschränkt. In südlicher Richtung sind in bis zu zwei Kilometer Entfernung Hügelkuppen im Süden der Küstenebene zu erkennen. Nach Osten endet der Blick am 280 Meter hohen Tafelberg im Südosten von Kato Gouves. Weitere Fundplätze mit Tongefäßen der Keramikphase SM I liegen weiter nordwestlich bei Agios Theodoros, 500 Meter östlich im Umfeld eines Hügels sowie in Richtung Vatheianos Kambos[492]. In der Umgebung befinden sich am östlich gelegenen Hügel, bei Agios Theodoros und auf der gegenwärtig im Meer befindlichen Insel antike Abbaugebiete von Kalkstein[493]. In der westlichen Umgebung und bei Vatheianos Kambos sind Felskammergräber und Larnakesfragmente der Phasen SM IIIA2 bekannt[494].

Der 34 x 30 Meter große Baubefund besitzt aufgrund der flachen Lage geringe Niveauunterschiede zwischen einzelnen Räumen (Abb. 17)[495]. Die Fassaden des Gebäudes bestehen aus großformatigem Quadermauerwerk und die inneren Mauerzüge aus kleinformatigen Bruchsteinmauern[496]. In vielen Gebäudeabschnitten, darunter in Raum 2 und dem nördlich angeschlossenen Raum 12, sind Gipssteinplatten der Bodenpflasterung erhalten[497]. Holz als Baumaterial wurde in hohen Mengen dokumentiert und fand unter anderem Verwendung als vertikales Stützelement im Mauerverbund[498]. Die Baubefunde bieten eine Aufteilung in einen westlichen und einen östlichen Teil. Der östliche Teil offenbart eine Freifläche mit Pflastersteinen sowie eine partiell erhöhte Wegführung im Norden einer Mauer in westlicher Ausrichtung[499]. Diese Mauer verläuft auch südlich des westlichen Abschnittes und bildet die südliche Begrenzung einer kleinen gepflasterten Freifläche.

491 Vergleiche die Interpretationen der unter Wasser befindlichen Befunde bei Evans 1928a, 233 f. 279–285; Pendlebury 1939, 191; Stürmer 1990, 415. 417 f.; Shaw 1990a, 425 f.; Watrous u. a. 1993, 204 f.; MacDonald 2017, 343 f.; Adams 2017, 109 f.

492 Marinatos 1926; Möbius – Wrede 1927, 405 f.; Woodward 1927, 258 f.; Shaw 1990a, 425 f.

493 Evans 1928a, 279 f.; Shaw 2009, 32.

494 Nilsson 1927, 51 f.; Pini 1968, 85; Kanta 1980, 43–45; Löwe 1996, 241.

495 Xanthoudídes 1922, 2.

496 Xanthoudídes 1922, 9. 11.

497 Xanthoudídes 1922, 5 f.

498 Xanthoudídes 1922, 9.

499 Xanthoudídes 1922, 2 f.

Der Verlauf der großen Freifläche in östlicher Richtung ist über keine architektonischen Grenzen nachzuvollziehen.

Der westliche Abschnitt findet an der nördlichen Seite durch die Mauer Δ in westlicher Ausrichtung Begrenzung. Als westliche Begrenzung liegen ein nördlich orientierter Mauerzug und sieben partielle westlich ausgerichtete Mauern vor. Im Zentrum des westlichen Abschnitts trennt der Korridor 11 mit westlicher Ausrichtung die Räume in einen südlichen und einen nördlichen Teil. Der südliche Teil umfasst die Raumgruppen 17, 18 und 37 mit Zugang von Raum 12 und die Räume 3, 4, 5, 6, 7, 8, 9 und 10 mit Zugang von Raum 4. Über die nördlichen Abschnitte 8, 9, 34, 35 und 36 sind weitere Zugangsmöglichkeiten zu dem südlichen Gebäudebereich möglich. Im nördlichen Teil befinden sich großflächige Räume. Von diesen liegen die Abschnitte 24, 25 und 31 parallel zueinander und auf die Fläche 23 ausgerichtet. Zugang zum nördlichen Bereich war über die nördlichen Räume und die südliche Freifläche denkbar.

Zwischen dem Großteil der Räume befinden sich L- und T-förmige Türwangenbasen aus Gipsstein[500]. In Raum 2 liegen fünf T- und L-förmige Türwangenbasen in einer Reihe im Westen von zwei Säulenbasen aus Stein im Übergangsbereich zur Freifläche[501]. In Raum 12 rahmen weitere Türwangenbasen zusammen mit zwei Pfeilerbasen eine L-förmige Bank mit Triglyphenmuster an der Südostecke[502]. In den Bereichen 10 und 10a deuten vereinzelte Stufen in schmalen parallelen Räumen auf einen potentiellen Treppenaufgang zum vertikalen Gebäudeaufbau[503]. Im südlichen Bereich der Freifläche befindet sich unmittelbar vor der westlich ausgerichteten Mauer ein Steinaufbau[504]. In den Bereichen 26, 27, 28, 29 und 30 lagen dünnwandige Unterteilungen aus Lehmziegeln[505]. Auf einem Bauglied in Raum 1a wurde ein eingeritztes Mauerzeichen mit dem Symbol des Dreizacks dokumentiert[506]. Aus den Räumen 11, 12, 14 und 17 stammen Fragmente verputzter, teils farbiger, Wandverkleidung[507].

Viele der Oinochoen, Amphoren und als Kochgeschirr bezeichnete Objekte wurden ohne konkrete Angabe des Fundortes publiziert[508]. Objekte des Trinkgeschirrs sind hohe Mengen konischer Becher unter einer Türschwelle, zudem wurden fünf schmale Schnabelkannen, acht breite Kannen, acht kleinformatige Becher

500 Xanthoudídes 1922, 5–8.
501 Xanthoudídes 1922, 5.
502 Xanthoudídes 1922, 7 f.
503 Xanthoudídes 1922, 7.
504 Xanthoudídes 1922, 2 f.
505 Xanthoudídes 1922, 9.
506 Driessen – MacDonald 1997, 180.
507 Xanthoudídes 1922, 9–11.
508 Xanthoudídes 1922, 17; Driessen – MacDonald 1997, 179 f.

sowie mehrere einhenklige Tassen dokumentiert[509]. Sieben Gefäße mit variantenreichen Ausgüssen und Gefäßkörpern sind neben drei Schüsseln und zwei Dreifüßen dem Koch- und Zubereitungsgeschirr zuzuordnen[510]. Objekte des Lagergeschirrs sind neben zehn Pithoi und Amphoren zudem weitere Objekte in den Räumen 23, 24, 25, 31 und 32[511]. Drei *Fire-Boxes* sowie zwischen 40 und 50 ineinander gestapelte Altäre aus den Räumen 17 und 18 bestehen ebenfalls aus Ton[512]. Aus dem Raum 7 stammen vier, durchschnittlich einen Meter große und 0,6 Kilogramm schwere, Doppeläxte aus Bronze, des Weiteren wurde eine Klinge aus Kupfer dokumentiert[513]. In einem der Pithoi und in den Unterteilungen aus Lehmziegeln wurden karbonisierte Samen, Bohnen und Kichererbsen als organische Funde dokumentiert[514]. Neben Steatitfragmenten sind fünf röhrenförmige und schüsselartige Lampen, ein Dreifußbassin aus Trachit und ein *Weihhorn* weitere Steinobjekte[515].

Während über die Errichtung des Bauwerkes in dem Zeitraum der Keramikphasen MM III –SM IA weitestgehend Einigkeit besteht, wurde der Zeitpunkt der Zerstörung kontrovers disktuiert. Einige Forscher ordnen bestimmte Tongefäße der Keramikphase SM IB zu und postulieren eine Zerstörung im Zeitraum dieser Keramikphase[516]. Andere Forscher argumentierten aufgrund teils derselben Tongefäße mit einer stilistischen Einordnung und einer Zerstörung in der Keramikphase SM II[517]. Ebenfalls steht der Grund der Zerstörung zur Disposition. Stefanos Xanthoudídes geht von einer Zerstörung durch ein Feuer aus[518]. John Pendlebury hingegen betont die fehlenden Auswirkungen einer Feuerzerstörung[519]. Innerhalb des Baubefundes wurden einzelne Mauerzüge aufgrund ihrer divergenten Materialien als spätere Ergänzungen bezeichnet[520]. Ein potentieller Treppenaufgang sowie heruntergefallene Pflastersteine, Türwangenbasen sowie Tongefäße deuten auf den vertikalen Gebäudeaufbau hin[521].

509 Xanthoudídes 1922, 17–22; Driessen – MacDonald 1997, 179 f.

510 Xanthoudídes 1922, 20–22.

511 Xanthoudídes 1922, 16–18.

512 Xanthoudídes 1922, 15 f. 21–23.

513 Xanthoudídes 1922, 12.

514 Xanthoudídes 1922, 9. 17.

515 Xanthoudídes 1922, 2. 13–15.

516 Pendlebury 1939, 228; Driessen – MacDonald 1997, 179.

517 Popham 1970, 86. FN 91; Popham in: Niemeier 1984, 215; Niemeier 1984, 209. 215; Mountjoy 1984, 192–194; Niemeier 1985, 177.

518 Xanthoudídes 1922, 10.

519 Pendlebury 1939, 228.

520 Driessen – MacDonald 1997, 180.

521 Xanthoudídes 1922, 10; Driessen – MacDonald 1997, 179.

## 2.8 Vathypetro

Der Siedlungsplatz Vathypetro liegt drei Kilometer südlich von Archanes und einen Kilometer südöstlich des Juktas am Rand eines Plateaus auf einer Höhe von 497 Meter (Abb. 18). Das Plateau findet im Süden und Südwesten durch abfallendes Gelände und im Nordosten durch 640 Meter hohes Gebirgsterrain Begrenzung. Nach Westen schließen sich im Umfeld des Juktas ausgedehnte Täler und Ebenen an. In nördlicher Richtung liegt zwischen Juktas und dem nordöstlichen Gebirgsterrain Archanes in einer Senke.

Das Ausgrabungsgelände befindet sich inmitten landwirtschaftlicher Nutzflächen des Oliven- und Weinanbaus. In einem Umkreis von 500 Meter liegen keine modernen Kontruktionen. Einzig im Osten befindet sich in 450 Meter Entfernung die Kapelle der Agia Marina. Die Hauptstraße zwischen Archanes und Vathypetro verläuft 250 Meter östlich des Ausgrabungsgeländes. Der Nachweis von Oberflächenfunden vor Ort führte zwischen 1949 und 1955 zu Ausgrabungen[522]. Die Benennung Vathypetro mag in der erhöhten Lage des Ortes in Nachbarschaft zu einem großflächigen Tal begründet liegen.

Vor allem nach Süden und Westen liegt Weitblick über die Umgebung und weit entfernte Regionen vor. Nach Süden ist die Bergformation zwischen Roukani, Karkadiotissa und Arkadi in zwölf Kilometer Entfernung zu erkennen. Gleiches gilt für die Erhebung auf 570 Meter Höhe zwischen Tefeli und Ligortinos in fünfzehn Kilometer Entfernung sowie das Profil des Asterousiagebirges. Da der östliche Gipfel des Kophinas zu erkennen ist, besteht die Möglichkeit einer Sichtverbindung zum dortigen *Bergheiligtum*. Ebenfalls einsehbar ist das Land bis zum südöstlichen Ausläufer des Idagebirges. Mit Blick nach Westen ist über den Felssporn bei Prophitis Ilias in vier Kilometer Entfernung das Idagebirge bis zur Schlucht von Krousonas zu erkennen (Abb. 35). Nach Norden und Nordosten ist der Ausblick durch das ansteigende Terrain auf einer Strecke von 500 Meter eingeschränkt. Nach Südosten sind Blicke bis zur fünf Kilometer entfernten Hügelformation im Osten von Partheni möglich.

Im nördlich entfernten Archanes deuten mehrere benachbarte Fundplätze auf einen großflächigen Siedlungsplatz hin[523]. Bei Xeri Kara im Südwesten von Archanes ist ein weiterer Baubefund bekannt[524]. Nördlich befinden sich am Platz Karnari am

---

522 Marinatos 1950, 100; Hood – Boardman 1956, 30. Vergleiche zudem Blackman 2000/2001, 133.

523 Sakellarakis – Sapouna-Sakellarakis 1991, 24. 29; Sakellarakis – Sapouna-Sakellarakis 1997, 63–65; Müller 1997, 285.

524 Hood – Boardman 1956, 30; Hood 1958, 16; Daux 1959, 740; Catling 1987/1988, 66; Sakellarakis – Sapouna-Sakellarakis 1991, 26; Sakellarakis – Sapouna-Sakellarakis 1997, 67; Driessen – MacDonald 1997, 175 f.

südlichen Fuße des Juktas und bei Stavromyti weitere Orte mit nachgewiesenen Siedlungsaktivitäten[525]. Das *Bergheiligtum* von Juktas liegt in ähnlicher Entfernung nordwestlich und weist Tongefäße der Keramikphasen FM II–SM IIIC auf[526]. Neben diesem Ort befinden sich mit Alonaki, Anemospilia und einer Höhle bei Chosto Nero weitere Fundplätze auf dem Bergrücken selbst und an den westlichen und südwestlichen Abhängen[527]. Aus dem Umfeld des Juktas stammen zudem vereinzelte Baukonstruktionen befestigter Wegeführungen[528]. Bei Katsoprinia und Phourni liegen Begräbnisplätze anderer Zeitphasen, und aus der unmittelbaren Umgebung des Baubefundes von Vathypetro stammt ein nicht weiter beschriebener Begräbnisplatz[529]. Die Hügel im Norden dienten möglicherweise als Abbaugebiet für den vor Ort verbauten Kalkstein[530]. Vom Siedlungsplatz selbst stammt ein korinthischer Aryballos[531]. Im Umfeld des Baus wurden nördlich und südlich Tongefäße der Keramikphase SM III dokumentiert[532]. Im Süden deuten vereinzelte Mauern sowie obertägige Streufunde auf ein größeres, bisher unerforschtes Siedlungsgebiet hin[533].

Die Bauglieder aus Kalkstein sind am Rand von abfallendem Gelände gelegen[534]. Der Baubefund aus Bruchsteinmauerzügen misst eine Größe von 55 x 37 Meter (Abb. 19). Die Ostseite des westlichen Teilabschnittes weist bei Raum 10 Quadermauerwerk auf, die Fassaden bestehen teilweise aus großen rechteckigen Baugliedern[535]. Der Baubefund bietet eine Aufteilung in zwei zehn Meter voneinander entfernt liegende Teile an, welche durch einen westlich ausgerichteten Mauerzug 49 verbunden sind. Der westliche Abschnitt findet im Norden Begrenzung durch eine westlich ausgerichtete Mauer. Gleiches gilt für Mauer 49 im Norden des östlichen Abschnittes als weitere Grenze. Im Süden des östlichen Abschnittes liegt gleichfalls eine Mauer in nordwestlicher Richtung. Der westliche Abschnitt weist an der östlichen Seite einen Mauerzug in nördlicher Richtung auf. Die südliche und westliche Ausdehnung des westlichen Abschnittes verbleiben wie die westlichen, südlichen und östlichen Grenzen des östlichen Abschnittes unklar.

---

525 Marinatos 1950, 108 f.; Marinatos 1951, 248–257; Adams 2017, 147.

526 Nilsson 1927, 65 f.; Karetsou 1981; Mountjoy 1984, 170; Rutkowski 1988, 81 f.; Adams 2004, 32.

527 Sakellarakis – Sapouna-Sakellarakis 1991, 136–156; Sakellarakis – Sapouna-Sakellarakis 1992a, 51–53; Sakellarakis – Sapouna-Sakellarakis 1997, 29 f.; Karetsou – Mathioudaki 2012, 84–87. 90. 99 f. 103; Karetsou 2013, 71 f. 77. 89 f.

528 Karetsou 1981, 138. FN 10; Hood 1981a, 14 f.; Sakellarakis – Sapouna-Sakellarakiss 1991, 27; Siart 2010, 114; Karetsou – Mathioudaki 2012, 100–102.

529 Sakellarakis – Sapouna-Sakellarakis 1991, 25. 66. 86; Kanta 1980, 35.

530 Evans 1928a, 71–76; Driessen – MacDonald 1997, 178.

531 Marinatos 1951, 269; Driessen – Sakellarakis 1997, 64.

532 Hood 1957, 20; Kanta 1980, 35.

533 Driessen – Sakellarakis 1997, 64.

534 Daux 1951, 126.

535 Marinatos 1950, 102; Marinatos 1951, 244 f.; Driessen – Sakellarakis 1997, 69.

Der östliche Bereich besteht aus zwei rechteckigen Raumgruppen 50, 51, 52, 53 und 54 sowie 57, 58, 59, 60, 61, 62, 63 und 64 im Norden und Süden des Korridors 56. Der westliche Teilabschnitt umfasst viele kleinflächige Räume sowie einige großflächige Abschnitte. Im nordöstlichen Abschnitt liegt südlich der nördlichen Begrenzungsmauer der großflächige Abschnitt 26. An dessen östlicher Seite liegt eine rechteckige Nische mit zwei quadratischen Aussparungen. In westlicher Richtung schließt eine Freifläche mit den großflächigen Abschnitten 24 und 25 an. Weiter westlich schließen kleinflächige und teils untereinander verbundene Räume 12, 13, 14, 15, 16, 17, 18, 19, 20 und 21 an. Die Anbindung von Raum 22 im Nordwesten ist wie bei anderen benachbarten Abschnitten unklar. Im Süden dieses Bereiches schließen mit den Räumen 5 und 10 großflächige Räume mit Pfeilerbasen an. Von diesen liegen in östlicher Richtung neben einem südwärts ausgerichteten Treppenaufgang der großflächige Raum 40 mit Pfeilerbasen sowie die weiteren kleinflächigen Abschnitte 27, 28, 29, 30, 31, 32, 33 und 34.

Aus vielen Räumen stammen weiße, gelbe und blaue Fragmente farbiger Wandverkleidung, auf einem Steinblock in der Ostwand von 23 waren zudem drei Zeichen eingeritzt[536]. In den Räumen 31 und 40 waren Steinplatten der Bodenpflasterung erhalten[537]. Raum 30 wurde als potentieller Treppenaufgang diskutiert[538]. Aus den Abschnitten 13, 21, 22, 34, 36 und 37 stammen Fragmente von Abwasserkanälen[539]. Holz als Baumaterial wurde in wenigen Fragmenten dokumentiert[540]. In diversen Abschnitten der westlichen und östlichen Teilabschnitte liegen großformatige Türschwellensteine[541]. In Raum 1 wurde ein Steinaufbau als Bank interpretiert[542]. Im östlichen Abschnitt wurden zudem drei Herd- oder Feuerstellen identifiziert[543]. Aus den Abschnitten 3, 10, 11 und 40 stammen mehrere Steinpfeiler, aus dem östlichen Abschnitt ist zudem eine Säulenbasis erhalten[544]. Im nördlichen Abschnitt des westlichen Bereiches liegen zwischen den großflächigen Abschnitten 25 und 26 drei runde Steinbasen in einer Reihe[545]. In östlicher Nachbarschaft zu dem großflächigen Raum mit vier Steinpfeilern lag ein Treppenaufgang mit mehreren Stufen[546].

---

536 Marinatos 1950, 103; Marinatos 1952, 260; Driessen – Sakellarakis 1997, 69.
537 Driessen – Sakellarakis 1997, 70.
538 Driessen – Sakellarakis 1997, 70.
539 Driessen – Sakellarakis 1997, 70.
540 Marinatos 1950, 104; Marinatos 1951, 242.
541 Driessen – Sakellarakis 1997, 75.
542 Driessen – Sakellarakis 1997, 69.
543 Deshayes 1953, 236.
544 Deshayes 1952, 239; Marinatos 1952, 261–263; Driessen – Sakellarakis 1997, 69. 75. 77.
545 Marinatos 1952, 258 f.; Deshayes 1952, 239; Marinatos 1953, 608–610.
546 Deshayes 1952, 239; Marinatos 1952, 263 f.

Objekte des Trinkgeschirrs sind nicht näher genannte Mengen an Bechern, Schüsseln und Kannen sowie ineinander gestapelte konische Becher in Raum 13[547]. Sechzehn Pithoi aus Raum 10 sowie weitere Pithoi ohne nähere Angaben aus den Abschnitten 40 und 41 sind Lagergefäße[548]. Innerhalb einiger Pithoi befanden sich kleinere Becher und Schalen[549]. Weitere Tonobjekte umfassten nicht näher genannte Mengen an melonenförmigen Webgewichten aus Raum 40[550]. Zu den Steinobjekten zählen Lampen, drei Siegelsteine, drei Töpferscheibenköpfe, Werkzeuge, eine Schüssel sowie Fragmente von *Weihhörnern*[551]. Auf den Siegelsteinen aus Steatit und Kalkstein sind Darstellungen eines Vierfüßlers, zweier Wasservögel und einer Sepia angebracht[552]. Zu den Metallobjekten zählen ein Bronzemesser, eine anthropomorphe Bronzefigurine, Fragmente von Bronzegefäßen sowie Blätter und ein Ohrring aus Gold[553].

Im Bauwerk wurden Tongefäße der Keramikphasen SM IA–SM IB dokumentiert[554]. Eine Errichtung des Baus wurde am Beginn und eine Zerstörung am Ende der Keramikphase SM IA vermutet, darüber hinaus wurde eine Weiterbesiedlung bis zum Ende der Keramikphase SM IB postuliert[555]. Die Tongefäße aus den Räumen 10 und 13 lassen sich in die Keramikphase SM IA und die Tongefäße aus Raum 44 in die Keramikphase SM IB einordnen[556]. Die postulierten Zerstörungen in der Keramikphase SM IA wurden durch den Versturz von Baugliedern mit den Auswirkungen eines Erdbebens in Verbindung gesetzt, die Zerstörungen in der Keramikphase SM IB wurden durch Brandspuren auf Keramik mit einem Feuer erklärt[557]. Divergente Baumaterialien in der Mauer 49 und in den Bruchsteinmauern der Räume 3 und 36 wurden als Bestandteile verschiedener Bauphasen interpretiert[558].

---

547 Marinatos 1951, 246. Abb. 2, 7; Driessen – Sakellarakis 1997, 70; Driessen – MacDonald 1997, 178.

548 Marinatos 1950, 104; Driessen – Sakellarakis 1997, 75.

549 Marinatos 1950, Abb. 8.

550 Deshayes 1952, 240.

551 Marinatos 1951, Abb. 8–9; Deshayes 1952, 239; Marinatos 1952, 261 f.; Deshayes 1953, 236; Driessen – Sakellarakis 1997, 69 f.

552 Pini – Platon 1984, 173–176.

553 Deshayes 1952, 240; Marinatos 1952, 262; Driessen – Sakellarakis 1997, 69. 77; Driessen – MacDonald 1997, 178.

554 Marinatos 1950, 108; Marinatos 1951, 262 f.; Niemeier 1980, 13 f.; Mountjoy 1984, 196; Driessen – Sakellarakis 1997, 63. 69 f.

555 Marinatos 1950, 108.

556 Driessen – MacDonald 1997, 178.

557 Marinatos 1951, 242.

558 Für diese Überlegungen siehe Driessen – Sakellarakis 1997, 68. 70.

Der Treppenaufgang sowie die Fundhöhen unterschiedlicher Objekte können Hinweise über den vertikalen Gebäudeaufbau liefern[559]. Die Gestalt eines solchen ist jedoch ebenso wie die des Treppenaufgangs ungeklärt[560].

## 2.9 Agia Triada

Der Siedlungsplatz Agia Triada liegt drei Kilometer südwestlich von Vori und drei Kilometer südöstlich von Timbaki auf einer Höhe von 40 Meter (Abb. 22). Der Siedlungsplatz befindet sich am nördlichen Ausläufer einer 90 Meter hohen Hügelkette, welche an allen Seiten von flachem Terrain umschlossen wird. Nach Norden und Nordosten verläuft dieses Terrain auf einer Strecke von drei Kilometer und wird von 300 Meter hohen Gebirgsausläufern eingerahmt. In südlicher Richtung schließt ein kleinflächiges Tal an, das ebenfalls von hügeligem Terrain umschlossen wird. Nach Westen in Richtung Küste fällt das Gelände flach ab und nach Osten schließt die Messara an. Unmittelbar nördlich des Siedlungsplatzes verläuft der Geropotamos, welcher aus östlicher Richtung kommt und an der Küste im Süden von Timbaki mündet. Aus nördlicher Richtung verläuft über Lagolio ein weiterer Fluss in Richtung des Siedlungsplatzes und verbindet sich dort mit dem Geropotamos. Zu der Küste im Westen ist der Ort gegenwärtig vier Kilometer entfernt. Die Küstenregion der westlichen Messara ist von Verlandungsprozessen betroffen, es bestehen Differenzen zwischen der gegenwärtigen und bronzezeitlichen Küstenlinie[561].

Das Ausgrabungsgelände befindet sich inmitten moderner landwirtschaftlicher Nutzflächen. Mit Ausnahme der venezianischen Kapelle im Südwesten ist die Umgebung in bis zu 600 Meter Abstand frei von modernen Konstruktionen. In nördlicher Richtung schließen nach dem Geropotamos die Landstraße zwischen Timbaki und Vori und weitere Landwirtschaftsflächen an. Der Baubefund wurde in den Jahren 1903 und 1905 im Zuge der großflächigen Untersuchung des gesamten Hügels entdeckt[562]. Weitere Ausgrabungen folgten in den Jahren von 1910 bis 1914, von 1934 bis 1936, 1939, 1950 und von 1977 bis 1993[563]. Die Bezeichnung Agia Triada bezieht sich auf die vene-

559 Deshayes 1953, 236; Driessen – Sakellarakis 1997, 69.

560 Marinatos 1952, 264.

561 Vergleiche die kontroversen Meinungen über diese Verlandungsvorgänge in der westlichen Messara bei Watrous 1984, 131 f.; Pope 2004, 42 f.; Panagiotopoulos u. a. 2011, 146 f.; Guttandin u. a. 2014, 19–22; Colleu u. a. 2015, 113. 117 f.

562 Banti u. a. 1980, 15–17.

563 Halbherr 1903; Paribeni 1904; Touchais 1978; Touchais 1979, 609; Catling 1979/1980, 51; Banti u. a. 1980, 15. 17; La Rosa 1985; La Rosa 2010, 495.

zianische Kapelle 350 Meter südwestlich des Ausgrabungsgebietes. Der Siedlungsplatz mag mit der Ortsbezeichnung pa-i-to in Verbindung stehen, die auf den Tontafeln mit Zeichen der Linearschrift B aus Knossos genannt wird[564].

Durch die Hügellage ist das flache Terrain im Norden bis zu den Ausläufern des Idagebirges zu erkennen. In dieser Richtung fällt ein 630 Meter hoher Hügel in sieben Kilometer Entfernung im Westen von Gregoria sowie zwei Hügelketten westlich und östlich davon vor dem südlichen Idagebirge ins Auge. Nach Nordwesten sind in einer Entfernung von bis zu vier Kilometer das flache Terrain im Osten von Timbaki sowie das Kedrosgebirge im Norden von Agia Galini zu erkennen. Nach Süden sind Blicke bis zum 500 Meter entfernten 100 Meter hohen Hügel sowie über die Hügelkette in westlicher Richtung möglich. Nach Südwesten sind die Blicke bis zur venezianischen Kapelle begrenzt. Nach Westen ist Fernblick zum gegenwärtigen Küstenverlauf und bis zur achtzehn Kilometer entfernten Insel Paximadi gegeben. Nach Osten ist der Blick durch das ansteigende Gelände eingeschränkt. Vom nordwestlich gelegenen Agia Galini in zehn Kilometer Entfernung ist der nördliche Hügelbereich des Siedlungsplatzes zu erkennen.

Am südöstlichen Ende der Hügelkette liegt der Siedlungsplatz Phaistos in zwei Kilometer Entfernung[565]. In der Umgebung befinden sich in südsüdwestlicher, westsüdwestlicher und nordöstlicher Richtung in einer maximalen Entfernung von zwei Kilometer weitere Fundplätze[566]. In der Umgebung wurden darüber hinaus auf markanten Hügelkuppen weitere Funde vermerkt[567]. Im Westen und im Südwesten des Siedlungsplatzes Phaistos liegen zwei Abbaugebiete für Gipsstein[568]. Am Siedlungsplatz Agia Triada sind im Nordosten in 250 Meter Entfernung über eine Fläche von 70 x 60 Meter Begräbnisplätze verteilt. Zu diesen gehören die Tholoi A und B aus früh- und mittelminoischen Phasen, das *South Building*, der teilweise zeitgleich genutzte *Tomb 5* sowie der *Tomb of the Painted Sarcophagus* aus der Phase SM IIIA2[569]. In zwei Kilometer Entfernung südwestlicher Richtung liegen drei Tholoi bei Kamilari[570].

---

564 Die andere häufig diskutierte Ortsbezeichnung da-wo mag mit den Siedlungsplätzen von Pretoria, Gortyn oder Kommos korrespondieren. Vergleiche hierzu die Standpunkte bei Bennet 1985, 247; La Rosa 2010, 497; Privitera 2011, 265 f.; Privitera 2014, 436. 440; Shaw 2015, 41. FN 15.

565 Watrous – Chatzi-Vallianou 2004a, 277. 293; Watrous – Chatzi-Vallianou 2004b, 526.

566 Watrous – Chatzi-Vallianou 2004a, Abb. 10.9; Watrous – Chatzi-Vallianou 2004b, 529 f. 534. 536.

567 Watrous u. a. 1993, 225; Watrous 1995, 393 f.; Watrous – Chatzi-Vallianou 2004b, 525. 527.

568 La Rosa 1992, 75; Driessen – MacDonald 1997, 205; Watrous – Chatzi-Vallianou 2004b, 527–530; Shaw 2009, 36.

569 Stefani – Banti 1933; Pini 1968, 76; Kanta 1980, 104 f.; La Rosa 1984, 117 f.; Soles 1992, 116–127; Löwe 1996, 172 f.; Blackman 1997/1998, 111; Privitera 2015, 3.

570 Siehe hierzu Evans 1895, 105–138; Branigan 1970, 33 f. 39 f. 47–49. 158 f.; Kanta 1980, 96–101; La Rosa 1992, 240; La Rosa 1992, 75; Driessen – MacDonald 1997, 205; Watrous – Chatzi-Vallianou 2004b, 527–530. 536; Shaw 2009, 36; Girella 2012, 124 f. 128–130. 133 f.; Bennet 2012/2013, 63; Girella 2013a, 150–152. 157.

Vor Ort sind neolithische Siedlungsaktivitäten nachgewiesen[571]. Ebenfalls wurden Baubefunde dokumentiert, welche durch die Tongefäße aus dem Zeitraum der Keramikphasen FM I, FM IIA, MM IA, MM IB, MM II und MM IIIA stammen[572]. Diese liegen unter anderem im Nordosten, Südosten und unterhalb der *Villa Reale*, im Süden der *Piazzale dei Sacelli* sowie im Umfeld der Tholoi A und B. In Nachbarschaft zur *Villa Reale* liegen viele Gebäudeformationen mit Tongefäßen der Keramikphasen MM III–SM I. Zu diesen gehören die östlich entfernte *Casa Est* sowie die nördlich gelegene *Bastion*, die *Stoa 10*, das *Edificio Ciclopico*, die *Casa del Lebete*, die *Casa delle Sfere Fittili*, die *Casa del Pistrinum* und die *Muraglione a Denti*[573]. Im Osten der *Villa Reale* befindet sich in 80 Meter Entfernung ein Ofenbefund, welcher in den Keramikphasen MM III–SM I der Herstellung von Tongefäßen diente[574].

In der Nähe der *Villa Reale* befinden sich zudem jüngere Gebäudeformationen (Abb. 20)[575]. Diese umfassen im Nordosten die *Casa del Vano con Gourna* und das *Edificio Ovest* mit Tongefäßen aus der Keramikphase SM IIIA1. Darüber hinaus stammen die *Casa delle Camere Decapitate*, Gebäude im Norden der *Muraglione a Denti* und die *Casa dei Vani Aggiunti Progressivamente* aus den Phasen SM IIIA1 und SM IIIA2. Weiter nördlich wurden unter anderem die *Agora* und das *Edificio P* mittels der Tongefäße in die Phase SM IIIA2 datiert. Neben dem *Megaron* und dem *Sacello* weisen Bauten im Osten der *Piazzale die Sacelli* durch die vorgefundenen Tongefäße auf eine Nutzung in der Phase SM IIIC hin. Aus weiten Teilen des bronzezeitlichen Siedlungsgebiets sind darüber hinaus geometrische, hellenistische und römische Gebäude nachgewiesen[576].

Die *Villa Reale* bildet den gegenwärtigen südwestlichen Abschluss des Siedlungsplatzes Agia Triada und misst in einer L-Form eine Größe von 60 x 80 Meter (Abb. 21). In nördlicher Richtung erhält der Baubefund durch eine getreppte und gepflasterte Wegführung aus westlicher Richtung Begrenzung[577]. Zum Hügel hin finden die Baubefunde an der südlichen Seite Begrenzung durch eine Freifläche mit

---

571 Hood 1957, 19; Levi 1959, 242; Catling 1976, 32; Banti u. a. 1980, 19 f.; Vagnetti u. a. 1989, 87–91; Schäfer 1992b, 11; Watrous u. a. 1993, 223; Efstratiou u. a. 2004, 47 f.; Tomkins u. a. 2004, 51; McEnroe 2010, 11–16; Cadogan 2011a, 39.

572 Bonacasa 1968, 7. 29; Laviosa 1975; Banti u. a. 1980, 20–28; La Rosa 1984, 126; La Rosa 1985, 47; La Rosa 1992, 70. 75; Puglisi 2003a, 547. 570; Watrous – Chatzi-Vallianou 2004b, 527. 536; La Rosa 2010, 498. 560; Privitera 2015, 3.

573 Banti u. a. 1980, 211–220. 263 f. 269. 272–278. 288–296; Watrous 1984, 131 f.; Driessen – MacDonald 1997, 204 f.; Puglisi 2007; Christakis 2008, 66 f.; Privitera 2014, 436 f.; Privitera 2015, 4. 6 f. 9. 133.

574 La Rosa 1984, 127; Levi – Laviosa 1986; Belfiore u. a. 2007, 622 f.; Evely 2000, 304; Puglisi 2011a, 268 f.

575 Siehe für die folgenden Baukonstruktionen bei La Rosa 1992, 76; D´Agata 1997, 85; Watrous – Chatzi-Vallianou 2004b, 527; La Rosa 2010, 503. 506; Privitera 2011, 263. 266–272; Privitera 2014, 436. 438. 440. 444; Privitera 2015, 4. 133–137.

576 La Rosa 1992, 72; Sanders 1982, 160 f.; Watrous – Chatzi-Vallianou 2004b, 529; La Rosa 2010, 506.

577 Banti u. a. 1980, 181–188.

einer mutmaßlichen Säulenhalle[578]. Die Ausdehnung des Baubefundes in westlicher und südwestlicher Richtung ist unklar[579]. Ebenso unklar ist aufgrund der späteren Baubefunde die Konstellation zwischen dem Nordwestquartier und den Nordmagazinen[580]. Aufgrund der Hanglage weisen die Baubefunde Niveauunterschiede auf. Im Südwestbereich sind einzelne Räume über Stufen miteinander verbunden, wohingegen der nordöstliche Abschnitt sich auf einer einzigen Ebene befindet[581].

Die Mauerverläufe bieten eine Aufteilung in einen südwestlichen, einen westlichen, einen nördlichen sowie einen nordöstlichen Teil an. Der südwestliche Teil umfasst den langgestreckten Korridor 9 sowie westlich davon fünf zusammenhängende Räumlichkeiten 29, 30, 31, 32, 33, 34, 35, 36, 37 und 38. Am nördlichen Ende des Korridors sowie im Südosten liegen die kleinen Räume 27, 28, 39, 40, 41, 42 und 43. Zwischen dem südwestlichen und westlichen Bereich liegen mit 15, 16 und 45 großflächige Räume mit Pfeiler- und Türwangenbasen sowie ein Treppenaufgang. Weiter nördlich umschließen in einer L-Form die großflächigen untereinander verbundenen Abschnitte 3, 4, 11, 12 und 49 die kleineren Räume 13, 14, 50, 51, 52, 53, 54 und 55 im Osten. Analysen des nördlichen Bereichs mit den kleinen Räumen 7 und 57 sind durch jüngere Baubefunde erschwert. Weiter nach Osten schließen mit Ausnahmen von 8, 17 und 61 die Räume unklarer Ausdehnung 6, 64, 65, 66, 67, 68, 69, 70, 71 und 72 an. An der östlichen Grenze dieser Abschnitte liegt die großflächige untereinander verbundene Raumgruppe 1, 20, 21, 22 und 73. Diese Mauerzüge erhalten im Osten durch mehrere nördlich ausgerichtete Treppenkonstruktionen sowie die *Casa Est* Begrenzung.

Die Bauglieder des Baubefundes bestehen mehrheitlich aus Kalkstein sowie geringeren Mengen an Gipsstein, dessen Anwendung auf bestimmte Räume beschränkt war[582]. Holzmaterialien fanden als horizontale und vertikale Balken in Mauerkonstruktion Verwendung, zudem wurde die Nutzung als Element von Treppenaufgängen diskutiert[583]. In den Räumen 4, 12, 44, 47 und 73 sowie Teilen der Nordmagazine sind Kalk- und Gipssteinplatten der Bodenpflasterung im Verbund mit teils farbigen Fugenmaterialien erhalten[584]. In den Räumen 4 und 17 wurden Gipssteinplatten zudem an den Wänden angebracht[585]. An vielen Mauern in 13, 14, 45, 53 und 54 sowie in den Nordmagazinen wurden Reste farbiger Wandverkleidung

578 Banti u. a. 1980, 197–201.
579 Banti u. a. 1980, 53. 63. 102.
580 Banti u. a. 1980, 121.
581 Banti u. a. 1980, 31. 38. 52. 59. 92. 110. 129. 151.
582 Banti u. a. 1980, 38 f. 80. 139. 151.
583 Banti u. a. 1980, 37. 41. 43. 48. 72. 80. 82. 96. 98. 105. 109 f. 119. 132. 134 f. 137 f. 146. 151. 160. 163.
584 Banti u. a. 1980, 59. 72. 80. 119. 130. 154.
585 Banti u. a. 1980, 69–71. 138.

dokumentiert. Dies gilt aufgrund der Schichtlage auch für den vertikalen Gebäudeaufbau über Raum 11[586]. Die Freskenmalereien an den Wänden in Raum 14 zeigen weibliche anthropomorphe Figuren, Tiere und Pflanzen[587]. Aus den Räumen 42 und 45 stammen Kanäle im Boden und aus dem Raum 68 sind zwei rechteckige Vertiefungen an der Nordwand bekannt[588]. Auf einem Bauelement im Raum 49 ist ein eingeritztes Mauerzeichen mit dem Symbol eines Pfeils dokumentiert, in Raum 54 sind zudem eingeritzte Zeichen der Linearschrift A überliefert[589].

Im Westen von Raum 9 und zwischen den Räumen 4 und 49 befinden sich großformatige Türschwellen mit Locheinsätzen für Türkonstruktionen[590]. Im Westen von 4, 12, 14, 46 und 52 sowie im Norden von 3 und 13 liegen T-förmige Türwangenbasen aus Kalk- sowie Gipsstein frei im Raum[591]. In dem Bereich 11 deuten weitere Türwangenbasen aufgrund ihrer Schichtlage auf eine Verwendung im vertikalen Gebäudeaufbau[592]. In Raum 21 liegen an den nördlichen, östlichen sowie südlichen Abschlüssen mehrere Türwangenbasen[593]. Darüber hinaus wurden in den Räumen 1, 11, 21, 17, 45, 46, 49 und 58 Säulen- und Pfeilerbasen aus Stein, Ton und Mörtel vorgefunden[594]. In den Räumen 12 und 49 befinden sich im östlichen Abschnitt paarweise Säulenbasen aus hellroter Breccie[595]. Im benachbarten Raum 53 dienten drei Säulenbasen aus farbigen Kalksteinen über Eck als Begrenzung eines vertieften Bereiches mit angeschlossenem Treppenaufgang[596]. In Raum 16 treten zwei Pfeilerbasen aus Stein paarweise im Raum auf[597]. Die Säulenbasis in Raum 21 besteht aus dunkelgrünem Serpentin, in Nachbarschaft wurden Fragmente einer Holzsäule vermerkt[598].

Stufen von Treppenaufgängen stammen aus den Räumen 9, 45, 47, 53, 54, 59, 60, 74 und 75 sowie aus dem Bereich zwischen den Räumen 41 und 45[599]. Weitere Treppen schließen am östlichen Ende der *Villa Reale* an die benachbarten Baubefunde an[600]. Die Räume 1, 9, 22 und 42 fanden Ansprache als Lichthöfe[601]. In den

---

586 Banti u. a. 1980, 37. 43. 83. 88. 91 f. 96. 98. 106. 129. 136.
587 Banti u. a. 1980, 91.
588 Banti u. a. 1980, 59. 106. 164.
589 Banti u. a. 1980, 76. 98.
590 Banti u. a. 1980, 40. 56. 70.
591 Banti u. a. 1980, 70. 80 f. 87. 108.
592 Banti u. a. 1980, 81.
593 Banti u. a. 1980, 154 f.
594 Banti u. a. 1980, 82. 105. 109. 132. 139. 155. 157.
595 Banti u. a. 1980, 76 f. 80.
596 Banti u. a. 1980, 98–101.
597 Banti u. a. 1980, 110–112.
598 Banti u. a. 1980, 155.
599 Banti u. a. 1980, 39. 59. 80. 91. 95 f. 99. 105. 119. 134 f. 140. 162.
600 Banti u. a. 1980, 174–177. 189–195.
601 Banti u. a. 1980, 37. 154. 156.

Räumen 1, 2, 4, 9, 4a, 51 und 75 wurden Steinaufbauten als Bänke und Plattformen bezeichnet[602]. Der Befund an den Nord-, Ost- und Südwänden in Raum 4 besitzt an der Front ein Muster aus Triglyphen und Metopen[603]. Dasselbe Muster ist auch auf der Bank an der Ostwand von Raum 51 angebracht, eine weitere Bank an der Westwand desselben Raumes ist nur fragmentarisch erhalten[604]. Auch auf den beiden parallelen Bänken an der Nord- und Südwand von Raum 1, auf der Bank an der Ostwand von Raum 2 und auf den Bänken an den Süd- und Ostwänden von Raum 75 erscheint dieses Muster[605]. In Raum 45 wurden drei Aufbauten aus Tonmörtel im Verbund mit Ascheschichten und Holzkohlefragmenten als Herd- oder Feuerstellen identifiziert[606]. In Raum 9 waren 0,4 Meter breite Vertiefungen in den Boden eingelassen[607]. In den Räumen im Westen von Raum 9 sowie im Raum 49 waren Holzfragmente von Fensterrahmen erhalten[608].

Vor Ort wurden aufgrund ihrer Fundlage bestimmte Gegenstände als Bestandteile von Abschnitten des vertikalen Gebäudeaufbaus interpretiert. Dies trifft mit großer Wahrscheinlichkeit unter anderem auf ein Rhyton und einen Kelch aus Kalkstein, Gefäße aus Marmor, Alabaster und Serpentin, Bergkristallfragmente, Tafelfragmente und gesiegelte Tonobjekte sowie Sägen, Meißel, Klingen und zwei Doppeläxte aus Bronze aus den Räumen 4, 11, 14, 15 und 51 zu[609]. Gleiches gilt für Lampen, Tassen, Platten, Becher und Amphoren aus Ton, eine anthropomorphe weibliche Figurine, kleine Scheiben, Messer und Hämmer aus Metall sowie eine Lampe aus Steatit aus Raum 4a[610]. Die Fundzusammenstellung aus Raum 15, bestehend aus über hundert Bechern, Lampen, Skyphoi und Amphoren, wurde dagegen als Deponierung interpretiert[611].

Die Funde konischer Becher wurden vielfach ohne nähere Angaben zu Quantitäten vermerkt[612]. Weitere Objekte des Trinkgeschirrs sind in ihren Größen und Henkelpositionen variierende Becher und Tassen sowie Kannen und Schnabelkannen[613]. Innerhalb des Koch- und Zubereitungsgeschirrs erhielt unter anderem ein

602 Banti u. a. 1980, 40. 72 f. 157.
603 Banti u. a. 1980, 69.
604 Banti u. a. 1980, 90.
605 Banti u. a. 1980, 157 f. 160.
606 Banti u. a. 1980, 106.
607 Banti u. a. 1980, 41.
608 Banti u. a. 1980, 52 f. 58. 76.
609 Banti u. a. 1980, 63–69.
610 Banti u. a. 1980, 73–75.
611 Banti u. a. 1980, 104–118.
612 Banti u. a. 1980, 40. 45. 88.
613 Banti u. a. 1980, 41. 44 f. 49. 51. 56. 79.

Gefäß aufgrund der Physiognomie eine Ansprache als Kochgeschirr[614]. Pithoi stammen aus den Räumen 3, 5, 8, 11, 16, 17, 18, 28, 29, 30, 33, 35, 37, 39, 40, 58, 59, 61, 64, 66 und 69[615]. In den Räumen 5, 58 und 59 waren die Pithoi vertieft in den Boden eingelassen, in Reihen an den Wänden platziert und teilweise lagen sie auf Tonscheiben[616]. Einige dieser Pithoi trugen eingeritzte Zeichen der Linearschrift A[617]. In Nachbarschaft zu diesen Pithoi stammen aus den Räumen 8 und 60 zudem Tontafelfragmente mit Zeichen der Linearschrift A[618]. In Raum 61 deuten die benachbarten Gefäße auf dem Boden auf die Lagerung von und den Umgang mit Flüssigkeiten in den Pithoi[619]. Neben Pithoi stammen Amphoren als weitere Lagergefäße aus den Räumen 5, 48 und 69[620]. Weitere Gefäßformen sind Feldflaschen, Rhyta, Albastra und Pyxiden[621].

Lampen, Teller, *Fire-Boxes*, Tontafeln mit Zeichen der Linearschrift A sowie hohe Mengen an gesiegelten Objekten sind ebenfalls aus Ton[622]. Die gesiegelten Objekte wurden in 975 *hanging nodules*, 53 *nodules*, 75 *flat-based nodules*, 21 *roundels* und eine direkte Versiegelung unterteilt[623]. Innerhalb der zahlreichen Siegelabdrücke sind auf 278 Objekten Kultszenen und Prozessionen dargestellt[624]. Zu dem Personal dieser Szenen gehören unter anderem weibliche Figuren in Volantröcken, männliche Figuren in Fellröcken und Kultgewändern, *Weihhörner*, Kultknoten, Doppeläxte sowie Agrimi. Neben diesen Szenen sind in der Anzahl abnehmend Vögel, Greifen, Boote, Löwen, Stiere, Affen sowie Krieger dargestellt[625]. Ohne exakte Fundangabe stammen aus dem südwestlichen Teilgebiet fünf anthropomorphe sowie zwei zoomorphe Figurinen aus Ton[626].

Nadeln, Spitzhacken, Klingen, Doppeläxte, Speerspitzen, Hämmer, Scheiben, Meißel, Dolche sowie Hydrien, ein Becken und Gefäßfragmente sind aus Bronze überliefert[627]. Aus dem gleichen Material ist eine Gruppe fragmentarischer und vollständig erhaltener anthropomorpher und zoomorpher Figurinen sowie acht

---

614 Banti u. a. 1980, 45.

615 Banti u. a. 1980, 43. 51 f. 56. 58. 81. 83. 110. 134–149. 166.

616 Banti u. a. 1980, 130 f. 136.

617 Banti u. a. 1980, 110.

618 Banti u. a. 1980, 134. 137.

619 Banti u. a. 1980, 137.

620 Banti u. a. 1980, 61. 83. 120. 142. 166.

621 Banti u. a. 1980, 45. 61. 79. 92–94. 96 f.

622 Banti u. a. 1980, 41. 43. 51. 52. 83. 87. 103. 168 f.

623 Krzyszkowska 2008, 168. 171. Vergleiche eine andere Unterteilung mit geringen Abweichungen bei Hallager 1996, 41.

624 Pini – Platon 1999, 7–21. 43 f. 53–59; Wingerath 1995, 67–91.

625 Pope 1960; Pini – Platon 1999, 3–159.

626 Banti u. a. 1980, 54–56.

627 Banti u. a. 1980, 41–43. 49. 58. 80. 103. 107. 110. 123. 167.

Ochsenhautbarren aus Raum 7 mit Einritzungen eines Dreizacks und anderer Elemente[628]. Drei Lampen, ein Becken und zwei Hammerköpfe aus Kalkstein sind neben Lampen aus Marmor und Steatit Steinobjekte[629]. Ein Steinobjekt in der Form eines Bootes sowie eine Steinreplik einer Muschel in rotem Stein sind außergewöhnliche Objekte[630]. Gefäße aus Kalkstein umfassen Fragmente von rechteckigen Becken sowie konischen Gefäßen[631]. Steingefäße anderer Materialien umfassen unter anderem Rhyta aus Marmor[632].

Auf drei Steingefäßen sind figürliche Reliefszenen angebracht. Auf dem Gefäßkörper der *Harvester Vase* ist ein flacher Figurenfries mit männlichen Figuren und Objekten in ihren Händen herausgearbeitet. Diese Figuren mögen Soldaten oder Bauern nach einer maritimen Schlacht im Rahmen kultischer oder militärischer Prozessionen mit Arbeitsgeräten, Instrumenten oder Waffen in den Händen darstellen[633]. Auf dem *Boxer Rhyton* sind vier horizontale Bildzonen in flachem Relief voneinander getrennt. Auf diesen sind ein Ringkampf, Stierspiele sowie zwei Faustkämpfe männlicher Figuren dargestellt[634]. Auf dem *Chieftains Cup* sind zwei aufeinander ausgerichtete männliche Figuren in flachem Relief herausgearbeitet. Diese lassen sich über die Kleidung und Attribute voneinander unterscheiden. Auf der Rückseite sind drei männliche Figuren mit Tierhäuten dargestellt[635]. Lammknochen, Feigensamen und Getreidekörner aus Pithoi der Räume 5 und 39 sind organische Funde[636]. Aus dem Raum 53 stammen Fragmente eines zylindrischen Elfenbeingefäßes mit figürlichen Ritzverzierungen[637].

In der *Villa Reale* wurden Tongefäße der Keramikphasen MM IIIB–SM IB und Zerstörungshorizonte in den Zeiträumen der Keramikphasen SM IA und SM IB dokumentiert. Unter dem Korridor 74 und unter dem *Avancorpo Orientale* sind Tongefäße einer späten Keramikphase von MM IIIA bekannt[638]. Im Osten des Baubefundes kam es darüber hinaus zur Dokumentation von Baugliedern mit beiliegenden Tongefäßen der Keramikphase MM IIIB[639]. Mit Blick auf die Tongefäße wurde die

---

628 Banti u. a. 1980, 88. 92. 123. 125 f.

629 Banti u. a. 1980, 71 f. 79. 83. 103. 167.

630 Banti u. a. 1980, 88. 107.

631 Banti u. a. 1980, 40. 43. 60.

632 Banti u. a. 1980, 49 f. 58. 61. 92. 142.

633 Vergleiche Interpretation dieser Szene bei Bosanquet – Tod 1902, 389; Halbherr 1903b, 77–132; Forsdyke 1954, 5 f.; Warren 1969, 175 f. 178–180; Marinatos – Hirmer 1973, 144; Marinatos 1993, 137 f.; Wingerath 1995, 100–105; Rumpel 2007; Larsen 2011, 38; Marinatos 2013a, 21 f. 36 f.

634 Warren 1969, 174–180; Marinatos – Hirmer 1973, 144 f.

635 Warren 1969, 37. 178–180; Marinatos – Hirmer 1973, 144 f.; Koehl 1986, 100. 109 f.

636 Banti u. a. 1980, 51. 141.

637 Banti u. a. 1980, 97 f.

638 Girella 2013b, 134 f.

639 Girella 2010, 179; Girella 2013b, 134 f.

*Villa Reale* mutmaßlich am Ende des Zeitraums der Keramikphase MM IIIB errichtet[640]. Durch Nachuntersuchungen im Bereich alter Grabungsschnitte wurden für die Keramikphasen SM IA und SM IB folgende Überlegungen vorgelegt[641]. Am Ende der Keramikphase SM IA kam es zu baulichen Veränderungen im nordöstlichen Bereich der *Villa Reale*. Die durchgeführten Nachuntersuchungen stellten zudem zur Diskussion, ob bestimmte Tongefäße auf weiteren Siedlungsaktivitäten nach der Phase SM IB vor Ort hindeuten könnten. Die finale Zerstörung des Baus verlief mutmaßlich in einem frühen Zeitraum innerhalb der Keramikphase SM IB[642].

In einigen Räumen deutet die Abfolge von Asche, Kohle und schwarz verfärbter Erde auf eine Feuerzerstörung hin, diese Befundkontexte fehlen jedoch in dem südwestlichen Bereich[643]. In Raum 4a wurden die Feuerzerstörungen hervorgehoben und mit den hohen Mengen an hölzernen Baumaterialien der Mauerkonstruktion erklärt[644]. Gleichfalls mögen die gelagerten brennbaren Flüssigkeiten in den Räumen 8 und 17 die massiven Brandspuren erklären[645]. Das Abkippen vieler Mauerzüge im Nordwestflügel in einem Winkel von bis zu 10° und die stark fragmentierten Bauglieder deuten auf Auswirkungen eines Erdbebens als weiteren Zerstörungsgrund[646]. Die Treppenaufgänge und das Versturzmaterial geben Einblicke in den abwechslungsreichen, und mutmaßlich räumlich beschränkten, vertikalen Gebäudeaufbau[647]. Im südwestlichen Bereich spricht das Fehlen dieser Befunde gegen einen vertikalen Gebäudeaufbau über diesen Abschnitten[648]. Zugänge über Holztreppen wurden in dem Raum 47 anhand hoher Mengen an Holzkohlefragmenten und benachbarter Ascheschichten diskutiert[649].

## 2.10 Pitsidia

Der Siedlungsplatz Pitsidia liegt einen Kilometer nordöstlich des gleichnamigen Ortes und einen Kilometer südwestlich von Kamilari auf 60 Meter am Ort Plakes Abb. 22). Der Siedlungsplatz liegt in absteigendem Gelände am südlichen Ausläufer

640 La Rosa 2010, 506; Privitera 2014, 435.
641 Puglisi 2011a, 269 f. 274–289.
642 Müller 1997, 289 f.
643 Banti u. a. 1980, 37. 144.
644 Banti u. a. 1980, 72.
645 Banti u. a. 1980, 130. 136. 139.
646 Monaco – Tortorici 2003, 409.
647 Banti u. a. 1980, 31. 81. 104.
648 Banti u. a. 1980, 39. 53. 83.
649 Banti u. a. 1980, 119.

einer Hügelkette. In südlicher Richtung schließt an die Hügelkette bis zu den hügeligen Ausläufern des Asterousiagebirges flaches Terrain an. Nach Westen fällt das Gelände flach ab und nach Osten schließt sich die Messara an. Unmittelbar südlich des Siedlungsplatzes verläuft aus östlicher Richtung ein Fluss und mündet an der Küste bei Kalamaki. In der Nähe des Bauwerkes wurde zudem eine Quelle dokumentiert[650]. Zu der Küste im Westen ist der Ort gegenwärtig drei Kilometer entfernt. Das Ausgrabungsgelände befindet sich inmitten moderner landwirtschaftlicher Nutzflächen. Die Umgebung ist in einem Radius von 400 Meter frei von modernen Konstruktionen. Lediglich in südlicher und nördlicher Richtung bei Pitsidia und Kamilari liegen vereinzelte moderne Gebäude. Der Baubefund wurde 1978 entdeckt und von 1988 bis 1992 sowie von 1997 bis 2000 freigelegt[651].

In südlicher Richtung sind durch das ansteigende Terrain Listaros in vier Kilometer Entfernung und das Asterousiagebirge im Hintergrund sichtbar. Weiter östlich ist die Bergspitze im Süden des sieben Kilometer entfernten Pompia zu erkennen. Nach Westen ist die hügelige Umgebung von Pitsidia ebenso einsehbar wie die südlichen Hügelformationen. Nach Norden, Nordwesten und Osten ist der Blick aufgrund des ansteigenden Geländes eingeschränkt. Von den Siedlungsplätzen Agia Triada und Phaistos ist der Baubefund drei Kilometer südwestlich entfernt. Das Bauwerk liegt zudem drei Kilometer nordöstlich von dem Siedlungsplatz Kommos an der Küste[652]. Bei Kouses und in Kamilari befinden sich Gebäudeformationen mit Tongefäßen der Keramikphasen MM IIIB, SM IA und SM IB[653]. In südlicher und westlicher Richtung liegen in drei Kilometer Entfernung insgesamt 26 Fundplätze. Mittels Oberflächenfunden liegen neun großflächige Fundplätze in südwestlicher, fünf in nordöstlicher und fünf weitere in westlicher Richtung[654]. Vom Siedlungsplatz selbst stammen klassische sowie hellenistische Funde[655].

Die Bauglieder weisen durch die Lage in leicht abfallendem Terrain Niveauunterschiede auf. Der Baubefund misst eine Größe von 17 x 23 Meter, im westlichen Teil sind die Mauern bis zu einer Höhe von 1,4 Meter erhalten (Abb. 23)[656]. An den westlichen und östlichen Seiten des Baus liegen geradlinige Mauerzüge mit einer

---

650 Shay – Shay 2004, 61.

651 French 1993/1994, 80; Tomlinson 1994/1995, 64; Tomlinson 1995/1996, 45; Blackman 1998/1999, 117; Blackman 2000/2001, 132; Whitley 2002/2003, 83; Whitley 2003/2004, 81 f.; Whitley 2004/2005, 115; Whitley u. a. 2006/2007, 111; Evely 2009/2010, 188; Chatzi-Vallianou 2011, 345 f.

652 Simpson 1995, 359–362.

653 Marinatos 1924/1925, 55; Pendlebury u. a. 1932/1933, 89 f.; Touchais 1977, 652; Preziosi 1983, 12–18; Walberg 1984, 95; Watrous 1984, 138; Driessen – MacDonald 1997, 205; Watrous – Chatzi-Vallianou 2004b, 531; Christakis 2008, 63 f. 68 f.

654 Simpson 1995, 330–333. 363–366. 373 f. 376–380. Tafel 7.1.

655 Evely 2009/2010, 188; Chatzi-Vallianou 2011, 348.

656 Chatzi-Vallianou 2011, 346.

nördlichen Ausrichtung vor. An der östlichen Fassade bildet eine Lücke in der Mauer einen Eingang in den Baubefund. Die nördlichen und südlichen Grenzen sind hingegen nur in Teilstücken nachvollziehbar. Der Baubefund bietet durch die Gestaltung eine Aufteilung in vier Teile an. An den nördlichen und südlichen Enden des Baubefundes liegen mit II, X, XI, XVII und IX sowie V, VI, VII, XVIII und XXI benachbarte Räume mit einer nördlichen Ausrichtung. Als südliche Begrenzung der südlichen Räume sind die zwei Abschnitte III und IV unklar angebunden.

Im südlichen Teil dominiert im östlichen Abschnitt der großflächige Raum XXII. Von diesem war in westlicher Richtung Zugang zu den Räumen XVIa, CVI, XX und XIX möglich. Die Raumgruppe XII und VIII im östlichen Zentrum bildet den Eingang in das Gebäude. In westlicher Richtung schließen die großflächigen Räume XIV, XIII und I an. Kalksteinplatten als Bodenpflasterung waren in den Räumen XXII und XIX erhalten[657]. Innerhalb des Erdgeschosses wurden in dem Raum X fünf Stufen in situ als Bestandteil eines Treppenaufgangs vorgefunden, ein weiterer potentieller Aufgang lag in Raum VIII[658]. Eine Herdstelle befand sich im Zentrum des großflächigen Raum XXII[659]. In der nordöstlichen Ecke von Raum IXI wurde ein 0,3 x 0,4 Meter großer Steinaufbau dokumentiert[660].

Becher sowie Kyathoi, Schnabelkannen und weitere Krüge sind Objekte des Trinkgeschirrs[661]. Innerhalb des Koch- und Zubereitungsgeschirrs wurden acht Dreifüße sowie mehrere Schüsselformen und Becken dokumentiert[662]. Drei Pithoi, eine Mischform aus Pithos und Amphora sowie eine Amphora sind Lagergefäße[663]. Weitere Gefäßformen sind unter anderem ovoide Rhyta[664]. Eine *Fire-Box*, eine Töpferscheibe und nicht näher genannte Mengen an Webgewichten bestehen ebenfalls aus Ton[665]. Steinobjekte umfassen Werkzeuge und Klingen aus Obsidian[666].

Im Gebäude wurden Tongefäße der Keramikphasen MM III–SM IB dokumentiert[667]. In den Räumen XIX, VII, XVIII und XXI sowie im Osten und Westen des

657 Chatzi-Vallianou 2011, 348. 355.
658 Whitley 2003/2004, 82.
659 Chatzi-Vallianou 2011, 348.
660 Chatzi-Vallianou 2011, 368 f.
661 Chatzi-Vallianou 2011, 350. 355. 363–366.
662 Chatzi-Vallianou 2011, 350. 353. 361. 362.
663 Chatzi-Vallianou 2011, 353. 355. 359.
664 Chatzi-Vallianou 2011, 355.
665 Whitley 2002/2003, 82; Chatzi-Vallianou 2011, 363. 371.
666 Whitley 2003/2004, 81.
667 Vergleiche Driessen – MacDonald 1997, 206; Christakis 2008, 62; Chatzi-Vallianou 2011, 347 f. 357 f. 372.

Baubefundes wurden in Tiefenschnitten Mauerzüge eines Baus dokumentiert, welcher im Zeitraum der Keramikphase SM IA zerstört wurde[668]. Innerhalb des Gebäudes wurde eine weitere Zerstörungsschicht erkannt, in welcher vornehmlich Tongefäße eines späten Zeitraumes der Keramikphase SM IB zu Tage traten[669]. Einige ausgewählte Tongefäße aus dem Gebäude schildern Übereinstimmungen im Dekor und der Musterung mit Tongefäßen aus Agia Triada und Phaistos[670]. Die Zerstörung im Zeitraum der Keramikphase SM IB wurde mit Blick auf die geringen Brandspuren und die Sturzlage einzelner Mauern mit den Auswirkungen eines Erdbebens erklärt[671]. Die Treppenstufen in situ und die Stratigraphie des Raums XIV geben Einblick in den vertikalen Gebäudeaufbau[672].

## 2.11 Kannia

Der Siedlungsplatz Kannia liegt drei Kilometer südwestlich von Agioi Deka und einen Kilometer südwestlich von Mitropoli auf einer Höhe von 130 Meter inmitten einer flachen Ebene (Abb. 22). In zwei Kilometer Entfernung nördlicher Richtung schließen hinter Agioi Deka 350 Meter hohe Gebirgszüge an. Nach Süden verläuft die flache Ebene bis zu den fünf Kilometer entfernten, 600 Meter hohen Ausläufern des Asterousiagebirges. Im Osten schlängelt sich in 500 Meter Entfernung der Fluss Mitropolianos am Siedlungsplatz vorbei, welcher nördlich von Gortyn entspringt und sich drei Kilometer südlich mit dem Geropotamos verbindet. Zu der Küste im Westen am Ausgang der Messara ist der Ort gegenwärtig sechzehn Kilometer und von der Südküste hinter dem Asterousiagebirge dreizehn Kilometer entfernt.

Das Ausgrabungsgelände befindet sich inmitten moderner landwirtschaftlicher Nutzflächen des Olivenanbaus. Mit Ausnahmen einer Solaranlage und einem Landwirtschaftsbetrieb im Südwesten und Süden ist die Umgebung in einem Umkreis von 500 Meter frei von modernen Konstruktionen. Erst in einer Entfernung von einem Kilometer schließen sich in nordöstlicher und nordwestlicher Richtung moderne Bauten an. Aufgrund bekannter Oberflächenfunde von diesem Ort wurden zwischen 1957 und 1958 Ausgrabungen durchgeführt[673]. Heutzutage sind die Sichtverbindungen vom Ausgrabungsplatz durch die Vegetation und die geringen

668 Chatzi-Vallianou 2011, 348.
669 Chatzi-Vallianou 2011, 372.
670 Chatzi-Vallianou 2011, 352 f.
671 Chatzi-Vallianou 2011, 347. 355.
672 Chatzi-Vallianou 2011, 346.
673 Hood 1958, 17; Daux 1959, 740; Cucuzza 2009, 927; Cucuzza 2018, 414.

Terrainunterschiede der Umgebung eingeschränkt. Nach Süden sind die Ausläufer des Asterousiagebirges und das sich bis dahin erstreckende Gebiet teilweise einsehbar. Nach Norden sind die Gipfel des Bergrückens nördlich von Gortyn mit Einschränkungen sichtbar.

Das *Bergheiligtum* von Kophinas im Asterousiagebirge ist zwanzig Kilometer entfernt[674]. Im Nordwesten liegt bei Ampelouzos, zwei Kilometer entfernt, ein Abbaugebiet von Kalkstein, welches möglicherweise auch in der Bronzezeit verwendet wurde[675]. In südwestlicher Richtung befinden sich beim drei Kilometer entfernten Platanos früh- und mittelminoische Tholoi sowie zeitgleiche Hausgräber, beim fünf Kilometer entfernten Apesokari zwei dem Anschein nach gleichzeitige Tholoi A und B und im Norden und Osten von Mitropoli hellenistische, römische und byzantinische Begräbnisplätze[676]. In zwei Kilometer Entfernung nordöstlicher Richtung liegt der großflächige Siedlungsplatz Gortyn mit vornehmlich archaischen, hellenistischen sowie römischen und byzantinischen Funden[677]. Vom Siedlungsplatz Kannia stammen neolithische Streufunde sowie Tongefäße und anthropomorphe Figurinen klassischer und hellenistischer Phasen[678]. Unmittelbar westlich des Baubefundes wurde eine Mauer in nördlicher Ausrichtung in Nachbarschaft zu einer fünfzehn Meter langen und zwei Meter breiten Mauer als Bestandteil eines benachbarten Gebäudes angesprochen[679].

Die Bauglieder aus Kalk- und Gipsstein befinden sich in leicht ansteigendem Terrain. Für die Anlage des Gebäudes wurden Teile des anstehenden Geländes abgetragen[680]. Der Baubefund misst eine Größe von 24 x 19,5 Meter (Abb. 24)[681]. Die nördliche und die westliche Fassade bestehen aus Quadermauerwerk[682]. Die Innenmauern sind zumeist aus einem Konglomerat aus Bruchsteinen, Tonmörtel und

674 Rutkowski 1972, 152; Rutkowski 1988, 83 f.; Nowicki 2001, 34. FN 28.

675 Shaw 2009, 35.

676 Di Vita 1992, 98. 101; Vasilakis 1992, 248–250; Flouda 2012, 112. 118.

677 Sanders 1982, 156–158; French 1991/1992, 63; Di Vita 1992; Vasilakis 1992, 248–250; Blackman 1996/1997, 105; Blackman u. a. 1997/1998, 113 f.; Blackman 1999/2000, 131 f.; Whitley 2002/2003, 81; Whitley 2004/2005, 114.

678 Hood 1957, 19; Levi 1959, 242. 247 f.; Catling 1976, 32; Watrous u. a. 1993, 223; Efstratiou u. a. 2004, 47 f.; Tomkins u. a. 2004, 51; McEnroe 2010, 11–16; Cucuzza 2017, 423.

679 Cucuzza 2017, 419.

680 Levi 1958, 242. 245; Cucuzza 2009, 928.

681 Cucuzza 2017, 414.

682 Levi 1958, 239; Cucuzza 2017, 416.

teils bearbeiteten Steinen aufgebaut[683]. Am nordwestlichen Ende des Korridors waren Fragmente gelblichen Wandputzes erhalten[684]. Außerhalb verläuft aus südöstlicher Richtung ein erhöhter gepflasterter Weg auf den Raum XXIII zu[685]. Der nördliche und östliche Abschluss des Baubefundes zeigt wenige Vorsprünge und auffallend gradlinige Mauern. Der westliche Abschluss offenbart im nördlichen Teil eine Lücke sowie einen Einzug in südlicher Richtung. Der südliche Abschluss besitzt neben einem Vorsprung im südlichen Teil mit dem Gebäudeeingang eine nördliche Ausbuchtung.

Von diesem konnten über den zusammenhängenden Korridor XXIII, XII und X die Räume im nördlichen Teilabschnitt des Gebäudes betreten werden. Fast über die gesamte Länge der Nordseite liegen am Ende dieses Korridors die drei großflächigen miteinander verbundenen Räume IV, XI und XIV. Westlich des Korridors liegen kleine verschachtelte Räume ähnlicher Raumgrößen. Der südliche Gebäudeabschnitt ist weder von dem Korridor noch von außen über einen anderen Zugang zu betreten. Die dortigen Räume umfassen die T-förmig verbundenen großflächigen Abschnitte XXV, XVI, XXVI und XXVII. Weiter nördlich schließen sich in einer Kreuzform die Räume V, III, VI, XV, XVII und XVII an, welche gleichfalls keine offensichtliche Anbindung präsentieren. Die südlich und nördlich von Raum VI situierten Abschnitte besitzen wie der Raum XXIV keine Anbindung zu den benachbarten Räumen. Die östlichen Mauern II, VII und XXX erfuhren erst im Zuge einer späteren Revision Ansprache als Gebäudebestandteile.

In Raum XIII befinden sich im südlichen Abschnitt Türschwellen aus Kalkstein, von denen ein Exemplar als Bestandteil eines Vorgängerbaus bezeichnet wurde[686]. Der Raum XXIII weist neben einem Türschwellenstein Kopfsteinpflasterung auf, weitere Türschwellensteine mit Locheinsätzen befinden sich zwischen den Räumen XI und XIV[687]. Im Zuge der Revision wurde für die Mauer außerhalb der Westfassade zur Diskussion gestellt, ob auf den damaligen Grabungsfotos mehrere Säulenbasen aus Stein in regelmäßigen Abständen auf dieser Mauer platziert waren[688]. In dem Raum IV wurde eine große rechteckige Pfeilerbasis im Zentrum gefunden, weitere Steinplatten stammen aus den Räumen XI und XIV[689]. In den südlichen Räumen wurden in der späteren Nutzungsphase Bänke, eine Herdstelle und eine steinerne Basis eingesetzt, eine weitere Bankkonstruktion stammt aus Raum

683 Levi 1958, 239.
684 Levi 1958, 242.
685 Levi 1958, 240.
686 Cucuzza 2017, 415.
687 Levi 1958, 240. 243.
688 Cucuzza 2017, 419. Abb. 11–12.
689 Levi 1958, 242 f.

XIX[690]. Zwei Steinbecken mit Aussparungen liegen in den Räumen XI und XIV[691]. Nördlich des Baubefundes wurde wiederholt ein Ofenbefund erwähnt, jedoch fehlen zu diesem weitere Informationen[692].

Nicht näher genannte Mengen variierender Becherformen und Kannen bilden zusammen mit mehreren Brückenkannen Objekte des Trinkgeschirrs[693]. Innerhalb des Koch- und Zubereitungsgeschirrs wurde ein Dreifuß erkannt, weitere Gefäße und Fragmente dieser Gattung wurden dokumentiert[694]. In den Räumen IV, XI, XIV, XVI und XXI waren über 60 Pithoi erhalten, in Einzelfällen wurden diese aufgrund von Übereinstimmungen in den Dekorelementen als Bestandteil früherer Siedlungsphasen bezeichnet[695]. Weitere Lagergefäße waren Amphoren und Stamnoi aus den oben genannten Räumen und in Nachbarschaft zu diesen[696]. Acht becherförmige Rhyta und eine *Hausurne* sind weitere Gefäßformen[697].

Anthropomorphe und zoomorphe Figuren, eine *Fire-Box*, ein mit Ritzungen verzierter Pinax sowie Ständer bestehen ebenfalls aus Ton[698]. Die Ständer weisen am Objektkörper angebrachte Schlangenapplikationen auf[699]. Die anthropomorphen Figuren umfassen zwei Exemplare der *Schlangengöttinnen*, teils kleinere Figuren und Figurinen sowie weitere Fragmente. Die zoomorphen Figuren sind zwei Rinderköpfe, von denen ein Exemplar Röhren an den Seiten besitzt[700]. Die Ritzungen auf dem Pinax zeigen eine weibliche Figur mit nacktem Oberkörper und Körperverzierungen[701]. Steinobjekte sind ein Bohrer, ein Tisch mit Ritzverzierungen, eine Schüssel, weitere Gefäße sowie ein Anhänger aus Bergkristall[702]. Ein Kessel mit Henkeln und eine breite flache Schüssel mit einem Ausguss aus Bronze sind Metallfunde[703]. Mehrere Muscheln und eine Tritonschnecke sind organische Funde[704].

---

690 Levi 1958, 245; Cucuzza 2017, 420.
691 Cucuzza 2017, 417–419.
692 Hood 1957, 18; Evely 2000, 304.
693 Levi 1958, 242. 249; Cucuzza 2017, 415. 419.
694 Levi 1958, 242; Cucuzza 2017, 415.
695 Levi 1958, 242–244; Cucuzza 2017, 415.
696 Levi 1958, 243.
697 Cucuzza 2017, 419 f.
698 Levi 1958, 244–246.
699 Hood 1957, 18; Gesell 1985, 77–79.
700 Levi 1958, 245 f.
701 Levi 1958, 245.
702 Levi 1958, 244. 246. 248; Cucuzza 2017, 419. 421.
703 Levi 1958, 244. 249.
704 Levi 1958, 248; Cucuzza 2017, 421.

Unter den Räumen I, XXVI, XXVII, XVII, XXIV und X wurden neolithische Funde sowie einzelne Mauerzüge dokumentiert[705]. Innerhalb des Baus wurden mehrere Nutzungsphasen unterschieden[706]. Eine frühe Phase ist anhand von Mauern unterhalb der Räume XI, XIII und XIV und Tongefäßen der Keramikphase MM IIIB nachgewiesen. Die Tongefäße der Keramikphase SM IB schildern die Hauptsiedlungsaktivität im Bauwerk. Die Tongefäße der Keramikphase SM IB weisen Übereinstimmungen mit Tongefäßen in Zerstörungsschichten von Agia Triada und Phaistos auf[707]. Die Tonfigurinen aus den Räumen I, V und XV deuten auf eine spätere Verwendung in den Zeitphasen SM II oder SM III hin. Die Zerstörungen im Gebäude in den Keramikphasen SM I wurden durch Brandspuren an Funden und Baumaterialien der Räume XI bis XIV mit den Auswirkungen eines Feuers erklärt[708]. Die Nebenräume X und XXIV könnten sich für einen zweiläufigen Treppenaufgang eignen, weitere Informationen zum vertikalen Gebäudeaufbau liegen nicht vor[709].

## 2.12 Pyrgos

Der Siedlungsplatz Pyrgos liegt sieben Kilometer westlich von Ierapetra und 700 Meter nordöstlich von Myrtos auf einem Hügel auf einer Höhe von 78 Meter (Abb. 25)[710]. Unmittelbar westlich mündet der Mirtos, welcher nördlich von Males entspringt und nach Süden an die Küste verläuft[711]. Die flache Umgebung des Flusslaufs wird an der westlichen und östlichen Seite von ansteigendem Gebirgsterrain eingerahmt. Die gegenwärtige Küste des Libyschen Meeres ist 150 Meter südlich vom Siedlungshügel entfernt. Nach Südosten, Süden und Westen fällt der Hügel steil ab, in nördlicher Richtung schließen sich flachere Zonen an. In nordöstlicher, nordwestlicher und südwestlicher Richtung liegen in bis zu 300 Meter Entfernung moderne Gewächshäuser für den Gemüse- und Obstanbau. Unmittelbar südlich des Ausgrabungsgeländes verläuft die Hauptstraße zwischen Ierapetra und Viannos. Der Siedlungsplatz wurde aufgrund der Lage auf einem Hügel 1962 durch eine Landbegehung erforscht und von 1970 bis 1977 durch Ausgrabungen untersucht[712].

---

705 Levi 1958, 242; Cucuzza 2017, 414.

706 Für die folgende Diskussion siehe bei Levi 1959, 241. 250 f.; Hood 1977, 170; Niemeier 1980, 14; Gesell 1985, 77–79; Traunmüller 2011, 113; Cucuzza 2017, 416. 420 f.

707 Levi 1958, 251. 261 f.

708 Levi 1958, 243; Cucuzza 2017, 416.

709 Levi 1958, 244.

710 Cadogan 1977/1978, 70.

711 Cadogan 2007, 104; Cadogan 2014, 73.

712 Hood u. a. 1964, 94–96; Cadogan 1977/1978, 70; French 1993/1994, 82; Tomlinson 1994/1995, 68.

Die Bezeichnung Pyrgos orientiert sich an dem osmanischen Leuchtturm im Ausgrabungsgebiet.

In nördlicher und nordwestlicher Richtung sind in bis zu sechs Kilometer Entfernung im südlichen Diktigebirge Mithoi, Gdochia und eine moderne Antenneninstallation zu erkennen. In nordöstlicher Richtung liegt Fernblick bis zur Kirche des Heiligen Kreuzes über Anatoli in sieben Kilometer Entfernung vor. Die benachbarten Küstenstreifen sind in westlicher und östlicher Richtung auf einer Entfernung von zwei Kilometer einsehbar. In südlicher Richtung ist die Insel Chrisi in siebzehn Kilometer Entfernung zu erkennen. Der Siedlungshügel selbst ist sowohl aus dem nördlichen Gebiet des Flusslaufs als auch aus den Küstengebieten der Umgebung sichtbar.

Nordöstlich liegt am Siedlungsplatz Gaidorouphas in acht Kilometer Entfernung ein Baubefund mit Tongefäßen der Keramikphasen MM III–SM I[713]. In nordwestlicher Richtung befindet sich etwas weiter entfernt in neun Kilometer Entfernung der Siedlungs- und Kultplatz Kato Syme[714]. Das mutmaßliche *Bergheiligtum* von Pandotinou Korifi liegt fünf Kilometer nordöstlich, vor Ort wurden Tongefäße der Keramikphasen MM–SM I dokumentiert[715]. Im Süden und im Westen von Myrtos wurde das natürliche Vorkommen von Serpentin dokumentiert, und ein benachbarter Ort des Abbaus diskutiert[716]. Im Norden des Siedlungsplatzes befindet sich eine antike Wegführung über den Mirtos[717]. Weiter östlich und westlich befinden sich in neun Kilometer Entfernung bei Gra Ligia Grabpithoi der Phasen MM III–SM I und bei Tertsa und Psari Forada drei Grabplätze der Phase SM IIIA1[718]. Östlich liegt in zwei Kilometer Entfernung bei Fourni Korifi eine Siedlung mit Aktivitäten in den Phasen FM IA und FM IB[719]. Aus dem Gebiet des benachbarten Flusslaufs wurde zudem eine Deponierung mit Tongefäßen der Keramikphase SM IIIA ergraben[720].

Am Siedlungsplatz selbst sind neolithische Funde nachgewiesen[721]. Im Siedlungsgebiet sind ein gepflasterter Weg, Häuser und Zisternen aufgrund der beliegen-

---

713 Pendlebury 1939, 297; Faure 1958, 513 f.; Buchholz 1959, 36; Warren 1969, 67; Brown 2001, 261. 326 f.; Bennet 2012/2013, 60; Haysom 2013/2014, 84 f.; Papadatos – Chalikias 2019.

714 Preziosi – Hitchcock 1999, 140–143; Girella 2007a, 149 f.; Christakis 2013.

715 Nowicki 2007, 17.

716 Becker 1976, 371–374.

717 Cadogan 1976, 149 f.; Hiller 1977, 161; Sanders 1982, 138; Cadogan 2007, 104.

718 Blackman u. a. 1997/1998, 118; Löwe 1996, 126; Banou – Rethemiotakis 1997, 23–28; Blackman 1997/1998, 118; Vavouranakis 2007, 42.

719 Warren 1972, 1 f. 269 f.

720 Cadogan 1977/1978, 82.

721 Cadogan 2011a, 39.

den Tongefäße den Keramikphasen FM I, FM II, FM III, MM IA und MM IB zuzuordnen[722]. Im westlichen Hügelbereich wurden frühbronzezeitliche Terrassierungsmauern nachvollzogen[723]. Aus der Phase SM IIIB und SM IIIC sind Streufunde nachgewiesen[724]. Im Bereich des *Country House* befinden sich ein Schrein aus hellenistischer Zeit und ein Leuchtturm aus osmanischer Zeit. Ferner sind an der westlichen Seite des Mirtos eine Nekropole mit griechischen und römischen Bestattungen und im Bereich von Myrtos römische Siedlungsbefunde bekannt[725].

Das 90 x 65 Meter große Siedlungsgebiet ist von Erosion betroffen und umfasst neben dem *Country House* einen Grabkomplex, die Zisternen 1 und 2, weitere Gebäude sowie gepflasterte und getreppte Wegführungen (Abb. 26; 36)[726]. Der Grabkomplex liegt 50 Meter nördlich des *Country House* und besteht aus einer 5 x 3 Meter großen polygonalen Kammer und Beinhäusern. Aus der Kammer stammen vier bis sechs männliche Bestattungen. Aus den Beinhäusern wurden Knochen von Männern, Frauen, Neugeborenen und Föten sowie 51 menschliche Schädel um einen Pithos dokumentiert[727]. Die rund fünf Meter breite Zisterne 1 liegt 40 Meter nordöstlich und war am Boden und an den Wänden mit Kalkmörtel verkleidet[728]. Dieses Bauwerk wurde anhand der Tongefäße im Zeitraum der Keramikphase MM IIB errichtet und im Zeitraum der Keramikphase SM IB als Abfallhügel genutzt. Die rund vier Meter breite Zisterne 2 befindet sich südwestlich des *Country House* und war ebenfalls mit Kalkmörtel verkleidet. Diese Baukonstruktion ist dem Anschein nach im Zeitraum der Keramikphasen SM IA und SM IB mit einer zwei Meter dicken Schicht aus Flusskieseln gefüllt worden zu sein[729].

Das *Country House* liegt auf dem höchsten Punkt des Hügels auf einem kleinen Plateau. Der Baubefund aus Kalkstein misst eine Größe von 16 x 18 Meter. Die Bauglieder weisen Unterschiede zwischen Bruchsteinmauern, Quadermauerwerk und Gipssteinelementen auf[730]. Quadermauerwerk tritt beispielsweise an der Südwand der Räume 8 und 9 sowie an der Nord- und Ostwand von Raum 3 auf. Der Baubefund lässt sich durch eine gepflasterte Wegführung in einen nördlichen und einen

---

722 Cadogan 1977/1978, 70 f.; Cadogan 1992, 203; French 1992/1993, 77; Cadogan 2007, 104 f.; Cadogan 2014, 74 f.

723 Cadogan 1977/1978, 71.

724 Hankey 1986, 134; Cadogan 1992, 203; Cadogan 2007, 103.

725 Für die nachbronzezeitlichen Siedlungsbefunde siehe bei Hood u. a. 1964, 93; Catling 1973/1974, 39; Cadogan 1976, 149 f.; Hiller 1977, 161; Cadogan 1977/1978, 70. 76. 82 f.; Sanders 1982, 138; Brown 2002, 348; Cadogan 2007, 104.

726 Cadogan in: Fraser 1971, 30; Cadogan in: Catling 1971/1972, 24; Cadogan 1977/1978, 70. 76 f.; Christakis 2008, 84; Cadogan 2014, 75.

727 Cadogan 1977/1978, 73; Hankey 1986, 134 f.; Cadogan 2011c, 106–108. 115; Legarra Herrero 2015, 55–77. 80; Musgrave 2015, 82 f. 87.

728 Cadogan 1977/1978, 74; Cadogan 2007, 105. 107; Cadogan 2014, 75; Oddo 2015, 61 f.; Oddo – Cadogan 2016, 179.

729 Cadogan 1977/1978, 74; Cadogan 2007, 105; Cadogan 2014, 75.

730 Cadogan 1977/1978, 76; Cadogan 1997, 101.

südlichen Teil unterteilen. Im südlichen Teil liegen die Zisterne 2, eine polychrom gepflasterte Freifläche sowie eine rechteckige Raumgruppe.

Der nördliche Teil wird durch eine nördlich ausgerichtete gepflasterte Passage in einen westlichen und einen östlichen Teilabschnitt getrennt. Im östlichen Abschnitt liegen die zwei großflächigen Räume 8 und 9 sowie weitere Mauerzüge nördlich davon. Im Westen der Passage schließen sich die kleinflächigen Räume 5, 6, 16 und 17 an. Weiter westlich bietet ein anderer nördlich ausgerichteter Korridor von der südlichen Freifläche Zugang zu der Raumgruppe 2 und 3. Unmittelbar an diese Befunde schließen in östlicher, westlicher und nördlicher Richtung weitere Mauern an, die jedoch nicht als Bestandteil des *Country House* gelten.

In einigen Räumen wurden Gipssteinplatten der Bodenpflasterung dokumentiert. Aufgrund der Fundlage weiterer Steinplatten 0,8 Meter oberhalb des Bodens ist eine derartige Verwendung auch für Abschnitte des vertikalen Gebäudeaufbaus über dem Korridor denkbar[731]. Die Freifläche im südlichen Teil war mit polychromen Kalk- und Sandsteinen gepflastert. Dazu gehören unter anderem ein erhöhter Gehweg aus Kalksteinen und ein Streifen purpurfarbener Kalksteine im Osten der Fläche[732]. In ähnlicher Weise ist die Verwendung purpurfarbener Bodenpflasterung im Raum 3 dokumentiert[733]. Säulenbasen aus purpurfarbenem Kalkstein liegen im Norden der Freifläche[734]. Im Bereich 2 wurden Bruchstücke einer Stufe aus Gipsstein dokumentiert[735]. Einige L-förmige Türwangenbasen sowie Türpfosten aus Gipsstein waren vor dem Beginn der Ausgrabungen vom Hügel bekannt[736]. Mit Blick auf das Baumaterial wurden in Raum 3 Holzfragmente als Rückstände eines Bodenbelags bezeichnet, zudem deuten Einsatzlöcher in Schwellensteinen auf Türkonstruktionen hin[737]. Im gleichen Raum liegt an der Westwand eine Bank aus Gipsstein mit einem Muster von Triglyphen und Metopen an der Front[738]. In Raum 1 wurden Fragmente farbiger Wandverkleidung mit roten Linien auf weißem Grund dokumentiert[739].

Aus dem *Country House* stammen nicht näher genannte Mengen an monochromen Bechern sowie eine Bügelhenkelkanne und drei Schnabelkannen[740]. Der Vari-

731 Cadogan 1977/1978, 77; Cadogan 2008, 6.
732 Cadogan 1977/1978, 77.
733 Cadogan 1977/1978, 77.
734 Cadogan 1977/1978, 77.
735 Cadogan 1977/1978, 77.
736 Hood u. a. 1964, 94; Cadogan 2008, 10.
737 Cadogan 1977/1978, 77. 83.
738 Cadogan 1977/1978, 77.
739 Cadogan 1977/1978, 77.
740 Cadogan 1977/1978, 76 f. 80 f.; Cadogan 2008, 10; Cadogan 2011b, 146; Hatzaki 2015, 55.

antenreichtum an Haushaltsgefäßen wurde ohne nähere Angabe der Fundorte hervorgehoben[741]. Amphoren mit langen S-förmigen Henkeln und Löchern im Boden sind bekannt, aus den Räumen 8 und 9 stammen zudem neun Pithoi[742]. Aus den nördlichen Gebäuden ist ein globulares Alabastron bekannt[743]. Zwei *noduli* und ein *roundel*, zwei Tafelfragmente mit Zeichen der Linearschrift A, zwischen sechs und acht röhrenförmige Ständer, zwei fragmentarische Töpferscheiben und elf gestempelte Gefäßhenkel aus der Siedlung bestehen ebenfalls aus Ton[744].

Auf einem der *noduli* sind ein männliches und ein weibliches Schwein im Profil dargestellt, auf einem weiteren eine Tierkampfgruppe sowie eine figürliche Szene[745]. Aus der Siedlung stammen zudem über 80 Fragmente von Tonkanälen[746]. Im Kontext der Metallobjekte wurden eine Rosette aus Bronze und drei Tiegel dokumentiert[747]. Aus Stein sind eine Muschelreplik eines Rhytons aus Fayence, ein Schleifstein, eine Gussform und mehrere Fragmente von Steatit-, Kalzit- und Kalkstein überliefert[748]. Fragmente ägyptischer Gefäße sowie eine Schüssel aus Obsidian sind Steingefäße[749]. Karbonisierte Körner und Samen von Gerste, Linsenwicke, Feigen und andere Kerne sind organische Funde[750].

Unter den Baubefunden liegen vereinzelte Mauerzüge früherer Siedlungsaktivitäten. Ein Pithos mit einem Medaillon sowie Steingefäße und hieroglyphische Siegel deuten in ähnlicher Weise auf frühere Siedlungsphasen hin[751]. Die Tongefäße im *Country House* sind in die Keramikphasen MM III–SM IB einzuordnen[752]. Tongefäße der Keramikphase MM III liegen in einer Deponierung vor[753]. Tongefäße der Keramikphase SM IB stammen aus den Zerstörungsschichten des *Country House* sowie aus den umgebenden Gebäuden Y, Z, B, D und P[754]. Radiokarbonmessungen der organischen Funde legten für die Zerstörung des *Country House* ein absolute Chronologie für

---

741 Cadogan 1977/1978, 77; Cadogan 2008, 10; Cadogan 2011b, 146.

742 Cadogan 1977/1978, 80; Christakis 2008, 85; Cadogan 2011b, 147.

743 Cadogan 1977/1978, 76.

744 Cadogan 1977/1978, 77. 83; Cadogan 1999, 260; Cadogan 2009, 204–208; Younger 2015, 67; Weingarten 2015, 71–73.

745 Cadogan 1999, 270–274.

746 Cadogan 2014, 73.

747 Cadogan 1977/1978, 77. 83.

748 Hood u. a. 1964, 94; Cadogan 1977/1978, 77. 79; Cadogan 1997, 101; Cadogan 2008, 10; Cadogan 2009, 204.

749 Cadogan 1977/1978, 77; Cadogan 2008, 10.

750 Cadogan 1977/1978, 83.

751 Cadogan 1977/1978, 74. 77.

752 Mountjoy u. a. 1978, 159; Niemeier 1980, 11 f.; Mountjoy 1984, 196; Müller 1997, 302; Cadogan 2011b, 145 f.; Manning 2015, 198.

753 Cadogan 2013, 179.

754 Hood u. a. 1964, 51; Cadogan 1977/1978, 80; Müller 1997, 301 f.; Cadogan 2008, 11; Cadogan 2011b, 145 f.

den Zeitraum von 1523–1460 v. Chr. vor[755]. Die Zerstörungen im Baubefund und die fehlenden Zerstörungshorizonte und Brandspuren innerhalb des umgebenden Siedlungsgebietes wurden als Hinweise von räumlich begrenzten Zerstörungen gewertet[756]. Die durch einen Brand hervorgerufenen Zerstörungen sind an gebrochenen und gesplitterten Kalksteinquadern sowie Brandspuren an Tongefäßen ersichtlich[757]. Spätere Siedlungsaktivitäten am gleichen Ort, die dem Anschein nach in einem Zeitraum nach der Keramikphase SM IB verliefen, sind anhand weniger Befunde denkbar[758]. Der Treppenaufgang gibt zusammen mit der Fundlage einiger Objekte Einblicke in den vertikalen Gebäudeaufbau[759].

## 2.13 Achladia

Der Siedlungsplatz Achladia liegt fünf Kilometer südwestlich von Sitia und zwei Kilometer nordöstlich von Achladia auf einer Höhe von 228 Meter am Ort Riza (Abb. 28). In der Umgebung liegen neben Hügeln mehrere Flussläufe, welche aus südlicher Richtung an die Nordküste verlaufen. Dieses Gebiet verläuft im Norden der modernen Orte Achladia, Paraspori und Skopi und zieht sich von dort weiter in Richtung Nordosten. In südlicher Richtung schließt sich in einer Entfernung von einem Kilometer ein 400 Meter hohes Plateau an. Nach Osten fällt das Gelände ab und findet in sechs Kilometer Entfernung Begrenzung von 500 Meter hohen Gebirgsausläufern. In einer Entfernung von drei Kilometer verläuft im Osten der Fluss Stomion in nördlicher Richtung und mündet zwischen Sitia und dem Siedlungsplatz Petras an der Nordküste ins Meer. Zu dieser Bucht im Nordosten ist der Siedlungsplatz gegenwärtig fünf Kilometer entfernt.

Das Ausgrabungsgelände befindet sich inmitten moderner landwirtschaftlicher Nutzflächen des Olivenanbaus. Die Umgebung ist in einem Umkreis von 300 Meter frei von modernen Konstruktionen. Im Jahre 1952 wurden Oberflächenfunde notiert, im Jahre 1959 kam es zu Ausgrabungen[760]. Die Bezeichnung Achladia mag auf in der Umgebung wachsende Birnenbäume hindeuten. In nördlicher Richtung

---

755 Housley u. a. 1999, 160; Höflmayer 2008, 160 f.; Höflmayer 2010, 307–309; Manning 2015, 198.

756 Hood u. a. 1964, 94; G. Cadogan in: Catling 1973/1974, 38; Cadogan 1977/1978, 70. 81; Cadogan – Harrison 1978, 236. 251; Cadogan 1992, 202.

757 Cadogan 1977/1978, 80.

758 Cadogan 2007, 103.

759 Cadogan 1977/1978, 77. 79.

760 Platon 1952, 643–648; Platon 1959, 210–217; Hood 1960, 21; Tsipopoulou – Vagnetti 1995b, 11–13; Tsipopoulou 1995b, 202.

sind Blicke auf Sitia und Teile der Bucht im Westen möglich. In nordöstlicher Richtung sind die Insel Giasidana und die Küste östlich von Sitia in bis zu 20 Kilometer Entfernung sichtbar. Ausblick besteht darüber hinaus in westlicher Richtung nach Skopi und Chamaizi sowie in südöstlicher Richtung nach Stavromenos in bis zu sechs Kilometer Entfernung. Einzig der Blick nach Süden ist durch das ansteigende Gebirgsterrain eingeschränkt. Der Ort selbst ist von den Fundplätzen Chamaizi, Petras und Prinias in fünf Kilometer Entfernung aus zu sehen.

Im Umkreis sind 800 Meter östlich bei Chalepa und einen Kilometer südlich bei Platyskinos weitere Fundplätze bekannt[761]. Das *Bergheiligtum* von Prinias liegt fünf Kilometer südöstlich und der Fundplatz Piskokephalo drei Kilometer nordöstlich[762]. Im Südosten befindet sich in 900 Meter Entfernung ein Tholosgrab der Phase SM IIIA[763]. In Nachbarschaft zu diesem liegt ein Töpferofen, in welchem in der Zeitphase SM III Tongefäße hergestellt wurden[764]. Eine Mauer parallel zur Südwand des Gebäudes am Siedlungsplatz Achladia sowie drei nördlich ausgerichtete Mauerzüge wurden als Bestandteile des nicht ausgegrabenen *Haus B* bezeichnet[765].

Für die Errichtung des Bauwerkes wurde im südlichen Bereich das Gelände durch Aushebungen abgetragen und im nördlichen Bereich durch Aufschüttungen erhöht[766]. Aus diesem Grund liegen die nördlichen und nordöstlichen Fassaden auf tiefen Fundamentierungen und großformatigen Steinblöcken als Stützkonstruktionen auf. Innerhalb der Bauglieder aus Kalk- und Sandstein liegen zwischen den Räumen Δ und M Niveauunterschiede von 1,2 Meter vor[767]. Der Baubefund misst eine Größe von 14,5 x 18 Meter (Abb. 27)[768]. Die Fassaden aus Bruchsteinen und teils bearbeiteten Steinen sind teilweise bis zu 0,8 Meter dick[769]. Besonders die Fassaden der Räume B, I, K und M grenzen sich durch deren megalithische Erscheinung von den übrigen Mauern im inneren Gebäudeaufbau mit geringeren Dicken ab[770].

Die Mauerzüge bilden ein annäherndes Quadrat mit einer Lücke im Osten sowie einer kleineren in der Nordwestecke[771]. Über den L-förmigen Korridor A und Z waren vom östlichen Bereich mit Ausnahme der nordwestlichen Räume die übrigen

761 Tsipopoulou – Vagnetti 1995b, 11; Tsipopoulou 1995a, 31. 46; Tsipopoulou 1995b, 203; Betancourt 2006, 8.

762 Brown – Peatfield 1987, 29–31. 33; Rutkowski 1988, 98; Davaras 1988, 45; Jones 1999, 16 f. 44. 56. 58. 73. 81; Adams 2017, 146.

763 Platon 1952, 643–645; Pini 1968; Kanta 1980, 178; Tsipopoulou – Vagnetti 1995b, 11; Belli 1995; Tsipopoulou 1995b, 202; Löwe 1996, 109.

764 Tsipopoulou – Vagnetti 1995b, 11; Evely 2000, 301.

765 Platon 1959, Abb. 1; Mantzourani – Vavouranakis 2005b, Abb. 5.

766 Mantzourani – Vavouranakis 2005b, 102.

767 Mantzourani – Vavouranakis 2005b, 103.

768 Mantzourani – Vavouranakis 2005b, 102.

769 Mantzourani – Vavouranakis 2005b, 104.

770 Mantzourani – Vavouranakis 2005b, 104.

771 Platon 1997, 187.

Gebäudebereiche betretbar. Aufgrund der Raumgröße grenzen sich die östlichen Räume B und M von den kleineren westlichen Abschnitten ab. Zu diesen zählt der langgestreckte Raum Γ im Süden von Z sowie die Raumgruppe Δ und E im Westen davon. Die Anbindung der Räume H, Θ und I im Nordwesten des Gebäudes verbleibt unklar. Bei diesen bestehen Zugangsmöglichkeiten über die Lücke in der Nordwestecke oder von aus höherer Lage angebrachte hinabführende Holztreppen. Zwischen der östlichen Seite und Raum A sowie zwischen E und Γ liegen Türschwellensteine aus Kalkstein[772]. Aus den Räumen A und Z sind partielle Steinpflasterungen erhalten[773]. Pfeiler- und Säulenbasen aus Kalkstein stammen aus den Räumen B, M und H, weitere befinden sich zwischen den Räumen B und Γ, A und B sowie A und M[774]. Im langstreckten Raum Γ wurden an den westlichen und südlichen Wänden Bruchstücke von Bänken dokumentiert[775]. Die Menge an karbonisiertem Holz im Raum E mag auf die Existenz eines hölzernen Aufbaus in diesem Bereich hindeuten[776].

Kannen, eine Lekanis und hohe Mengen konischer Becher in der Nähe der Nordwand von Raum E sind Bestandteile des Trinkgeschirrs[777]. Andere, ebenfalls nicht näher angeführte, Objekte wurden als Kochgeschirr bezeichnet[778]. Elf Pithoi und eine Amphora sind Objekte des Lagergeschirrs[779]. Darüber hinaus ist ein Rhyton in Form einer Agrimi bekannt[780]. Eine Lampe und ein Webgewicht bestehen ebenfalls aus Ton[781]. Ein Bleigewicht und ein Schneidewerkzeug aus Bronze bilden Metallfunde[782]. Eine Muschel ist den organischen Funden zugehörig[783]. Zu den Steinobjekten gehören nicht näher spezifizierte Mengen und Objekte an Werkzeugen, ein Gefäß sowie eine Obsidianklinge[784].

Unter den Baugliedern liegen im rechten Winkel zu den nördlichen Gebäudebereichen Mauerzüge früherer Siedlungsphasen[785]. Im Baubefund selbst wurden Tongefäße der Keramikphasen MM III–SM IB dokumentiert. Ein erster Datierungsvorschlag sah eine Errichtung des Baus im Zeitraum der Keramikphase MM

772 Mantzourani – Vavouranakis 2005b, 104.
773 Mantzourani – Vavouranakis 2005b, 104.
774 Mantzourani – Vavouranakis 2005b, 104.
775 Mantzourani – Vavouranakis 2005b, 105.
776 Mantzourani – Vavouranakis 2005b, 105.
777 Mantzourani – Vavouranakis 2005b, 105. 110.
778 Mantzourani – Vavouranakis 2005b, 105.
779 Mantzourani – Vavouranakis 2005b, 105. 112.
780 Mantzourani – Vavouranakis 2005b, 105.
781 Mantzourani – Vavouranakis 2005b, 110. 112.
782 Mantzourani – Vavouranakis 2005b, 111.
783 Mantzourani – Vavouranakis 2005b, 111.
784 Mantzourani – Vavouranakis 2005b, 110–112.
785 Mantzourani – Vavouranakis 2005b, 103.

IIIA und eine Zerstörung im Zeitraum der Keramikphase SM IA vor[786]. Im Zuge einer Revision der Tongefäße wurde auf Basis stilistischer Übereinstimmungen mit Tongefäßen aus Kato Zakros eine Errichtung im Zeitraum der Keramikphase SM IA sowie eine Zerstörung im Zeitraum der Keramikphase SM IB vorgeschlagen[787]. Innerhalb des Baubefundes wurden zwei Bau- und Nutzungsphasen voneinander unterschieden[788]. Die Pfeilerbasen mögen zusammen mit der Fassadendicke des Gebäudes auf den vertikalen Gebäudeaufbau hindeuten[789].

## 2.14 Klimataria

Der Siedlungsplatz Klimataria liegt zwei Kilometer südlich von Sitia und zwei Kilometer nördlich von Piskokefalo am östlichen Abhang des 30 Meter hohen Manares auf 20 Meter Höhe (Abb. 28). Im Osten verläuft in 150 Meter Entfernung der Stomion, welcher aus südlicher Richtung kommt und zwei Kilometer nördlich an der Küste mündet. An den westlichen und östlichen Randgebieten der Mündung schließt im Westen Sitia und im Osten der Siedlungsplatz Petras an. Der bronzezeitliche Küstenverlauf in dieser Region reichte möglicherweise bis zum Siedlungsplatz Klimataria heran[790]. In der Umgebung liegen landwirtschaftliche Nutzflächen. In einem Umkreis von 150 Meter befinden sich zudem moderne Wohnbauten und Straßenführungen. Der Baubefund wurde 1952 durch den Bau der Straße zwischen Sitia und Ierapetra freigelegt und bis 1954 durch Ausgrabungen analysiert. Im Zuge dieser Arbeiten wurde der mittlere Bereich zerstört, die moderne Straße trennt den Siedlungsplatz in einen westlichen und östlichen Abschnitt[791].

In östlicher Richtung ist die Flussebene bis zur gegenüberliegenden Seite des ansteigenden Gebirgsterrains einsehbar. Weiter östlich besteht Ausblick bis zu den neun Kilometer entfernten 350 Meter hohen Hügelkuppen. Nach Südosten sind Blicke über den Flusslauf bis zu den Bergrücken in drei Kilometer Entfernung möglich. In südlicher Richtung bestehen Sichtverbindungen nach Stavromenos und zum *Bergheiligtum* von Prinias in fünf Kilometer Entfernung. In nordöstlicher Richtung sind das kretische Meer und die Küste in Teilen zu erkennen, eine Sichtverbindung zum Siedlungsplatz Petras ist ebenfalls vorhanden. In umgekehrter Richtung sind

786 Platon 1959, 215.
787 Platon 1997, 187. 194 f.
788 Platon 1997, 194; Mantzourani – Vavouranakis 2005b, 113.
789 Vergleiche Platon 1997, 192 f.; Mantzourani – Vavouranakis 2005b, 107. 110.
790 Tsipopoulou 1997, 266 f.; Christakis 2012, 208 f.
791 Mantzourani u. a. 2005, 744.

vom Grabungsgelände von Petras die modernen Bauten auf dem Manares zu sehen. Vor diesem Hintergrund ist es denkbar, dass auch der Siedlungsplatz Klimataria sichtbar war. Nach Westen sind die Blicke aufgrund des ansteigenden Terrains eingeschränkt.

In der Umgebung des vier Kilometer entfernten Siedlungsplatz Agia Fotia sind vier Fundplätze nachgewiesen, zwei weitere liegen an den Plätzen Asprougas und Analoukas östlich von Petras[792]. Der Fundplatz Piskokephalo ist drei Kilometer südlich entfernt[793]. Der Siedlungsplatz Petras liegt einen Kilometer nordöstlich über vier Hügel verteilt[794]. Im Umkreis von Klimateria befinden sich zwei Begräbnisplätze der Phase SM III, und bei Piskokephalo wurde ein Grabgefäß der Phase MM III–SM I dokumentiert[795]. Aus dem Umfeld Klimatarias stammen weitere Tongefäße der Phase SM III[796].

Die Bauglieder aus Kalk- und Sandstein liegen am östlichen Hang eines niedrigen Hügels und weisen zwischen den Räumen Γ und I/K Niveauunterschiede von sechs Meter auf[797]. Im westlichen Hügelbereich kam es zum Abtrag anstehenden Geländes und im östlichen Bereich zur Aufschüttung des abgetragenen Baumaterials[798]. Die Bauglieder des 30 x 20 Meter großen Baubefundes waren zu Höhen von 0,1 bis 2,2 Meter erhalten (Abb. 29)[799]. Die Mauern lassen sich in 0,6 Meter dicke Terrassierungsmauern sowie 0,4 bis 0,6 Meter dicke Bruchsteinmauern im Inneren des Gebäudes unterteilen. Die Mauern der Räume Γ´ und Δ´ lassen eine Ansprache als Quadermauerwerk zu, damit bilden sie einen Gegensatz zu den restlichen Bruchsteinmauern[800].

Der über mehrere Ebenen situierte Baubefund lässt sich durch die Straße in zwei Bereiche aufteilen. Der westliche Teil umfasst im Westen einen großflächigen Raum I/K, einen kleineren Treppenaufgang Θ, einen südlich situierten Raum Λ sowie zwei kleinere verbundene Räume Z und H. Die westliche und südliche Begrenzung des westlichen Abschnittes bleibt unklar, in nördlicher Richtung schließt anstehendes Gestein an. In östlicher Richtung wurden durch die Analyse der

792 Tsipopoulou 1989, 11–13. 27–29. 31 f. 99; Tsipopoulou 2012b, 46.

793 Brown – Peatfield 1987, 29–31; 33; Rutkowski 1988, 98; Davaras 1988, 45; Jones 1999, 16 f. 44. 56. 58. 73. 81; Adams 2017, 146.

794 Tsipopoulou 1997, 265; Tsipopoulou 2012d, 47; Christakis 2012f, 208; Tsipopoulou in: Tsipopoulou 2012f, 217.

795 Petit 1990, 55; Löwe 1996, 161–163; Vavouranakis 2007, 49.

796 Vergleiche Hood 1955, 17; Catling 1978, 41; Kanta 1980, 194; Tsipopoulou – Papacostopoulou 1997, 210; Platon 1997, 197.

797 Mantzourani u. a. 2005, 754 f. 758.

798 Mantzourani u. a. 2005, 754.

799 Mantzourani u. a. 2005, 747. 757.

800 Mantzourani u. a. 2005, 754.

Grabungsaufzeichnungen kleinflächige Räume zwischen dem westlichen und östlichen Teil rekonstruiert[801]. Der östliche Abschnitt wird im Süden und Norden durch die zwei Treppenaufgänge A´ und B´ eingeschlossen. Die straßennahen Räume Γ´ und Δ´ sowie Φ und Y sind miteinander verbunden und von den Treppen her zu betreten. Die Abschnitte X, Ψ und Ω zwischen diesen Abschnitten besitzen keine klare Anbindung und sind in westlicher Richtung nicht mehr erhalten.

In östlicher Richtung liegen großflächige rechteckige Räume. Raum E ist von der Treppe A´ zu betreten und die Räume A, B und Γ sind untereinander verbunden. Der Zugang zu Λ bleibt hingegen unklar. Weiter östlich schließen die untereinander verbundenen Räume Σ und T sowie weiter südlich der kleinflächige Raum P mit unklarer östlicher Ausdehnung an. Die Böden der Räume bestanden größtenteils aus anstehendem Gestein und sind nur in den Räumen Δ´, I/K, Y und Γ mit Steinplatten gepflastert[802]. Zwischen den Räumen A, B, Γ, Z und H lagen Steinplatten, und zwischen den Räumen Λ und Ξ, Λ und M sowie Λ und E´ wurden Türschwellen dokumentiert[803]. Der Verbau von Holz wurde in geringem Maße dokumentiert[804]. Unterhalb der östlichen Mauer der Räume P, Σ und T wurden Sand- und Flusskieselschichten dokumentiert[805].

Die Stufen der 27 Meter langen Treppenaufgänge A´ und B´ wurden in den kalksteinhaltigen Boden eingeschlagen und mit Steinplatten bedeckt[806]. Aus dem großflächigen Raum I/K stammt im Zentrum eine Pfeilerbasis aus Stein, im Zentrum von Raum Λ lag hingegen eine Säulenbasis aus Stein[807]. In dem Korridor E´ und Z´ befindet sich ein Kanal, welcher vertieft in das Gestein gebaut wurde[808]. Ohne nähere Angaben wurden Becher als Trinkgeschirr dokumentiert[809]. Fragmente von Kochgeschirr stammen aus den Räumen Δ und E[810]. Aus den Räumen A, Γ und I/K sind sieben Pithoi Objekte des Lagergeschirrs[811]. Ein nicht näher beschriebenes Messer bildet einen Metallfund[812]. Am Siedlungsplatz wurden Tongefäße der

801 Mantzourani u. a. 2005, Abb. 6 und 8.
802 Mantzourani u. a. 2005, 755.
803 Mantzourani u. a. 2005, 755.
804 Mantzourani u. a. 2005, 755.
805 Mantzourani u. a. 2005, 754.
806 Mantzourani u. a. 2005, 747. 754. 766 f.
807 Mantzourani u. a. 2005, 756. 763. 765.
808 Mantzourani u. a. 2005, 765.
809 Mantzourani u. a. 2005, 763.
810 Mantzourani u. a. 2005, 760.
811 Mantzourani u. a. 2005, 760 f. 763.
812 Mantzourani u. a. 2005, 766.

Keramikphasen MM IIIA–SM IA dokumentiert[813]. Innerhalb des Baubefundes wurden anhand der Bauglieder bauliche Modifikationen diskutiert[814]. Die Mauerdicken und großformatige Bauglieder sowie die Säulen und Pfeiler wurden als Hinweise für einen potentiellen vertikalen Gebäudeaufbau gedeutet[815].

## 2.15 Prophitis Ilias

Der Siedlungsplatz Prophitis Ilias liegt zehn Kilometer südlich von Sitia und 800 Meter östlich von Agios Georgios auf eine Höhe von 220 Meter (Abb. 31). Der Siedlungsplatz liegt auf einem 250 Meter hohen Hügel inmitten einer hügeligen Umgebung mit benachbarten Flussläufen (Abb. 44). Nach Westen und Osten schließen sich 450 Meter hohe Höhenzüge an. In 300 Meter Entfernung nördlicher Richtung verläuft ein Fluss, welcher im westlich entfernten Gebirge entspringt. Von der Nordküste bei Sitia und der Südküste bei Makry Gialos ist der Siedlungsplatz neun bis dreizehn Kilometer entfernt. Das Ausgrabungsgelände befindet sich inmitten landwirtschaftlicher Zonen des Olivenanbaus. Die Umgebung ist mit Ausnahme der 60 Meter entfernten Landstraße im Norden in einem Umkreis von 600 Meter frei von modernen Konstruktionen. Aufgrund dokumentierter Oberflächenfunde kam es vor Ort am Ende der 1950er Jahre zu Ausgrabungen[816]. Die Bezeichnung des Ortes mag auf eine vorgriechische Namensherkunft des Ortes hindeuten[817].

In nördlicher Richtung ist das zehn Kilometer entfernte Meer zu erkennen, der Ausblick über die Umgebung ist durch den benachbarten Hügel auf eine Entfernung von 500 Meter eingeschränkt. Nach Nordosten sind Blicke bis zum vier Kilometer entfernten 550 Meter hohen Gebirgszug möglich. Nach Süden besteht Weitblick bis zu der drei Kilometer entfernten Kirche Prophitis Ilias auf einem Hügel östlich von Sukia. In südöstlicher Richtung sind die Windräder im Norden von Chandras in fünf Kilometer Entfernung sichtbar. Der Blick nach Westen ist durch die benachbarten Gebirgszüge eingeschränkt.

Bei Sukia sind Baubefunde mit Tongefäßen der Keramikphasen SM I erwähnt[818]. Südlich und südöstlich liegen in zwei Kilometer Entfernung bei Agios

---

813 Mantzourani u. a. 2005, 744. 765. 770.

814 Mantzourani u. a. 2005, 770.

815 Mantzourani u. a. 2005, 758.

816 Platon 1960; Hood 1961, 23; Platon 1997, 197–201.

817 Vergleiche die Überlegungen bei Chatzidakis 1934, 3; Faure 1983, 109–118; Graham 1987, 59; Schäfer 1992h, 337; Rackham – Moody 1996, 104; Schoep 2002b, 45; Privitera 2014, 440.

818 Driessen – MacGillivray 1989, 110; Driessen – MacDonald 1997, 221 f.

Konstantinos das *megalithische Haus* sowie bei Praisos Tongefäße der Keramikphasen MM III–SM I[819]. In der Umgebung des Siedlungsplatzes sind am Platz Kato Kephala neun Kammergräber der Phase SM IIIA–SM IIIC, am Platz Ammoudoplaka ein Kammergrab der *Nachpalastzeit* und am Siedlungsplatz von Prophitis Ilias selbst frühchristliche Gräber gelegen[820]. Aus dem Umfeld stammen zudem Funde der Phasen SM III[821]. Im Hügelbereich sind weitere Mauerzüge nachgewiesen, heutzutage sind diese nur im östlichen Bereich zu erkennen[822].

Die Bauglieder aus Kalkstein sind über vier Terrassen verteilt und weisen untereinander Niveauunterschiede von bis zu 1,5 Meter auf (Abb. 30)[823]. Die meisten Mauern des Bauwerkes liegen auf dem anstehenden Boden auf, lediglich die Mauerzüge des *SE-room* und eines Teils von Raum A wurden in den Boden vertieft angelegt[824]. Die Terrassierungsmauern mit nördlicher Ausrichtung sind dicker als die Teilungsmauern in westlicher Ausrichtung. In dem Raum A liegt Quadermauerwerk vor, während die übrigen Bauglieder Bruchsteinmauern sind[825]. Die westlichen, nördlichen, östlichen und südlichen Grenzen des Baubefundes sind in allen Bereichen unklar.

Der Baubefund kann durch den nördlich ausgerichteten Korridor P, Σ und Sa in einen westlichen und östlichen Bereich aufgeteilt werden. Im südlichen Teil des westlichen Bereichs liegen die zwei untereinander verbundenen großflächigen Räume Ψ und Ω. An diese schließen in nördlicher Richtung die kleineren untereinander verbundenen Räume A1, B1, Γ1 und T an. Weiter westlich liegen die Abschnitte Θ1, I1, H1, Z1 und E1 mit unklaren Anbindungen. Nördliche Begrenzung erhält der westliche Abschnitt durch eine dicke Mauer in westlicher Ausrichtung. Unmittelbar östlich von dem Korridor schildern die parallelen Räume Λ, M, N, Ξ, O und Π ähnliche Längen und variierende Breiten. In südlicher Richtung liegen unklare Abschnitte I, K, E, Z und Θ mit Γ in Nachbarschaft zu den Räumen B und Bα. Im Süden davon liegt mit Abschnitt A ein langer Mauerzug in nördlicher Ausrichtung in Nachbarschaft zu dem kleineren *SE-room*. Einige Mauern in den Räumen M und Y befinden sich auf einem Sockel, in den Räumen T und Y wurden Steinplatten

---

819 Spratt 1865, 165–169; Marshall – Bosanquet 1901/1902, 236; Whitley 1992; Whitley u. a. 1995, 428.

820 Kanta 1980, 178 f.; Sanders 1982, 137; Soles 1992, 127–129; Löwe 1996, 110–112; Platon 1997, 195; Vavouranakis 2007, 43; Mantzourani – Vavouranakis 2011, 126. 132.

821 Hood 1955, 17; Catling 1978, 41; Kanta 1980, 194; Tsipopoulou – Papacostopoulou 1997, 210; Platon 1997, 197.

822 Mantzourani – Vavouranakis 2011, 129.

823 Mantzourani – Vavouranakis 2011, 129.

824 Mantzourani – Vavouranakis 2011, 130.

825 Mantzourani – Vavouranakis 2011, 130.

der Bodenpflasterung dokumentiert[826]. In dem Raum Π wurden fünf Stufen vorgefunden, Steinplatten in Raum O wurden als Türschwellen und Stufen bezeichnet[827]. Fragmente von Wandfresken sind aus einigen Räumen bekannt[828].

Eine Kanne und nicht näher genannte Mengen an Bechern sind Objekte des Trinkgeschirrs, andere Gefäße wurden als Kochgeschirr bezeichnet[829]. Eine Amphora sowie nicht näher genannte Mengen an Pithoi aus den Räumen Ψ, Ω, A1 und B1 sind Objekte des Lagergeschirrs[830]. Ein Fragment eines Rhytons in Form eines Stierkopfes besteht ebenfalls aus Ton[831]. Steinobjekte sind Werkzeuge, ein Becken und eine Töpferscheibe[832]. Tierknochen aus dem *SE-room* sowie aus den Abschnitten B und Ba bilden organischen Funde[833]. In dem Baubefund wurden Tongefäße der Keramikphasen MM III–SM I dokumentiert. Eine frühe Einordnung verortete Siedlungsaktivitäten in dem Zeitraum zwischen den Keramikphasen MM IIIB und SM IA[834]. Nach einer Revision wurden die Tongefäße in die Keramikphasen SM IA und SM IB aufgeteilt[835]. Gleichfalls kam es zur Diskussion von Bauphasen innerhalb des Baubefundes[836]. Aufgrund der geringen Mauerdicken sowie der fehlenden Säulen- und Pfeilerbasen in großflächigen Räumen verfügte das Gebäude mutmaßlich über keinen vertikalen Gebäudeaufbau[837].

## 2.16 Zou

Der Siedlungsplatz Zou liegt fünf Kilometer südlich von Sitia und 400 Meter nordwestlich des gleichnamigen Ortes auf einer Höhe von 160 Meter am östlichen Ausläufer eines 220 Meter hohen Bergrückens (Abb. 28). Unmittelbar östlich zieht sich aus südlicher Richtung eine Schlucht am Siedlungsplatz vorbei und endet in nörd-

826 Mantzourani – Vavouranakis 2011, 130. 133.

827 Mantzourani – Vavouranakis 2011, 131.

828 Mantzourani – Vavouranakis 2011, 132.

829 Mantzourani – Vavouranakis 2011, 132.

830 Mantzourani – Vavouranakis 2011, 132 f.

831 Mantzourani – Vavouranakis 2011, 132.

832 Mantzourani – Vavouranakis 2011, 132 f.

833 Mantzourani – Vavouranakis 2011, 132 f.

834 Platon 1960, 295. 297.

835 Vergleiche Niemeier 1980, 14; Platon 1997, 197 f. Driessen – MacDonald 1997, 222; L. Platon in: Kanta 2011, 625.

836 Für diese Überlegungen siehe Mantzourani – Vavouranakis 2011, 134 f.

837 Mantzourani – Vavouranakis 2011, 131.

licher Richtung im Flusslauf des Stomion. Nach Süden schließen sich in einer Entfernung von einem Kilometer Gebirgszüge an. Von der Nordküste ist der Ort gegenwärtig fünf Kilometer entfernt. Das Ausgrabungsgelände befindet sich inmitten moderner landwirtschaftlicher Nutzflächen. Die Umgebung ist mit Ausnahme der Straße zwischen Piskokefalo und Zou unmittelbar östlich des Ausgrabungsgeländes in einem Umkreis von zwei Kilometer frei von modernen Konstruktionen. Vor Ort wurden Oberflächenfunde notiert, und in den frühen 1950er Jahren erfolgten Rettungsgrabungen[838]. Die Bezeichnung Zou mag auf die Gewässer der Gegend verweisen.

Vom Ort selbst sind durch das ansteigende Terrain die Gebirge im Süden in einem Kilometer Entfernung zu erkennen. Eine Sichtverbindung zum *Bergheiligtum* von Prinias ist aufgrund der räumlichen Nähe denkbar. Ein Überblick über den Gebirgszug im Osten des Tals sowie das Tal an sich liegen vor. In nordöstlicher Richtung sind das Meer sowie die südwestlichen Vororte Sitias in fünf Kilometer Entfernung sichtbar. Nach Westen ist der Blick durch das ansteigende Gelände eingeschränkt. Am Platz Patela südlich von Zou wurde ein weiterer Baubefund dokumentiert[839]. Das *Bergheiligtum* von Prinias liegt einen Kilometer südöstlich und weist Tongefäße der Keramikphasen MM III–SM I auf[840]. Aus der Umgebung von Zou sind Grabpithoi, am Platz Sfakakia eine Tholos der Keramikphase SM III sowie am Ort Siderospilia ein geometrischer Begräbnisplätz nachgewiesen[841]. Vor Ort deuten Baubefunde in der Umgebung auf einen größeren nicht erforschten Siedlungsplatz, aus dem Baubefund selbst stammt geometrische Keramik[842].

Die Bauglieder erstrecken sich auf mehreren Terrassen und weisen untereinander Niveauunterschiede auf (Abb. 32)[843]. Die Bauglieder aus Kalkstein sind an den äußeren Mauern größtenteils megalithisch und im Inneren kleinformatiger[844]. Die östliche Ausdehnung der östlichen Abschnitte ist nicht nachvollziehbar. Die nördliche Begrenzung des Baubefundes bildet ein megalithischer Mauerzug in westlicher Ausrichtung mit drei Durchgängen. Weiter nördlich schließen einzelne Mauern an. In südlicher Richtung schließen auf den einzelnen Ebenen mehrere Räume mit ähnlichen Größenverhältnissen an. Der westliche Abschnitt besteht aus einem großen Raum mit unklarem Verlauf in westlicher Richtung. In südlicher Richtung schließen weitere unklare Baubefunde an das anstehende Gestein an. Diese sind wie die östlichen Abschnitte aufgrund der Hanglage teilweise weggebrochen. In Raum K

838 Hood – Boardman 1956, 31; Hood 1956, 23.
839 Hood – Boardman 1956, 31; Driessen – MacGillivray 1989, 110.
840 Peatfield 1983, 275 f.; Peatfield 1987, 92; Rutkowski 1988, 86 f.; Nowicki 2012, 140. 146.
841 Hood – Boardman 1956, 31; Petit 1990, 56; Löwe 1996, 169; Vavourankis 2007, 50.
842 Driessen – MacDonald 1997, 222 f.
843 Mantzourani – Vavouranakis 2005a, 44.
844 Mantzourani – Vavouranakis 2005a, 42–44.

befindet sich eine L-förmige Bank, in den Räumen 2 und 12 wurden drei Befunde als Herdstellen interpretiert[845]. In den miteinander verbundenen Räumen Mα und Λ liegt ein ellipsoides steinernes Becken und in Λ eine Steinreihe und ein nicht mehr erhaltener Ofen[846]. Aus Raum 8 sind Bruckstücke der Bodenpflasterung erhalten[847].

Neben Bechern und Krügen wurde eine Bügelhenkelkanne mit einem Motiv der Doppelaxt dokumentiert[848]. Weitere Tonobjekte sind Webgewichte sowie ein fragmentarisches Rhyton, ein Kopf einer anthropomorphen männlichen Figurine und ein Tisch[849]. Eine Nadel aus Bronze bildet einen Metallfund[850]. Steinobjekte sind ohne nähere Angabe Werkzeuge sowie eine fragmentarische Lampe aus Raum 1[851]. Eine Tritonschnecke stellt einen singulären organischen Fund dar[852]. In dem Baubefund wurden Tongefäße der Keramikphasen MM IIIB–SM IA dokumentiert[853]. Unterhalb einiger Räume wurde eine Ascheschicht als Hinweis auf frühere Siedlungsaktivitäten gewertet[854]. Aufgrund der Versturzlage großformatiger Bauglieder und durch die Verlagerung einiger Mauerabschnitte wurde das Gebäude dem Anschein nach durch ein Erdbeben zerstört[855]. Die dokumentierte Fundhöhe der Materialien sowie die megalithischen Bauglieder auf unterschiedlichen Ebenen deuten auf einen mutmaßlichen vertikalen Gebäudeaufbau hin[856].

## 2.17 Epano Zakros

Der Siedlungsplatz Epano Zakros liegt zehn Kilometer südlich von Palaikastro und 630 Meter südöstlich des namensgebenden Ortes auf dem Hügel tou Koukkou to Kefali auf einer Höhe von 195 Meter (Abb. 31). Die Ebene in der Umgebung des Sied-

845 Driessen – MacDonald 1997, 223.

846 Hood 1956, 23; Davaras 1980a, 120; Michaelidis 1993, 16 f.; Day 1997, 223; Hansen-Streily 2000, 209; Evely 2000, 263. 301. 308. 312.

847 Driessen – MacDonald 1997, 222 f.

848 Driessen – MacDonald 1997, 223.

849 Barber 1991, 9–35; Driessen – MacDonald 1997, 223 f.; Burke 1997, 414; Rehak – Younger 1998, 123; Evely 2000, 494–496. 502. 504; Soles u. a. 2003a, 116; Burke 2003, 195; Burke 2010, 34–37. 50–52; Apostolakou u. a. 2014, 326. 328; Rahmstorf 2015, 1 f.; Bruun-Lundgren u. a. 2015, 197.

850 Driessen – MacDonald 1997, 224.

851 Driessen – MacDonald 1997, 223.

852 Driessen – MacDonald 1997, 223.

853 Vergleiche Platon 1956, 239; Niemeier 1980, 14; Driessen – MacDonald 1997, 222. 224.

854 Für diese Überlegungen siehe Driessen – MacDonald 1997, 223 f.

855 Driessen – MacDonald 1997, 224.

856 Mantzourani – Vavouranakis 2005a, 44.

lungsplatzes wird an den westlichen und östlichen Seiten von 500 Meter hohen Gebirgszügen eingerahmt. In östlicher Richtung befindet sich in einem Kilometer Entfernung ein Flusslauf, welcher im Nordwesten von Epano Zakros entspringt und von dort in südöstlicher Richtung am Siedlungsplatz vorbei in der Bucht von Kato Zakros ins Meer mündet. Von der Bucht von Kato Zakros ist der Siedlungsplatz gegenwärtig vier Kilometer entfernt.

Das Ausgrabungsgelände befindet sich inmitten moderner landwirtschaftlicher Nutzflächen. Die Umgebung ist mit Ausnahme der Landstraße zwischen Kato und Epano Zakros, die mitten durch den Baubefund hindurch führt, frei von modernen Konstruktionen. In den 1960er Jahren kam es im Zuge von Straßenbauarbeiten zur Freilegung der Baubefunde[857]. Die Bezeichnung Epano Zakros liegt in der erhöhten Lage zu der an der Küste tiefer situierten Siedlung Kato Zakros begründet. Nach Nordosten sind die Blicke durch das ansteigende Terrain eingeschränkt. Nach Südosten liegt weiter Ausblick bis zum Gebirgsterrain im Süden der Ebene vor. Nach Westen sind Blicke bis zu den zwei Kilometer entfernten Gebirgszügen als westliche Begrenzung der Ebene möglich. Nach Nordosten ist der Blick nach Epano Zakros und die Gebirge dahinter durch das ansteigende Terrain eingeschränkt.

In einer Entfernung von zwei Kilometer befindet sich im Nordosten das *Bergheiligtum* von Zakros Vigla mit Funden der *Vor- und Altpalastzeit*[858]. Ebenfalls nordöstlich wurde bei Azokeramos in drei Kilometer Entfernung ein Baubefund dokumentiert[859]. Der Siedlungsplatz Epano Zakros liegt, getrennt durch die *Schlucht der Toten*, vier Kilometer westlich von dem Siedlungsplatz Kato Zakros[860]. Der Fundplatz Stous Athropolithous liegt einen Kilometer nördlich[861]. In südöstlicher Richtung befinden sich in einer Entfernung von drei Kilometer bei den Plätzen Kokkino Froudi und Kali Elia weitere Fundplätze[862]. Ebenfalls im Südosten liegt am Platz Malamoura ein Abbaugebiet für Sandstein, welches möglicherweise auch in der Bronzezeit genutzt wurde[863]. In der Umgebung des Siedlungsplatzes liegen in nördlicher und südlicher Richtung gepflasterte Wegführungen[864]. In der Gegend befinden sich zudem zwei Höhlengräber, am Platz Pezoules Kephalas zwei Grabeinfassungen und in den Höhlen der *Schlucht der Toten* Begräbnisplätze früherer und

---

857 Mantzourani – Vavouranakis 2005b, 113.

858 Rutkowski 1988, 90; Nowicki 1994, 46.

859 Papadakis 1983, 23; Driessen – MacGillivray 1989, 109; Kopaka – Platon 1993, 52; Driessen – MacDonald 1997, 234.

860 Platon 1971, 83.

861 Nilsson 1927, 65; Platon 1971, 43 f.; Brown – Peatfield 1987, 29–31; 33; Rutkowski 1988, 98; Davaras 1988, 45; Jones 1999, 16 f. 44. 56. 58. 73. 81; Adams 2017, 146.

862 Tzedakis u. a. 1989a, 47 f.; Kopaka – Platon 1993, 53; Reid 2007, 61.

863 Schlager 1987, 64; Shaw 2009, 31.

864 Tzedakis u. a. 1989a, 52–57. 74; Tzedakis u. a. 1990, 401 f. Chryssoulaki 1999, 81; Reid 2007, 46. 54. 56 f. 65. 158.

späterer Phasen[865]. Vom Siedlungsplatz sind in bis zu einem Kilometer Entfernung neolithische, geometrische, archaische und römische Funde bekannt, Funde der Keramikphase SM III sind ebenfalls nachgewiesen[866].

Der 23 x 20 Meter große Baubefund liegt auf unterschiedlichen Terrassen und die Bauglieder weisen Niveauunterschiede auf (Abb. 33). Für die Anlage des Gebäudes wurde in den Bereichen IE Erdwerk abgetragen, und in anderen Gebieten zur Angleichung genutzt[867]. Die Mauern des Bauwerkes bestehen aus Kalk-, Sand- wie auch Gipsstein und sind zu Höhen zwischen 0,2 und 1,6 Meter erhalten[868]. Die Fassaden des Baus sind durch großformatige Kalksteine gekennzeichnet, welche an der Außenseite im Gegensatz zur Innenseite glatt verarbeitet sind[869]. Hinsichtlich der Baumaterialien lässt sich zwischen einzelnen Blöcken von Quadermauerwerk und Bruchsteinmauern differenzieren[870]. Teile von farbiger Wandverkleidung mit pflanzlichen Motiven von Myrten, Lilien und linearen Motiven wurden dokumentiert[871]. Darstellungen von lebensgroßen Figuren im Kontext farbiger Wandverkleidung sind aus dem Gebäude ebenfalls nachgewiesen[872]. In einigen Räumen waren die Böden in einer Kombination aus Flusssteinen und Kalkmörtel gestaltet[873]. Holz als Baumaterial wurde in karbonisierter Form im Mauerverbund von Raum ΔE dokumentiert[874].

Der Baubefund lässt sich durch die Straße in einen nördlichen und einen südlichen Teil unterteilen. Der kleinflächige nördliche Teil besteht aus einem Mauerzug in westlicher Ausrichtung sowie einer angeschlossenen Ecke mit Fortführung in südlicher Richtung. Der südliche Teil auf drei Ebenen erfährt durch drei massive Mauerzüge in westlicher Ausrichtung Gliederung in parallele Räume. Die straßennahen Räume sind aufgrund des schlechten Erhaltungszustandes in nördlicher Richtung nur partiell rekonstruierbar und können nicht mit dem nördlichen Baubefund in Verbindung gebracht werden. Im Zentrum der zweiten Ebene liegen die zwei großflächigen verbundenen Räume ΔE und Θ, von denen der letztgenannte über eine großflächige Pfeilerbasis im Zentrum verfügte. Diese beiden Abschnitte sind mit dem großflächigen Raum A verbunden, der sich weiter südlich auf einer

865 Hogarth 1900/1901, 142–145. 148; Megaw 1968, 25 f.; Kanta 1980, 194; Löwe 1996, 168; Vavouranakis 2007, 38–40.

866 Hogarth 1900/1901, 148; Schachermeyr 1938, 478; Hood 1955, 17; Hood 1957, 19; Catling 1976, 32; Catling 1978, 41; Kanta 1980, 194; Sanders 1982, 127 f.; Watrous u. a. 1993, 223; Driessen – MacDonald 1997, 222 f.; Tsipopoulou – Papacostopoulou 1997, 210; Platon 1997, 197.

867 Mantzourani – Vavouranakis 2005b, 119.

868 Mantzourani – Vavouranakis 2005b, 114–117. 119.

869 Mantzourani – Vavouranakis 2005b, 119.

870 Mantzourani – Vavouranakis 2005b, 119.

871 Mantzourani – Vavouranakis 2005b, 114. 118–122.

872 Platon 2002, 153–155.

873 Mantzourani – Vavouranakis 2005b, 114. 120. 123.

874 Mantzourani – Vavouranakis 2005b, 117. 119.

weiteren Ebene befindet. In südlicher, südöstlicher und östlicher Richtung schließen nach den partiell erhaltenen Abschnitten IB und IΓ keine weiteren Baubefunde an. Aus dem Gebäudeabschnitt IΣT stammen zwei Stufen[875]. In dem Raum A wurde ein Türpfostenstein erkannt, zwischen IA und Θ befindet sich zudem ein Türschwellenstein[876]. Im Raum Θ bestand ein Steinpfeiler aus mehreren Blöcken, aus dem Bereich A ist zudem ein Steinaufbau nachgewiesen, in welchen vertiefte Gefäße eingelassen waren[877]. Zwischen den Räumen B und Γ verläuft ein Kanal aus Sandstein in westlicher Ausrichtung[878].

Aus dem Bau wurden ohne nähere Angabe zu Mengen konische Becher sowie Kannen dokumentiert[879]. Zehn Pithoi, zwei Amphoren und zwei Mischformen sind Lagergefäße[880]. Auf einem dieser Pithoi sind Zeichen der Linearschrift A angebracht[881]. Weitere Tongefäße sind ein Alabastron mit Punkt- und Bandverzierung sowie mehrere Objekte mit Ausgüssen[882]. Ein Webgewicht besteht ebenfalls aus Ton[883]. Ein Meißel und ein Messer aus Bronze sind Metallfunde[884]. Steinobjekte umfassen Fragmente von Fayence und Bimsstein und ein Steingefäß mit einem Deckel[885]. Tierische wie menschliche Knochen im Umfeld der Gruppe von Pithoi sowie eine Murexmuschel sind organische Funde[886]. In dem Gebäude wurden Tongefäße der Keramikphasen SM IA und SM IB dokumentiert[887]. Unter den Räumen Θ und ΔE liegt ein Mauerzug früherer Siedlungsaktivitäten vor, an anderer Stelle wurden Pithoifragmente früherer Siedlungsaktivitäten zugeordnet[888]. Der vertikale Gebäudeaufbau wurde auf Basis potentieller Treppenaufgänge, der Mauerdicke und der Fundhöhe von Baumaterialien und Wandverkleidung diskutiert[889].

---

875 Mantzourani – Vavouranakis 2005b, 117.

876 Mantzourani – Vavouranakis 2005b, 120.

877 Mantzourani – Vavouranakis 2005b, 121.

878 Mantzourani – Vavouranakis 2005b, 120.

879 Mantzourani – Vavouranakis 2005b, 121 f.

880 Mantzourani – Vavouranakis 2005b, 121 f.

881 Stronk 1972; Best 1972; Stieglitz 1983, 5–7; Finkelberg 1990/1991, 51 f.; Christakis 2005, 60; Christakis 2010, 52.

882 Mantzourani – Vavouranakis 2005b, 121.

883 Mantzourani – Vavouranakis 2005b, 121.

884 Mantzourani – Vavouranakis 2005b, 122.

885 Mantzourani – Vavouranakis 2005b, 120–122.

886 Mantzourani – Vavouranakis 2005b, 122.

887 Driessen – MacDonald 1997, 235; Platon 2002, 153; Mantzourani – Vavouranakis 2005b, 123; Reid 2007, 42.

888 Für diese Überlegungen siehe Mantzourani – Vavouranakis 2005b, 117. 121.

889 Mantzourani – Vavouranakis 2005b, 118.

## 2.18 Makrygialos

Der Siedlungsplatz Makrygialos liegt 20 Kilometer östlich von Ierapetra und 700 Meter westlich des gleichnamigen Ortes auf einer Höhe von fünfzehn Meter am Platz Plakakia (Abb. 31). Die umgebende Küstenebene weist mit kleineren Hügeln und Tälern ein unregelmäßiges Terrain auf. An diese Ebene schließen in nördlicher, westlicher und östlicher Richtung 400 Meter hohe Gebirgszüge an. Unmittelbar östlich mündet ein Flusslauf ins Libysche Meer, welcher nördlich bei Agios Stefanos entspringt. In zwei Kilometer Entfernung westlicher Richtung mündet ein weiterer Fluss, welcher ebenfalls aus nördlicher Richtung kommt. Zu der Küste im Süden ist der Siedlungsplatz gegenwärtig 300 Meter entfernt. Das Ausgrabungsgelände ist im Umkreis von 250 Meter in allen Richtungen von modernen Konstruktionen umschlossen. In den Jahren 1972 und 1977 erfolgten vor Ort Ausgrabungen[890]. Die Bezeichnung Makrygialos mag auf den weiten Strand oder das weite Meer verweisen.

Nach Süden liegt weiter Fernblick über das Libysche Meer vor. In östlicher Richtung ist das flache Terrain bis zu den fünf Kilometer entfernten Bergen im Norden von Lagkada sowie den Bergen im Osten von Lithines einsehbar. In nördlicher Richtung ist durch das ansteigende Terrain der Ausblick bis zu einer Entfernung von zwei Kilometer eingeschränkt. Dennoch ist das fünf Kilometer entfernte Pefkoi gut zu erkennen. Im Südosten liegt in drei Kilometer Entfernung bei Diaskari ein Siedlungsplatz, im westlich entfernten Flusslauf wurden zudem Keramikscherben aufgelesen[891]. Das *Bergheiligtum* von Etiani Kephala ist in zwölf Kilometer Entfernung nordöstlicher Richtung gelegen[892]. In einer Entfernung von 450 Meter befindet sich ein römischer Baubefund[893]. Im nördlichen Bereich des Siedlungsplatzes liegen Baubefunde eines zweiten nicht näher untersuchten Gebäudes[894].

Die Mauern des 40 x 30 Meter großen Baubefundes sind zu geringen Höhen erhalten (Abb. 34). Die einzelnen Bruchsteinmauern besitzen in den westlichen Bereichen eine hohe Dicke und bestehen zumeist aus großformatigen Steinblöcken. Die Bauglieder gruppieren sich an vier Seiten einer rechteckigen 6 x 12,5 Meter großen unbebauten Fläche[895]. Die östliche Seite umfasst den großflächigen Raum 16 mit zentraler Säulenbasis sowie die drei kleineren Räumen 17, 18 und 19 südlich davon. Weiter östlich liegen vereinzelte Mauerverläufe ohne klare Anbindung. Den

890 Catling 1978/1979, 41; Catling 1986, 94; Mantzourani 2012, 105.

891 Pendlebury u. a. 1932/1933, 100; French 1989/1990, 73; French 1990/1991, 70; French 1997, 118 f.; Chalikias 2009/2010, 39.

892 Rutkowski 1988, 78 f.

893 Pendlebury u. a. 1932/1933, 100; Davaras 1980b, 47 f.; Sanders 1982, 136; Catling 1987/1988, 72; Davaras 1997, 118. 122; Mantzourani 2011, 293; Bechert 2011, 56.

894 Davaras 1980b, 47; Davaras 1997, 118.

895 Davaras 1997, 119.

südlichen Abschluss des Baubefundes bildet eine dicke Bruchsteinmauer mit mehreren Vorsprüngen in westlicher Ausrichtung.

Den südwestlichen Abschluss der unbebauten Fläche bilden die Räume 22, 23, 24, 25 und 26 mit dem großflächigen Raum 22 im südlichen Teil mit Zugang von der Freifläche. Auf der westlichen Seite der Freifläche liegt zwischen den Räumen 7 und 25 ein Korridor mit Zugang zum westlichen angrenzenden Gebiet vor. Hier befinden sich im südlichen Bereich kleinteilige Mauerzüge mit westlicher Ausrichtung. Im nördlichen Bereich verbindet eine langgezogene Mauer die Räume 31, 32 und 33 mit dem östlichen Baubefund. Im nordwestlichen Abschnitt zur Freifläche liegen zwei verbundene Räume 7 und 8 mit mehreren Zugängen zu den benachbarten Abschnitten. Im Norden der Freifläche gewährt der Raum 5 Zugang zu den weiter verbundenen Räume 10 und 11. Weiter nordöstlich schließen sich die Abschnitte 12 und 13 und nach Osten verlaufende Mauerzüge an.

Zwischen den Räumen 18 und 19 befinden sich großformatige Türschwellen aus Kalkstein[896]. In den Räumen 10 und 16 waren die Böden mit Flusskieseln ausgelegt[897]. Im nördlichen und östlichen Bereich der unbebauten Fläche wurden in einer zusammenhängenden L-Form elf Tonziegelpfeiler dokumentiert, im Zentrum der unbebauten Fläche befand sich ein 1,8 x 0,7 Meter großer Steinaufbau[898]. Aus dem Zentrum von Raum 6 stammt eine runde Steinbasis[899]. Zwischen Korridor 6 und dem westlichen Bereich der unbebauten Fläche sowie im Raum 22 wurden Steinkonstruktionen als Bänke interpretiert[900]. Bei den Räumen 9, 10 und 11 im nördlichen Bereich der unbebauten Fläche wurde ein potentieller Treppenaufgang diskutiert[901].

Aus dem Gebäude sind mehrere Kannen und Krüge bekannt, von denen ein Exemplar am Halsbereich eine Reliefapplik eines Tieres besitzt[902]. Daneben wurden nicht näher genannte Mengen an konischen und verwandten Bechern sowie ein becherförmiges Rhyton genannt[903]. Dreifuß- und Kochgefäße sind in nicht näher genannte Mengen überliefert[904]. Pithoi unterschiedlicher Größen, eine Amphora und andere Gefäße sind Lagergeschirr[905]. Weitere Tongefäße umfassen Alabastra mit

---

896 Davaras 1997, 122.
897 Davaras 1997, 123.
898 Davaras 1997, 119.
899 Davaras 1997, 123.
900 Davaras 1997, 119.
901 Davaras 1997, 119.
902 Davaras 1997, 127–129; Mantzourani 2011, 296–299.
903 Mantzourani 2011, 295.
904 Davaras 1997, 124. 130; Mantzourani 2011, 299.
905 Davaras 1997, 130; Mantzourani 2011, 299.

Meeresmotiven, ein Ringgefäß sowie Wannen und Siebgefäße[906]. Die *Fire-Boxes* und ein Tisch sind ebenfalls aus Ton[907]. Steinobjekte sind ein Objekt, welches als Anker bezeichnet wurde, sowie ein Siegelstein[908]. Auf diesem ist eine weibliche Figur mit Volantrock neben einer Pflanze auf einem sichelförmigen Boot dargestellt[909]. Steingefäße sind Kelche mit Standfüßen, eine Schüssel aus Serpentin und eine weitere nicht näher bezeichnete Schüssel[910]. Eine anthropomorphe weibliche Bronzefigurine bildet einen Metallfund[911].

In dem Bauwerk wurden Tongefäße der Keramikphase SM IB dokumentiert. Die Errichtung und die Zerstörung des Bauwerkes wurde anhand dieser Tongefäße in den Zeitraum der Keramikphase SM IB datiert, obwohl einige Streufunde von Bechern durch stilistische Übereinstimmungen auf eine Aktivität in der Keramikphase SM IA hindeuten[912]. Im Gebäude kam es zu keinen Tiefenschnitten, zeitgleich wurden frühere Besiedlungsphasen vor Ort als unwahrscheinlich angesprochen[913]. Die architektonischen Elemente des Gebäudes weisen mit wenigen Ausnahmen keine offensichtlichen Änderungen und Anpassungen auf[914]. In Raum 10 wurden Brandspuren und Bruchstellen an den Steinelementen der Bodenpflasterung dokumentiert, als Grund für die Zerstörung des Gebäudes wurden menschliche Aktionen angeführt[915]. Hohe Mengen an Tonziegeln in Versturzlage deuten auf einen Verbau dieses Materials im vertikalen Gebäudeaufbau hin[916].

---

906 Davaras 1997, 129 f.; Mantzourani 2011, 295. 297. 301.

907 Davaras 1997, 130–132. 134; Mantzourani 2011, 301.

908 Davaras 1980b, 47–50; Davaras 1997, 126.

909 Davaras 1992, 60; Wingerath 1995, 84; Pini – Platon 1999, 30.

910 Davaras 1997, 126. 133.

911 Davaras 1997, 126; Mantzourani 2012, 106–108.

912 Vergleiche Mountjoy 1984, 192; Müller 1997, 294; Davaras 1997, 123. 127. 135; Shaw 2009, 169; Mantzourani 2011, 294. 301.

913 Mantzourani 2011, 294.

914 Mantzourani 2011, 294.

915 Davaras 1997, 123. Vergleiche Müller 1997, 294.

916 Davaras 1997, 123.

# Vergleich

## 3.1 Forschungsgeschichte

Die Untersuchungsbeispiele wurden im Laufe der letzten 120 Jahre zu unterschiedlichen Zeiten ausgegraben, bearbeitet und analysiert. Vor diesem Hintergrund versinnbildlichen sie zeitgenössische archäologische Kenntnisstände sowie divergente Arbeitsweisen, Methoden und Ziele[917]. Die Hälfte der Untersuchungsbeispiele war bis 1930 freigelegt und durch archäologische Ausgrabungen dokumentiert. Die ungefähr gleiche Anzahl an Untersuchungsbeispielen trat bis 1970 hinzu. Die übrigen Beispiele wurden seit den 1980er Jahren ausgegraben. Aufgrund der teils lang zurückliegenden Erstdokumentation waren die meisten Bauten im Laufe der Zeit Revisionen unterworfen. Beim Großteil der Beispiele, vor allem an den Siedlungsplätzen Knossos, Agia Triada und Pyrgos, basierten die Ausgrabungen auf der Kenntnis von vorab dokumentierten Oberflächenfunden. Bei den Siedlungsplätzen Nerokourou, Sklavokampos, Klimataria und Epano Zakros kam es hingegen zur zufälligen Aufdeckung im Rahmen moderner Bauarbeiten. Einige dieser Rettungsgrabungen, vor allem im Osten Kretas, waren zeitlich wie räumlich stark begrenzt. Die Ausgrabungen in Agia Triada, Knossos, Pyrgos, Tylissos und Amnisos verliefen hingegen unter gänzlich anderen zeitlichen wie räumlichen Voraussetzungen und Möglichkeiten.

Beim Vergleich der publizierten Ausgrabungsergebnisse entstehen weitere Differenzen. Nur die Siedlungsplätze Agia Triada, Nerokourou und Amnisos sowie drei Gebäude in Knossos erfuhren durch Ausgrabungsberichte und Revisionen ausführliche Publikationen. Die anderen Gebäude und ihre Funde fanden lediglich in teils knappen Ausgrabungsberichten Veröffentlichung. Weitere Schwierigkeiten sind ortsspezifisch. Nur von acht Gebäuden liegen publizierte Steinpläne vor, von diesen basieren die Pläne von Amnisos und Vathypetro auf Bauaufnahmen, die lange Zeit nach den Ausgrabungen durchgeführt wurden[918]. Die Publikation der Grabungsergebnisse der *Villa Reale* von Agia Triada fand erst mit deutlicher Verspätung statt, bei anderen Bauwerken sind die Grabungsaufzeichnungen und stratigraphischen Beobachtungen teilweise verloren gegangen[919].

Die bisherigen Beurteilungen des Bauwerks von Amnisos basierten auf ungenauen und unvollständigen Plan- und Schnittzeichnungen[920]. Bei einigen Bauwerken waren Räume stratigraphisch und chronologisch schwer von späteren Phasen zu trennen. Dazu gehören die Abschnitte im Westen der Räume 3, 15, 16 und 17 in

917 Siehe hierzu Faure 1983, 27; Preziosi 1983, XIX; Kanta – Rochetti 1989a, 302; Tsipopoulou – Papacostopoulou 1997, 214; Tsipopoulou 2002, 134; Mantzourani u. a. 2005, 751; Christakis 2008, 56; Girella 2012, 126.

918 Cadogan 1977/1978, Abb. 21; Popham u. a. 1984, Tafel 1; Driessen – Sakellarakis 1997, Abb. 3–5; Davaras 1997, Plan 1–2; Hatzaki 2005, Plan 2.

919 Siehe hierzu Banti u. a. 1980; La Rosa 1992, 70; MacGillivray 1993, 361; Michaelidis 1993, 38; Christakis 2008, 55; Mantzourani – Vavouranakis 2005b, 99 f.; Kanta 2011, 613; Puglisi 2011a, 268.

920 Schäfer 1992b, 9; Stürmer 1992a, 129.

der *Villa A* von Tylissos sowie die Räume SC, SP, R, NEP, NC und NP in der *Unexplored Mansion*[921]. Da es bis in die 1980er Jahre an vielen Fundplätzen nicht zur systematischen Durchsiebung von karbonisierten Materialien kam, sind die organischen Hinterlassenschaften am Großteil der Siedlungsplätze nur in geringen Mengen überliefert[922]. Bronzefigurinen in Museen mit der Herkunftsangabe Agia Triada und Tylissos nennen nicht den genauen Fundort der Objekte[923].

Für die Bauwerke im Umfeld des *Palastes* von Knossos fehlen für einige Materialien die Herkunftsangaben, bei ursprünglich zusammengehörigen Funden führten ferner Umlagerungsprozesse zur Vermischung mit Funden anderer Gebäude[924]. Zudem waren im Zuge der frühen Ausgrabungen vor Ort die Ausgrabungstätigkeiten mit Blick auf die Tongefäße von Selektionsprozessen betroffen. Im erhaltenen Keramikmaterial dominieren daher oftmals dekorierte Tongefäße und -fragmente gegenüber grob gefertigten Objekten[925]. Für einige Funde aus dem *Little Palace*, die zwischen 1904 und 1910 dokumentiert wurden, liegen aufgrund dieser Probleme keine sicheren stratigraphischen Aussagen vor[926].

Das Verhältnis zwischen den Fundorten und ihrer tatsächlichen Verortung im Erdgeschoss oder dem vertikalen Gebäudeaufbau bleibt mit wenigen Ausnahmen unklar. Lediglich in der *Unexplored Mansion*, dem *Little Palace* sowie in den Gebäuden von Nerokourou und in dem Bauwerk von Zominthos liegen ausführlich dokumentierte Schichtabfolgen mit einer vertikalen Verteilung der Funde vor. An vielen Orten ist die Zuordnung der Funde zu dem Erdgeschoss oder weiteren Aufbauten der Gebäude jedoch nicht abschließend nachweisbar. Bei unklarer Funddokumentation und diffusen Umständen der Zerstörung und Aufgabe des Gebäudes besteht bei vielen Funden die Möglichkeit, dass diese aus benachbarten Räumen oder dem vertikalen Gebäudeaufbau stammen. Damit verändert sich nicht die Präsenz der Objekte und der interpretierten Funktionen vor Ort, jedoch deren Verortung im Erdgeschoss sowie zwischen Erdgeschoss und dem vertikalen Gebäudeaufbau.

Weitere Probleme der Analyse betreffen die Terminologie[927]. Bei der Ansprache derselben Objekte in unterschiedlichen Sprachen entstehen durch voneinander ab-

---

921 Chatzidakis 1934, 23 f. Tafel VI; Hatzaki 2005, Plan 2.

922 Forbes – Foxhall 1978, 38; Sarpaki 1992, 61; Blitzer 1993, 163–166; Hamilakis 1996, 2–6. 21; Riley 2002, 64; Betancourt 200c, 241; Mylona u. a. 2013, 123 f.

923 Sapouna-Sakellarakis 1995, 58 f. 61–65. 74–77; Lowe Fri 2011, 89 f.

924 Pendlebury 1933a, 24. 26 f.; Pendlebury 1933b; Popham 1970, 11 f. 14; Mountjoy 2003b, 1.

925 Vergleiche die Angaben bei Popham, 1970, 9. 11. 57–59; Schiering 1998, 23 f.; Mountjoy 2003b, 1; Hatzaki 2005, 99. 101.

926 Popham 1970, 11. 63; Müller 1997, 278.

927 Vergleiche hierzu Evans 1914, 74; Chatzidakis 1934, 14; Furumark 1941, 19; Georgiou 1980, 126; Banti u. a. 1980, 83. 140; Betancourt 1985, 105. 115; Kanta – Rochetti 1989a, 305 f.; Lahanas 1993, 55; Driessen – MacDonald 1997, 129; Hatzaki 2005, 187. 189 f.; Christakis 2005, 2; Christakis 2008, 12; Traunmüller 2009, 96;

weichende Bezeichnungen Unklarheiten. Ebenso finden Begriffe wie Figur und Figurine häufig ohne methodischen Hintergrund eine nicht klar voneinander abgegrenzte Anwendung. Andere Objekte eröffnen nach einer Revision abweichende Bezeichnungen und Funktionszusammenhänge. Dazu zählen beispielsweise die Sägen aus dem *South House*, die ursprünglich als Schwerter angesprochen, und Ahlen, die in früheren Bewertungen als Nadeln bezeichnet wurden[928]. Dieses Problem undeutlicher Informationswiedergabe betrifft zudem die Tongefäße, welche teilweise nur als Keramik, Scherben sowie große und kleine Gefäße Erwähnung in den Ausgrabungeberichten gefunden haben.

In der *Unexplored Mansion*, dem *Little Palace* und dem *South House* und in den Bauwerken von Zominthos, Tylissos, Agia Triada und Kannia wurden darüber hinaus Materialien ohne nähere Angaben zur Morphologie dokumentiert. Bei Objekten aus den *Villen A* und *B* von Tylissos, dem *Little Palace*, der *Villa Reale* und den Bauten von Zominthos, Vathypetro, Achladia, Prophitis Ilias, Zou und Epano Zakros wurden diese als Werkzeuge, Äxte und Spinnwirtel ohne Angabe des Materials publiziert. Bei dem Siedlungsplatz Vathypetro und bei drei Gebäuden aus Knossos erschweren Rekonstruktionen und Schutzmaßnahmen, die nach den Ausgrabungen vorgenommenen wurden, das nachträgliche Verständnis über die Baustrukturen. Bei den Untersuchungsbeispielen Nirou Khani, Agia Triada und Amnisos ist die Trennung von bronzezeitlichem Baubefund und modernen Materialergänzungen, die teils aus ähnlichen oder den gleichen Baumaterialien bestehen, aufgrund fehlender Dokumentationsunterlagen eine wesentliche Erschwernis.

Seit der erstmaligen Anwendung des Begriffs *Villa* erhielten die Untersuchungsbeispiele in unterschiedlichen Sprachen mit *country house*, *farmstead*, *farm*, *palatial building*, *mansion*, *central building*, Herrenhaus, Landsitz, Gutshof, Sommerresidenz, *έπαυλη* oder *αγροικία* variantenreiche Termini[929]. Die *Villa Reale* von Agia Triada sowie der *Little Palace* und die *Royal Villa* von Knossos weisen in ihren Bezeichnungen bis heute moderne Interpretationen der bronzezeitlichen Gesellschaft Kretas auf. An den Siedlungsplätzen von Amnisos und Makrygialos führten Funde zusammen mit dem Begriff zur weiterführenden Bezeichnung als *Villa der Lilien* und als *Cult Villa*. Der als *Country House* bezeichnete Gebäudekomplex von Pyrgos ist mit dieser Bezeichnung innerhalb der Untersuchungsgruppe singulär. Die Gebäude an den Siedlungsplätzen

---

Shaw 2009, 39; Burke 2010, 49; Tzonou-Herbst 2010, 211; Mantzourani 2011, Abb. 6; Murphy 2012, 69; Mylona u. a. 2013, 124; Militello u. a. 2015a, 209; Platon 2016, 241. 249 f.; Morris 2017, 659 f.

928 Für diese Revisionen siehe Hawes u. a. 1908, 35; Chatzidakis 1921, 60–62, Abb. 33; Evans 1928b, Abb. 393; Foster 1979, 92; Catling – Catling 1984, 213–215; Foster 1987, 287; Fotou 1993, 34. 93; Evely 2000, 31. 78. 88. 90. 92. 101. 108–111; Mountjoy 2003b, 12; Evely 2003, 170. 190; Shaw 2009, 39. 53 f.; Knappett – Cunningham 2012, 113.

929 Vergleiche die Beiträge von Van Effenterre – van Effenterre 1997, 9; Kopaka 1997, in: Hägg 1997, General Discussion 230; Platon 1997, 187; Tsipopoulou 2002, 134; Mantzourani u. a. 2005, 744–746; Knappett 2011, 397.

Nerokourou und Achladia wurden vermehrt als Häuser bezeichnet. Der Bau am Siedlungsplatz Zominthos wurde in der Annahme einer umliegenden Siedlung als *Zentralgebäude* benannt. Im Rahmen der Begriffsgeschichte sind die wiederholt postulierten Analogieschlüsse zwischen römischen *villae* und venezianischen Villen Kretas und den bronzezeitlichen Gebäuden ein wiederkehrendes Phänomen. Dieses ist jedoch kritisch zu betrachten[930]. Auf Kreta sind nur wenige römische *villae* mit nachgewiesenen landwirtschaftlichen Produktionsprozesse dokumentiert[931]. Gleiches gilt für die wenigen dokumentierten venezianischen Villen mit Funktionen in der Herstellung und der Verwaltung landwirtschaftlicher Produkte[932].

## 3.2 Lage

Die Untersuchungsbeispiele liegen in ihrer größten Anzahl im nordzentralkretischen Raum, gefolgt vom nördlichen Teil Ostkretas sowie der westlichen Messara. Lediglich vereinzelt liegen die Siedlungsplätze an der Nordküste Westkretas und an der südlichen Ostküste. Die Untersuchungsbeispiele schildern in ihrer Lage, gemessen an dem gegenwärtigen Verlauf der Küstenlinie, voneinander abweichende Unterschiede. Mit Nerokourou, Amnisos, Nirou Khani, Agia Triada, Pyrgos, Klimataria und Makrygialos liegen sieben Beispiele in einer Küstenebene. Amnisos und Nirou Khani liegen unmittelbar an der gegenwärtigen Küste, während Nerokourou und Klimataria am Rand der Küstenebenen situiert sind. In ähnlichen Umgebungen liegen auch Agia Triada, Pyrgos und Makrygialos, jedoch auf küstennahen Hügeln und auf einem erhöhten Plateau (Abb. 36).

Die Untersuchungsbeispiele Tylissos, Vathypetro, Pitsidia, Achladia, Prophitis Ilias, Zou und Epano Zakros sind hingegen in hügeligem Terrain gelegen. Im Osten der Insel liegt Prophitis Ilias auf einem hervorstechenden Hügel, Zou am Rand einer Schlucht und Epano Zakros in eher flachem Terrain. Die übrigen Beispiele liegen mit ortseigenen Charakteristika in erhöhter Position im Randbereich des Hügelterrains. In weiter Entfernung zur Küste liegt das Beispiel Kannia im flachen Terrain einer Ebene im Hinterland. Ebenso singulär im Rahmen der Analyse sind die Lagebedingungen von Knossos in einem Tal, von Sklavokampos am Rand eines Hochplateaus und von Zominthos im Hochgebirge.

---

930 Vergleiche die Angaben bei Bennet 1990, 203–207; Chaniotis 1991, 102–105; Chryssoulaki 1997, 28; Niemeier 1997, 15 f.; Kopaka 1997, in: Hägg 1997, General Discussion 230; Rehak – Younger 1998, 104 f.; Thaler 2002, 112; Younger – Rehak 2008a, 151; McEnroe 2010, VIII.

931 Rackham – Moody 1995, 166; Sanders 1982, 32 f. 137 f. 141. 143. 149. 154. 161. 164; Bechert 2011, 53. 56–58.

932 Rackham – Moody 1995, 89. Abb. 15.5.; Schneider 2005, 73; Stallsmith 2007, 153–155. 157–159. 168.

Die Unterschiede verdichten sich bei Betrachtung der ortsspezifischen Lage. Der Siedlungsplatz Pyrgos auf der unmittelbaren Hügelspitze ist im Kontext der Untersuchungsbeispiele singulär (Abb. 36). Gleiches gilt für den Baubefund bei Prophitis Ilias, der sich jedoch über einen langestreckten Hügel ausdehnt. Konträr dazu liegen die Bauten von Nerokourou, Nirou Khani und Kannia in flachen Ebenen. Eine größere Gruppe an Siedlungsplätzen präsentiert mit der Verortung in Plateaus und Ebenen untereinander Differenzen. Bei Makrygialos ist dieses Plateau unmittelbar küstennah auf geringer Höhe gelegen, ein anderes Plateau bei Zominthos befindet sich hingegen auf 1200 Meter. Zwischen den Siedlungsplätzen Tylissos, Vathypetro und Achladia bestehen gewisse Gemeinsamkeiten in der erhöhten Lages eines Plateaus beziehungsweise ansteigenden Terrains. Die andere große Gruppe an Siedlungsplätzen ist in Nachbarschaft zu Hügeln situiert. Die Baubefunde bei Agia Triada und Amnisos liegen an den Abhängen von groß- und kleinflächigen Hügeln. Die Siedlungsplätze Klimataria, Zou, Epano Zakros, Sklavokampos und zwei der Bauten in Knossos liegen im erweiterten Randbereich von Hügeln.

Die Siedlungsplätze weisen in ihren jeweiligen Umgebungen Flussläufe auf. Ob die Flüsse auch in der Bronzezeit diesen Verlauf aufwiesen und ob diese nur saisonal Wasser führende Flüsse waren, bleibt aufgrund ausstehender umfassender geomorphologischer Arbeiten zu diesem Thema zu diesem Zeitpunkt offen[933]. Amnisos, Agia Triada, Pyrgos, Klimataria und Makrygialos liegen im Bereich von Flussmündungen. Pyrgos unmittelbar östlich der Mündung des Myrtos, Agia Triada südlich der Mündung des Geropotamos, Amnisos im Osten der Mündung des Krateros sowie Klimataria im Süden der Mündung des Stomion (Abb. 36). Die vier Untersuchungsbeispiele im Tal von Knossos liegen in Nachbarschaft des Zusammenfluss von Krateros und Vlychia. Ohne klar ersichtbare Flussanbindung liegen im Umfeld von Zominthos viele unterirdische Quellen. Bei den übrigen Untersuchungsbeispielen ist die Anbindung an Flüsse schwieriger zu identifizieren. Bei Sklavokampos, Epano Zakros und Zou deuten die kleineren Bäche und vor allem die markanten Schluchten auf ehemalige Flussläufe hin. Bei Nirou Khani ist es auf Basis von Übereinstimmungen mit den geographischen Verhältnissen von Amnisos denkbar, dass vor Ort aus dem Süden kommende Flussläufe mündeten. Im Umfeld von Kannia verlief mutmaßlich der Geropotamos oder ein anderer Nebenfluss in unmittelbarer Nachbarschaft.

Im Vergleich der Höhenlage verstärken sich die Unterschiede der Siedlungsplätze. Niedrige Lagebedingungen zwischen acht und zwanzig Meter liegen bei Nirou Khani, Amnisos, Klimataria und Makrygialos in Küstenebenen vor. In ansteigendem Gelände bestehen bei Sklavokampos und Vathypetro Höhenlagen zwischen 420 und 490 Meter. Die höchsten Lagebedingungen weist der Siedlungsplatz Zominthos mit

933 Eine Ausnahme bilden die bedeutenden geoarchäologischen Arbeiten im Flusslauf des Kairatos im Norden Kretas, siehe bei Galanidou u. a. 2014.

einer Höhenlage von über 1200 Meter im nördlichen Idagebirge auf. In variierenden Küsten- und Inlandsbereichen sowie im Hügelterrain weisen Nerokourou, Agia Triada, Pitsidia und Pyrgos sowie ein vereinzeltes Gebäude in Knossos dennoch ähnliche Höhenangaben zwischen 50 bis 80 Meter auf. Die restlichen Bauten von Knossos und das Bauwerk von Kannia schildern mit Tal und Ebene voneinander abweichende Lagebedingungen und dennoch ähnliche Höhenlagen zwischen 110 und 130 Meter. Tylissos, Achladia, Prophitis Ilias, Zou und Epano Zakros mit Höhenlagen zwischen 150 bis 220 Meter weisen in ihren Gesamtlagen ebenfalls Differenzen auf.

Von den Untersuchungsbeispielen sind durch die Einbeziehung der gegenwärtigen Zustände unterschiedliche Aussichten möglich. Von den Siedlungsplätzen Nerokourou, Zominthos, Pitsidia, Kannia, Zou und auch Epano Zakros sind umliegende Gegenden über eine Entfernung von bis zu fünf Kilometer einsehbar. In ähnlicher Weise sind das umgebende Tal bei Knossos und das Hochplateau bei Sklavokampos sichtbar. Bei Amnisos und Nirou Khani sind ebenfalls Orte in bis zu fünf Kilometer Entfernung einsehbar. Durch die Lage an der Nordküste sind zudem Weitblicke über das Meer und zur nördlich gelegenen Insel Dia möglich. Von den Orten Tylissos, Prophitis Ilias und Vathypetro sind Orte in bis zu zehn und fünfzehn Kilometer Entfernung sichtbar (Abb. 35). Bei den Untersuchungsbeispielen Makrygialos, Klimataria und auch Agia Triada ist gleichfalls Weitblick über Gebiete an Land und Meer in bis zu zehn Kilometer Entfernung möglich. Die weiteste Fernsicht besteht von Achladia und Pyrgos mit Blick über Küstenabschnitte und weit entfernte Inseln vor der Nord- und Südküste in bis zu zwanzig Kilometer Entfernung.

Das Gebirgsterrain Kretas mit Gebirgszügen und Hügelspitzen, die über weite Distanzen sichtbar sind, beeinflusst Sichtverbindungen. Aufgrund der Ortslage der Baubefunde und der geographischen Verhältnisse liegen bestimmte Sichtrichtungen vor. Von Agia Triada und Vathypetro sind weite Blicke nach Westen und Nordwesten möglich (Abb. 35). Bei Pitsidia, Epano Zakros und auch Makrygialos scheint eine Ausrichtung in südlicher und südöstlicher Richtung vorzuliegen. In tendenziell östliche Richtung liegen Tylissos und Zou. In Richtung Norden sind Sklavokampos, Achladia, Amnisos und Nirou Khani gelegen. Die Orte Nerokourou, Zominthos, Kannia und Prophitis Ilias besitzen hingegen keine klar nachvollziehbare Ausrichtung. Von den Gebäuden in Knossos weist die *Royal Villa* eine Ausrichtung nach Osten und das *South House* eine nach Süden auf.

In der Umgebung der Untersuchungsbeispiele befinden sich mit *Palästen*, *Villen*, nicht weiter beschriebenen Siedlungsplätzen, *Bergheiligtümern*[934], Steinbrüchen,

934 Vergleiche die Interpretationen bei Dawkins – Currelly 1903/1904, 356–387; Evans 1921, 151–159; Rutkowski 1972, 121–188; Dietrich 1978, 86–94. 124. 296–307; Faure 1983, 64–66; Peatfield 1983, 274; Rutkowski 1988, 74–91; Peatfield 1990, 119 f.; Rutkowski 1991, 17; Peatfield 1999, 59; Nowicki 1994, 33–39; Jones 1999, 3. 15; Nowicki 2001, 32. 35; Nowicki 2007, 2 f. 24 f.; Soetens u. a. 2008, 155. 159; Soetens 2009, 261. 269; Davaras 2010, 76; Nowicki 2012, 139;

Wegführungen und Grabplätzen[935] weitere Fundplätze. Zu diesen Befundkontexten, an denen Tongefäße der Zeit- und/oder Keramikphasen MM III–SM I freigelegt wurden, sind fast alle Orte maximal fünf Kilometer entfernt. In der näheren Umgebung der Untersuchungsbeispiele sind in einer Entfernung von bis zu 500 Meter weitere spätbronzezeitliche Fund- und Siedlungsplätze bekannt. Im unmittelbaren Umfeld der Untersuchungsbeispiele wurden weitere Funde und Befunde als Elemente umgebender Siedlungen, weiterer Gebäude und anderer Räume des Bauwerks bezeichnet. Diese wurden jedoch in den meisten Fällen nicht durch Ausgrabungen und weitere Dokumentationen überprüft. Für die Siedlungsplätze Knossos, Agia Triada, Pyrgos, Amnisos und Tylissos liegen durch lang andauernde und großflächige Ausgrabungen viele Informationen zum jeweiligen Siedlungsgebiet vor. Bei dem Großteil der anderen Siedlungsplätze sind die Informationen durch die zeitlich und räumlich beschränkten Dokumentationen hingegen beschränkt. An den Untersuchungsbeispielen und in deren unmittelbarem Umfeld wurden Hinweise weniger früherer und viele späterer Siedlungsphasen dokumentiert.

## 3.3 Architektur

### 3.3.1 Größe

Die Untersuchungsbeispiele weisen voneinander abweichende Größenverhältnisse auf. Die *Villa Reale* ist mit einer Ausbreitung von 85 x 55 Meter das größte Gebäude, gefolgt von dem Bau von Zominthos mit einer gegenwärtigen Ausdehnung von 54 x 37 Meter. Diesen beiden Fällen stehen der *Little Palace* sowie die Bauwerke von Nirou Khani, Vathypetro, Prophitis Ilias, Zou, Epano Zakros und Makrygialos mit Größen von 45 x 30 Meter gegenüber. Über geringere Ausmaße zwischen 30 x 25 Meter verfügen die *Villen* von Tylissos, die *Unexplored Mansion*, die *Royal Villa* und das *South House* sowie die Gebäude von Nerokourou Sklavokampos, Amnisos, Pitsidia, Kannia, Pyrgos, Achladia und Klimataria. Durch das unerforschte Umfeld sind bei den meisten

Morris – Peatfield 2014, 55. Vergleiche zudem zur Trennung von *rural hilltop shrines* Watrous 1993, 394; Branigan 1993, 101 f. 138; Branigan in: Discussion zu Brogan – Sofianou 2011, 338; Adams 2017, 142 f.

935 Vergleiche die Bestattungen in Höhlen, Felsspalten, Pithoi, Tholoi sowie Haus-, Schacht-, Felskammer- und Kistengräber bei Hall 1912, 43 f. 58–60; Xanthoudídes 1924, 132; Pini 1968, 14 f.; Petit 1990; MacGillivray – Driessen 1990, 406; Soles 1992, 132–135. 151–155. 201; Dickinson 1994, 212–220; Löwe 1996, 6. 9; Branigan 1998, 72–74; Watrous – Blitzer 1999, 906; Vavouranakis 2006, 233–235; Girella 2007a, 152 f.; Younger – Rehak 2008b, 170–173; Krzyszkowska 2008, 1. 120; Mee 2010, 280; Alberti 2013, 48; Vavouranakis 2014.

Siedlungsplätzen keine genauen Angaben über die tatsächliche Ausbreitung der Gebäude möglich. So zeigt die Erforschung des Bauwerkes von Zominthos, dass mit fortlaufender Ausgrabungsdauer die Anzahl an Räumen und die Größe des Gebäudes entsprechend steigen kann[936].

Die Gebäude besitzen in Bezug auf ihre Größe und die freigelegten Mauerzüge divergierende Mengen an Räumen. Entsprechend der Größe verfügten die *Villa Reale* mit 73, Vathypetro mit 65 sowie Zominthos mit 57 über die meisten Räume und Abschnitte. Andere Bauwerke, wie der *Little Palace* und die Bauten in Nirou Khani, Klimataria, Prophitis Ilias und Makrygialos, wiesen mindestens 30 Räume auf. In den Bauten von Sklavokampos, Pitsidia und Kannia befinden sich mindestens 20 Räume. Dem entgegen besaßen viele Beispiele mindestens zehn Räume. Dazu gehören die *Villen* von Tylissos, die *Unexplored Mansion*, die *Royal Villa* und die Gebäude von Amnisos, Pyrgos, Zou und Epano Zakros. Ferner verfügten die Bauten in Nerokourou und Achladia sowie das *South House* über höchstens zehn Räume.

Im Vergleich mit anderen Fund- und Siedlungsplätzen wiederholen sich die variierende Größenangaben. Die Gebäude A und B des *Artisans´ Quarter* von Mochlos weisen mit 13 x 12 Meter und 19 x 18 Meter Größe Gemeinsamkeiten mit dem Bau von Achladia sowie der *Royal Villa* und dem *South House* auf[937]. Das Gebäude am Siedlungsplatz Skinias verfügt mit einer Größe von 23 x 18 Meter über ähnliche Ausmaße wie das Gebäude von Sklavokampos[938]. Etwas größer ist mit 500 Quadratmeter das Gebäude am Siedlungsplatz Katalymata auf Gavdos, dieses zeigt Übereinstimmungen in der Größe mit Prophitis Ilias[939]. Wiederum doppelt so groß ist der 1178 Quadratmeter große Siedlungsplatz bei Kephali-Sphendili mit ähnlichen Größenverhältnissen wie die *Villa Reale* und der *Little Palace*[940]. In Bezug zu den Bodenflächen weisen die Beispiele mit 250 Quadratmeter und 1115 Quadratmeter große Abweichungen untereinander auf[941]. So weist das Bauwerk von Zominthos mit 1115 Quadratmeter ähnliche Ausmaße wie der *Palast* von Petras mit 1064 Quadratmeter, das Haus D18-65 von Palaikastro mit 1258 Quadratmeter und das *Maison E* von Malia mit 1370 Quadratmeter auf. Andere Beispiele, wie das *Haus B1-22* von Palaikastro mit 525 Quadratmeter und das *Haus B2* von Mochlos mit 570 Quadratmeter, weisen ähnliche Größen wie die *Villa C* von Tylissos und die Bauten von Klimataria und Prophitis Ilias auf. Weitere Baubefunde, wie das *Haus X1-17* von Palaikastro mit 357 Quadratmeter und das *Haus A* von

---

936 Vergleiche hierfür die einzelnen Fieldnotes mit Beginn im Jahre 2005 bis zu der letzten Kampagne im Jahre 2019.

937 Soles u. a. 2003b, 7–9.

938 Blackman 2001/2002, 110; Whitley 2004/2005, 110 f.; Christakis 2008, 70; Bennet, 2011/2012, 70.

939 Whitley u. a. 2006/2007, 121; Evely 2007/2008, 111; Morgan u. a. 2008/2009, 99 f. Kopaka 2015, 38–40.

940 Bennet 2011/2012, 62. 66; Christakis u. a. 2015, 293. 301.

941 Siehe hierzu die Ausführungen bei Whitelaw 2001b.

Prasa mit 343 Quadratmeter, zeigen entsprechende Größenverhältnisse wie die Gebäude von Achladia und Pitsidia.

An anderen zeitgleichen Fund- und Siedlungsplätzen Kretas ist die Kenntnis über die Ausdehnung der Gebäude aufgrund von begrenzten Ausgrabungsgebieten ebenso eingeschränkt. Bei Nipiditos sind nur drei Räume eines größeren Gebäudes freigelegt[942]. Bei Kastelli sind sieben Räume eines Bauwerkes bekannt, in dessen Umfeld deuten an mehreren Orten weitere Mauerverläufe auf einen großflächigen Siedlungsplatz hin[943]. Die Unterschiede in der Raumanzahl werden durch die Einbeziehung weiterer Siedlungsplätze deutlich. Bauwerken mit wenigen Räumen aus Pseira und Galatas stehen Gebäude mit vielen Räumen aus Palaikastro und das Gebäude bei Kephali-Sphendili entgegen[944].

Bei einigen Gebäuden wurden Areale, welche keine weiteren Baukonstruktionen aufwiesen, als Höfe und Freiflächen angesprochen. Deren Größenverhältnisse sind vom Erhaltungszustand abhängig und mit Ausnahmen von Nirou Khani, Makrygialos und Agia Triada nur partiell rekonstruierbar. Der Hof von Pyrgos mit einem erhöhten Gehweg aus weißen Steinplatten sowie violetten Steinsetzungen ist in polychromer Weise gestaltet. Derartige polychrome Pflasterungen treten auch an den Fund- und Siedlungsplätzen von Alonaki, Palaikastro, Kommos und Mochlos auf[945]. Auf der Freifläche von Nirou Khani ist neben einem erhöhten Gehweg am südlichen Ende eine mehrstufige Steinkonstruktion gelegen. Eine formverwandte Konstruktion befindet sich darüber hinaus im Zentrum des Hofplatzes von Makrygialos. An anderen zeitgleichen Siedlungsplätzen liegen ebenso Hofbereiche und Freiflächen vor. Zu diesen zählen die großflächigen West- und Zentralhöfe der *Paläste* von Knossos, Phaistos, Kato Zakros, Petras, Galatas, Gournia sowie die *Agora* von Malia[946].

Im Umfeld der Bauwerke von Nerokourou, Sklavokampos, Nirou Khani, Vathypetro, Kannia, Pyrgos sowie im Umfeld der *Villen* von Tylissos, des *Little Palace*, des *South House* und der *Villa Reale* befinden sich gepflasterte Wegeführungen, die auf die Gebäude zulaufen und von ihnen wegführen. Andere gepflasterte Wegeführungen, die teilweise ein größeres Format aufweisen, befinden sich an anderen Siedlungsplätzen. Zu diesen zählen die *Royal Road* von Knossos, eine *Early Road* bei Plati, mehrerer Wege in Palaikastro, eine Ringstraße in Gournia und eine *East-West Road* in Kommos. Darüber hinaus wurden an den Siedlungsplätzen von Knossos,

942 Hood 1956, 22; Sanders 1982, 149; Dimopoulou 1983, 356; Touchais 1984, 831; Driessen – MacDonald 1997, 194; Panagiotakis 2003, 409.

943 Tomlinson 1994/1995, 60.

944 Bosanquet u. a. 1902/1903, 290–296; Dawkins u. a. 1904/1905, 277–286; McEnroe 2001, 57 f. 62 f.; Soles u. a. 2003b, 9; Cunningham 2007, 99; Rethemiotakis 2011a, 178 f.; Christakis u. a. 2015, 293. 301.

945 Soles – Davaras 1996, 188; Shaw – Nixon 1996, 40. 107 f. 125 f.; Shaw 1996a, 349 f. 366; Shaw 2009, 28; Karetsou – Mathioudaki 2012, 86; Shaw 2012a, 22; Karestou 2013, 72 f.; Shaw 2015, 116 f.

946 McEnroe 2010, 57–60. 73 f. 83–86; Haysom 2013/2014, 82; Shaw 2015, 17–24.

Archanes, Agia Triada, Gournia, Palaikastro, Malia, Avdou, Kastelli, Pseira, Kommos und dem *Artisans´ Quarter* von Mochlos weitere kleinere gepflasterte Wegeführungen dokumentiert[947].

### 3.3.2 Baumaterialien

An allen Untersuchungsbeispielen wurde Kalkstein als Baumaterial in den Mauerzügen und weiteren konstruktiven Architekturelementen verwendet. In den Bauten von Amnisos, Pyrgos, Achladia, Klimataria, Epano Zakros, Makrygialos und in dem *Little Palace* wurde darüber hinaus Sandstein verwendet. In ähnlichen Mengenverhältnissen ist in der *Unexplored Mansion*, dem *Little Palace*, der *Royal Villa*, dem *South House*, der *Villa Reale* und den Gebäuden von Amnisos, Nirou Khani, Pyrgos und Epano Zakros Gipsstein verbaut. In den Bauten von Nerokourou, Zominthos, Nirou Khani, Vathypetro und im *Little Palace* kam es zudem zur Verwendung von Schiefersteinen. Bei fast allen Gebäuden sind neben diesen Steinvarianten Materialzusammensetzungen aus Kiesel- und Ziegelsteinen sowie Kalk- und Tonmörtel für Mauerzüge und architektonische Konstruktionen dokumentiert. Holz als Baumaterial fand variantenreich Anwendung für Säulen, Tür- und Fensterkonstruktionen, Deckenbalken sowie als Teilelement von Mauerkonstruktionen.

Die Gebäude verfügten über variantenreiche Bodenpflasterungen. Die meisten Räume der Bauten von Nerokourou, Amnisos, Nirou Khani sowie der *Villa A* von Tylissos, des *Little Palace*, der *Royal Villa* und der *Villa Reale* waren mit Schiefer-, Sand-, Kalk- und Gipssteinplatten gepflastert. In der *Villa B* von Tylissos, der *Unexplored Mansion* und in den Gebäuden von Vathypetro, Pyrgos, Achladia und Makrygialos waren wenige Räume mit diesen Materialien ausgelegt. In den Räumen Q in der *Unexplored Mansion* und in den Räumen Θ, Δ´ und Y in Klimataria waren einige Räume mit Flusssteinen, Kalkmörtel oder Estrich bedeckt. In den Räumen A, B, C

947 Für die Wegführungen siehe Bosanquet u. a. 1902/1903, 278; Dawkins u. a. 1904/1905, 259; Hawes u. a. 1908, 21; Seager 1910, 8–11; Dawkins 1913/14, 9; Pendlebury 1936/1937, 195 f.; Soles 1979, 155 f.; Watrous – Blitzer 1982, 15. 17 f. 62–64; MacGillivray 1984, 136 f.; MacGillivray u. a. 1987, 140. 152; Graham 1987, 71 f.; French 1989/1990, 72; French 1990/1991, 68; Müller 1991; Sakellarakis – Sapouna-Sakellarakis 1991, 48 f.; French 1993/1994, 74; Warren 1994, 190–203; Tomlinson 1994/1995, 60; Tomlinson 1995/1996, 39; Nowicki 1996, 42 f. 45; Blackman 1996/1997, 113; Sakellarakis – Sapouna-Sakellarakis 1997, 120–129; Driessen – MacDonald 1997, 194; Blackman 1998/1999, 114; Blackman 1999/2000, 133; McEnroe 2001, 63; Soles u. a. 2003c, 42; Romano 2003, 247; Girella 2011, 186–188; Shaw 2006a, 23. 27–38; Shaw u. a. 2006, 4 f. 7. 18–20. 57. 100 f.; Cunningham 2007, 99–104; Girella 2007b, 252; McEnroe 2010, 57 f.; La Rosa 2010, 499; Bennet 2011/2012, 62. 66; Watrous 2012, 527. 531–533; Girella 2013b, 123; Müller 2014, 86. 98 f.; Watrous u. a. 2015, 399. 409; Christakis u. a. 2015, 293. 301; Shaw 2015, 14–17; Shaw 2017, 228–232.

und D in der *Unexplored Mansion*, 23 im *Little Palace*, Γ und H in Achladia, T in Prophitis Ilias und B und Γ in Epano Zakros wurde in den Räumen und in Teilbereichen anstehender Felsboden dokumentiert.

Die Mauern erlauben eine Differenzierung in Bruchsteinmauern, Quadermauerwerk mit glattkantigen Steinen und megalithische Mauerzüge. Zu den geläufigsten Erscheinungen aller Bauten zählen Bruchsteinmauern, die für den inneren Gebäudeaufbau und teilweise für die Fundamentierungen genutzt wurden. Quadermauerwerk und glatt bearbeitete Bauglieder wurden in den Gebäuden von Tylissos, Knossos, Amnisos, Nirou Khani, Vathypetro und Pyrgos angewandt. Einzelne Bauglieder und Abschnitte in Achladia, Epano Zakros und Prophitis Ilias sind aufgrund ihrer außergewöhnlichen Bearbeitung ebenfalls als Quadermauerwerk zu bezeichnen. Die megalithische Bauweise ist hingegen nur in Achladia, Klimataria, Prophitis Ilias, Epano Zakro und Zou zu beobachten.

An fast allen Siedlungsplätzen fanden sich in unterschiedlichen Quantitäten Fragmente von Freskenmalereien. Diese waren teils noch auf einzelnen Mauerzügen angebracht oder wurden als abgebrochene beziehungsweise herabgefallene Materialien in der Verfüllung der Räume dokumentiert. Auf Fragmenten aus Zominthos, Tylissos, Amnisos, Pyrgos, Epano Zakros und der *Villa Reale*, der *Unexplored Mansion* und dem *South House* sind pflanzliche Motive zu erkennen. Darüber hinaus sind aus dem Gebäude von Nirou Khani das Motiv des *Kultknotens*, aus dem *South House* und der *Villa Reale* Vögel und Katzen und aus Tylissos, der *Villa Reale* und Epano Zakros männliche und weibliche Figuren überliefert. Ähnliche Freskenmalereien stammen aus dem *Palast* und den Häusern von Knossos sowie aus Prasa, Katsambas, Archanes, Malia, Palaikastro, Phaistos, Pseira und Zakros[948].

Neben den Freskenmalereien waren an einigen Baugliedern Mauerzeichen eingeritzt[949]. Derartige Fundkontexte stammen aus den *Villen A* und *C* von Tylissos, der *Unexplored Mansion*, dem *Little Palace*, dem *South House*, der *Villa Reale* und aus den Bauten von Amnisos, Nirou Khani und Vathypetro. Weitere Mauerzeichen mit den Symbolen des Dreizacks und des Kreuzes befanden sich zudem in den Gebäuden von Makrygialos, Pitsidia und Prasa[950]. Ähnliche Mauerzeichen stammen von den Siedlungsplätzen Knossos, Phaistos, Malia, Kato Zakros, Gournia, Palaikastro, Ar-

948 Kaiser 1976, 299–309; Shaw 1978b, 27; Immerwahr 1990, 170–179. 181–185; Sakellarakis – Sapouna-Sakellarakis 1997, 488–503; Immerwahr 1990, 170–179. 181–185.

949 Vergleiche Einführend dazu bei Begg 2004a, 5 f.; Begg 2004b, 219; Shaw 2009, 77.

950 Westerburg-Eberl 2009, 106 f.

chanes, Kommos, Petras, Amnisos und Xeri Kara sowie aus Gräbern und Steinbrüchen[951]. Eine gängige Auslegung sieht für die Mauerzeichen eine Funktion als Markierung und Positionierung von Baugliedern vor, eine andere geht von einer Zuordnung zu Arbeitergruppen oder nicht näher greifbarer kultischer Funktionen aus[952]. Die hohen Mengen und Varianten dieser Zeichen sprechen mutmaßlich für unterschiedliche Funktionen und gegen eine übergreifende Erklärung[953].

Die Gebäude weisen in ihren Mauerverläufen in unterschiedlicher Weise Durchgänge und Öffnungen auf. An fast allen Bauten liegen Türschwellensteine vor, in welche Türen aus Holz eingebracht waren. Einige Steinplatten aus den Räumen 7, 8, 9 und 14 in Zominthos, O und A in Prophitis Ilias und IA sowie Θ in Epano Zakros sind in ihrer Deutung als Türschwellen zweifelhaft. Darüber hinaus ist denkbar, dass Türschwellen aus Holz bestanden und so als organische Materialien mittlerweile vergangen sind[954]. In vielen Gebäuden befanden sich kleinformatige Türwangenbasen und Türpfosten im Mauerverbund. Besonders anschaulich ist deren Verwendung in den Bauten von Nerokourou, Nirou Khani, Tylissos, Knossos, Agia Triada und Amnisos. Darüber hinaus lagen in Nerokourou, Zominthos, Tylissos, Knossos, Amnisos, Nirou Khani, Agia Triada und Achladia Türwangenbasen frei in Räumen ohne direkte Anbindung an Mauerzüge. Innerhalb dieser Gruppe weisen der *Little Palace* und die *Villa Reale* hohe Mengen dieser Objekte auf. An den Siedlungsplätzen Nerokourou, Sklavokampos, Pyrgos und Epano Zakros wurde die Präsenz weiterer Türwangenbasen in unmittelbarer Entfernung zum Gebäude festgehalten. An den zeitgleichen Siedlungsplätzen Pseira, Kommos, Palaikastro und dem *Artisans´ Quarter* von Mochlos befanden sich ebenso Türschwellen und Türpfosten[955]. Neben ebenerdigen Durchgängen in den Mauerverläufen waren an den Gebäuden der Siedlungsplätze Agia Triada, Zominthos und Knossos oberirdische Öffnungen höchstwahrscheinlich Fenster.

Vor diesem Hintergrund kam es in unterschiedlichem Maße zur Interpretation von Zugängen. Ein singulärer Zugang wurde für die Bauten von Nerokourou, Nirou

---

951 Vergleiche die Forschungsdiskussion bei Evans 1900/1901, 22 f.; Evans 1901, 111 f.; Hawes u. a. 1908, 25; Sakellarakis 1967, 277. 285; MacGillivray 1984, 149; Hood 1987, 205; Stürmer 1992a, 132. 142. 158. 177; MacGillivray u. a. 1992, 124 f.; Begg 2004a, 8–10. 13 f. 17. 21; Begg 2004b, 219–221; Shaw u. a. 2006b, 89 f.; Tsipopoulou 2007, 55; Shaw 2009, 77; Haysom 2013/2014, 81.

952 Vergleiche die kontroversen Meinungen über Mauerzeichen bei Evans 1921, 132–135; Pendlebury 1939, 118 f.; Sakellarakis 1967, 288; Graham 1969, 155; Hood 1987, 210; Driessen 1989/1990, 20 f.; Begg 2004a, 19 f.; Begg 2004b, 222.

953 Shaw 2009, 76–79.

954 Vergleiche Chryssoulaki 1997, 29.

955 Bosanquet u. a. 1902/1903, 288. 290. 293. 295; Dawkins – Curelly 1903/1904, 208; MacGillivray u. a. 1987, 140; MacGillivray u. a. 1991, 126. 128; MacGillivray u. a. 1992, 123; Shaw – Nixon 1996, 31–36. 39. 42. 58. 64. 71–73. 85. 124; Wright – McEnroe 1996, 200; Shaw 1996a, 355 f.; McEnroe 2001, 38. 48; Soles u. a. 2003b, 11. 17. 23 f. 34–36. 45. 61; Shaw u. a. 2006b, 29. 89; Shaw 2006b, 158. 226 f.; Knappett – Cunningham 2012, 70 f.

Khani, Pitsidia, Kannia sowie die *Villen A* und *C* von Tylissos und die *Royal Villa* angenommen[956]. Für die übrigen Gebäude wurden mehrere Zugänge interpretiert[957]. An einigen Bauwerken verfügten vereinzelte Räume über keinen nachvollziehbaren Durchgang. Zu diesen zählen die Räume 2 und 20 in Sklavokampos, die Räume 6, 7, 8, 9, 18, 19 und 20 in Vathypetro, die Räume III und IV in Pitsidia, die Räume I, III, V und VI, XV, XVII und XVIII in Kannia, die Räume A, B, Γ, Δ, Σ, T, Z und H in Klimataria, der Raum Ξ in Prophitis Ilias sowie der Raum Γ in Epano Zakros. Gleiches gilt für die Räume im Westen von 3, im Westen von 15, 16 und 17 und im Süden von 9, 10 und 11 in den *Villen A* und *C* von Tylissos[958]. Für viele dieser Abschnitte bleibt es unklar, ob ein Zugang oberirdisch aus dem vertikalen Gebäudeaufbau oder ebenerdig über eine erhöhte Holztreppe zwischen einzelnen Räumen erfolgte. Ebenso bestand die Möglichkeit, dass diese Räume statische Funktionen für den Gebäudeaufbau erfüllten und damit keine Nutzräume waren, die betretbar waren.

### 3.3.3 Bauformen

Für die Konstruktion weiterer architektonischer Elemente fanden Kalk-, Sand- und Gipssteine ebenfalls Anwendung. In fast allen Gebäuden wurden Basis- und Aufsatzsteine von ehemaligen Säulen und Pfeilern dokumentiert, die im Gegensatz zu den vergangenen Holzkomponenten erhalten geblieben sind. In den Räumen 7, 10, 17, 24 und 25 des *Little Palace*, in Raum IV in Kannia, in den Räumen 2 und 3 in Pyrgos, in den Räumen B, Γ und H in Achladia, in Raum Γ in Klimataria und in Raum 13 in Zou wurden diese Basissteine rekonstruiert. Bei einigen der Basissteine aus dem *Little Palace* sind die Rekonstruktionen kritisch zu betrachten, auch im Bau von Vathypetro bleibt die Ansprache der zweiten Pfeilerbasis aus Raum 40 zweifelhaft[959]. Die Säulen und Pfeiler lagen oftmals paarweise und teils in Nachbarschaft zu Türwangenbasen. Dazu gehören paarweise Anbringungen in den Räumen 2 und

956 Evans 1928b, 396; Chatzidakis 1934, 8 f. 27. 33 f.; Kanta – Rochetti 1989a, 300; Stürmer 1992a, 133; Driessen – MacDonald 1997, 179. 206. Abb. 7. 64; Lloyd 1997/1998, Tafel 6.

957 Marinatos 1948, 71 f.; Levi 1959, 243; Cadogan 1977/1978, 71. 77; Banti u. a. 1980a, 39. 59. 104 f. 163; Watrous 1984, 123. 125; Catling 1985/1986, 94; Driessen – Sakellarakis 1997, 64. 74; Platon 1997, 195; Driessen – MacDonald 1997, 176. 223 f.; Davaras 1997, 121 f.; Lloyd 1997/1998, Tafel 6; Sakellarakis – Panagiotopoulos 2006, 53; Driessen 2003, 28–32; Hatzaki 2005, 39; Mantzourani u. a. 2005, 769; Mantzourani – Vavouranakis 2005b, 102. 104; Mantzourani – Vavouranakis 2011, 132; Mantzourani 2011, Abb. 2.

958 Chatzidakis 1934, Tafel VI, VII, 38. 40; Marinatos 1948, Abb. 1; Levi 1959, Abb. 2; Driessen – Sakellarakis 1997, Abb. 3; Mantzourani u. a. 2005, Abb. 8; Mantzourani – Vavouranakis 2005b, Abb. 19; Mantzourani - Vavouranakis 2011, Abb. 12. 2; Chatzi-Vallianou 2011, Abb. 3.

959 Driessen – Sakellarakis 1997, 75; Hatzaki 2005, 39–42.

3 in Nerokourou, in den Räumen 6 und 15 in den *Villen A* und *C* von Tylissos, im *Megaron* und Lichthof in der *Royal Villa*, am östlichen Abschluss des *South House* und in den Räumen 2 und 2 a in Nirou Khani.

Einige Räume verfügten über benachbarte paarweise Basissteine im Zentrum. Zu diesen zählen die Räume 16 und 17 in der *Villa A*, Raum 36 in dem *Little Palace*, Raum 15 in der *Villa Reale*, Raum 10 in Vathypetro und die Räume 7 sowie 7a in Amnisos. In den Räumen 15 in Sklavokampos, b in der *Villa A* von Tylissos, H in der *Unexplored Mansion*, B in Achladia und auf dem Hof von Pyrgos lagen drei bis vier Säulen- oder Pfeilerbasen vor. Im Raum 7 des *Little Palace*, in den Räumen 1, 3, 4, 11, 12, 20, 21, 22, 49 und 73 der *Villa Reale* sowie auf dem Hof in Makrygialos befanden sich höhere Mengen von Säulen- oder Pfeilerbasen. In den meisten Fällen waren die Säulen und Pfeiler im Zentrum der größeren Räume situiert. Dazu zählen Raum 17 in Zominthos, Raum 12 in Nirou Khani, die Räume 10 und 40 in Vathypetro und Raum 13 in Pyrgos. Gleiches gilt für Raum M in Achladia, Raum I/K in Klimataria, Raum Θ in Epano Zakros und Raum 16 in Makrygialos. Auch in Raum 3 der *Villa A* von Tylissos, der *Pfeilerkrypta* in der *Royal Villa*, Raum 2 der *Villa C* von Tylissos und Raum 17 in der *Villa Reale* liegen diese Verhältnisse vor. Ähnliche Funde und Befunde von Basis- und Aufsatzsteinen stammen aus dem *Artisans´ Quarter* von Mochlos sowie aus Palaikastro, Pseira und Kommos[960].

In den Gebäuden von Nirou Khani, Vathypetro, Kannia, Pyrgos, Achladia, Makrygialos und in der *Royal Villa* und der *Villa Reale* wurden Steinkonstruktionen als Bänke interpretiert. Bei der Hälfte dieser Konstruktionen ist aufgrund der schlechte Erhaltungszustände der Befunde eine Ansprache als Bank, Plattform oder Podium offen zur Diskussion[961]. Die Bank aus dem Raum Γ von Achladia ist mittlerweile verloren, die Bank im Osten des *South House* stellt eine moderne Rekonstruktion dar[962]. Einige dieser Bänke weisen untereinander Gemeinsamkeiten auf, da an den jeweiligen Frontseiten ein Muster aus Triglyphen und Metopen angebracht ist. Diese Konstruktionen stammen aus Raum 12 in Nirou Khani, Raum 3 in Pyrgos und den Räumen 2, 4 und 51 der *Villa Reale*. Die *Rampe* von Nerokourou und Aufbauten in Raum 51 der *Villa Reale* und in Raum 22 von Makrygialos befinden sich an den

---

960 Bosanquet 1901/1902, 311. 315 f.; Bosanquet u. a. 1902/1903, 278. 284; Shaw – Nixon 1996, 40. 107 f. 125 f. 349 f. 366; McEnroe 2001, 13. 24. 30. 33. 62. 71. 76; Soles u. a. 2003b, 12 f. 33; Soles u. a. 2003c, 56. 64; Shaw 2006a, 27 f. 86–93; Shaw 2012a, 22; Knappett – Cunningham 2012, 6. 15. 29. 41. 278. 318.

961 Für die Bezeichnungen siehe Levi 1959, 246; Banti u. a. 1980a, 72. 90. 106. 158; Watrous 1984, 125; Gesell 1985, 94. 136; Kanta – Rochetti 1989a, 299; Stürmer 1992a, 134; Kopaka – Platon 1993, 53; Driessen – Sakellarakis 1997, 69. 75; Chryssoulaki 1997, Abb. 1–2; Platon 1997, 195. 197; Driessen 2003, 34 f.; Hatzaki 2005, 40. 43. 48. 59. 63. 77; Mantzourani – Vavouranakis 2005b, 121; Fieldnotes 2006; Fieldnotes 2007; Fieldnotes 2011, Week 5–6; Traunmüller 2012, 12; Fieldnotes 2013, Week 2–5; Fieldnotes 2015, Week 1–2.

962 Gesell 1985, 94; Driessen 2003, 32; Mantzourani – Vavouranakis 2005b, 105.

Außenwänden der Gebäude. Die doppelte Bank in Raum 22 in Makrygialos im Zentrum des Raumes ist innerhalb der Untersuchungsbeispiele singulär. In Raum 1 der *Villa Reale* und in Raum V in Kannia sind die Steinkonstruktionen an zwei gegenüber liegenden Wänden situiert. In den Räumen 4, 5, 17, 25, 37, 40, 43 und 57 in Zominthos, in Raum 12 in Nirou Khani und in Raum Γ in Achladia weisen die Konstruktionen eine L-Form auf. In Raum 4 der *Villa Reale* und in Raum 4 in Zominthos befinden sich hingegen U-förmige Konstruktionen. In den Gebäuden von Nirou Khani, Pyrgos, Achladia und Makrygialos und in der *Villa Reale* sind die Konstruktionen in der Nähe zu Korridoren und Eingängen situiert. Ähnliche Bänke und andere Konstruktionen stammen ebenso aus Pseira, dem *Artisans´ Quarter* von Mochlos und Kommos[963].

Von vielen Siedlungsplätzen sind Wasserleitungen aus Stein und Ton für das Ableiten von Regenwasser oder die Sicherung von Frischwasser erhalten. In den *Palästen* von Knossos und Kato Zakros sowie in Archanes, Palaikastro und Gournia sind ähnliche Leitungsverläufe nachgewiesen[964]. In ungefähr der Hälfte der Gebäude wurden durch Brandspuren und benachbarte Steinkonstruktionen Herd- und Feuerstellen identifiziert. In Raum 8 des *Little Palace* ist eine Herdstelle, die in den Grabungstagebüchern dokumentiert worden ist, mittlerweile verloren[965]. Mit Blick auf andere Siedlungsplätze sind auch in Kommos, Pseira, Palaikastro und Gournia Herd- und Feuerstellen dokumentiert[966].

In den Bauwerken von Nerokourou, Zominthos, Kannia und Zou sowie in der *Villa A*, dem *Little Palace*, der *Royal Villa* und der *Villa Reale* befinden sich Becken, Brunnen und Vertiefungen im Boden. Am Siedlungsplatz von Pyrgos lagen darüber hinaus zwei Zisternen. In den Gebäuden von Zominthos, Amnisos, Nirou Khani, Vathypetro sowie in den *Villen A* und *C* von Tylissos, dem *Little Palace*, der *Royal Villa* und dem *South House* liegen ganze Räume vertieft. Im Vergleich mit anderen gleichzeitigen Siedlungsplätzen stammen auch aus dem *Palast* von Kato Zakros sowie aus Palaikastro, den Häusern von Zakros und der *Caravanserai* von Knossos weitere Brunnen oder verwandte Konstruktionen[967].

---

963 McEnroe 2001, 52–54; Soles u. a. 2003b, 19; Soles u. a. 2003c, 42. 51. 56. 62; Shaw 2012a, 27. Tafel 1.11.

964 Evans 1921, 225–230; Evans 1928a, 46–68; Evans 1930, 252–261; Platon 1971, 72. 80 f. 95. 100. 187 f. 200. 222–225; Soles 1991, 37. 40. 50. 56. 63; Sakellarakis – Sapouna-Sakellarakis 1991, 28. 48. 57. 62; Sakellarakis – Sapouna-Sakellarakis 1992b, 59; Sakellarakis – Sapouna-Sakellarakis 1997, 55. 112–115; Shaw 2009, 87; Watrous u. a. 2015, 407. 422. 435 f.; Cunningham 2017, 37.

965 McEnroe 2001, 54; Hatzaki 2005, 8. 72.

966 Hawes u. a. 1908, 29; Sackett u. a. 1965, 264; Shaw 1990b, 231–235; McEnroe 2001, 54; Müller 2013, 71; Watrous u. a. 2015, 439

967 Bosanquet 1901/1902, 310 f.; Evans 1928, 103–128; Platon 1971, 185–199; MacGillivray u. a. 1991, 126 f.; Evely 2000, 496; MacGillivray u. a. 2007, 1–7. 223–226; Reid 2007, 21.

## 3.3.4 Mehrgeschossigkeit

An fast allen Untersuchungsbeispielen liegen Hinweise für die Rekonstruktion des vertikalen Gebäudeaufbaus vor[968]. Bei vielen Gebäuden deuten einzelne Befundkontexte von Stufen auf die Existenz einer Treppenkonstruktion hin. Bei einer kleinen Gruppe liegen gleich mehrere Befundkontexte von Stufen als Hinweise für die Existenz mehrerer Treppenaufgänge vor. In den *Villen* von Tylissos, dem *Little Palace*, dem *South House*, der *Villa Reale* und in den Bauwerken von Prophitis Ilias und Epano Zakros sind unterschiedliche Mengen an Treppenstufen erhalten. Die einzelnen Treppenaufgänge befinden sich in unterschiedlichen Gebäudebereichen. Als potentieller Treppenaufgang liegt der Raum JK in der *Unexplored Mansion* am Gebäuderand. Die Räume 35A und 35B in Zominthos und Raum VIII in Pitsidia, die als Treppenaufgänge gelten, liegen hingegen mittig im Bauwerk. In den meisten Fällen umfassen diese Treppenaufgänge zwei längliche nebeneinander liegende Raumabschnitte. Dies trifft auf die Räume 35A und 35B in Zominthos, 38 und 39 in Nirou Khani, Z und Θ in der *Villa C*, J/K und N/O in der *Unexplored Mansion*, 32 und 34 in dem *Little Palace* und auf Raum 47 in der *Villa Reale* zu. In Zominthos, Sklavokampos und Tylissos schließen die Treppen direkt an langgezogene Korridore an. Bei dem Abschnitt 38 in Vathypetro und Raum VIII in Pitsidia ist nur eine Richtung eines Treppenverlaufes erhalten. Innerhalb der Untersuchungsbeispiele und auch inselweit sind die beiden parallelen Treppenaufgänge bei Klimataria, die den Baubefund an zwei Seiten rahmen, singulär.

Aufgrund der Lagebedingungen dienten einige Treppenaufgänge mutmaßlich primär der Terrainüberwindung. Dies betrifft einige Treppen in der *Villa Reale* und Treppen in den Bauten von Pyrgos, Klimataria, Prophitis Ilias und Zou. Andere Treppenaufgänge in weniger schwierigem Gelände standen allem Anschein nach mit dem Zugang zum vertikalen Gebäudeaufbau in Verbindung. Dies trifft unter anderem auf Treppenaufgänge in Amnisos und der *Unexplored Mansion* zu. An anderen Siedlungsplätzen treten Treppen in ähnlicher Weise auf, darunter bei Kephali-Sphendili, Skinias, Pseira, Palaikastro und Kommos[969].

Andersartige Objekte und ikonographische Zeugnisse aus dem Zeitraum der Keramikphasen MM IIIA und MM IIIB bieten weitere Informationen über den Gebäudeaufbau[970]. Ein Architekturmodell aus Archanes weist in einigen Elementen

---

968 Zur Problematik des vertikalen Gebäudeaufbaus siehe einführend bei Hallager 1990.

969 Bosanquet 1901/1902, 310 f.; Bosanquet u. a. 1902/1903, 291 f.; Dawkins – Currelly 1903/1904, 203–205; Dawkins u. a. 1904/1905, 285 f.; Seager 1910, 13; Shaw – Nixon 1996d, 20. 22. 26 f. 38–41; Shaw 1996a, 354; MacGillivray u. a. 1998, 225. 254. 257. 259; McEnroe 2001, 33. 39–42; Mandalaki 2011, 379–384. 387 f. 390; Shaw 2012a, 11–14. 42–44; Christakis u. a. 2015, 293. 296. 301.

970 Schoep 1994, 194; Shaw 2004, 173 f. 179; Palyvou 2005, 192. 194. 197; McEnroe 2010, 105.

Übereinstimmungen mit den Untersuchungsbeispielen auf[971]. Zu diesen gehören eine durch Striche angedeutete geschnittene Steinfassade, kleine Fenster an den Seiten des Erdgeschosses und einen nicht überdachten Bereich mit einem zentralen Pfeiler. Im Inneren führt eine Treppe nach oben, horizontale Holzbalken sind in den Aufbau integriert und das obere Geschoss zeigt eine andere Aufteilung als das Erdgeschoss. Der vorstehende Balkon mit kleiner Treppe gehört zur ursprünglichen Konzeption, Säulen, Pfeiler und das Holzdach sind hingegen moderne Ergänzungen. Weitere fragmentarische Architekturmodelle stammen vom *Bergheiligtum* auf dem Juktas, aus Gräbern von Kamilari und aus dem *Palast* von Knossos[972].

Das *Town Mosaic* aus Fayence zeigt in den architektonischen Gestaltungselementen weitere Übereinstimmungen mit den Untersuchungsbeispielen[973]. Einige Fassaden verfügen über Orthostaten mit Fenstern und andere über horizontale Holzelemente mit variierenden Fenstern. Weitere besitzen Reihen von runden Scheiben an der Front, andere mehrere Eingänge und wiederum andere gleich mehrere Fenster. Das Fehlen von Eingängen an einigen Beispielen mag darin begründet liegen, dass bei diesen nur die Obergeschosse von Gebäuden abgebildet sind und die einzelnen Objekte in einer ursprünglichen Anbringung sich hintereinander überlagerten[974]. Auf einer Freskenmalerei aus Thera sind weitere Gebäude dargestellt. Auf einer dieser Teildarstellungen ist ein Gebäudekomplex mit ein- und zweistöckigen Gebäuden, Eingängen und Fenstern dargestellt, mutmaßlich sind auch hier unterschiedliche Baumaterialien dargestellt[975].

Zusammenfassend ergeben sich für den vertikalen Gebäudeaufbau der Untersuchungsbeispiele folgende Beobachtungen. In den Bauten von Agia Triada, Nerokourou, Nirou Khani, Vathypetro, Pitsidia, Pyrgos und Makrygialos deuten die Funde und einige Befunde auf den vertikalen Gebäudeaufbau hin. Bei Nerokourou sind Interpretationen des vertikalen Aufbaus aufgrund der geringen Größe des Baubefundes in ihrer Aussagekraft eingeschränkt. In ähnlicher Weise gilt dies auch für die partiell dokumentierten Baubefunde von Amnisos. Bei Vathypetro und Makrygialos sind aufgrund der Ausdehnung der Baubefunde und der Freiflächen zwischen Räumen lediglich in den Umgebungen der Treppenkonstruktionen Aufbauten mit flachen Dachkonstruktion anzunehmen. Bei der L-förmigen *Villa Reale* lassen sich die Fundzusammenstellungen, Baubefunde und Terrainunterschiede

---

971 Graham 1979, 64; Sakellarakis – Sapouna-Sakellarakis 1991, 61; Schoep 1994, 190–192. 197. 203; Sakellarakis – Sapouna-Sakellarakis 1997, 135–139. 564–566; Rehak – Younger 1998, 144; Lloyd 1999, 65 f.; Hitchock 2000, 131 f.; Shaw 2004, 180; McEnroe 2010, 105 f.

972 Schoep 1994, 192 f.

973 Evans 1921, 301–314; Kaiser 1976, 211–214; Foster 1979b, 99–115; McEnroe 1979, 48–52; Morgan 1988, 69 f.; Immerwahr 1990, 68; Schoep 1994, 190; Wingerath 1995, 112 f.; Lloyd 1999, 63 f.; Foster 2008, 178 f.; Shaw 2009, 76.

974 Palyvou 2005, 188 f.

975 Morgan 1988, 71–87.

ebenfalls auf räumlich begrenzte Abschnitte des Aufbaus beziehen. Ähnliche Zusammenhänge sind in unterschiedlichen Größenverhältnissen für kleinere Bauten bei Sklavokampos, großflächige Bauwerke wie den *Little Palace* von Knossos und verstreute Bauten am Siedlungsplatz Pyrgos anzunehmen. Aufgrund der kompakten Bauform mit hohen Mauerdicken ist es für die *Unexplored Mansion*, das *South House*, die *Royal Villa* und die Bauten bei Nirou Khani, Pitsidia und Achladia wahrscheinlicher, dass der Aufbau sich über gleich mehrere Räume erstreckte. Ähnliche Zusammenhänge sind für die *Villen A* und *C* von Tylissos sowie das Bauwerk von Zominthos denkbar. Mit Blick auf die *Villa B* von Tylissos und die Bauten von Zou, Prophitis Ilias, Epano Zakros und Kannia lässt sich schließlich darlegen, dass vor Ort dem Anschein nach kein weiteres Stockwerk folgte. Bei Klimataria, Zou, Prophitis Ilias und Epano Zakros ist aufgrund der Hanglage nicht von weiteren Stockwerken, sondern von mehreren Terrassierungen unterschiedlicher Niveaus auszugehen. Ob sich im Kontext des Aufbaus weitere Räume befanden und die Dachkonstruktionen als Freiflächen durch hölzerne Elemente weitere Gliederung fanden, bleibt auf der Basis der publizierten Informationen offen.

## 3.4 Funde

### 3.4.1 Tongefäße

Unter den Tongefäßen sind die dickwandigen und großformatigen Pithoi weit verbreitet. Die Gefäße weisen untereinander in ihrer Henkelanzahl, -position und -ausrichtung sowie in der Dekoration ihrer Gefäßkörper Unterschiede auf. Zu plastischen Verzierungen zählen horizontale Reliefbänder an Gefäßen aus der *Villa Reale*, Nerokourou, Sklavokampos, Kannia, Pyrgos, Epano Zakros und Makrygialos sowie schräge Reliefbänder an Pithoi aus Tylissos. Darüber hinaus sind horizontale Wellenlinien an Objekten aus der *Villa Reale*, Sklavokampos und Makrygialos sowie Medaillons auf Gefäßen aus der *Villa Reale* und Vathypetro angebracht. Ferner befinden sich Appliken in Form eines Stierkopfes auf einem Pithos aus Tylissos und in Form von Ringen auf einem Objekt aus Kannia. Ein Objekt aus Makrygialos ist mehrfarbig dekoriert, auf einem Gefäß aus der *Villa Reale* sind pflanzliche Motive angebracht und ein Gefäß aus der *Royal Villa* weist eine Kombination aus plastischem und malerischem Dekor auf.

Neben Pithoi wurden häufig kugel- und birnenförmige Amphoren mit zwei horizontalen Henkeln im Schulterbereich dokumentiert. Diese weisen Unterschiede in ihren Halslängen und -breiten, Längen der Standfüße sowie der Menge, Position und Ausrichtung der Henkel auf. Gefäße aus Nerokourou und Sklavokampos sind monochrom, Objekte aus Makrygialos weisen hingegen mehrfabrigen Dekor auf. Pflanzliche Motive sind auf Amphoren aus Tylissos, Pitsidia und der *Villa Reale*, ornamentale Motive auf Gefäßen aus der *Unexplored Mansion*, der *Villa Reale* und Kannia sowie tierische Motive auf Amphoren aus der *Unexplored Mansion* dargestellt. Weitere Gefäße wurden als Mischform von Pithos und Amphora angesprochen. Einige dieser Objekte besitzen gleichbleibende Gefäßkörper, andere sind hingegen deutlich in Fuß, Bauch, Schulter und Hals gegliedert. Einige dieser Objekte verfügen über Ausgüsse im Lippenbereich. Auch bei den Mischformen treten pflanzliche Motive auf Gefäßen aus Sklavokampos und ornamentale Motive auf Objekten aus der *Unexplored Mansion* und Makrygialos auf.

In vergleichsweise wenigen Bauwerken traten geringere Mengen an Dreifüßen zu Tage. Diese zeichnen sich durch gleichbleibende Gefäßkörper und vertikale Henkel im Lippenbereich aus. Ein Gefäß aus Makrygialos besitzt zudem einen Ausguss an der Lippe. Andere Objekte, die als Kochgefäße bezeichnet wurden, sind wegen der morphologischen Übereinstimmungen durchaus auch als Dreifüße anzusprechen. Dies betrifft Funde aus der *Unexplored Mansion* und der *Villa Reale* sowie aus Nerokourou, Zominthos, Achladia, Klimataria und Prophitis Ilias. Zu den weiteren Kochgefäßen zählen Platten und Teller aus Nerokourou, Zominthos, Sklavokampos, Pitsidia und der *Villa Reale*. Die Objekte aus Sklavokampos und der *Villa Reale* verfügen über pflanzliche Dekorationselemente auf einer ihrer Objektseiten.

Von vielen Bauten stammen hohe Mengen an Kannen und Krügen. Einige Gefäße aus Nerokourou, Zominthos, Tylissos, Pyrgos, Achladia, Zou und der *Royal Villa* weisen ornamentale Motive auf. Auf anderen Gefäßen aus Sklavokampos, Nirou Khani, Vathypetro, Pitsidia und Makrygialos und der *Villa Reale* sind pflanzliche Motive angebracht. Kugel- und birnenförmige Objekten mit langgestrecktem Hals und einem separaten Ausguss stehen ovalen Gefäßen mit flachem und breitem Lippenbereich ohne hervorgehobenen Ausguss und kurzem Hals gegenüber. In Zominthos, Amnisos, Nirou Khani, Kannia, Prophitis Ilias, in der *Unexplored Mansion* und in der *Villa Reale* traten Brückenskyphoi zu Tage. Diese Gefäße mit engem Standfuß und einem exponierten Ausguss auf einer Seite weisen im Schulterbereich zwei vertikale Henkel auf. Vereinzelt sind auf den Objektkörpern ornamentale und pflanzliche Muster abgebildet. Von diesen Objekten grenzen sich weitere Gefäße ab, die oben am Gefäß über kurze Henkel und einen exponierten runden Ausguss verfügen. Diese Objekte mit variantenreichem Dekor stammen aus Nerokourou, Tylissos, Amnisos, Makrygialos, der *Unexplored Mansion* und der *Villa Reale*.

Die Gefäßform der Rhyta ist auf wenige Gebäude begrenzt. Die Gefäßkörper der Objekte aus Zominthos und Achladia weisen Tierformen auf. Auf anderen Gefäßen aus der *Unexplored Mansion*, der *Villa Reale* und aus Pitsidia ist ornamentaler und pflanzlicher Dekor abgebildet. Von ebenso wenigen Gebäuden stammen Alabastra. Die zumeist birnenförmigen Gefäße mit breit ausladender Basis verfügen über einen breiten Lippenbereich mit großer und breiter Öffnung. Weitere Objekte dieser Kategorie schildern mit flachen Gefäßkörpern, zwei oder drei Henkeln im Schulterbereich und einer breiten exponierten Öffnung deutliche Unterschiede. Auf den Objekten aus dem *Little Palace*, der *Villa Reale*, der *Royal Villa* und aus Makrygialos sind maritime, pflanzliche und ornamentale Motive dargestellt.

Becher, Schalen, Tassen und Kelche stammen in divergierenden Größen- und Mengenverhältnissen von fast allen Gebäuden und bilden die größte Objektklasse. Innerhalb der Objektgattung dominieren kleinformatige trichterförmige Gefäße mit kurzen Standfüßen gegenüber größeren glockenförmigen Gefäßen mit Seitenhenkeln und langen Standfüßen. Größere Schüsseln, Kratere, Kalathoi und Becken fanden sich in geringeren Mengen an vielen Bauten. Aus Sklavokampos, Nirou Khani, der *Unexplored Mansion* und der *Villa Reale* weisen die breit ausladenden Objekte zwei Henkel im Schulterbereich und eine breite Öffnung auf. In einigen Fällen verfügen sie über Deckel oder ornamentale Verzierungen. Innerhalb dieser Objektgattung besitzen die Kalathoi mit langem Gefäßkörper aus Nerokourou, Zominthos, Nirou Khani und der *Unexplored Mansion* einen kleinen Standfuß.

Die großformatigen Pithoi wurden zumeist in den Keller- und Erdgeschossen der Gebäude dokumentiert. Aufgrund ihrer Größe und ihres Gewichtes und der daraus resultierenden Unbeweglichkeit sind die Fundorte ihre ursprünglichen Verwendungsgebiete. Viele Gefäße stammen aus der *Villa Reale*, der *Unexplored Mansion*, der *Villa A* von Tylissos, aus Kannia, Sklavokampos und Vathypetro. Dem entgegen wurde in Nerokourou, Pitsidia und Zou sowie der *Royal Villa* nur wenige Pithoi dokumentiert. Die Befundkontexte aus Nirou Khani, Vathypetro, Pitsidia, Kannia, den *Villen A* und *C* von Tylissos, der *Unexplored Mansion*, dem *Little Palace* und der *Villa Reale* weisen dabei Übereinstimmungen auf. Die Pithoi befanden sich in kleinflächigeren schmalen Räumen, die parallel zueinander lagen und sich auf einen Korridor hin öffneten. Andererseits kamen die Pithoi auch in großflächigen Räumen zu Tage, die mit einem oder mehreren Pfeilern ausgestattet waren. In beiden Befundsituationen waren sie an den Wänden nebeneinander, in Reihen hintereinander oder um Pfeiler herum gruppiert und teils in den Boden eingelassen.

Dementgegen weisen die hohen Mengen kleinformatigerer Tongefäße eine größere Verbreitung in den Bauwerken auf. Kleinere leichtere Amphoren und andere Lagergefäße stammen dabei größtenteils aus denselben Räumen wie die großen und schweren Pithoi. Kannen, Krüge und Brückenskyphoi sind über viele

Räume verstreut und fanden sich oftmals mit Bechern, Schalen, Tassen oder Kelchen zusammen oder in Nachbarschaft zu diesen. Die kleinformatigen Tongefäße deuten mit Blick auf die zumeist unklaren Prozesse der Gebäudeaufgabe und -zerstörung auf räumlich unbeschränktere Anwendungsgebiete hin.

Die in den Untersuchungsbeispielen dokumentierten Tongefäße treten auch an anderen zeitgleichen Siedlungsplätzen auf[976]. So stammen beispielsweise Pithoi aus den *Palästen* von Knossos, Phaistos, Malia, Kato Zakros und Petras sowie aus Archanes, Galatas, Gournia, Kommos, Pseira, Mochlos und Palaikastro. Ferner fand man sie in weiteren Gebäuden von Knossos, Phaistos, Malia, Galatas, Gournia, Petras, Agia Triada und Zakros sowie in Vrysses, Kroussounas, Pretoria, Kephali-Sphendili, Nipiditos, Xeri Kara, Prasa und Mochlos[977]. In ähnlich breiter Verteilung wurden konische Becher in den *Palästen* von Knossos, Phaistos, Malia, Kato Zakros und Petras sowie in Galatas, Palaikastro, Archanes, Mochlos, Alonaki, Gournia, Chrysokamino Chomatas und Kato Syme dokumentiert[978].

### 3.4.2 Tonobjekte

In ungefähr der Hälfte der Untersuchungsbeispiele traten Töpferscheiben zu Tage, auf einigen Objekten waren Einritzungen von Kreisen und Linien sowie Symbole des Dreizacks und der Doppelaxt angebracht[979]. Weitere Töpferscheiben stammen aus dem Umfeld der *Paläste* von Knossos, Phaistos und Malia sowie aus Palaikastro,

---

976 Für die Tongefäße siehe Bosanquet u. a. 1902/1903, 321–328; Betancourt 1985, 123–158; Lahanas 1993; Bernini 1995; Sakellarakis – Sapouna-Sakellarakis 1997, 415–447; Barnard u. a. 2003, 33–98; Knappett – Cunningham 2003; Privitera 2005; Tsipopoulou 2006; Banou – Tsivilika 2006; Momigliano 2007; Traunmüller 2009, 70–108; Mandalaki 2011; Andreadaki-Vlasaki 2011; Betancourt 2011; Traunmüller 2011; Barnard – Brogan 2011; Brogan u. a. 2011a; Vokotopoulos 2011a; Van de Moortel 2011; Rutter 2011; Tsipopoulou – Alberti 2011; Alberti 2012; Christakis 2013; Knappett – Cunningham 2013; Watrous u. a. 2015.

977 Für die Pithoi siehe Banti u. a. 1980, 286–289; Catling 1988/1989, 70; Pariente 1990, 828; French 1990/1991, 69; Whitley 2002/2003, 78; Christakis 2008, 44–52. 56. 60 f. 67 f. 70. 72–88. 90–92. 97–107; Christakis u. a. 2015, 296; Shaw 2015, 41, FN 15.

978 Für die konischen Becher siehe Hogarth 1899/1900a, 76; Bosanquet u. a. 1902/1903, 294; Branigan 1970, 57–60. 98–102; Platon 1971, 121. 194. 201. 209. 213. 291; Betancourt 1985, 53. 73. 105. 123. 169; Gillis 1990a, 5; Gillis 1990b, 100; Fotou 1993, 64; Sakellarakis – Sapouna-Sakellarakis 1997, 97. 117; Rehak – Younger 1998, 122 f.; Rupp – Tsipopoulou 1999, 729–731. 736; Soles u. a. 2003b, 10. 15. 18. 21 f. 24–27. 30 f. 33. 35. 37 f.; Soles u. a. 2003c, 42 f. 46 f. 49. 51. 55 f. 58. 60 f. 64. 66. 68–72. 75 f. 78–82. 84. 86; Barnard u. a. 2003, 35; Girella 2007a, 149–151; Christakis 2008, 89; Floyd – Betancourt 2010, 476; Rethemiotakis 2011, 211. 218. 230; Watrous – Heimroth 2011, 204; Karetsou – Mathioudaki 2012, 88; Watrous 2012, 528. 533; Knappett u. a. 2013, 10; Knappett – Hilditch 2015, 91 f.; Watrous u. a. 2015, 404 f. 407 f. 430 f. 434 f. 438 f.

979 Evely 1988a, 89–93. 100; Evely 2000, 273–282. Tafel 75–76; Eliopoulos 2000, 112 FN 11.

Archanes, Gournia, Mochlos, Agia Triada, Skinias und Silamos[980]. Die wenigen dokumentierten Gewichte aus der *Unexplored Mansion*, dem *South House* und Nerokourou weisen unterschiedliche Größenangaben auf[981]. Weitere Gewichte traten in dem *Palast* von Kato Zakros und in dem Umfeld der *Paläste* von Knossos und Phaistos, sowie in Palaikastro, Archanes, Gournia, Mochlos, Kommos, Petras, Galatas, Chania, Chrysokamino Chomatas und Kouramenos zu Tage[982]. Einige der in geringen Mengen dokumentierten röhrenförmigen Ständer verfügen über plastische Verzierungen und Applikationen in Form von Streifen, Bändern, Schlangen und Ziegen[983]. Die kleinformatigen Tische besitzen eine glatte Oberfläche, einen zum Teil verzierten Rand sowie drei Standfüße[984]. Weitere Tische stammen aus dem *Palast* von Kato Zakros, aus Gournia, dem *Artisans´ Quarter* von Mochlos, Archanes, Galatas und Kato Syme[985].

Die Figurinen und Figuren aus der *Unexplored Mansion*, dem *Little Palace*, der *Villa Reale* und Kannia weisen unterschiedliche Größenverhältnisse auf[986]. Die großformatigen Objekte aus Kannia, der *Unexplored Mansion* und der *Villa Reale* schildern in ihrem unteren Bereich eine abgeschlossene Glockenform. Die Arme sind nach oben oder vor den Körper erhoben und an den Armen und auf dem Kopf sind Schlangenapplikationen angebracht. Andere Funde, die in fragmentarischem Zustand überliefert sind, zeigen Rückstände von farbiger Verzierung und Zeichen der Linearschrift A. Weitere Figurinen und Figuren stammen von den *Bergheiligtümern* von Petsophas, Juktas, Kofinas und Gonies, den *Heiligtümern* von Piskokephalo

980 Hawes u. a. 1908, 42; Xanthoudídes 1927, 112–114; MacGillivray 1987, 276; Evely 1988a, 89–94; Sakellarakis – Sapouna-Sakellarakis 1991, 59; Michaelides 1993, 20–22; Sakellarakis – Sapouna-Sakellarakis 1997, 67 f. 111; Eliopoulos 2000, 109; Evely 2000, 271–281; Hansen-Streily 2000, 283; Soles u. a. 2003c, 49. 53 f. 57; Soles 2003d, 94 f.; Soles 2003h, 104–107; Puglisi 2011b, 270 f.

981 Popham 1984, 52. 73. 92; Evely 1984, 247–249; Kanta – Rochetti 1989b, 267; Burke 2003, 196.

982 Bosanquet 1901/1902, 316; Bosanquet u. a. 1902/1903, 335; Dawkins – Currelly 1903/1904, 207; Sackett u. a. 1965, 304 f.; Catling u. a. 1979, 61 f.; MacGillivray u. a. 1991, 144–146; Sakellarakis – Sapouna-Sakellarakis 1991, 33. 38. 42. 45. 55. 86 f.; Fotou 1993, 34; Tsipopoulou – Hallager 1996, 11; Dabney u. a. 1996, 245 f. 248; Sakellarakis – Sapouna-Sakellarakis 1997, 95. 150; Chryssoulaki – Platon 1997, 81; Evely 2000, 503; Weingarten 2000, 485 f.; Shaw u. a. 2006, 737 f.; Floyd – Betancourt 2010, 476; Burke 2010, 54 f.; Rethemiotakis 2011a, 182; Watrous – Heimroth 2011, 206; Mavroudi 2011, 124; Mavroudi 2012, 228; Knappett – Cunningham 2012, 248–253; Shaw 2012b, 78–81; Militello u. a. 2015b, 223 f.

983 Gesell 1976, 250 f. 256 f. Ill. 2–5; Abb. 6–15; Gesell 1985, 77 f. Abb. 135a–c; Cadogan 2009, 205 f. Abb. 17. 4–9.

984 Davaras 1997, Abb. 45.

985 Platon 1971, 108. 118. 120; Sakellarakis – Sapouna-Sakellarakis 1991, 24; Soles u. a. 2003c, 42. 53. 62 f.; Soles u. a. 2003a, 116; Cadogan 2009, 203 f. 209; Rethemiotakis – Christakis 2013, 95.

986 Levi 1959, 245; Banti u. a. 1980a, 54–56; Popham 1984, 9. 11. 31. 39; Higgins 1984, 197–200; Gesell 1985, 77 f.; Gesell 2004b, 145 f. 148; Hatzaki 2005, 161. 186. 189 f.

und Stous Athropolitous, aus dem *Palast* von Kato Zakros und aus Archanes, Palaikastro, Gournia, Pseira, Kommos, Mochlos, Amnisos und Kastelli[987].

Rechteckige Tafeln mit Hieroglyphen oder Zeichen der Linearschriften A und B sind auf wenige Bauwerke begrenzt. Auf den Tafeln sind divergente Zeichen und Symbole in horizontal voneinander getrennten Flächen mit bis zu zwei Reihen angebracht[988]. Weitere Funde von Tontafeln mit Zeichen der Linearschrift A stammen aus dem *Haus I* von Chania, der *Casa del Lebete* von Agia Triada, dem *Palast* und dem *Haus A* von Kato Zakros, dem *Palast* von Malia sowie aus Archanes, Palaikastro, dem *Palast* von Petras und Gournia[989]. Die ebenfalls für wenige Orte dokumentierten Siegelabdrücke wurden in *roundel* und *noduli* sowie weitere Untergruppen unterteilt[990]. Diese Objekte verfügen in unterschiedlicher Form, Anzahl und Lage über Einstempelungen von Siegeln sowie eingeritzte Zeichen der Linearschrift A.

Aus der *Villa Reale* stammen die größten Mengen an Siegelabdrücken. Die Fundstellen der einzelnen Tonobjekte sind nur in Ausnahmen gesichert. Aufgrund des Verlustes von Grabungsaufzeichnungen kam es zusätzlich zur verfälschten Wiedergabe einiger Funde. Beispielsweise existiert die oft genannte Gipsschachtel mit bis zu 300 Siegelabdrücken aus den Räumen 54 und 55 aufgrund falsch verstandener Grabungsdokumentation nicht[991]. Weitere Objekte stammen aus den *Palästen* von Knossos, Kato Zakros und Chania, aus Gournia, dem *Haus A* von Kato Zakros, dem *Haus I* von Chania und dem *Haus I.II* von Petras[992]. Singulär sind zudem die drei fragmentarischen *Weihhörner* aus Terrakotta aus der *Villa C* von Tylissos. Ähnliche *Weihhörner* aus Ton traten am *Bergheiligtum* von Petsophas zu Tage[993]. Die an vielen Gebäuden dokumentierten *Fire Boxes* oder Lampen weisen Griffe und Henkel an den Seiten, Löcher

---

987 Für die Funde siehe Bosanquet u. a. 1902/1903, 359–387; Seager 1910, 22 f.; Platon 1971, 42–44. 197; Karetsou 1981, 146; Brown – Peatfield 1987, 29–31. 33; Rutkowski 1988, 79–84. 98; Rutkowski 1991, 28 f. 50 f.; Alexiou 1992, 187; Fotou 1993, 77. 90; Dabney u. a. 1996, 282–302; Jones 1999, 6 f. 16 f. 44. 56. 58. 73. 81; Rethemiotakis 2001, 9. 89–91. 124; Rethemiotakis 1992, 64; Sakellarakis – Sapouna-Sakellarakis 1997, 80. 87. 100. 104; Soles u. a. 2003b, 33 f.; Gesell 2004, 135–142; Watrous – Chatzi-Vallianou 2004b, 525; Shaw u. a. 2006, 774–776; Reid 2007, 87–93; Tzonou-Herbst 2010, 212; Knappett – Cunningham 2012, 252; Shaw 2012b, 88–90; Watrous u. a. 2015, 420; Morris 2017, 664.

988 Halbherr 1903, 24–27. Abb. 6–11; Chatzidakis 1921, Abb. 19–21; Pugliese Caratelli 1945, 435. 543–602; Mopurgo-Davies – Cadogan 1971, 106; Hooker 1973, Abb. 1; Mopurgo-Davies – Cadogan 1977, 8; Popham 1984, Tafel 223b; Evely 1984, 252 f. 259; Brogan 2012, 16.

989 Hogarth 1900/1901, 130–133; Bosanquet – Dawkins 1923, 145; Platon 1971, 151–154; Banti u. a. 1980a, 258. 263; Sakellarakis – Sapouna-Sakellarakis 1991, 49 f.; Hallager 1996, 41. 45. 47–53. 58–63. 72–74; Tsipopoulou – Hallager 1996, 7. 23–31; Sakellarakis – Sapouna-Sakellarakis 1997, 135; Schoep 2002b, 24. 26; Andreadaki-Vlasaki 2002, 157; Pelon 2002, 119; Privitera 2015, 7. 15 f. 58; Watrous u. a. 2015, 437. 443–446.

990 Hallager 1996, 21 f. 35–37. 82. 121. 135. 159. 161–163.

991 Siehe hierzu Hallager 1996, 43; Krzyszkowska 2008, 168. 171.

992 Hogarth 1900/1901, 132 f.; Tsipopoulou – Hallager 1996, 18–45; Hallager 1996, 39–41. 47–58. 62–64. 74–77; Müller u. a. 1998, XV–XX; Pini 2002, 20; Schoep 2002b, 83 f.; Krzyszkowska 2005, 121. 150–153. 165. 172–181. 185 f.; Mavroudi 2011, 124; Watrous u. a. 2015, 451 f.

993 Rehak – Younger 1998, 143; Banou 2008, 33; Rethemiotakis 2012, 169; Marinatos 2013a, 110.

auf der Unterseite und in Einzelfällen in den Beinen, kleine Standfüße und farbliche Verzierungen auf. Ähnliche Objekte stammen aus den *Palästen* und umgebenden Gebäuden von Malia, Kato Zakros und Knossos sowie aus Palaikastro, Gournia, Chania, Kastelli und Amnisos[994].

## 3.4.3 Steinobjekte

In fast allen Gebäuden wurden Mahl-, Schleif-, Wetz- und Klopfsteine dokumentiert. Auf einigen dieser Objekte sind unterschiedliche Abnutzungsspuren erhalten[995]. Ebenfalls in hohen Mengen treten diese Steinobjekte in Archanes, Galatas, Gournia, dem *Artisans´ Quarter* von Mochlos, Kommos, Petras, Pseira und Palaikastro auf[996]. In geringeren Mengen sind Steingefäße von fast allen Siedlungsplätzen überliefert. Schalen und Schüsseln aus Sandstein, Steatit, Serpentin, Alabaster, Gipsstein und Trachit sind aus der *Unexplored Mansion*, dem *Little Palace*, dem *South House*, der *Villa Reale*, Nerokourou, Nirou Khani und Makrygialos bekannt[997]. Die Gefäße aus Nirou Khani weisen vertikale Linienmuster auf, die Objekte aus Makrygialos besitzen horizontale Linien und die Schalen aus der *Villa Reale* vertikale Rillenmuster. An den Objekten aus der *Villa Reale* und aus Makrygialos sind darüber hinaus Griffe und Ausgüsse angebracht.

Rhyta aus Obsidian, Chlorit, Marmor, Breccie, Steatit und Serpentin stammen aus der *Unexplored Mansion*, dem *South House*, dem *Little Palace* und der *Villa Reale*[998]. Die reliefverzierten Objekte aus der *Villa Reale* und das *Bulls Head Rhyton* aus dem *Little Palace* sind aufgrund der spezifischen Materialien und Ausarbeitungen außergewöhnlich. Alabastron- und tierkopfförmige sowie konische Rhyta aus der *Unexplored Mansion*, dem *South House*, der *Villa Reale*, Sklavokampos und Tylissos weisen

994 Bosanquet u. a. 1902/1903, 288. 292. 327 f.; Platon 1971, 203. 208. 210–221; Georgiou 1980, 130–153. 173 f.; Rethemiotakis 1992, 64; Evely 2000, 538; Andreadaki-Vlasaki 2011, 67; Knappett – Cunningham 2012, 102. 320.

995 Chatzidakis 1921, 52; Chatzidakis 1934, 98, Tafel XXVIII; Popham 1984, Tafel 208–209 und 227; Evely 1984, 224–229; Kanta – Rochetti 1989b, 268; Evely 2003, 170–173, Tafel 8; Hatzaki 2005, 185.

996 Blitzer 1979; Lahanas 1993, 24. 51 f.; Betancourt 1995, 164; Blitzer 1995; Rethemiotakis 1999, 722; Soles u. a. 2003b, 14. 20 f. 32; Soles u. a. 2003c, 46. 49. 59. 64; Tsipopoulou 2006, 140; Rethemiotakis 2011a, 179 f.; Rethemiotakis 2012, 173; Mavroudi 2012, 227; Knappett – Cunningham 2012, 228–242; Watrous u. a. 2015, u. a. 407. 412. 420. 441.

997 Xanthoudídes 1922, 12; Banti u. a. 1980a, 40 und 72; Popham 1984, 45. 47. 51; Kanta – Rochetti 1989b, 267; Davaras 1997, 133 f.; Evely 2003, 175–187; Hatzaki 2005, 187–189.

998 Marinatos – Hirmer 1973, 143–145; Kaiser 1976, 24–29; Banti u. a. 1980a, 61. 63. 83. 142; Popham 1984, 23; Evely 1984, 234 f.; Koehl 1986, 99; Evely 2003, 184–187.

vertikale Rillen an der Lippe, polierte Oberflächen und separate Ringe im Halsbereich auf[999]. In der *Unexplored Mansion*, der *Villa Reale* und in den Bauten von Tylissos und Makrygialos traten weitere Gefäße aus Kalkstein und Obsidian zu Tage[1000]. Neben diesen fanden sich in fast allen Gebäuden weitere Steatit-, Fayence- und Serpentinfragmente. Ähnliche Funde von Rytha und Becken aus Fayence, Kalkstein und Sandstein stammen aus den *Palästen* von Knossos und Kato Zakros sowie aus Archanes, Mochlos, Apodoulou, Katsambas, Palaikastro, Malia, Phaistos, Pseira sowie den Gräbern bei Platanos, Kamilari und Agia Triada[1001].

In der *Unexplored Mansion* und in den Gebäuden von Tylissos und Vathypetro fanden sich runde Gewichte aus Breccie und Serpentin mit linienförmigen Einkerbungen[1002]. Andere publizierte Objekte aus Tylissos sind aufgrund ihrer Form und der Gestaltung ebenfalls als Gewichte zu bezeichnen[1003]. Lampen aus Kalkstein, Gipsstein, Serpentin und Steatit wurden in der *Unexplored Mansion*, dem *Little Palace*, der *Royal Villa*, dem *South House*, der *Villa Reale*, Tylissos, Nirou Khani, Vathypetro und Zou dokumentiert. Die Objekte mit Vertiefungen auf der Oberfläche sind teils mit Rändern und Ausgüssen am Rand versehen, in einigen Fällen verfügen sie über plastischen Schmuck am oberen Rand oder vertikale Rillen auf der Oberfläche[1004]. Weitere Funde aus Steatit, Gipsstein, Kalkstein und Porphyr fanden sich unter anderem in Archanes sowie in Knossos[1005].

Die vielerorts dokumentierten Siegelsteine aus Kalkstein, Karneol, Serpentin, Hämatit und Steatit verfügen über diagonale und vertikale Bohrungen durch den Objektkörper, teils sind Goldblechstreifen oder Zeichen der Linearschrift A angebracht[1006]. Weitere Objekte stammen aus dem Umfeld von Knossos, Malia, Amnisos, Archanes, Gournia, Katalymata und Mochlos[1007]. In der *Unexplored Mansion*, dem *Little Palace*, der *Villa Reale*, Zominthos und Pyrgos traten zudem weitere klein-

---

999 Chatzidakis 1921, Abb. 27; Marinatos 1948, Tafel 3,6 (rechts); Marinatos – Hirmer 1973, Tafel 106–107; Banti u. a. 1980a, Abb. 28, 32 und 53; Popham 1984, Tafel 229,1; Evely 2003, 184 f.; Hatzaki 2005, 127. 134. 146. 159. 163. 170. 174. 187. 189.

1000 Chatzidakis 1921, Abb. 25 (obere Reihe 3.) und 26 (mittlere Reihe 2. von links), 28a–c.

1001 Siehe hierfür bei Evans 1921, 412. 448–524, Abb. 296; Warren 1969, 4–123; Platon 1971, 143–147; Kaiser 1976, 10–15; Foster 1979, 60–64; Lahanas 1993, 41. 44. 52; Soles u. a. 2003b, 24.

1002 Marinatos 1952, Abb. 7; Popham 1984, 73; Evely 1984, 240.

1003 Chatzidakis 1921, Abb. 26 (obere Reihe und mehrere Objekte aus der unteren Reihe).

1004 Chatzidakis 1921, Abb. 22b; Warren 1969, 58; Banti u. a. 1980a, 71. 75. 167. Abb. 41, 46 und 105; Popham 1984, Tafel 212, a–b und 213e.

1005 Evans 1921, 345. Abb. 249; Evans 1928b, 521. 599. 631; Lahanas 1993, 32. 35. 52.

1006 Pini – Platon 1984, 16 f. 25–28. 138. 149–153. 174–176; Pini – Platon 1985, 3 f. 133–139. 148 f.

1007 Pini – Platon 1984, 9 f. 155. 167. 177. 269. 293. 295 f.; Alexiou 1992, 187 f. 190; Lahanas 1993, 44. 48. 54; Whitley u. a. 2006/2007, 121; Evely 2007/2008, 111; Kryszkowska 2008, 154; Morgan u. a. 2008/2009, 99 f.; Kopaka 2015, 38–40; Watrous u. a. 2015, 437. 446–449.

formatige Objekte aus Fayence, Chlorit, Karneol, Sard, Steatit, Amethyst, Bergkristall, Porphyr, Obsidian und Jaspis zu Tage. Die Objekte aus der *Unexplored Mansion* und *Villa Reale* weisen mit unterschiedlichen Größenangaben ebenfalls Löcher auf[1008]. Die Plakette aus Kannia mit einer Reliefdarstellung von zwei Sphingen ist in diesem Rahmen singulär. Bei Nerokourou, Zominthos, Kannia, der *Unexplored Mansion*, dem *South House* und der *Villa Reale* wurden hohe Mengen an Bergkristallfragmenten notiert. Weitere derartige Funde stammen aus den *Temple Repositories* von Knossos sowie aus Kommos, Archanes oder Gournia[1009].

In dem *Little Palace* sowie in Tylissos, Nirou Khani und Vathypetro fanden sich *Weihhörner* aus Kalk- und Sandstein[1010]. Weitere Funde traten in den *Palästen* von Knossos und Kato Zakros, in Galatas, Gournia, Archanes, Palaikastro, Petras und den *Bergheiligtümern* von Juktas und Pyrgos auf[1011]. Tische, Ständer oder Hocker aus Steatit, Serpentin, Gipsstein und Kalkstein stammen aus der *Unexplored Mansion*, dem *South House*, Zominthos, Tylissos, Kannia und Makrygialos. Auf zwei dieser Objekte aus Zominthos und Kannia befinden sich Zeichen der Linearschrift A und eingeritzte *Weihhörner*[1012]. Innerhalb dieser Objektgruppe kontrastieren flache Objekte auf kleinen Füssen mit länglichen Objektkörpern mitsamt angebrachter Teller[1013]. Weitere Funde stammen aus den *Temple Repositories* von Knossos, aus dem *Palast* von Kato Zakros, aus Archanes, Kommos, Mochlos, Petras, Palaikastro, Pseira, Galatas, Gournia und vom *Bergheiligtum* Petsophas[1014]. Klingen oder Pfeilspitzen aus Obsidian traten in verhältnismäßig vielen Gebäuden auf, die Objekte

---

1008 Warren 1969, 91; Popham 1984, Tafel 219, 8–9, 12–13 und 18; Popham 1984, 7. 12. 14. 23 f. 31. 38. 60. 94; Evely 1984k, 238.

1009 Evans 1921, 301–314. 495–524; Sakellarakis – Sapouna-Sakellarakis 1991, 42. 53–55; Fotou 1993, 73; Dabney u. a. 1996, 266; Foster 2008, 179–184.

1010 Evans 1904/1905, 8–11; Chatzidakis 1921, 49, Abb. 26, 2. Reihe, 3. von links; Xanthoudídes 1922, Abb. 2, oben rechts; Marinatos – Hirmer 1960, Tafel 42; Gesell 1985, 116, Abb. 75; Driessen – Sakellarakis 1997, Abb. 14; Hatzaki 2005, 189, Tafel 5b.

1011 Für die Funde siehe bei Bosanquet 1900/1901, 314; Bosanquet u. a. 1901/1902, 280. 289; Hawes u. a. 1908, 48; Evans 1928a, 159–161; Evans 1928b, 814; Evans 1930, 84. 524; Sackett u. a. 1965, 257. 313; Platon 1971, 98 f. 194 f. 257; Rutkowski 1981, 77 f. 84; MacGillivray u. a. 1987, 138–142. 148; Soles 1991, 44–47; Sakellarakis – Sapouna-Sakellarakis 1991, 38. 41 f. 48. 51. 61; D´Agata 1992, 249 f.; Marinatos 1993, 63 f.; Fotou 1993, 96; Catling 1997, 253. 261; Sakellarakis – Sapouna-Sakellarakis 1997, 98 f. 104. 121 f. 125; Reid 2007, 19. 21. 23 f.; Mavroudi 2011, 124; Mavroudi 2012, 228; Rethemiotakis 2012, 169–173; Watrous u. a. 2015, 443.

1012 Gesell 1985, 136; Fieldnotes 2013, Week 5.

1013 Chatzidakis 1921, Abb. 22a; Banti u. a. 1980a, Abb. 41; Popham 1984, Tafel 212d, 214a–d; Gesell 1985, Abb. 136–137; Davaras 1997, Abb. 44.

1014 Für die Funde siehe bei Bosanquet u. a. 1902/1903, 289; Evans 1921, 427. 497. Abb. 355; Bosanquet – Dawkins 1923, 138–143; Evans 1928b, 438 f.; Warren 1969, 62–68; Platon 1971, 116. 126 f. 183 f. 197; Sakellarakis – Sapouna-Sakellarakis 1991, 38. 44. 51. 61 f.; Soles 1991, 77; Dabney u. a. 1996, 278; Sakellarakis – Sapouna-Sakellarakis 1997, 98; McEnroe 2001, 87; Rethemiotakis 2002, 67; Tsipopoulou 2002, 139; Soles u. a. 2003b, 13–15; Soles u. a. 2003c, 53–55. 61; Shaw u. a. 2006, 751–769; Reid 2007, 109; Knappett – Cunningham 2012, 54. 298; Rethemiotakis – Christakis 2013, 99; Watrous u. a. 2015, 405.

aus der *Unexplored Mansion* und dem *South House* weisen unterschiedliche Größenangaben auf[1015]. Ähnliche Funde sind aus Vai nachgewiesen[1016].

### 3.4.4 Metallobjekte

Acht der kurvenförmigen Ochsenhautbarren aus Kupfer aus der *Villa Reale* und der *Villa A* von Tylissos weisen Einritzungen eines Dreizacks oder anderer Motive auf[1017]. Weitere Ochsenhautbarren stammen aus dem *Palast* und den umgebenden Gebäuden von Kato Zakros, aus dem *Palast* von Knossos und aus Gournia, Kommos und Mochlos[1018]. Funde von Gewichten sind auf wenige Gebäude, darunter die *Villa Reale*, Nerokourou, Tylissos und Achladia, begrenzt[1019]. Weitere Bleigewichte stammen aus Pseira, Papadiokampos und Kommos[1020].

Anthropomorphe oder zoomorphe Figurinen aus Bronze und vereinzelt Blei stammen aus der *Villa Reale*, der *Villa A* und der Umgebung von Tylissos, der *Unexplored Mansion*, dem *Little Palace*, Zominthos, Vathypetro und Makrygialos. Die männlichen Figurinen im Standmotiv aus der *Villa Reale* weisen eine Faust seitlich an die Stirn erhoben auf, einige weibliche Figurinen haben beide Hände in Richtung ihres Kopfes erhoben[1021]. Mit der *Piazzale dei Sacelli* oder Raum 7a gibt es unterschiedliche Angaben zum Fundort der Objekte[1022]. Die Haltung der männlichen Figurinen tritt auch bei zwei Figurinen aus Zominthos und drei Figurinen aus Tylissos auf[1023]. Die Figurinen aus der *Unexplored Mansion*, aus dem *Little Palace* und Makrygialos verfügen über abweichende Körperhaltungen und Attribute[1024]. Zu diesen gehören unter anderem ein Polos und eine Schlange auf dem Kopf, in einem anderen Fall eine Darstellung der Vulva. Weitere anthropomorphe und zoomorphe Figurinen stammen aus der

---

1015 Popham 1984, Tafel 219, 21; Popham 1984, 57; Evely 1984, 230–232; Evely 2003, 168. 170.

1016 Daux 1951, 198; Evely 2000, 139; Vergleiche zudem Floyd – Betancourt 2010, 479 f.

1017 Chatzidakis 1921, 56 f.; Georgiou 1979, 13–16; Banti u. a. 1980a, 123 f.; Evely 2000, 343 f.

1018 Bosanquet u. a. 1902/1903, 276; Hawes u. a. 1908, 34; Evans 1935b, 652 f.; Platon 1971, 60. 64. 116–120; Fotou 1993, 29; Shaw 1996b, 390. 398; Evely 2000, 344–346; Soles u. a. 2003c, 14. 20. 33. 79; Soles 2008, 145–148; Tzachili 2008b, 22; Watrous – Heimroth 2011, 206; Watrous u. a. 2015, 435.

1019 Chatzidakis 1921, 60; Chatzidakis 1934, 96.

1020 Lahanas 1993, 54; Betancourt 1995, 165; Dabney u. a. 1996, 270; Mylona u. a. 2013, 126.

1021 Maraghiannis 1903, Tafel 26, 1; Banti u. a. 1980a, 126; Sapouna-Sakellarakis 1995, 68–77.

1022 Paribeni 1904, 743; Banti 1980a, 125; Sapouna-Sakellarakis 1995, 68.

1023 Chatzidakis 1921, 58; Chatzidakis 1934, 95; Fieldnotes 2011, Week 5; Eine Figur aus Zominthos ist zu sehen unter: https//3.bp.blogspot.com/-SMViQheovUE/Ve8OesE7bPI/AAAAAAABav8/0gxNX5ZCoww/s1600/Zominthos_07.jpg (31.03.2020).

1024 Popham 1984, 45. 47; Sapouna-Sakellarakis 1995, 14. 54; Hatzaki 2005, 189 f.; Mantzourani 2012, 105 f.

Umgebung des *Palastes* von Knossos, aus Palaikastro, Gournia, Archanes und von den *Bergheiligtümern* Traostalos, Kophinas und Juktas[1025].

Aus der *Unexplored Mansion*, der *Villa Reale* sowie aus den Bauten in Zominthos, Nerokourou, Sklavokampos, Tylissos, Vathypetro, Achladia, Prophitis Ilias und Epano Zakros sind Bronzeklingen nachgewiesen. Weitere Klingen stammen aus dem *Palast* und den Häusern von Kato Zakros, aus Mochlos, Kommos, Gournia, Papadiokampos, Palaikastro, Kouromenos, Archanes, Petras und Kastelli[1026]. Aus der *Unexplored Mansion*, dem *South House* und der *Villa Reale* und vom Siedlungsplatz Tylissos stammen Sägen[1027]. Die Objekte der *Unexplored Mansion* sind ausführlich beschrieben, die Angaben zu den Objekten aus der *Villa Reale* sind hingegen ungenau. Die Sägen aus dem *South House* sind heutzutage verloren, und die Informationen zu den Objekten aus Tylissos sind ebenfalls gering[1028]. Weitere Sägen fanden sich in dem *Palast* und den Gebäuden von Kato Zakros, in Gournia, Knossos, Palaikastro, Malia und Pseira[1029].

Äxte stammen aus der *Villa Reale*, dem *South House*, der *Unexplored Mansion*, der *Villa*, aus Nirou Khani, Zominthos, Nerokourou und Tylissos[1030]. Weitere Äxte traten in den *Palästen* und den Gebäuden von Kato Zakros und Malia, in Phaistos, Palaikastro, Gournia, Knossos, Apodoulou, Mochlos, Pseira, Gaidorouphas und Vai sowie auf dem *Bergheiligtum* auf dem Juktas auf[1031]. Basissteine mit Standflächen und Einkerbungen für den Einsatz von Stielen stammen aus Archanes, Malia, Gournia und Palaikastro und geben in anderer Form Einblick in diese Objekteklasse[1032].

---

1025 Dawkins – Currelly 1903/1904, 122; Karetsou 1981, 147; Fotou 1993, 93; Sapouna-Sakellarakis 1995, 9–15. 18–37. 39 f. 42–47. 53 f. 58–66. 79; Sakellarakis – Sapouna-Sakellarakis 1997, 64. 67; Morris 2017, 670–672.

1026 Für die Funde an den einzelnen Siedlungsplätze siehe Hogarth 1900/1901, 132; Bosanquet 1901/1902, 308; Bosanquet u. a. 1902/1903, 333; Dawkins – Currelly 1903/1904, 204; Hawes u. a. 1908, 26. 34; Seager 1910, 38; Evans 1921, 496; Bosanquet – Dawkins 1923, 115 f.; Platon 1971, 54. 61. 120; Sakellarakis – Sapouna-Sakellarakis 1991, 26. 44. 54; Rethemiotakis 1992, 63; Fotou 1993, 96; Blitzer 1995, 511–517; Sakellarakis – Sapouna-Sakellarakis 1997, 67; Soles u. a. 2003b, 25. 38; Soles u. a. 2003c, 71; Tsipopoulou 2006, 149; Reid 2007, 58; Soles 2008, 147. 151; Floyd – Betancourt 2010, 479; Rethemiotakis 2011b, 202; Shaw 2012c, 75 f.; Mylona u. a. 2013, 126; Watrous u. a. 2015, 437.

1027 Evely 2000, 31. 33. 42. 44.

1028 Banti u. a. 1980, 68 f.; Popham 1984, 59. 61. 65; Catling – Catling 1984, 213; Driessen 2003, 12. 33; Evely 2000, 33; Evely 2003, 190.

1029 Hawes u. a. 1908, 34; Platon 1971, 29. 113 f. 129. 156–159; Evely 2000, 31–33.

1030 Chatzidakis 1921, Abb. 32; Buchholz 1959, 35 f. 40. 45; Evely 2000, 42. 44; Evely 2003, 190; Lowe Fri 2011, 80. 89. 95–97. 103.

1031 Für die Funde siehe Hogarth 1899/1900b, 100. 107–110; Hogarth 1900/1901, 134; Dawkins u. a. 1904/1905, 282. 284; Hawes u. a. 1908, 23 f. 48; Nilsson 1927, 165–167; Evans 1928b, 627–633; Daux 1951, 198; Buchholz 1959, 33–45; Demargne – Gallet de Santerre 1953, 38. 68 f. 144; Platon 1971, 108. 129. 145–147; Banti u. a. 1980a, 287; Karetsou 1981, 146; Fotou 1993, 68; Watrous 1996, 48–52; Sakellarakis – Sapouna-Sakellarakis 1997, 67; Evely 2000, 42–49. 55. 68. 72; Soles 2008, 147. 151; Haysom 2010, 42.

1032 Sakellarakis – Sapouna-Sakellarakis 1991, 26. 38. 40 f. 44. 51. 53 f.; Sakellarakis – Sapouna-Sakellarakis 1997, 108; Lowe Fri 2011, 11.

In der *Villa Reale* wurden zehn weitere Bronzeobjekte als Hammer angesprochem[1033]. Weitere Objekte stammen aus Malia, Palaikastro und Kato Zakros[1034].

Meißel, Bohrer und Ahlen stammen aus der *Villa Reale*, der *Unexplored Mansion*, Zominthos, Tylissos und Epano Zakros[1035]. Weitere Funde sind aus Gournia, Phaistos, Palaikastro, Malia, Kato Zakros, Kommos, Archanes und Mochlos bekannt[1036]. Aufgrund von morphologischen Übereinstimmungen ist es möglich, zehn Nadeln aus der *Unexplored Mansion*, zwei Schnittwerkzeuge aus dem *South House*, ein Schneidewerkzeug aus der *Villa Reale*, Nadeln aus Zominthos, drei Schneidewerkzeuge aus Achladia und eine Nadel aus Zou, ebenfalls in diese Kategorie einzuordnen.

In der *Unexplored Mansion* und in Zominthos, Vathypetro und Pyrgos traten Schmuckgegenstände aus Bronze und Gold zu Tage. Aus den Gebäuden von Zominthos, der *Villa A* von Tylissos, der *Unexplored Mansion* und der *Villa Reale* sind zudem Gold- und Bronzefunde von Folien und Blättern bekannt. Vergleichbare Ringe und Anhänger aus Gold und Silber stammen aus Kommos, Archanes, Gournia, Mochlos und dem *Palast* von Kato Zakros[1037]. Aus der *Villa Reale*, der *Unexplored Mansion*, dem *South House*, aus Nerokourou, Zominthos, Sklavokampos, Tylissos, Vathypetro und Kannia sind Bronze-, Kupfer- und Silbergefäße überliefert[1038].

Die Objekte aus der *Villa Reale* umfassen zwei Hydrien und zwei großformatige Kessel. Aus der *Unexplored Mansion* stammen eine Pfanne, Kohlebecken, zwei großformatige Becken und eine Waagschale. Die drei Schüsseln und Kannen aus Silber aus dem *South House* sind innerhalb der Untersuchungsbeispiele singulär. Die Objekte aus Tylissos sind vier zwei- bis dreihenklige Kessel aus Kupfer und Bronze sowie ein unveröffentlichtes zweihenkliges Becken. Das Objekt aus Sklavokampos wurde als Waagschale bezeichnet. Andere Bronzegefäße, die in den ersten Berichten zu diesem Fundplatz vermerkt wurden, tauchen im späteren Ausgrabungsbericht nicht mehr auf. Weitere Metallgefäße stammen aus dem Umfeld der *Paläste* von Knossos, Malia und Kato Zakros sowie aus Gournia, Mochlos und Piskokephalo[1039]. In der *Unexplored Mansion*, der *Villa Reale*, in Nerokourou, Zominthos und Tylissos traten Pfeil- und Speerspitzen aus Bronze, Kupfer und Eisen zu Tage. Aus

---

1033 Evely 2000, 101.

1034 Evely 2000, 97–105.

1035 Banti u. a. 1980a, 69; Catling – Catling 1984, 213.

1036 Hogarth 1900/1901, 132; Hawes u. a. 1908, 25. 34; Platon 1971, 129. 158; Sakellarakis – Sapouna-Sakellarakis 1991, 25. 39; Fotou 1993, 76; Blitzer 1995, 511–517; Evely 2000, 3–11. 77–86; Soles u. a. 2003b, 62; Reid 2007, 35; Soles 2008, 147; Watrous u. a. 2015, 412.

1037 Platon 1971, 87; Sakellarakis – Sapouna-Sakellarakis 1991, 44. 54; Dabney u. a. 1996, 263–269; Reid 2007, 35; Soles 2008, 147; Watrous – Heimroth 2011, Abb. 18.7.

1038 Chatzidakis 1921, 58; Evans 1928, 387, Abb. 221; Béquignon 1930, 517; Matthäus 1980, 82 f. 85. 123. 172. 177. 350; Catling – Catling 1984, 208–212; Mountjoy 2003, 163–166.

1039 Hawes u. a. 1908, 23; Seager 1909, 286–288. 302; Evans 1928b, 415. 627–647; Platon 1971, 87; Georgiou 1979, 11–13. 16–28. 41 f.; Matthäus 1980, 6 f. 9. 11–13. 103. 207.

dem Bauwerk von Zominthos und der *Unexplored Mansion* stammen darüber hinaus Angelhaken. Aus Gournia und Kommos sind ebenfalls Angelhaken nachgewiesen, Speerspitzen hingegen wurden in Gournia, der Siedlung und Nekropole von Mochlos, om Archanes und im *Palast* von Kato Zakros dokumentiert[1040].

## 3.4.5 Organisches

In Zominthos, Sklavokampos, Tylissos, den Gebäuden von Knossos, Amnisos, Nirou Khani, Pyrgos, Prophitis Ilias, Epano Zakros und der *Villa Reale* wurden tierische und vereinzelt menschliche Knochen dokumentiert. Die hohen Mengen an Ziegen-, Eber- und Hirschknochen aus Zominthos weisen teilweise Bohrungen und Einritzungen auf. Spatel, die aus Kochen bestehen, stammen aus der *Unexplored Mansion*, dem *South House* und aus Tylissos. Die Knochenfunde von Tylissos sind Rindern, Ziegen, Schweinen, Hirschen, Schafen und Pferden zugehörig[1041]. Die Funde aus Zominthos sind auf Schafe, Ziegen, Schweine, Hunde, Vögel, Wild und Rind zurückzuführen[1042]. Die Befundsituation bei Epano Zakros, wo menschliche und tierische Knochen zusammen in einem Pithos und in der Umgebung zu diesem Gefäß gefunden wurden, ist singulär. Weitere tierische Knochenfunde traten in Archanes, Kommos, Papadiokampos, Galatas, Gournia, Mochlos, Pseira, Petras und im *Palast* von Kato Zakros auf[1043].

Elfenbeinfunde stammen aus der *Unexplored Mansion*, dem *Little Palace*, dem *South House*, der *Villa Reale*, Tylissos, Amnisos, Nirou Khani und Zominthos. Weitere Elfenbeinfunde stammen aus dem *House of the Ivories* und dem *Temple Treasury* in der Nähe und innerhalb des *Palastes* von Knossos, aus dem *Palast* von Kato Zakros sowie aus Archanes, Palaikastro, Kastelli und Galatas[1044]. Muschel- oder Schneckenschalen fanden sich in der *Unexplored Mansion*, der *Villa Reale*, Zominthos, Tylissos, Vathypetro, Pitsidia, Kannia, Pyrgos, Achladia, Prophitis Ilias, Zou, Epano

---

1040 Hawes u. a. 1908, 34; Seager 1910, 106; Evans 1935b, 842; Platon 1971, 61; Sakellarakis – Sapouna-Sakellarakis 1991, 59; Blitzer 1995, 511 f. 513–515; Soles 2008, 147.

1041 Chatzidakis 1921, 76–79. Abb. 40; Chatzidakis 1934, 3–5.

1042 Widman 2014, 212 f.

1043 Platon 1971, 60 f. 116. 120. 245; Sakellarakis – Sapouna-Sakellarakis 1991, 36. 41. 44. 61; Reese u. a. 1995, 164–194. 222 f.; Evely 2000, 224; Barnard u. a. 2003, 15–17. 24–30. 43; Soles u. a. 2003a, 109 f. 121; Betancourt 2004, 27; Mavroudi 2012, 227; Mylona u. a. 2013, 126; Rethemiotakis – Christakis 2013, 94. 100; Watrous u. a. 2015, 405. 407. 430 f.

1044 Für die Funde siehe Bosanquet 1901/1902, 296; Dawkins – Currelly 1903/1904, 215; Evans 1928, 387 f. 472–485; Evans 1930, 428–435; Hood 1957, 22; Hood 1960, 24; Hood 1961, 26 f.; Hood 1962, 27; Sackett u. a. 1965, 304; Platon 1971, 72. 131. 145. 148. 158 f. 215. 217 f. 232; Sakellarakis – Sapouna-Sakellarakis 1991, 42–44. 48. 52 f. 57; Rethemiotakis 1992, 63; Sakellarakis – Sapouna-Sakellarakis 1997, 101. 107–109. 117; Evely 2000, 224 f. 228. 233. 242–244; Platon 2002, 147; Rethemiotakis 2002, 56; Rethemiotakis – Christakis 2011, 202.

Zakros und Makrygialos. Weitere Muschelfunde traten in den *Palästen* von Phaistos und Kato Zakros sowie in Chrisi, Papadiokampos, Gournia, Petras, Mochlos, Archanes, Kommos, Pseira und Kato Syme auf[1045]. In der *Unexplored Mansion*, dem *Little Palace*, der *Villa Reale*, Zominthos, Sklavokampos, Nirou Khani, Kannia und Pyrgos wurden karbonisierte Pflanzenreste in der Nähe zu Gefäßen nachgewiesen. Weitere Funde stammen aus Kommos, Galatas, Kato Zakros, Mochlos, Pseira, Palaikastro, Knossos und Archanes[1046].

## 3.5 Tätigkeiten

### 3.5.1 Keramikfertigung

An einigen Siedlungsplätzen ist anhand der dokumentierten Funde und Befunde die Herstellung von Tongefäßen nachgewiesen. Ein besonders eindrucksvoller Werkbereich befindet sich in den Räumen 13, 14 und 15 im Bauwerk von Zominthos[1047]. Bestandteile dieses Werkbereiches umfassen ein 80 Zentimeter großes in den Boden eingelassenes Kalksteinbasin zur Tonschlemmung, zwei Holzbänke an den Wänden, eine Töpferscheibe, multifunktionale Bronzewerkzeuge sowie 160 Tongefäße. Darüber hinaus befindet sich unmittelbar nördlich dieser Raumgruppe außerhalb des Gebäudes ein Ofen zum Brennen von Tonobjekten. Am Siedlungsplatz Vathypetro ist im östlichen Teil des Bauwerkes ebenfalls ein Werkplatz der Keramikfertigung überliefert[1048]. Dieser umfasst zwei Bänke, Steinobjekte mit Vertiefungen, eine hohe Anzahl an Tongefäßen sowie einen benachbarten Ofen. Dieser Befund wurde in den Grabungsberichten erwähnt und abgebildet, ist aber mittlerweile jedoch nicht mehr erhalten. Darüber hinaus lassen sich drei Töpferscheibenköpfe aus dem westlichen Bereich des Baus auf Tätigkeiten der Kera-

1045 Seager 1910, 25 f.; Platon 1971, 251; Sakellarakis – Sapouna-Sakellarakis 1991, 39. 41. 44 f. 52; Betancourt 1995, 165; Reese u. a. 1995, 240–273; Sakellarakis – Sapouna-Sakellarakis 1997, 101. 103. 107; Tsipopoulou 2002, 141; Barnard u. a. 2003, 41. 62. 64 f.; Mylona u. a. 2013, 130; Apostolakou u. a. 2014, 326 f.; Watrous u. a. 2015, 404. 407. 411; Sanavia 2014, 543; Apostolakou u. a. 2016, 200–204.

1046 Platon 1971, 196; Shay u. a. 1995, 123; Hamilakis 1996, 8–10; Soles u. a. 2003b, 29 f. 33; Rethemiotakis 2011a, 179.

1047 Papadopoulos – Sakellarakis 2010, 2–8; Traunmüller 2009, 36–38; Traunmüller 2012, 11 f.

1048 Marinatos 1951, 269–271; Michaelides 1993, 13–16; Driessen – Sakellarakis 1997, 64; Hansen-Streily 2000, 207. 284; Evely 2000, 304.

mikherstellung beziehen. Auch in Raum XIX im Bauwerk von Pitsidia deuten Steinwerkzeuge, eine Töpferscheibe und eine Steinkonstruktion auf einen ehemaligen Werkbereich der Keramikfertigung[1049].

An weiteren Siedlungsplätzen sind Fertigungsbereiche schwieriger zu identifizieren. Die Räume Mα und Λ im Bauwerk von Zou umfassen ein ellipsoides Steinbecken, eine kanalartige Steinreihe durch den Abschnitt Λ und einen nicht mehr erhaltenen Ofen[1050]. Die Identifizierung einer Keramikherstellung an diesem Ort bleibt offen zur Diskussion, da der beschriebene Ofenbefund Anwendungsmöglichkeiten mehrerer handwerklicher Aktivitäten gefunden haben mag. Öfen und Herdstellen, die schlechte Erhaltungszustände und keine eindeutigen Beifunde aufweisen, können der Nahrungszubereitung, Keramikfertigung, Fayence- und Glasbearbeitung, Metallverarbeitung oder Kalksteinschmelzung gedient haben[1051]. Für den im nördlichen Bereich von Kannia erwähnten Ofenbefund mit Tonkanälen fehlen weitere Informationen[1052]. In Nachbarschaft zum Baubefund von Achladia liegt ein Ofen, der in der Zeitphase SM III zur Herstellung von Tongefäßen genutzt wurde[1053]. Eine frühere Keramikfertigung in den Keramikphasen MM III–SM I ist am Ofen von Agia Triada nachgewiesen, der sich 80 Meter östlich der *Villa Reale* befindet[1054]. Die Töpferscheiben aus Nerokourou, Tylissos, Pyrgos und Prophitis Ilias sind keinen Werkbereichen zuweisbar.

Offene Diskussionspunkte sind weiterhin, ob die Fertigung von Tongefäßen von einem großformatigen und stationären Ofen abhängig war, und ob geringere Mengen kleinerer und unverzierter Gebrauchsgefäße auch an Feuerstellen oder Erdöfen hergestellt worden sein könnten. Darüber hinaus mögen Steinwerkzeuge zur Herstellung und Weiterverarbeitung der Rohformen und Metall- sowie Knochenspatel zum Bearbeiten von Gefäßen Anwendung gefunden haben[1055]. Weitere potentielle Werkbereiche liegen im Süden von Palaikastro, im *Artisans´ Quarter* von Mochlos, im Osten des *Palastes* von Kato Zakros, im Westen des *Palastes* von Phaistos, im Bereich des *Stratigraphical Museum* von Knossos, beim *South-East House* von Knossos sowie im südlichen Siedlungsgebiet von Kommos[1056].

---

1049 Chatzi-Vallianou 2011, 371. Abb. 25a–b, 26.

1050 Hood 1956, 23; Davaras 1980a, 120; Michaelidis 1993, 16 f.; Day 1997, 223; Hansen-Streily 2000, 209; Evely 2000, 263. 301. 308. 312.

1051 Hansen-Streily 2000, 182; Evely 2000, 284. 300. 548; Shaw 2009, 144.

1052 Hood 1957, 18; Evely 2000, 304.

1053 Tsipopoulou – Vagnetti 1995b, 11; Evely 2000, 301.

1054 Watrous 1984, 127; Evely 2000, 304; Belfiore u. a. 2007a, 622 f.; Puglisi 2011b, 268 f.

1055 Evely 1984, 244 f.; Evely 2000, 297 f.

1056 Hood 1957, 23; Daux 1958, 785; Davaras 1980a, 120. 122. 124; Warren 1980/1981, 75–79; Popham 1984, 48 f.; Chryssoulaki – Platon 1997, 82; Hansen-Streily 2000, 275. 277. 279–282; Shaw u. a. 2001b, 2 f.; Platon 2002, 153; Soles u. a. 2003c, 81–89; Hakulin 2008, 206.

## 3.5.2 Metallverarbeitung

Tätigkeiten der Metallverarbeitung sind an wenigen Siedlungsplätzen nachgewiesen. Dies mag darin begründet liegen, dass Metallobjekte bei Funktionsuntüchtigkeit eingeschmolzen wurden, andererseits bedurften Prozesse des Hämmerns dem Anschein nach keine festen Räumlichkeiten[1057]. In der *Unexplored Mansion* liegen eindrucksvolle Befundkontexte mit Hinweisen auf eine ehemalige Metallverarbeitung vor. Aus den Räumen H, L, M, N und P wurden über 200 Kupfer- und Bronzefunde zu 25,5 % als Abfall, 18,5 % als Ausschuss und 55,5 % als fertige Produkte oder Werkzeuge kategorisiert[1058]. Aufgrund dieser Befundkontexte, unterschiedlicher Bearbeitungsstadien der Objekte und der Präsenz einer Herdstelle wurde im Zentrum des Gebäudes ein Werkbereich zur Bearbeitung und Herstellung von Metallprodukten identifiziert[1059]. Ein weiterer potentieller Werkbereich, welcher der Metallverarbeitung gedient haben mag, wurde im Raum 6 der *Villa A* von Tylissos anhand rostiger Kupferrückstände diskutiert[1060]. Der Ofen aus dem Raum 8 des *Little Palace* wurde ebenfalls als potentieller Bestandteil eines Werkbereichs bezeichnet, an welchem offenbar Kupferobjekte eingeschmolzen wurden[1061].

An anderen Orten liegen lediglich vereinzelte Hinweise für Tätigkeiten der Metallverarbeitung vor. So können die Zangen aus Nerokourou zum Greifen von Objekten genutzt worden sein[1062]. Die Vorschlaghämmer aus der *Villa Reale* fanden ihre Verwendungszwecke im Schlagen und Hämmern von Metallobjekten. In ähnlicher Weise mögen an vielen Orten Klopfsteine zum Schlagen des Metalls und Schleifsteine zum Schärfen und Glätten von Schneidewerkzeugen Verwendung gefunden haben[1063]. Weitere Indizien für Tätigkeiten der Metallverarbeitung stammen aus Häusern in Gournia, aus dem Nordwesten des *Palastes* von Malia, aus der Siedlung und aus dem *Artisans´ Quarter* von Mochlos, aus Kommos, Palaikastro, Kato Zakros und Pera Galenoi[1064].

1057 Kaiser 1976, 1; Matthäus 1980, 61; Hakulin 2008, 200; Clarke 2010, 9; Clarke 2013, 97.

1058 Matthäus 1980, 10; Catling – Catling 1984, 204–208. 219 f.; Evely 1984, 247–249; Evely 1988b; Evely 2000, 338. 404 f. 414; Lowe Fri 2011, 14 f.; Clarke 2013, 97–100.

1059 Catling – Catling 1984, 204–206.

1060 Chatzidakis 1934, 97.

1061 Hatzaki 2005, 200.

1062 Lowe Fri 2011, 15.

1063 Lowe Fri 2011, 15 f.

1064 Für die einzelnen Fundplätze siehe Hawes u. a. 1908, 24. 26. 28 f. 32–34; Platon 1971, 210–221; Evely 2000, 335–338; Blitzer 1995; Shaw u. a. 2006, 717–729; Soles 2003b, 94; Banou – Tsivilika 2006, 116; Wiener 2006, 9 f.; Hakulin 2008, 198 f.; Soles 2008, 146; Watrous – Heimroth 2011, 204. 206. 211; Clarke 2013, 98–113.

## 3.5.3 Pflanzennutzung

Tätigkeiten der Verarbeitung von Oliven- und Weinpflanzen sind an drei Siedlungsplätzen durch Funde und Befunde überliefert. Die Verarbeitung von Weintrauben und Oliven sowie die Herstellung von Wein und Öl ist durch die Benutzung ähnlicher Objekte und Durchführung verwandter Vorgänge schwer voneinander zu differenzieren[1065]. In Raum 40 des Bauwerks von Vathypetro belegen drei hohe Tongefäße mit Ausgüssen, die teils in den Boden eingelassen waren, und ein in den Boden eingelassener Kanal, welcher in einem konkaven Becken endet, die Verarbeitung von Trauben oder Oliven[1066]. Am Siedlungsplatz von Prophitis Ilias deuten in den Räumen Γ, B1 und Ψ drei Befundkontexte von großen Behältern, die mit Überläufen ausgestattet waren, auf ähnliche Tätigkeiten. Diese befinden sich auf einer Plattform in Nachbarschaft zu drei Auffanggefäßen und in Nachbarschaft zu Bänken, Pithoi und anderen Kleinfunden[1067]. Im Bauwerk von Epano Zakros lassen sich in den Räumen A und Γ eine Steinkonstruktion mit drei eingelassenen Behältern, benachbarte Behälter sowie Gefäß- und Ausgussfragmente auf entsprechende Tätigkeiten beziehen[1068].

An den anderen Orten lassen sich lediglich einzelne Funde mit diesen Prozessen in Verbindung bringen. Press- und Mahlsteine aus der *Unexplored Mansion*, Vathypetro und Epano Zakros können mit dem Pressen von Früchten oder dem Zerkleinern von Getreide in Verbindung gestanden haben. Tongefäße dienten mutmaßlich dem Auffangen der Flüssigkeiten und der Lagerung verarbeiteter Ressourcen von Getreide, Öl, Wein, Obst und Gemüse. In einigen Gefäßen belegen die Körner, Samen und Kerne von Emmer, Weizen, Gerste, Bohnen, Erbsen, Oliven, Feigen und Weintrauben die Lagerung dieser Erzeugnisse. Auf den Tontafeln aus der *Villa Reale* sowie aus Tylissos und Pyrgos sind Logogramme von Oliven, Getreide und Wein eingeritzt[1069].

Neben diesen Gegenständen fanden mutmaßlich auch Sägen, Doppeläxte, Bohrer, Meißel sowie Schleif- und Klopfsteine ihre Anwendung in der Holzverarbeitung[1070]. Holz wurde an fast allen Orten als multifunktionales Baumaterial für den Maueraufbau dokumentiert. Darüber hinaus ist eine Verwendung als Brennmaterial für Öfen, Herd- und Feuerstellen sowie als Mobiliar und in Form kleinerer

---

1065 Forbes – Foxhall 1978, 39. 42; Kopaka – Platon 1993, 36; Hamilakis 1996, 5.

1066 Marinatos 1952, 266–269; Kopaka – Platon 1993, 45 f.

1067 Kopaka – Platon 1993, 52 f.

1068 Kopaka – Platon 1993, 56. 60.

1069 Hallager 1996, 41; Schoep 2002b, 38 f. 81–83. 94. 97. 100.

1070 Evely 2000, 51; Shaw 2009, 39 f. 44–46. 51 f.; Lowe Fri 2011, 77.

Gebrauchsgegenstände denkbar. Zu diesen zählen Werkzeuge, Griffe von Hämmern und Äxten sowie Rahmenkonstruktionen für die Anfertigung von Tonziegeln. Aus den *Palästen* von Knossos und Malia sowie aus Petras, Gournia, Palaikastro, Galatas, den *Palast* von Kato Zakros umgebenden Gebäuden sowie aus Azokeramos und Kouromenos sind weitere Tätigkeiten der Pflanzennutzung überliefert[1071]. Die von fast allen Siedlungsplätzen bezeugten Objekte bezeugen die weite Verbreitung der landwirtschaftlichen und handwerklichen Tätigkeiten in der Bronzezeit[1072].

### 3.5.4 Textilherstellung

Tätigkeiten der Textilverarbeitung sind vor allem in einzelnen Funden überliefert. Im Rahmen der Textilherstellung ist es denkbar, dass Kleidung, Einrichtungs- und Gebrauchsgegenstände, Fischnetze und Segel hergestellt wurden[1073]. Ein potentieller Bereich der Textilherstellung ist mit den Räumen H, L und N der *Unexplored Mansion* in Verbindung zu bringen, da hier über 150 Webgewichte aus Ton und Stein vorgefunden wurden[1074]. Ohne spezifische Zuordnung zu einem Raum sind geringere Mengen an Webgewichten gemeinsam mit einem Spinnwirtel aus dem *South House* überliefert[1075]. Zahlreiche Webgewichte aus den Räumen 27 und 64 in der *Villa Reale*, Raum 13 im Bau von Vathypetro und Raum M im Bauwerk von Prophitis Ilias verweisen auf weitere mögliche Orte der Textilherstellung[1076].

Bei weiteren Funden und Befunden ist die Einbindung in Tätigkeiten der Textilherstellung diskutierbar. Beispielsweise konnten der Kanal und die Behälter in Raum 40 im Bau von Vathypetro Tätigkeiten der Färbung oder des Waschens von Textilien gedient haben[1077]. Weitere Funde waren möglicherweise ebenfalls in diese Prozesse involviert. Zu diesen gehören Knochen der Wolle liefernden Tiere, Schnecken- und Muschelschalen als Färbemittel, Nadeln als Werkzeuge, Steinwerkzeuge zum Zerstoßen von Schnecken und Muscheln sowie Ständer als Ablagen. Aus den Räumen H, L und N der *Unexplored Mansion*, den Räumen 19, 37 und 38 in

---

1071 Hogarth 1900/1901, 130–137. 140 f.; Bosanquet u. a. 1902/1903, 279 f. 288; Dawkins u. a. 1904/1905. 276 f.; Hawes u. a. 1908, 22. 27 f.; Sackett u. a. 1965, 263 f.; Platon 1971, 28–30. 228; Sakellarakis – Sapouna-Sakellarakis 1991, 87; MacGillivray u. a. 1992, 126 f.; Kopaka – Platon 1993, 41–48. 50–52. 56–61. 66; Driessen – MacDonald 1997, 234; Chryssoulaki – Platón 1997, 83; Soles u. a. 2003c, 128; Reid 2007, 16. 33. 58; Christakis 2008, 86. 92 f.; Rethemiotakis 2011a, 179.

1072 Day 1988, 505 f.; Riley 1999, 145 f.; Rehak – Younger 2000, 247 f.

1073 Apostolakou u. a. 2014, 328; Rahmstorf 2015, 1; Andersson Strand 2015, 39.

1074 Burke 2010, 53.

1075 Burke 2010, 54.

1076 Evely 2000, 498; Burke 2010, 39. 49. 60.

1077 Kopaka – Platon 1993, 46. 66.

Zominthos, Z in Achladia, M in Prophitis Ilias, 6 in Zou und A in Epano Zakros sind Befundsituationen dieser einzelnen Materialgruppen überliefert[1078]. Bronzekessel aus Tylissos und Agia Triada dienten möglicherweise zum Einkochen und Färben gefertigter Stoffe oder Waren. Die Tontafeln mit Zeichen der Linearschrift B aus der *Unexplored Mansion* und dem *Little Palace* bezeugen mit Auflistungen über Textilarbeiterinnen und Rinderherden diese Tätigkeiten[1079]. Weitere potentielle Orte der Textilherstellung wurden in dem Umfeld der *Villa Reale*, im *Artisans´ Quarter* von Mochlos sowie im *Haus I* von Chania diskutiert[1080]. In dem *Palast* und der umgebenden Siedlung von Kato Zakros wurden weitere Webgewichte in Becken vorgefunden, die in den Boden eingelassen waren[1081].

### 3.5.5 Aromaerzeugung

Prozesse der Gewinnung und Verarbeitung von Aromastoffen verliefen mit Blick auf die Funde und Befunde in unterschiedlichen Abschnitten der Gebäude. Vor allem *Fire-Boxes*, Lampen und andere Räuchergefäße lassen sich mit diesen Tätigkeiten verbinden. Derartige Tonobjekte stammen aus der *Unexplored Mansion*, der *Villa Reale*, dem *South House*, Nerokourou, Zominthos, Sklavokampos, Tylissos, Amnisos, Nirou Khani, Pitsidia, Kannia, Achladia und Makrygialos. Durch ihre morphologischen Eigenschaften wurden die Objekte als Feuer- und Hitzequelle sowie als Verbrennungsort von Aromen genutzt[1082]. Der Raum H der *Unexplored Mansion*, der Raum 72 der *Villa Reale* sowie die Räume 13, 14, 15, 16 und 17 in Zominthos könnten auf Basis der Funde als Werkbereiche dieser Tätigkeiten genutzt worden sein.

Weitere Objekte können mit den Prozessen der Aromaerzeugung in Verbindung gestanden haben. Ton- und Steinlampen fungierten als Lichtquelle, zudem könnten sie auch als Hitzequelle für *Fire-Boxes* Verwendung gefunden haben. Mit multifunktionalen Steinwerkzeugen, Mörsern und Klingen wurden benötigte Rohmaterialien in Form von Muscheln oder Pflanzen zerstoßen, zerschnitten oder andersartig vorbereitet. Für einige kleinformatige Schalen ist eine Nutzung als Aufbewahrungsgefäße der erzeugten Produkte oder Flüssigkeiten denkbar[1083]. Weitere

---

1078 Barber 1991, 9–35; Burke 1997, 414; Rehak – Younger 1998, 123; Evely 2000, 494–496. 502. 504; Soles u. a. 2003a, 116; Burke 2003, 195; Burke 2010, 34–37. 50–52; Apostolakou u. a. 2014, 326. 328; Rahmstorf 2015, 1 f.; Bruun-Lundgren u. a. 2015, 197.

1079 Evely 1984, 252 f.; Hatzaki 2005, 177–181.

1080 Evely 2000, 498; Soles 2003b, 93 f.; Militello u. a. 2015a, 209–214; Bruun-Lundgren u. a. 2015, 199 f. 204 f.

1081 Evely 2000, 496; Burke 2010, 37.

1082 Bosanquet u. a. 1902/1903, 324; Hawes u. a. 1908, 29; Georgiou 1973, 9 f. 14; Georgiou 1980, 160. 162–166. 173 f.; Betancourt 1985, 124 f. 127; Schiering 1998, 100 f.; Evely 2000, 538–540.

1083 Nilsson 1927, 108–110.

Befundsituationen dieser Tätigkeiten sind an anderen Siedlungsplätzen nachvollziehbar[1084].

### 3.5.6 Steinbearbeitung

Meißel, Hammer, Doppeläxte und Bohrer fanden dem Anschein nach in der Bearbeitung von Baumaterialien, Steingefäßen und anderen Objekten vielerorts ihre Verwendung[1085]. Prozesse der Steinverarbeitung wurden anhand dieser Fundmaterialien bisher nicht mit bestimmten Abschnitten in Verbindung gebracht. Die großformatigen Spitzhacken und Hammer waren für den Abbau von Baumaterialien und kleinformatige Bohrer oder Ahlen für die Verzierung und Fertigung von Steingefäßen prädestiniert. Flache große Steine dienten dem Anschein nach als Unterlagen für unterschiedliche Fertigungsprozesse. Gefäße fanden ihre Funktion als Behälter für Wasser, welches als Kühl- oder Schmiermittel verwendet wurde. Aufgrund der Abnutzungsspuren ist der oftmals postulierte Gebrauch großformatiger Sägen für die Arbeit an großen Steinblöcken jedoch zweifelhaft[1086]. Einblicke in mögliche Anwendungsgebiete der vorgestellten Objekte sind auf ikonographischen Quellen dargestellt[1087]. Unbearbeitete Objekte aus Jaspis, Achat, Obsidian und Bergkristall aus Archanes, Poros, Knossos, Malia oder Pseira dienen der Interpretation von dortigen Werkbereichen der Steinbearbeitung[1088].

### 3.5.7 Tierverarbeitung

Tätigkeiten der Tierverarbeitung sind über die Kombination vieler Funde unf Befunde identifizierbar. Die weit verbreiteten und teils hohen Mengen an Knochen- sowie Muschelfunden deuten auf die Haltung, Verarbeitung und Nutzung von Land- wie auch Meerestieren hin. Im Rahmen der Verarbeitung waren mutmaßlich Doppeläxte, Sägen und Klingen aus Metall sowie verschiedene Steinobjekte als Werkzeuge involviert[1089]. Die vielerorts vorgefundenen Pfeil- und Speerspitzen

---

1084 Siehe hierfür die Schilderungen bei Bosanquet u. a. 1902/1903, 288. 292. 327 f.; Bosanquet – Dawkins 1923, 129 f.; Platon 1971, 203. 208. 210–221; Georgiou 1980, 130–153. 173 f.; Rethemiotakis 1992, 64; Evely 2000, 538; Andreadaki-Vlasaki 2011, 67; Knappett – Cunningham 2012, 102. 320.

1085 Shaw 2009, 51. 54.

1086 McEnroe 2001, 34 f.; Shaw 2009, 41 f. 46–51.

1087 Siehe hierzu Warren 1969, 158–160. 163 f.; Evely 2000, 51; McEnroe 2001, 30; Lowe Fri 2011, 77.

1088 Platon 1988, 259–273; Soles – Davaras 1996, 215; Kryszkowska 2008, 122.

1089 Nilsson 1950, 231; Marinatos 1993, 5; Betancourt 2006, 241; Sakellarakis – Panagiotopoulos 2006, 66; Lowe Fri 2011, 77.

dienten mutmaßlich als Waffen zur Jagd der Tiere. Unterschiedliche Tongefäße können ihre Verwendung in der Aufnahme von Blut, Milch und Fleisch gefunden haben. Die Fischhaken aus der *Unexplored Mansion* scheinen in ihrer Funktion gesichert, die Nutzung von Steingewichten aus der *Unexplored Mansion*, Tylissos und Vathypetro für den Fischfang ist hingegen unklar[1090]. Als weitere Informationsquelle der Tierhaltung und -verarbeitung dienen die Angaben über die Haltung von Rindern auf Tafeln mit Zeichen der Linearschrift B aus dem *Little Palace* und anderen Gebäuden aus Knossos[1091]. Aufgrund der Lage im Hochgebirge und durch die Einbeziehung ethnographischer Parallelen ist eine saisonale Nutzung der Schafs- und Ziegenzucht für den Siedlungsplatz Zominthos denkbar[1092].

### 3.5.8 Nahrungsaufnahme

Bei der Aufnahme von Nahrung handelt es sich um eine essenzielle kontinuierliche Notwendigkeit. Die Fertigung, Ausgabe und Aufnahme fester und flüssiger Nahrung stellt eine alltägliche sich wiederholende Tätigkeit dar, die durch die Einbeziehung unterschiedlicher Ton-, Metall- und Steingefäße ablief. Pithoi, Amphoren und formverwandte Gefäße wurden mit flüssigen und festen Erzeugnissen gefüllt und dienten als Lager- und teilweise als Transportgefäße. Kannen und Krüge fanden ihre Verwendung als Ausschankgefäße und größere Dreifüße und Töpfe dienten der Zubereitung von Speisen und Flüssigkeiten. In Schüsseln, Krateren und Becken wurde vermengt und aufbewahrt, auf Tellern und Platten abgelegt und aus variantenreichen Bechern und Kelchen getrunken.

Die Gefäße unterschiedlicher Materialien liegen in variierenden Mengen und Fundzusammenstellungen an den Untersuchungsbeispielen vor. Brandspuren an den Bronzekesseln aus Tylissos und Agia Triada legen den Schluss nahe, dass diese bei der Zubereitung von Speisen und Flüssigkeiten erhitzt wurden[1093]. Die Größe und das Gewicht sprechen bei diesen Gefäßen zudem für eine räumlich eingeschränkte Nutzung. Metallbecken aus der *Villa Reale* wurden dem Anschein nach als Spülbecken verwendet, die beiden Metallhydrien hingegen als Wasserkannen[1094]. Die Silbergefäße aus dem *South House* wurden mutmaßlich in spezifischen Situationen genutzt, da das Material und die Verzierungen auf den Gefäßen auf eine besondere Wertigkeit hindeuten.

---

1090 Betancourt 1995, 164.

1091 Killen 1964, 1 f.

1092 Sakellarakis – Panagiotopoulos 2006, 67–69.

1093 Matthäus 1980, 86. 88. 114. 343.

1094 Matthäus 1980, 134. 172–174. 177.

Die Steingefäße aus der *Villa Reale*, der *Unexplored Mansion* und aus Makrygialos waren mutmaßlich ebenfalls spezifischen Funktionen vorbehalten. Zu diesen Gefäßen zählen neben Rhyta auch Becher und Pyxiden, die nur zum Teil der kontinuierlichen Nahrungsaufnahme dienten. Das Material der Gefäße und ihre Verzierungen lassen vielmehr auf eine besondere Nutzung außerhalb des alltäglichen Gebrauchs schließen. Gleiches gilt für die reliefverierten Steingefäße aus der *Villa Reale* oder das *Bulls Head Rhyton* aus dem *Little Palace*. Neben den Gefäßen dienten Ständer und Tische aus Ton und Stein als Ablagen im Kontext der Aufnahme von Speisen und Flüssigkeiten. Steinerne Repliken und reale Tritonschnecken fanden möglicherweise als Kellen oder Schöpfgefäße Verwendung[1095].

An einigen Siedlungsplätzen bilden hohe Mengen konischer Becher spezielle Befundkontexte. Dazu zählen die Räume 28 und 56 in Zominthos, Raum E in Achladia sowie die Räume VII und XIX in Pitsidia[1096]. Die vielen Becher können auf Zusammenkünfte größerer Gruppen, auf die dortige Lagerung der Gefäße oder regelmäßig wiederkehrende oder einmalige Verwendungskontexte hindeuten[1097]. Ferner lassen sich Kochgefäße in Räumen mit Herd- und Feuerstellen valide mit Funktionen der Speisen- und Flüssigkeitenzubereitung verknüpfen. Dazu gehören die Räume 17 und 38 in Zominthos, Raum XXII in Pitsidia sowie Raum E in Achladia. Herd- und Feuerstellen in den Räumen I von Kannia, H in der *Unexplored Mansion*, Raum 17 in dem *Little Palace* sowie die drei Aufbauten in Raum 45 in der *Villa Reale* lassen sich ebenfalls in diesem Rahmen diskutieren. Ferner konnten portable Gefäße zum Erhitzen und Kochen von Speisen und Flüssigkeiten angewandt worden sein[1098]. Tierknochen liefern Informationen über die Art der Nahrung, Pithoi und die schriftlichen Dokumente verweisen auf die gelagerten Erzeugnisse. Die Inschrift auf einer Tontafel mit Zeichen der Linearschrift A aus der *Villa Reale* dient mutmaßlich als Angabe über eine Menge von 4.000 Gefäßen und eine unbekannte Anzahl an Opfertieren[1099].

### 3.5.9 Lagerung

An den Siedlungsplätzen waren bestimmte Räumlichkeiten der Lagerung landwirtschaftlicher Güter vorbehalten. Hohe Mengen an Lagergefäßen, sich ähnelnde

---

1095 Apostolakou u. a. 2014, 326. 329.

1096 Mantzourani – Vavouranakis 2005b, 111; Sakellarakis – Panagiotopoulos 2006, 56; Chatzi-Vallianou 2011, 354. 368 f.; Fieldnotes 2016, Week 3; Fieldnotes 2019, Week 3; Fieldnotes 2019, Week 6.

1097 Girella 2007a, 137 f. Vergleiche die Interpretationen zu rituellen Zusammenkünften im Rahmen von Festen bei Borgna 2004, 258 f.

1098 Muhly 1984, 108

1099 Wiener 2006, 5; Girella 2007a, 147 f.; Montecchi 2008, 125 f.

Raumkonzeptionen und Kanäle im Boden kennzeichnen vielerorts Lagerstätten. Diese liegen in Sklavokampos, Amnisos, Nirou Khani, Kannia, Pyrgos, Epano Zakros und den *Villen A* und *C* von Tylissos, der *Unexplored Mansion*, dem *Little Palace* und der *Villa Reale* vor. Besonders die Räume 16 und 17 in der *Villa A* von Tylissos, die Räume 24 und 25 in Nirou Khani, die Räume 5, 8 und 64 in der *Villa Reale* und die Räume XIV und XI in Kannia sind eindrucksvolle Räume, die der Lagerung von Erzeugnissen vorbehalten waren. In Nerokourou, Zominthos, Amnisos, Pitsidia, Achladia, Kannia, Prophitis Ilias, Klimataria, Zou, Makrygialos, der *Royal Villa* und dem *South House* sind lediglich geringere Mengen an Lagergefäßen überliefert. In der *Villa A* von Tylissos, der *Villa Reale*, in Sklavokampos, Vathypetro und Kannia sind die Lagerräume innerhalb des Bauwerks zugleich die großflächigsten Abschnitte. Zudem sind sie unmittelbar vom Eingang zu erreichen. In der *Villa C* von Tylissos, in der *Unexplored Mansion* und dem *Little Palace* liegen die Lagerplätze parallel zueinander und sind durch einen Korridor miteinander verbunden. In der *Villa Reale* oder in den Gebäuden von Knossos fällt die Verwendung von Gipsstein in Lagerräumen auf. Das Baumaterial fand mutmaßlich durch die geringe Wärmeleitfähigkeit eine bewusste Verwendung zur Kühlung der gelagerten Erzeugnisse[1100].

Anhand der dokumentierten Lagergefäße berechnete Kostis Christakis minimale Lagervolumina für die einzelnen Gebäude[1101]. Diese umfassen hohe Lagervolumina in der *Villa Reale* und in Kannia sowie mittlere Volumina in der *Villa A* von Tylissos, Sklavokampos, Nirou Khani, Vathypetro und Pitsidia. Niedrige Volumina wurden in der *Unexplored Mansion*, der *Villa C* von Tylissos, Nerokourou, Pyrgos, Achladia, Klimataria, Prophitis Ilias, Epano Zakros und Makrygialos festgestellt. In Zominthos, Amnisos, Zou, in der *Villa B* von Tylissos, der *Royal Villa* und dem *South House* wurden aufgrund der geringen Informationen keine Volumina errechnet.

Die organischen Hinterlassenschaften in Form von Körnern, Kernen und Samen aus den Gefäßen oder deren Nachbarschaft geben Einblicke in die gelagerten Güter. Auf den drei Tafelfragmenten mit Zeichen der Linearschrift A aus der *Villa A* von Tylissos befinden sich Logogramme von Oliven und Öl. Die Zeichen auf einer der Tafeln dienten mutmaßlich als Angabe von 220 Einheiten Öl[1102]. Dies könnte einem Volumen von 21 120 Litern und einer Anzahl von 60 bis 70 Pithoi entsprochen haben. Das Verhältnis zwischen den Angaben auf der Tafel und dem Lagerplatz bleibt aufgrund der nicht vorgefundenen Mengen an Pithoi unklar. Auf den 81 Tontafeln mit Zeichen der Linearschrift A aus der *Villa Reale* befinden sich neben Wein

---

1100 Shaw 2015, 136–138.

1101 Christakis 2005, Tabelle 1, Formen 10, 12–18, 23, 28, 35, 54–55, 58, 61, 64, 69–71, 73–77, 79–80, 85–88, 95, 106, 109 und 112; Christakis 2008, 57 f. 60. 63–66. 69 f. 73. 76. 78. 84 f. 93–95.

1102 Für diese Überlegungen siehe Schoep 2002b, 84. 97. 177; Adams 2017, 193.

und Öl zudem die Logogramme von Feigen und Getreide[1103]. Die zwei Tafelfragmente aus Pyrgos dienten mutmaßlich als Maßangaben über 90 Einheiten Wein und Getreide[1104]. Auf einem Pithos aus Epano Zakros entspricht eine Inschrift 32 Einheiten von Wein oder einem Volumen von 923 Liter. Da der Pithos selbst nur 556 Liter Fassungsvermögen aufweist, entsteht eine Diskrepanz zwischen epigraphischem und materiellem Befund[1105]. Weitere beschriftete Gefäße stammen aus dem *Palast* von Petras und den benachbarten Gebäuden[1106]. Die Ochsenhautbarren aus der *Villa Reale* und Tylissos lassen sich als gelagerte Rohmaterialien deuten, gleiches gilt für die weiteren Exemplare aus Gournia und Mochlos[1107]. In den *Palästen* von Knossos, Phaistos, Malia, Kato Zakros und Galatas sowie an den Siedlungsplätzen von Gournia, Petras, Palaikastro und Kephali-Sphendili wurden ebenfalls Lagerbereiche identifiziert[1108].

### 3.5.10 Verwaltung

Prozesse der Verwaltung sind durch beschriftete Tontafeln, Siegelabdrücke, Siegelsteine und großformatige Lagergefäße interpretierbar[1109]. Die mit Abstand meisten und vielfältigsten Funde dieser Objektgruppen stammen aus der *Villa Reale* von Agia Triada. In den Gebäuden von Sklavokampos, Tylissos und Pyrgos traten geringere Mengen oder einzelne Objektklassen auf. An den weiteren Siedlungsplätzen sind vereinzelte Exemplare der Objektgruppen überliefert. Die Tontafeln mit Zeichen der Linearschriften A und B bezeugen durch die mutmaßliche Auflistung von Waren, Gütern und Personen eine Einbindung in Verwaltungsprozesse[1110]. Die Tafelfragmente mit Zeichen der Linearschrift B aus der *Unexplored Mansion* und dem *Little*

---

1103 Hallager 1996, 41; Schoep 2002b, 38 f. 81–83. 94. 97. 100.

1104 Morpugo-Davies – Cadogan 1971; Hooker 1973; Morpugo-Davies – Cadogan 1977; Cadogan 1981; Hallager 1996, 68 f.; Pini 1999, 259–277; Krzyskowska 2005, 99. 186; Christakis 2008, 129.

1105 Stronk 1972; Best 1972; Stieglitz 1983, 5–7; Finkelberg 1990/1991, 51 f.; Christakis 2005, 60; Christakis 2010, 52.

1106 Tsipopoulou – Hallager 1996, 18–45; Mavroudi 2011, 124.

1107 Muhly 1979a, 13; Muhly 1979b, 246; Georgiou 1979, 15; Evely 2000, 341–343. 345 f.; Tzachili 2008c, 21 f.; Soles 2008, 146 f.; Watrous u. a. 2015, 437. 458; Adams 2017, 195.

1108 Für die Beschreibungen dieser Orte siehe Bosanquet 1901/1902, 314; Bosanquet u. a. 1902/1903, 282; Dawkins – Currelly 1903/1904, 217; Evans 1935b, 619–665; Pernier – Banti 1951, 77–96. 115. 206. 246; Sackett u. a. 1965, 259–267; Platon 1971, 57. 59 f. 104–115. 130 f. 212; Van Effenterre 1980, 91–96. 178–181. 203–207. 221–227. 235; Indelicato – Chigine 1984, 229 f.; Soles 1991, 40 f. 56. 60 f. 70; Strasser 1997, 77 f.; Driessen – MacDonald 1997, 140 f. 182–187. 193. 195–200. 213. 227. 237; Christakis 2008, 44–52. 96–98; Christakis u. a. 2015, 295 f.

1109 Wingerath 1995, 53; Hallager 1996, 236–239; Schoep 2002b, 38; Krzyszkowska 2005, 155–163; Adams 2017, 172.

1110 Vergleiche weiterführende Überlegungen über die Bedeutung von Getreide bei Was 1972, 17–21; Was 1978; Reid 2007, 117. Vergleiche ebenso Interpretationen der Tafeln und Tonobjekte bei Weingarten 1987, 34–38; Driessen – Schoep 1995, 662.

*Palace* mit der Angabe von Textilarbeiterinnen und Rindern dienten mutmaßlich als Auflistung von Personengruppen und Tierherden[1111].

Neben den Tafeln besaßen Siegelabdrücke und Siegelsteine dem Anschein nach Funktionen in Verwaltungsprozessen[1112]. *Roundels* und einige *noduli* waren mutmaßlich Empfangsbescheinigungen für Warenlieferungen[1113]. Die *flat-based nodules* gelten als Siegel schriftlicher Dokumente aus vergänglichen Materialien[1114]. Teils organische Rückstände an den *two-hole* und *single-hole nodules* zeigen, dass diese an anderen Objekten befestigt waren[1115]. Innerhalb der Untersuchungsbeispiele treten *gable shaped nodules* vor allem in der *Villa Reale* und *flat-based nodules* in einer großen Gruppe in Sklavokampos auf[1116]. Die gestempelten hieroglyphischen Siegel auf den Henkeln aus Pyrgos lassen sich als Markierungen der Besitzer oder Produkte deuten[1117]. Aus dem *Haus 1* von Chania, *Haus A* von Kato Zakros und weiteren Siedlungsplätzen sind diese Objekte in abweichenden Mengenverhältnissen überliefert[1118]. Inselweit geben die *Villa Reale* und die benachbarten Gebäude mit Blick auf die vielen Verwaltungsdokumente, hohen Mengen an Lagergefäßen flüssiger und fester Waren und die auf Lagerung ausgerichteten Gebäudeabschnitte valide Einblicke in Verwaltungsprozesse der westlichen Messara[1119]. Die Funde kleinerer Mengen aus Sklavokampos, Tylissos und Pyrgos sowie anderen Orten verweisen auf andersartige Verwaltungsebenen[1120].

### 3.5.11 Kult

An fast allen Siedlungsplätzen wurden Symbole, Motive und Objekte dokumentiert, die durch ikonographische Quellen in einen kultischen Funktionskontext eingegliedert werden können. Ein rein kultischer Kontext ist weder bei Doppeläxten, *Weihhörnern*, *Kultknoten* oder Tritonschnecken anzunehmen noch ist dieser bei Rhyta, Kannen, Tischen und Ständern gegeben[1121]. Die Stein- und Tonrhyta ermöglichen

---

1111 Evely 1984, 252 f.; Hatzaki 2005, 177–181.

1112 Hallager 1996, 21 f. 35–37. 82. 121. 135. 159. 161–163.

1113 Hallager 1996, 237; Krzyszkowska 2005, 21. 163–165; Reid 2007, 117–119.

1114 Hallager 1996, 237; Krzyszkowska 2005, 155–157; Reid 2007, 118–120.

1115 Hallager 1996, 236–239; Krzyszkowska 2005, 158–163; Reid 2007, 120–123.

1116 Hallager 1996, 236; Kryszkowska 2008, 160. 172 f.

1117 Kryszkowska 2008, 99.

1118 Hallager 1996, 39–78.

1119 Schoep 2002a, 25. 29.

1120 Siehe hierzu die Diskussion bei Pope 1960, 205 f.; Weingarten 1987, 38; Weingarten 1988, 114; Driessen 1989/1990, 4; Weingarten 1991, 309; Schoep 1999, 205. 209 f. 212.

1121 Siehe für die Diskussion kultischer und profaner Funktionszusammenhänge bei Nilsson 1927, 72 f. 96; Rutkowski 1972, 56; Kaiser 1976, 200; Gesell 1985, 36; Marinatos 1993, 44–46; Van Effenterre – Van Effenterre 1997, 11; Pakkanen 2015, 25.

angesichts ihrer ikonographischen Darstellungen, spezifischer Fundorte und morphologischer Eigenheiten Deutungen als zeremonielle Kultgefäße. Auf Freskenmalereien aus dem *Palast* von Knossos, auf einem Siegelabdruck aus Malia sowie auf einer Längsseite eines Sarkophages aus Agia Triada tragen Figuren konische Rhyta[1122]. Rhyta von den *Bergheiligtümern* Petsophas und Kophinas und aus den Gräbern der Messara unterstützen einen kultischen Nutzungskontext. Diese Vermutungen finden durch hohe Gefäßmengen aus Phaistos, Knossos, Gournia, Palaikastro, Pseira und Kato Zakros weitere Unterstützung[1123]. Aufgrund beidseitiger Öffnungen am Gefäßkörper ist eine Interpretation als Spende- und Durchlaufgefäß sowie als Schöpfutensil denkbar. Eine Verwendung konischer Exemplare in kultischen Kontexten ist somit wahrscheinlich, bei den übrigen Beispielen ist weiterhin eine profane Nutzung denkbar[1124]. Die konischen Rhyta aus Zominthos, Pitsidia, Sklavokampos, Tylissos, aus der *Unexplored Mansion* und der Villa Reale sprechen vor diesem Hintergrund für eine kultische Anwendung[1125].

Derartige Funktionszusammenhänge sind ebenfalls für das *Boxer Rhyton*, die *Harvester Vase* und den *Prinzenbecher* aus der *Villa Reale* anzunehmen[1126]. Die in Flachrelief ausgearbeiteten mehrfigurigen Szenen, welche Box- und Ringkampf sowie Stierfang oder -kampf zeigen, geben mutmaßlich Prozessionen, Spiele oder Zeremonien wieder. Eine sich wiederholende oder gar kontinuierliche praktische Verwendung dieser Objekte ist aufgrund ihrer unhandlichen Größe unwahrscheinlich. Das *Bulls Head Rhyton* aus dem *Little Palace* mag durch die Einbeziehung seiner Materialbeschaffenheit und der Gefäßverzierung ebenfalls in Zeremonien eingebunden gewesen zu sein. Darüber hinaus wurde von Paul Rehak vorgeschlagen, dass dieses Objektes im Rahmen einer kultischen Handlung bewusst zerstört worden ist[1127]. Die Tierkopfrhyta aus Ton stellen dem Anschein nach Nachbildungen von Tierköpfen dar, die nach Schlachtung und Opferung aufbewahrt wurden[1128]. Die Tierkopfrhyta aus Zominthos, Achladia, Zou und dem *Little Palace* weisen aufgrund dieser Zusammenhänge einen potentiell kultischen Funktionskontext auf.

---

1122 Vergleiche die Angaben bei Seager 1910, 24; Nilsson 1927, 56–58. 121–124; Evans 1935b, Abb. 329; Warren 1969, 84. 167; Kaiser 1976, 204; Foster 1979, 66; Gesell 1985, 3. 33; Davaras 1988, 45–47; Bloedow 1990, 77; Immerwahr 1990, 88–90. 100 f. 171–176; Marinatos 1993, 5 f.; Rehak 1995, 446 f.; Müller 1997, 319; Schiering 1998, 106. 109; Jones 1999, 11; Pini – Platon 1999, 203; Preziosi – Hitchcock 1999, 178; Burke 2005, 413.

1123 Seager 1910, 30; Koehl 1981, 184–186; Gesell 1985, 72 f. 119. 137–139; Privitera 2005, 188–198.

1124 Koehl 1981, 181–188; Rehak 1995, 443 f.

1125 Popham 1984, Tafel 65a; Sakellarakis – Panagiotopoulos 2006, Abb. 18; Chatzi-Vallianou 2011, Abb. 12a.

1126 Warren 1969, 174–180; Kaiser 1976, 201–204; Morgan 1988, 57; Wingerath 1995, 66 f. 100–105. 107–110.

1127 Rehak 1995, 441. 450–452.

1128 Nilsson 1927, 200; Gesell 1985, Abb. 98; Morgan 1988, 57; Platon 1997, Abb. 14; Hatzaki 2005, Tafel 21a–b. Das Objekt aus Zominthos ist zu sehen unter https//interactive.archaeology.org/zominthos/wp-content/uploads/2009/09/16.-Pig-Rhyton-Top.jpg (31.03.2020).

Ikonographische Darstellungen ermöglichen es auch Kannen als Libationsgefäße kultischer Kontexte anzusprechen. Derartige Szenen sind auf einer Längsseite eines Sarkophages aus Agia Triada und einer mit Relief verzierten Steinschnecke aus Malia angebracht. Kannen vom *Bergheiligtum* auf dem Juktas und vom Siedlungsplatz Anemospilia unterstützen eine Verortung im kultischen Kontext[1129]. Bestimmte Kannen aus Zominthos, Vathypetro, Pitsidia und der *Villa Reale* offenbaren Gemeinsamkeiten mit den Darstellungen. Eine Verwendung dieser Objekte in kultischen Zusammenhängen erscheint daher möglich[1130]. Auf der anderen Seite mögen die Gefäße jedoch auch Anwendung als Trinkgeschirr ohne spezifischen Kultkontext gefunden haben[1131]. Ein weiterer kultischer Zusammenhang betrifft Gefäße mit Meeresmotiven, auf denen unter anderem Oktopoden und Schnecken abgebildet sind[1132]. Bestimmte Befundkontexte an einzelnen Siedlungsplätzen, an denen viele konische Becher in enger Nachbarschaft zueinander lagen, lassen sich als Hinterlassenschaften kultischer Handlungen interpretieren[1133].

Doppeläxte aus Metall und das Symbol der Doppelaxt auf unterschiedlichen Materialien wurden durch viele ikonographische Darstellungen mit einer kultischen und dekorativen Funktion interpretiert. Doppelaxtmotive sind auf Tongefäßen, auf Siegeln aus Kato Zakros, auf einer Längsseite eines Sarkophages aus Agia Triada sowie als *Mauerzeichen* auf Baugliedern aus Knossos wiedergegeben[1134]. Kleinformatige Doppeläxte aus Metall, die eine geringe Dicke und kein Schlagloch aufwiesen, standen mutmaßlich in einem kultischen Kontext[1135]. Eine Ansprache vieler Doppelaxtfunde, die beispielsweise in Zominthos getätigt wurden, als kultische Objekte ist daher naheliegend. Die vier großen Doppeläxte aus Nirou Khani sprechen aufgrund ihrer monumentalen Größe ebenfalls für eine symbolische und kultische Verwendung. Eine Aufstellung dieser großen Objekte im Hintergrund einer kultischen Handlung, so wie es auf einer Längsseite eines Sarkophages aus Agia Triada dargestellt wird, ist denkbar[1136]. Bei den weiteren Funden von Doppeläxten ist eine Zuschreibung in kultische oder profane Kontexte ob der teils unklaren Publikationshintergründe offen.

---

1129 Nilsson 1927, 124–127; Evans 1935b, Abb. 329; Burke 2005, 413; Davis 2008, 49; Binneberg 2013, Abb. 3–4.

1130 Marinatos 1951, Abb. 10 und 16, Mitte und rechts; Banti u. a. 1980a, Abb. 49; Sakellarakis – Panagiotopoulos 2006, Abb. 17; Chatzi-Vallianou 2011, Abb. 20.

1131 Davis 2008, 47.

1132 Kaiser 1976, 200; Morgan 1988, 30 f. 132. 168; Müller 1997, 320–322.

1133 Wiener 1984, 20 f.; Wiener 2011, 361–365. Vergleiche mit ähnlicher Interpretation Hamilakis 2002b, 196 f.

1134 Siehe das Auftreten der Symbole und deren Interpretation Evans 1899/1900, 32–34; Nilsson 1927, 162–200; Buchholz 1959, 7. 10. 19 f. 45; Niemeier 1985, 116–120; Betancourt 1985, 120 f. 123. 127; Gesell 1985, 3. 34 f.; Hood 1987, 209; Marinatos 1993, 5; Müller 1997, 253–257; Pini – Platon 1998, 11. 219 f.; Pini – Platon 1999, 17; Burke 2005, 412; Lowe Fri 2011, 5 f.; Marinatos 2013a, 114–130; Kouremenos 2016, 44 f.

1135 Nilsson 1927, 162 f.; Buchholz 1959, 10; Shaw 2009, 39; Haysom 2010, 48 f.

1136 Georgiou 1979, 55.

Anthropomorphe und zoomorphe Figurinen aus Ton und Metall wurden ebenfalls als kultische Objekte gedeutet. Viele dieser Objekte stammen von *Bergheiligtümern* und sind ebenfalls als Motive auf Siegelabdrücken aus der *Villa Reale* und aus dem *Central Shrine* von Knossos dargestellt[1137]. Die Objekte wurden divergent als Votivgaben, Adoranten und Götterfiguren interpretiert[1138]. Mit Blick auf die Objekte, die an den Untersuchungsbeispielen gefunden wurden, sind folgende Beobachtungen relevant[1139]. Die Tonfiguren aus Kannia deuten durch die räumliche Nachbarschaft zu Tonständern mit Schlangenapplikationen auf einen kultischen Funktionskontext in diesen Räumen hin. Neben den anthropomorphen besaßen mutmaßlich auch die zoomorphen Metallfigurinen, wie die Agrimi aus der *Villa Reale*, einen kultischen Funktionszusammenhang. So tauchen die Tiere auf einem Rhyton aus Kato Zakros oder zwei Siegelabdrücken aus der *Villa Reale* in kultischen Szenen auf. Ferner wurde die weibliche Metallfigurine aus Makrygialos durch die hervorgehobenen sekundären Geschlechtsmerkmale mit einer kultischen Bedeutung belegt. Mehrere männliche und vereinzelt weibliche Metallfigurinen aus Tylissos, Zominthos und der *Villa Reale*, die sich in der Gestalt und Körperhaltung gleichen, verdeutlichen eine weit verbreitete Formensprache.

*Weihhörner* sind als Motive auf Siegelabdrücken aus der *Villa Reale*, Malia und Kato Zakros, auf dem Rhyton aus dem *Palast* von Kato Zakros sowie auf Tongefäßen und Freskenmalereien dargestellt[1140]. Die zumeist mit kultischen Funktionskontexten interpretierten Objekte weisen an den Siedlungsplätzen unterschiedliche Funktionsebenen auf[1141]. Die *Weihhörner* aus Tylissos wurden infolge unklarer Fundumstände als Gesimsschmuck des Gebäudeaufbaus gedeutet. Bei den *Weihhörnern* aus Vathypetro und Nirou Khani unterstreichen eindeutige Fundplätze die Anwendung der *Weihhörner* als architektonische Elemente des *Dreiteiligen Heiligtums* oder der architektonischen Rahmung des Hofs.

Tische und Ständer, die im *Central Palace Shrine Deposit* von Knossos und im *Shrine of the Double Axe* in Gournia zusammen mit Figurinen und *Weihhörnern* gefunden wurden, können ebenfalls kultische Funktionen besessen haben[1142]. Röhrenförmige Ton-

---

1137 Wingerath 1995, 34. 91 f., Zeimbekis 1998, 283–286; Pini – Platon 1999, 49 f.

1138 Nilsson 1927, 253; Gesell 1985, 34; Sapouna-Sakellarakis 1995, 137 f.; Rethemiotakis 2001, 124–129; Tzonou-Herbst 2010, 211. 216.

1139 Hood 1977, 169–172; Banti u. a. 1980a, 125; Gesell 1985, 34. 76–79; Wingerath 1995, 93–96; Sapouna-Sakellarakis 1995, 68; Pini – Platon 1999, 21. 43 f. 49 f.; Mantzourani 2012, 110 f.

1140 Siehe hierzu Evans 1901, 135–138; Nilsson 1927, 140–161; Evans 1930, 83 f.; Chatzidakis 1934, 101–103; Pichler – Schiering 1980, 33; Rutkowski 1981, 75–91; Gesell 1985, 3. 35; Niemeier 1985, 120 f.; Immerwahr 1990, 181; D´Agata 1992; Marinatos 1993, 5; Rehak – Younger 1998, 143; Pini – Platon 1998, 3; Pini – Platon 1999, 10. 203; Reid 2007, 23 f.; Banou 2008 39–42; Darcque – Van de Moortel 2009, 31; Marinatos 2013a, 103–116; Marinatos 2013b, 244.

1141 Vergleiche für die folgenden Ausführungen die Interpretationen bei Nilsson 1927, 140–143; Rutkowski 1981, 86; Banou 2008, 40; Rethemiotakis 2012, 175 f.

1142 Nilsson 1927, 103. 106 f.; Gesell 1976, 255; Niemeier 1980, 66; Gesell 1985, 33 f. 35 f. 210; Cadogan 2009, 201. 210.

oder Steinständer fanden ihre Anwendung als Ablage für Gefäße, Körbe oder andere Gegenstände. Kleinformatige Tontische weisen auf der Oberseite Vertiefungen auf und dienten mutmaßlich der Trankspende oder der Darlegung von Opfergaben. Hierzu zählen die zahlreichen Tische aus Nirou Khani und vereinzelte Funde aus dem *South House* und Makrygialos. Die Tonständer mit Schlangenapplikationen am Objektkörper aus Kannia waren zusammen mit den benachbarten Tonfiguren mutmaßlich Bestandteil eines Schreins[1143]. Eine ähnliche Überlegung wurde für die Tonständer aus Pyrgos, die jedoch keine plastischen Schlangenapplikationen aufweisen, vorgeschlagen[1144].

Auch Tritonschnecken wurden mit kultischen und profanen Verwendungszwecken belegt[1145]. Auf Tongefäßen treten sie als Motive auf und in Stein- oder Tonrepliken erscheinen sie als Nachbildungen. An einigen Bauwerken erfüllten die Schnecken und deren Imitationen mutmaßlich kultische Funktionen. Dazu gehören eine Triton- und eine Napfschnecke aus Kannia, eine Doliummuschel aus Obsidian aus der *Villa Reale*, eine Muschel aus Fayence aus Pyrgos und ein Muschelfragment aus Serpentin aus Sklavokampos. Ähnliche Einbindungen sind für Tongefäße mit dem Motiv der Tritonschnecke aus Pyrgos und der *Villa Reale* denkbar[1146]. Die Form der Tritonschnecke zeigt Ähnlichkeiten mit konischen Rhyta und lässt eine Verwendung als Libations- oder Schöpfgefäße denkbar erscheinen[1147]. Weitere Exemplare von Schnecken und Muscheln sowie Imitationen in Terrakotta, Stein oder Fayence stammen aus dem *Palast* von Knossos sowie aus Archanes und Palaikastro[1148].

Auf einigen der Siegelsteine und Tonsiegelabdrücke befinden sich kultische Szenen. Zu diesen zählen die Stiersprungszenen auf den *nodules* aus Sklavokampos und der *Villa Reale* sowie die Darstellung eines Stieres im Profil aus der *Unexplored Mansion*[1149]. Innerhalb der zahlreichen Siegelabdrücke aus der *Villa Reale* sind auf mindestens 278 Objekten Kultszenen oder Prozessionen dargestellt[1150]. Zu den Motiven dieser Szenen gehören weibliche Figuren in Volantröcken, männliche Figuren

---

1143 Gesell 1985, 77–79.

1144 Cadogan 2009, 211 f.

1145 Siehe hierzu Evans 1921, 221 f.; Nilsson 1927, 130 f.; Pini 1970, 263 f.; Platon 1971, 220 f.; Kaiser 1976, 109–118; Mountjoy u. a. 1978, 146 f. 151. 153; Darcque – Baurain 1983, 52–58; Niemeier 1985, 28–31; Gesell 1985, 35; Koehl 1986, 109; Reese 1990, 7–12; Marinatos 1993, 6; Müller 1997, 201–212; Pini – Platon 1999, 152 f.; Binnberg 2013, 3–7; Van de Moortel 2011, 306; Binnberg 2013, 14. 23 f.; Sanavia 2014, 263 f.; Apostolakou u. a. 2014, 326 f.; Sanavia – Weingarten 2016, 335 f. 337. 341.

1146 Vergleiche die Überlegungen von Meeresmotiven auf Tongefäßen der Phase SM IB bei Müller 1997; Bicknell 2000.

1147 Binnberg 2013, 24 f.

1148 Evans 1928b, 820–826; MacGillivray 1984, 140 f.; Sakellarakis – Sapouna-Sakellarakis 1997, 101. 103. 107.

1149 Pichler – Schiering 1980, 33; Wingerath 1995, 85 f.; Pini – Platon 1999, 302–306.

1150 Pini – Platon 1999, 7–21. 43 f. 53–59; Wingerath 1995, 67–91.

mit Fellröcken oder Kultgewändern, *Weihhörner*, *Kultknoten*, Doppeläxte sowie Agrimi. Weitere Illustrationen weiblicher Figuren mit Röcken sind unter anderem auf einem Serpentinstein aus Nerokourou angebracht[1151]. Weibliche Figuren mit Volantröcken geben bedeutende Figuren wieder, da auf einem weiteren Abdruck aus dem *Central Shrine* von Knossos eine weibliche Figur zwischen zwei Tieren mittig auf einem felsigen Hügel abgebildet ist[1152].

Neben diesen Darstellungen eröffnen weitere Motive eine Einordnung in kultische Kontexte. Auf einem der *noduli* aus Pyrgos sind ein männliches und ein weibliches Schwein im Profil dargestellt. Ein Siegelabdruck aus der *Villa Reale* mit der Darstellung eines Schweinekopfes mit einer weiblichen Figur mag auf die kultische Bedeutung des Schweins hindeuten[1153]. In ähnlicher Weise wird ein kultischer Zusammenhang für die weibliche Figur auf einem Boot auf dem Siegel aus Makrygialos angenommen[1154]. Diese Darstellung findet Gemeinsamkeiten mit einem weiteren Abdruck aus der *Villa Reale*, wo ebenfalls eine Figur auf einem Boot abgebildet ist[1155].

Figürliche Freskenmalereien aus dem *Palast* von Knossos und der Siedlung von Akrotiri auf Thera wurden vor allem als kultische Szenen interpretiert[1156]. Vor diesem Hintergrund führten Fragmente von Freskenmalereien aus Nirou Khani, Tylissos und der *Villa Reale* zu ähnlichen Interpretationen[1157]. In Raum 2 von Nirou Khani ist auf einem Fragment ein *Kultknoten* abgebildet, welcher Gemeinsamkeiten mit der Darstellung der Haargestaltung der *Kleinen Pariserin* aus Knossos oder einem Siegelabdruck aus der *Villa Reale* aufweist. Aus der *Villa A* von Tylissos stammt ein Miniaturfresko mit der Darstellung anthropomorpher Figuren mit Gefäßen in den Händen. Ein kultischer Zusammenhang besteht auch für die zwei weiblichen Figuren auf der Freskenmalerei aus Raum 14 der *Villa Reale*. Diese Figuren erhielten aufgrund ihrer Gewänder eine Deutung als Priesterinnen oder Göttinnen vor einem Schrein. Ähnliche Darstellungen lebensgroßer Figuren stammen aus dem Gebäude von Epano Zakros[1158].

Anders als die figürlichen Darstellungen wurden die unfigürlichen Darstellungen im Forschungsdiskurs mit mehreren Deutungsebenen diskutiert[1159]. Viele Forscher

---

1151 Pini 1992, 108. 189 f.; Pini – Platon 1999, 274. 314.

1152 Niemeier 2010, 21.

1153 Pini – Platon 1999, 45. 270.

1154 Davaras 1992.

1155 Pini 1992, 60; Wingerath 1995, 84; Pini – Platon 1999, 30.

1156 Morgan 1988, 1–5; Marinatos 1993, 74 f.; Marinatos 2013b, 246 f.

1157 Vergleiche für den folgenden Absatz die Interpretation der Freskenmalerei bei Evans 1921, 430–438; Nilsson 1927, 132–139; Alexiou 1967, 4 f.; Gesell 1985, 3. 35; Blakolmer 1995, 468; Immerwahr 1990, 66 f. 95; Marinatos 1993, 13 f. 149–151; Wingerath 1995, 117 f. 122. 133 f.; Pini – Platon 1999, 11; Shaw 2002, 101; Darcque – Van de Moortel 2009, 31; Jones 2014, 496 f.

1158 Platon 2002, 153–155.

1159 Vergleiche die Positionen bei Immerwahr 1990, 45 f. 161. 170; Marinatos 1993, 149–151.

vermuten auch für diese Darstellungen eine Einbindung in einen kultischen Kontext. Von anderer Seite wurden die vegetativen und pflanzlichen Darstellungen hingegen als Statussymbol bezeichnet. Fragmentarische Freskenmalereien mit pflanzlichen Motiven stammen aus dem *South House*, der *Unexplored Mansion*, aus Amnisos, Pyrgos, Zominthos und Epano Zakros. Die dargelegten Zusammenhänge sprechen für einen inselweit verbreiteten Bestand an kultischer Symbolik und kultischen Motiven[1160].

## 3.5.12 Architektur

Einige Gebäude weisen im Vergleich übereinstimmende Raumkonzeptionen auf, die vor Ort variantenreich und teils voneinander abweichend gestaltet waren. Eine dieser Raumkonzeptionen ist das zumeist als Kultplatz angesprochene *Lustralbad*[1161]. Diese Bauform umfasst vielfach ein tiefer liegendes Becken, eine zu diesem Becken führende Treppe, eine Quermauer mit Balustrade sowie auffallende Pflasterung des Bodens und der Wände[1162]. In Zominthos, Amnisos, Nirou Khani, Vathypetro, in den *Villen A* und *C* von Tylissos, in dem *Little Palace*, in der *Royal Villa* und in dem *South House* wurden *Lustralbäder* identifiziert und interpretiert[1163]. Das Hinabsteigen über Π-, L-, knick- und geradlinige Treppen und die Richtungsänderung auf ein quadratisches oder rechteckiges Becken hin wurden als Elemente kultischer Praktiken gedeutet[1164]. Die *Lustralbäder* weisen mit weiteren Befunden in den *Palästen* von Knossos, Phaistos, Malia und Kato Zakros, in Gournia, Palaikastro sowie in den Gebäuden von Knossos, Malia und Phaistos eine weite Verbreitung auf[1165].

---

1160 Siehe die Überlegungen bei Schoep 2002a, 30; Sikla 2011, 221.

1161 Vergleiche die Diskussion über die Interpretation von Räumen als Kultplätze bei Evans 1899/1900, 38 f.; Evans 1921, 217; Bosanquet – Dawkins 1923, 84–87; Pernier – Banti 1951, 128 f.; Demargne – Gallet de Santerre 1953, 71; Graham 1962, 99–108; Platon 1967, 236 f. 241. 244 f.; Graham 1977, 124 f.; Rutkowski 1972, 58. 113; Van Leuven 1981, 12; Driessen 1982, 27 f.; Gesell 1985, 1–3; Nordfeldt 1987; Gesell 1987; McDonald – Thomas 1990, 142; Marinatos 1993, 77–87; Eggert 2005, 82–86; Barrowclough 2007, 46; Darcque – Van de Moortel 2009; Klahr 2011, 4 f.; Shaw 2015, 119–122; Müller 2015, 109–111.

1162 Nilsson 1927, 84; Gesell 1985, 22; Marinatos 1993, 77–79; Klahr 2011, 5 f. 9–13.

1163 Vergleiche die Interpretationen bei Evans 1904/1905, 6–16; Xanthoudídes 1922, 5–7; Evans 1928b, 402. 519–525; Chatzidakis 1934, 17 f. 40–43; Driessen 1982, 34–39; Gesell 1985, 25. 68. 93 f. 116–118. 135 f.; Marinatos – Hägg 1986, 61; Stürmer 1992, 138. 144. 147 f.; Driessen – MacDonald 1997, 176; Driessen – Sakellarakis 1997, 70; Hitchcock 2000, 164 f.; Driessen 2003, 32; Hatzaki 2005, 50–52; Klahr 2011, 54 f. 66–68. 87–89. 94 f.; Fieldnotes 2016, Week 1.

1164 Klahr 2011, 6–8. 27–36. 53; Puglisi 2012, 199 f. Vergleiche die Kritik an dem Terminus bei Darcque – Van de Moortel 2009, 31.

1165 Zur Diskussion der *Lustralbäder* siehe Evans 1900/1901, 60–63; Bosanquet 1901/1902, 312 f.; Bosanquet u. a. 1902/1903, 278. 287. 291 f. 315 f.; Evans 1921, 405–422. 579 f.; Evans 1928b, 391–396; Evans 1930, 7–15; Pernier – Banti 1951, 125–130. 171. 205. 255. 299–303; Platon 1971, 29. 72. 124–132. 181 f. 257 f.; Levi 1976, 656–661; Van Effenterre 1980, 102. 119. 123. 130. 177 f. 186. 196. 222. 279. 364–366. 397–422; Gesell 1985, 72. 90–92. 95 f. 105. 108. 128. 131. 137; Klahr 2011, 59–61. 63–66. 68–77. 79–86. 90 f.; Knappett – Cunningham 2012, 23. 318.

Das *Dreiteilige Heiligtum*, welches ebenfalls mit kultischen Kontexten verknüpft ist, ist als weitere Raumkonzeption weit weniger verbreitet. Die Gestalt dieser Bauform ist durch Darstellungen auf einer Goldplakette aus Mykene, auf einer Freskenmalerei aus Knossos und auf einem Steatitrhyton aus dem *Palast* von Kato Zakros wiedergegeben. Ebenfalls bietet der rekonstruierte Befund der Westfassade des Zentralhofes im *Palast* von Knossos weitere Anhaltspunkte[1166]. In der *Royal Villa* sowie in Nirou Khani, Vathypetro, Kannia und Pyrgos wurden Baubefunde als *Dreiteiliges Heiligtum* angesprochen. Das deutlichste Beispiel einer solchen Bauform liegt am Siedlungsplatz von Vathypetro[1167]. Das *Dreiteilige Heiligtum*, von dem nur die Fundamente einzelner Steinreihen erhalten geblieben sind, bildet dabei die östliche Begrenzung der Freifläche 26. Die Bauform umfasst mittig eine markante nach Osten ausgerichtete Nische, welche an den südlichen und nördlichen Seiten von zwei quadratischen Aussparungen eingefasst wird. Über die Freifläche 26 schließen im Westen drei Säulenbasen in einer Reihe an, welche ihrerseits auf einer Pflasterung von rechteckigen Steinplatten ruhen.

Im Osten des Baus von Kannia sind Mauern mit einer ähnlich markanten Nische und seitlichen Ausbuchtungen überliefert[1168]. Dieser Befund ist jedoch kritisch zu betrachten, da Nachuntersuchungen vor Ort auf eine Errichtung in hellenistischer Zeit hindeuten[1169]. Ebenso kritisch sind die Interpretationen zu betrachten, die ein *Dreiteiliges Heiligtum* im südlichen Teilbereich des *Country House* von Pyrgos identifizieren wollen[1170]. Weitere Kandidaten eines *Dreiteiligen Heiligtum*, darunter Raum C in der *Royal Villa* und die Aufbauten auf dem Hof von Nirou Khani, sind in einer solchen Ansprache ebenfalls unsicher[1171]. Weitere Aufbauten, die mutmaßlich im Kontext kultischer Handlungen standen, sind in den Räumen 30 und 52 in Zominthos und im Zentrum des Hofes von Makrygialos überliefert[1172].

Weitere potentielle Kultplätze umfassen *Bankheiligtümer*. Im Forschungsdiskurs wurden der Raum C in der *Royal Villa*, die Räume 10 und 13 in Vathypetro, die

1166 Siehe einführend zu diesem Thema bei Evans 1901/1902, 28–30; Evans 1902/1903, 37 f.; Evans 1928b, 796–810; Shaw 1978a, 429–442; Gesell 1985, 86–89; Alušík 2003, 57–59. 61–64.

1167 Marinatos 1951, 258 f.; Hood 1971, 136; Rutkwoski 1972, 53 f.; Marinatos – Hirmer 1973, 41; Gesell 1985, 137; Shaw 1978a, 442–446; Reid 2007, 94 f.

1168 Driessen – Sakellarakis 1997, 73; Alušík 2003, 74.

1169 Cucuzza 2017, 423.

1170 Cadogan 1977/1978, 77; Säflund 1981, 190–192; Cadogan 1981, 172; Hitchcock 2000, 106 f.; Alušík 2003, 74.

1171 Xanthoudídes 1922, 2–5. 13–16; Nilsson 1927, 92; Evans 1928b, 281; O´Flynn 1967, 38; Rutkowski 1972, 254 f.; Shaw 1978a, 446; Preziosi 1983, 62; Gesell 1985, 116; Driessen – MacDonald 1997, 179; Driessen – Sakellarakis 1997, 73; Hitchcock 2000, 107; Alušík 2003, 72 f.

1172 Xanthoudídes 1922, 2–5. 13–16; Evans 1928b, 281; O´Flynn 1967, 38; Rutkowski 1972, 254 f.; Shaw 1978a, 446; Davaras 1980b, 70 f.; Rutkowski 1981, 48; Preziosi 1983, 62; Gesell 1985, 116; Driessen – MacDonald 1997, 179; Davaras 1997, 120 f. 125 f.; Hitchcock 2000, 107; Fieldnotes 2012, Week 1; Fieldnotes 2013, Week 6.

Räume I, II, V, VI und XV in Kannia und die Räume 22 und 23 in Makrygialos als derartige Kultplätze bezeichnet[1173]. Für diese Räume und andere *Bankheiligtümer* in Malia, Kato Zakros und Pseira ist eine Interpretation als Kultplatz teilweise zweifelhaft, da einzelne Funde keinen zwingenden kultischen Bezug aufweisen müssen, und auch Bänke multifunktional nutzbar waren[1174].

Ähnliche Problematiken liegen bei der Interpretation von Räumen als *Pfeilerkrypten* vor. In Sklavokampos, Amnisos, Nirou Khani, Vathypetro, in den *Villen A* und C von Tylissos, dem *Little Palace*, der *Royal Villa*, dem *South House* und der *Villa Reale* wurden derartige Kulträume interpretiert[1175]. Zu den wesentlichen Charakteristika dieser Plätze wurden großformatige Pfeiler, Einritzungen in den Pfeilern und in den Boden vertiefte Kanäle gezählt. Weitere *Pfeilerkrypten* wurden in den *Palästen* von Knossos und Malia, in den umgebenden Gebäuden, in Gournia und im *Temple Tomb* von Knossos identifiziert[1176]. Die Interpretation eines Raumes als *Pfeilerkrypta* ist im Vergleich zu der Interpretation eines Raumes als *Bankheiligtum* durch die spezifischere Kombination von Funden und Befunden fundierter.

Bestimmte Fundhäufungen gleicher Objekte oder spezifische Kombinationen unterschiedlicher Objekte wurden als kultische Deponierungen angesprochen[1177]. Zu diesen gehören größere Mengen konischer Becher aus Sklavokampos und Vathypetro, die in einem Fall ineinander gestapelt waren und in einem anderen Kontext innerhalb einer Ascheschicht lagen. In der *Villa Reale* waren Steingefäße, Rhyta, Doppeläxte, Figurinen, Tongefäße mit Doppelaxtmotiven und eine Muschelreplik in ihrer räumlichen Nähe zueinander auffallend. In ähnlicher Weise bilden *Weihhörner*, Kristall- und Fayencefragmente, Siegel und Figurinen aus dem *Little Palace* eine markante Zusammenstellung. In der benachbarten *Unexplored Mansion* grenzen sich weibliche Tonfigurinen, Tongefäße mit dem Motiv der *Weihhörner* und ein Rhyton als benachbarte Funde von der Umgebung ab. Am Siedlungsplatz Pyrgos bilden Tonständer, Tafeln mit Zeichen der Linearschrift A, Siegelabdrücke und eine Schnecke aus Fayence einen auffallenden Kontext. Gleiches gilt für einen Hammer, einen

---

1173 Evans 1902/1903, 142–148; Evans 1928b, 402–406; Marinatos 1949, 100–105; Marinatos 1951, 258–261; Marinatos 1952, 592–598; Rutkowski 1972, 53–57. 112. 240 f. 244; Warren 1972, 85–87; Gesell 1976, 7 f. 61. 250–252; Hood 1977, 169–172; Gesell 1985, 77–79. 94. 136 f. Davaras 1997, 124; Lupack 2010, 254.

1174 Evans 1928b, 391–396; Evans 1935a, 202–213; Platon 1971, 115–127; Van Effenterre 1980, 445 f. 449; Gesell 1985, 95 f. 105 f. 127. 132–134. 137–139; McEnroe 2001, 51; Davaras 2001, 84–86.

1175 Evans 1921, 425–430; Nilsson 1927, 204. 212 f.; Evans 1928b, 406–408. 527 f.; Marinatos 1948, 75 f.; Chatzidakis 1934, 13–15. 34 f.; Rutkowski 1972, 79 f. 92–94. 96–98. 100–102. 104. 109–111; Banti u. a. 1980a, 138–140; Gesell 1985, 2. 74. 94 f. 135 f.; Alušík 2002, 112. 119; Hatzaki 2005, 39 f. 41 f. 198.

1176 Vergleiche hierzu Hatzaki 2011, 256; Lloyd 2011, 170–172. Siehe zudem Evans 1900/1901, 32–34; Evans 1901/1902, 27 f.; Evans 1902/1903, 4–13. 35–38; Hawes u. a. 1908, 26. 38. 53; Evans 1921, 425–431; Evans 1928b, 391–396. 818–820; Evans 1935b, 970–973; Gesell 1985, 71. 85 f. 90. 95 f. 97. 99. 105.

1177 Für die folgenden Fundzusammenstellungen siehe Marinatos 1951, Abb. 10; Cadogan 1981; Gesell 1985, 36. 76. 93. 101. 134 f.; Davis 2008, 47. 54; Cadogan 2008.

Terrakottafuß, Siegelabdrücke und einen Rhytonkopf aus Sklavokampos. Aus Palaikastro und Kato Zakros sind weitere auffallende Fundzusammenstellungen nachgewiesen[1178].

Neben Kult- und Lagerplätzen wurden bei vielen Gebäuden einzelne Baubefunde als *Minoische Hallen* bezeichnet. Die *Minoische Halle* beschreibt eine großflächige Raumabfolge mehrerer benachbarter Abschnitte, die durch Säulen- und Türwangenbasen voneinander getrennt sind[1179]. Diese Bauform wurde in Nerokourou, Zominthos, Amnisos, Nirou Khani, Vathypetro, Pyrgos, Achladia, in den *Villen A* und *C* von Tylissos, dem *Little Palace*, der *Royal Villa*, dem *South House* und der *Villa Reale* dokumentiert[1180]. An den einzelnen Orten weisen die architektonischen Raumkonzeptionen Varianten untereinander auf. In der *Villa Reale*, dem *Little Palace* und in Amnisos sind großflächige Abschnitte durch zahlreiche Türwangenbasen voneinander getrennt. Stärkere Gemeinsamkeiten durch eine ähnliche Zusammenstellung der Komponenten zeigen hingegen die Raumgruppen in der *Villa C* von Tylissos, dem *South House*, der *Royal Villa* und den Gebäuden von Nirou Khani und Nerokourou. In Zominthos, Vathypetro, Pyrgos, Achladia und der *Villa A* von Tylissos wurden die Baubefunde als weitere Varianten angesprochen. In den *Palästen* und umgebenden Gebäuden von Malia, Phaistos und Kato Zakros, in Palaikastro, Gournia, Agia Triada, Archanes, Chania, Knossos, Kephali-Sphendili, Pseira und Mochlos wurden ebenso *Minoische Hallen* identifiziert[1181].

1178 Siehe hierzu Müller 1997, 317 f.

1179 Zu dem Forschungsdiskurs der *Minoischen Hallen* siehe Platon 1971, 178–184; McEnroe 1982, 5–7; Driessen 1982, 28–30. 34. 53–59; Preziosi 1983, 33 f. 50; Marinatos – Hägg 1986, 57–59. 72 f.; Palyvou 1987, 196–198; Driessen 1989/1990, 14; Soles 1991, 57; Hitchcock 1994, 15 f. 19. 39–41; Lloyd 1997/1998, 123–133; Lloyd 1999, 53; Driessen 1999, 229–231; Hitchcock 2000, 157. 159 f. 190 f.; Schoep 2002c, 111–117; Hamilakis 2002b, 192; Schoep 2004, 257–261; Hamann 2003, 200–219; McEnroe 2010, 64. 88. 90 f. 98–100. 103. 177; Hallager 2010a, 152; Hitchock 2010, 193 f.; Shaw 2011, 148. 153 f. 161; Knappett – Cunningham 2012, 6. 14 f. 318. 321; Shaw 2015, 101–110; Cunningham 2017, 44.

1180 Evans 1928b, 402–405; Chatzidakis 1934, 12 f. 15–20. 43–46; Driessen 1982, 29–41. 47 f.; Preziosi 1983, 20–23. 62 f.; Kanta – Rochetti 1989a, 327; Chryssoulaki 1997, 29; Stürmer 1992a, 136 f. 144; Hitchcock 1994, 19–24. 31–35; Platon 1997, 189–192; Driessen – Sakellarakis 1997, 70; Fotou 1997, 38 f.; Driessen 2003, 32–35; Hatzaki 2005, 45–47. 198; Mantzourani – Vavouranakis 2005b, 107; Fieldnotes 2012, Week 1; Fieldnotes 2011, Week 4; Letesson 2013, 318. 326.

1181 Vergleiche die Ansprache dieser Räume als *Minoische Halle* bei Bosanquet 1901/1902, 310–316; Bosanquet u. a. 1902/1903, 290 f. 330–335; Hawes u. a. 1908, 22 f.; Seager 1909, 293–301; Evans 1935a, 202–207; Platon 1971, 174–184; Levi 1976, 169 f. 281–291; Van Effenterre 1980, 357–366; Banti u. a. 1980a, 289 f.; Driessen 1982, 29–34. 41–46. 48–54; Sakellarakis – Sapouna-Sakellarakis 1991, 33; Sakellarakis – Sapouna-Sakellarakis 1997, 82–85; McEnroe 2001, 51. 62; Letesson 2013, 318; Christakis u. a. 2015, 295.

# 3.6 Chronologie

## 3.6.1 Tongefäße

Die Tongefäße, die an den Untersuchungsbeispielen und anderen Siedlungsplätzen Kretas in Ausgrabungen dokumentiert wurden, bilden Verknüpfungspunkte die Orte unterschiedlicher Regionen, Gebiete und Gegenden in ein übergeordnetes zeitliches Verhältnis zu setzen. Eine grundlegende Gemeinsamkeit der analysierten Gebäude ist das Auftreten von Tongefäßen der Zeit- und Keramikphasen MM III–SM I mit ihren Subphasen MM IIIA, MM IIIB, SM IA oder SM IB[1182]. An den Siedlungsplätzen Epano Zakros, Achladia, Agia Triada, Tylissos, Zominthos, bei der *Unexplored Mansion* und dem *Little Palace* liegen unterhalb der Baubefunde archäologische Funde und Mauerzüge früherer Siedlungsphasen. Die dokumentierten Tongefäße wurden durch stilistische Analysen in die Phasen MM II–MM III eingeordnet. Die in ihrer räumlichen Ausdehnung begrenzten Baubefunde weisen nur wenige Informationen zu früheren Gebäuden auf. Weitere Funde aus Sklavokampos, Pitsidia, Kannia, Pyrgos, Achladia und dem *South House* wurden ferner als Bestandteile früherer Nutzungsphasen desselben Baus bezeichnet.

In Ausgrabungen, die in der ersten Hälfte des 20. Jahrhunderts durchgeführt wurden, fußen Datierungsvorschläge der Tongefäße auf einem vergleichsweise geringen Informationshintergrund. Bei aktuell durchgeführten Ausgrabungen hingegen basieren die Datierungen der Tongefäße hingegen auf einer deutlich angewachsenen Informationsgrundlage. Konventionelle Datierungen der Tongefäße, insbesondere der teils lang zurückliegenden Altgrabungen, können so im Vergleich mit aktuellen Grabungsergebnissen hinterfragt werden. Dies betrifft beispielsweise die Tongefäße der Siedlungsplätze Tylissos, Sklavokampos, Nirou Khani, Vathypetro und Zou.

Einzelne Objekte an den Untersuchungsbeispielen erhielten nach Revisionen veränderte Datierungen[1183]. Zwei Töpferscheiben aus der *Villa A* von Tylissos, die bisher den Zeitphasen MM III–SM I zugeordnet worden sind, gehören dem Anschein nach in die Zeitphase SM III. Die Terrakottaleitung im Westen des Siedlungsgebietes von Tylissos stammt hingegen nicht aus der Phase SM III, sondern ist mit großer Wahrscheinlichkeit eine Hinterlassenschaft der Phasen SM I oder SM II. Einige Pithoi aus der *Unexplored Mansion*, die aus der Zeit- und Keramikphase SM II stammen, weisen

---

1182 Vergleiche Kritik an diesem System bei Riley 1983; Niemeier 1985, 175; Warren – Hankey 1989, 78–81; Day – Relaki 2002, 229–231; Girella 2011, 193; Kanta 2011, 615; Traunmüller 2012, 5; Traunmüller 2011a, 93; Platon 2011, 595.

1183 Für die folgenden Änderungen siehe Chatzidakis 1934, 62 f.; Niemeier 1980, 7. 18; Evely 1988a, 93; Immerwahr 1990, 78; Müller 1997, 307; Soles 1999, 60; Christakis 2006, 13; Shaw 2009, 136.

morphologische Übereinstimmungen mit Pithoi aus der Keramikphase SM I auf. In ähnlicher Weise besitzen Wandfresken aus Zerstörungsschichten der Keramikphase SM IB, darunter aus der *Villa Reale*, Amnisos und Tylissos, stilistische Gemeinsamkeiten mit Freskenmalereien aus der Zeitphase SM IA.

Weitere Unklarheiten bei der Datierung der Tongefäße liegen in der weit verbreiteten unklaren Aufteilung der Begriffe SM IA und SM IB begründet, die als Bezeichnung einer Keramik- und einer Zeitphase Anwendung finden[1184]. Innerhalb von Zeitphasen, die anhand stratigraphischer Dokumentation mit Zerstörungsschichten nachgewiesen sind, können sich Keramikstile herausbilden. Beispielsweise entwickelte sich der Keramikstil SM IB im Zeitraum zwischen den stratigraphisch belegten Zerstörungshorizonten der Zeitphasen SM IA und SM IB[1185]. Somit können Gefäße aufgrund ihres Stils früheren Keramikphasen zugeordnet werden, obwohl sie mit Gefäßen späterer Keramikstile stratigraphisch in der gleichen Zeitphase nachweisbar sind. Als grundlegendes Hauptproblem bleibt bestehen, dass die stilistisch trennbaren Keramikphasen SM IA und SM IB und die aufeinander folgenden stratigraphischen Zeithasen SM IA und SM IB nur von wenigen Siedlungsplätzen in einer klaren Schichtabfolge nachgewiesen sind[1186]. Bei den Untersuchungsbeispielen liegen nur wenige ausführliche Berichte zur Stratigraphie vor. Dies betrifft Nerokourou, die *Unexplored Mansion*, den *Little Palace*, das *South House* und die *Villa Reale*. An anderen Orten liegen diese Informationen aus unterschiedlichen Gründen gegenwärtig nicht in entsprechender Qualität und Quantität vor.

In Tylissos, Knossos, Amnisos, Nirou Khani, Agia Triada und Kannia zeigen Funde und Befunde, dass an den einzelnen Orten oder Teilabschnitten der Gebäude weitere Siedlungsaktivitäten nach Zerstörungen in SM IB anschloßen. Bei dem *Little Palace*, der *Unexplored Mansion* und der *Royal Villa* sind die dokumentierten Funde späteren Zeitphasen SM II und SM III in hohen Mengen erhalten. Die früheren Siedlungsphasen MM III–SM I sind nur in wenigen Funden belegt. Somit entsteht eine grundlegende Diskrepanz zwischen den einzelnen Untersuchungsbeispielen, bei der fehlende Informationen zu Siedlungsaktivitäten bestimmter Zeit- und Keramikphasen eine vergleichende Betrachtung erheblich erschweren.

An den Bauten von Nerokourou, Tylissos, Zominthos, der *Unexplored Mansion*, dem *Little Palace* und der *Villa Reale* wurden in den Baubefunden bauliche Veränderungen nachgewiesen. Bei Amnisos und Vathypetro wurden Änderungen erst lange Zeit

---

1184 Siehe hierzu Evans 1928b, 511; Vermeule 1963, 196; Niemeier 1980, 6. 20; Niemeier 1985, 4; Betancourt 1985, 147–158; Dickinson 1994, 9; Fitton 1995, 146; Driessen – MacDonald 1997, 15; Rehak – Younger 1998, 93;; Girella 2007b, 233. 253; MacGillivray 2009, 156; Höflmayer 2010, 39; Hallager 2010b, 411; Barnard in: Kanta 2011, 623; Niemeier 2011; Puglisi 2011a, 277. 289; Girella 2013b, 123; Manning 2014, 16; Mathioudaki 2014, 368.

1185 Müller 1997, 307.

1186 Müller 1997, 307.

nach Freilegung im Zuge intensiver Bauaufnahmen erkannt. Bei den übrigen Baubefunden liegen Informationen zu baulichen Umgestaltungen nur in geringem Ausmaß vor. Die dokumentierten baulichen Veränderungen in Form von nachträglich eingesetzten Bruchsteinmauern und daraus resultierten Raumschließungen beziehen sich jedoch nur auf die Keller- und Erdgeschosse der Gebäude. In welcher Form diese Änderungen den vertikalen Gebäudeaufbau und schließlich den Gesamtplan der Gebäude betroffen haben, bleibt aufgrund fehlender Informationen unklar.

Ob die einzelnen Gebäude der Untersuchungsbeispiele tatsächlich in den gleichen Zeiträumen bestanden, bleibt auf Basis der publizierten Informationen ebenfalls offen zur Diskussion. Lediglich das räumlich wie auch zeitliche Verhältnis der benachbarten *Unexplored Mansion* und des *Little Palace* ist durch die Funde beider Bauwerke und die stratigraphischen Zusammenhänge gesichert. In geringerem Maße gilt dies auch für die benachbarten Bauten am Siedlungsplatz Tylissos und für die *Villa Reale* sowie die umgebenden Bauwerke in Agia Triada. Indessen sind zeitliche Übereinstimmungen zwischen Siedlungsplätzen, die weiter voneinander entfernt in unterschiedlichen Regionen, Gegenden und Gebieten lagen, aufgrund der geringen stratigraphischen Informationen nicht abschließend darstellbar.

Ein umfassender Vergleich der einzelnen Tongefäße durch die Einbeziehung archäometrischer Untersuchungen könnte diesen Informationshintergrund durch neue Erkenntnisse erweitern. Mit Blick auf die orographischen und geographischen Verhältnisse Kretas sind bei der Analyse der räumlichen und zeitlichen Verhältnisse regionale und lokale Keramikstudien zielführend. So bieten sich für den Osten Kretas gegenüberstellende Studien zwischen den Siedlungsplätzen von Epano und Kato Zakros sowie komparative Analysen der Tongefäße aus Achladia, Klimataria und Zou an. An der Südküste bieten sich Vergleiche zwischen Makrygialos und Diaskari sowie verknüpfte Studien der Tongefäße aus Pyrgos, Gaidorouphas und Chrisi an. Im Zentrum Kretas stellen Zominthos, Sklavokampos und Tylissos geeignete Untersuchungsbeispiele einer Region dar. Für Vathypetro bieten sich Gegenüberstellungen mit dem benachbarten Archanes an, für Nirou Khani hingegen mit Prasa, Amnisos und Malia. Für die westliche Messara liegen mit Pitisidia, Agia Triada, Kommos und Phaistos mehrere benachbarte Kontexte für vergleichende Untersuchungen der Tongefäße vor.

### 3.6.2 Zerstörungen

Auf Basis der Ausgrabungsergebnisse wurden unterschiedliche Erklärungen für die Zerstörungen der Gebäude vorgelegt. Mit Ausnahme der *Royal Villa*, Achladia, Klimataria und Prophitis Ilias wurden an den übrigen Siedlungsplätzen Zerstörungen durch Feuer dokumentiert. Zu Indizien dieser Zerstörungen gehören an wenigen Orten Brandspuren an Architekturgliedern und Kleinobjekten, Holzfragmente und Ascheschichten. An vielen Orten deuten hingegen nur geringe Brandspuren an Kleinobjekten auf eine Feuerzerstörung hin. In Agia Triada lassen sich die räumlich begrenzten Brandspuren mit intensiven Brandvorgängen in bestimmten Bereichen erklären, in denen hohe Mengen brennbarer Materialien gelagert wurden oder verbaut waren. Dies betrifft Ölvorräte in benachbarten Pithoi und Holzelemente des Maueraufbaus und Kleinmobiliar. Räumlich begrenzte Feuerzerstörungen sind in ähnlicher Form in der *Unexplored Mansion* und dem *Little Palace* rekonstruierbar. Auch für die anderen Untersuchungsbeispiele ist es denkbar, dass Feuerzerstörungen auf bestimmte Teilbereiche begrenzt waren. Eine Übertragung der räumlich beschränkten Feuerzerstörungen auf das gesamte Gebäude ist aufgrund der unzureichenden Informationsbasis zumindest zweifelhaft. Auf der anderen Seite zeigen die Grabungsergebnisse der *Little Palace* und weitere Baubefunde aus der Umgebung des *Palastes* von Knossos, dass Brandvorgänge dem Anschein nach auch großräumig mehrere benachbarte Gebäude zerrütteten.

In Pyrgos und Makrygialos wurden räumlich begrenzte Zerstörungen der Bauten mit menschlichen Aktionen erklärt. Am Siedlungsplatz von Pyrgos ist eine Aufteilung in das *Country House*, in welchem Zerstörungsschichten nachgewiesen sind, und die umgebende Siedlung, in denen Zerstörungsschichten fehlen, aufgrund der geringen Informationsbasis fraglich. Eine Differenzierung dokumentierter und fehlender Zerstörungsschichten kann auch hier in den Materialbeschaffenheiten begründet liegen. Variierende Mengen an verbautem Holz sowie genutzter und gelagerter Materialien können zu intensiven und weniger intensiven Zerstörungsmustern geführt haben. Eine Verknüpfung derartiger Differenzen mit menschlichen Aktionen bleibt auf Basis der publizierten Informationen hingegen unsicher. Die Zerstörung des Gebäudes von Makrygialos, die ebenfalls mit gezielten menschlichen Aktionen verknüpft worden ist, ist vor diesem Hintergrund und anhand der wenigen publizierten Informationen ebenso diskussionswürdig.

Seismische Aktivitäten und die Auswirkungen von Erdbeben wurden an vielen Orten als weitere Gründe für die Zerstörungen diskutiert[1187]. In Zominthos, Amnisos, Vathypetro, Pitsidia, Zou und dem *South House* sind diese Auswirkungen an den Mauerzügen zu erkennen, die sich in verdrehter oder gekippter Sturzlage befanden. An diesen und vielen weiteren Siedlungsplätzen wurden zusammengebrochene Mauern des Erdgeschosses und heruntergefallene Objekte aus dem vertikalen Gebäudeaufbau als Indizien für Zerstörungen durch Erdbeben gewertet.

---

[1187] Vergleiche dazu Driessen 1987, 172; Pichler – Schiering 1990, 21; Papadopoulos 2017, 183 f.; Jusseret 2017, 225; Jusseret – Sintubin 2017b.

Lediglich in Agia Triada, Vathypetro, Amnisos und Nerokourou wurden kombinierte Zerstörungen durch Feuer wie auch Erdbeben vorgelegt. Bei den übrigen Baubefunden dominieren Brandspuren, die auf Objekten oder Baugliedern durch Feuerzerstörungen hervorgerufen wurden, gegenüber Mauern in Versturzlage als Folge von Zerstörungen durch Erdbeben. Der hohe Holzanteil in den Untersuchungsbeispielen und die wenigen Öffnungen in den Fassaden als Teilelemente eines stabilen und flexiblen Gebäudekerns stellten dem Anschein nach statische Schutzmaßnahmen gegen Erdbeben dar[1188].

Der Vulkanausbruch auf Thera wurde als weitere Erklärung für die Zerstörungen diskutiert[1189]. Die Auswirkungen dieser Naturkatastrophe auf die klimatischen und vegetativen Bedingungen wurden von einigen Wissenschaftlern als geringfügig bezeichnet, da an unterschiedlichen Orten Ascheschichten geringe Dicken aufweisen oder gänzlich fehlen[1190]. Andere Forscher betonten hingegen die negativen Auswirkungen eines potentiell niederfallenden Ascheregens für die weit verbreiteten landwirtschaftlichen Tätigkeiten[1191]. Eine ursächliche Verbindung zwischen dem Vulkanausbruch und dokumentierten Zerstörungen auf Kreta in der Zeit- und Keramikphase SM IA ist nach Wolf-Dietrich Niemeier denkbar. Eine kausale Verbindung zwischen einem Ausbruch und Zerstörungen in der folgenden Zeit- und Keramikphase SM IB hingegen zweifelhaft[1192].

Als weitere Erklärungen für Zerstörungen wurden an wenigen Orten der Nordküste Tsunamis diskutiert[1193]. Klimatische Veränderungen spielten möglicherweise ebenfalls eine Rolle als einflussnehmende Faktoren. Einige Forscher skizzierten im Zeitraum von 1600 v. Chr. einen paläoökologischen Wandel, in welchem sich das Ökosystem innerhalb von Jahrzehnten oder Jahrhunderten von einer stabilen Form zu einer geschwächten wandelte[1194]. Die Tonleitungen, Becken oder Zisternen, die an einigen Siedlungsplätzen nachgewiesen wurden, können vor diesem Hintergrund Reaktionen oder Anpassungen auf ein trockeneres Klima und eine angestiegene Bedeutung der Wasserspeicherung darstellen[1195].

---

1188 Driessen 1987, 174; Tsakanika-Theohari 2009; Cunningham 2013, 59; Tsakanika 2017, 298–302.

1189 Vergleiche die Angaben bei Evans 1928b, 288–326. 347–390; Schoo 1937, 274–281; Marinatos 1933, 294 f.; Hood 1970; Page 1970; Doumas 1974; Niemeier 1980, 1 f. 17 f. 74 f. 76; Pichler – Schiering 1980; Warren – Hankey 1989, 78–81; Driessen – MacDonald 1997, 12. 15. 118; Friedrich 2000, 20; Friedrich – Sigalas 2009; Manning 2010b, 458; Friedrich 2013; Siart – Eitel 2013, 86; Manning 2014.

1190 Pichler – Schiering 1990, 15–18; Siart – Eitel 2013, 86.

1191 Riley 2004, 5. Vergleiche zudem ähnliche Resultate bei Dunn 2005, 123 f.

1192 Niemeier 1980, 75. Vergleiche zudem Pichler – Schiering 1980, 14. 19 f. 22 f. 32.

1193 Auswirkungen eines Tsunami wurden bisher an dem Siedlungsplatz Mochlos diskutiert bei Soles 2009, 107–112. Weitere Hinweise und geoarchäologische Befunde wurden an den Siedlungsplätzen Pseira und Palaikastro kontrovers diskutiert bei Bruins u. a. 2008, 208 f.; Bruins u. a. 2009, 405–409; Betancourt 2009, 103 f.

1194 Siart – Eitel 2013, 86.

1195 Cadogan 2014; Vokotopoulos u. a. 2014, 256–259; Flood – Soles 2014, 80. 84.

Im Zeitraum vor oder nach den dargelegten Zerstörungen beeinflussten unterschiedliche Abläufe die Zusammenstellung der Fundinventare in den Bauwerken. Stark beeinflusste Fundzusammenstellungen innerhalb der Gebäude weisen mutmaßlich einen Bezug zu vorhersehbaren und schwachen Zerstörungen auf. Auf der anderen Seite sind weniger beeinflusste Fundzusammenstellungen innerhalb der Bauwerke mit unerwarteten und heftigen Zerstörungen zu verknüpfen. In Phasen, die einer Zerstörung vorrausgingen, könnten kleinformatige Objekte mit kultischem, persönlichem oder gesellschaftlichem Wert aus dem Gebäude gebracht worden sein. Unbewegliche Pithoi und andere großformatige Nutzgegenstände verblieben wegen ihrer unpraktikablen Größe, ihrem geringen Wert oder ihrer späteren Ersetzbarkeit in ursprünglichen Nutzarealen. Gleiches ist für die vielen variierenden kleinformatigen Metall- und Steinwerkzeuge sowie Stein- und Tongefäße anzunehmen. Auf der anderen Seite könnten in Phasen, die auf Zerstörungen folgten, Objekte und Bauglieder im Zuge von Aufräumarbeiten aus dem Gebäude entfernt worden sein. Diese Eingriffe mögen auf die Befunde und Funde begrenzt gewesen sein, die offen oder unter geringen Schuttschichten vergraben lagen. In derartigen Situationen ist es denkbar, dass die Rettung transportabler Gegenstände kultischer, persönlicher oder gesellschaftlicher Wertevorstellungen Ziel der Bergung war. Auch in einem solchen Szenario verblieben Lagergefäße, Gebrauchskeramik und andere Kleinfunde in Keller- und Erdgeschossräumen der zerstörten Gebäude.

Räumlich begrenzte Zerstörungen im Baubefund und spätere Siedlungsaktivitäten in anderen Gebäudeabschnitten können die Fundzusammenstellungen durch Aufräumarbeiten ebenfalls beeinflusst haben. So wurden die Gebäude am Siedlungsplatz Knossos, die zu unterschiedlichen Zeitpunkten zerstört worden waren, in späteren Zeitphasen als Steinbruch genutzt. Dies ist für alle weiteren Beispiele in gleichem Maße vorstellbar und teilweise nachgewiesen. In Agia Triada, Tylissos, Pyrgos und Amnisos konnten Bauglieder der zerstörten Gebäude für die späteren Bauwerke am gleichen Ort genutzt werden. Bei den anderen Untersuchungsbeispielen sind derartige Zusammenhänge aufgrund der fehlenden Informationen zur Umgebung unerforscht, jedoch in ähnlicher Weise denkbar.

In den meisten Untersuchungsbeispielen sind die dokumentierten Fundzusammenstellungen durch Aufräumarbeiten, die nach Zerstörungen verliefen, beeinflusst. Dies trifft auf die Gebäude an den Siedlungsplätzen Nerokourou, Sklavokampos, Nirou Khani, Vathypetro, Pitsidia, Pyrgos, Achladia, Prophitis Ilias, Epano Zakros und Makrygialos zu. Die Fundarmut an den Untersuchungsbeispielen Klimataria, Zou und Amnisos mag im Zusammenhang mit besonders intensiven Eingriffen stehen, die vor oder eben nach Zerstörungen verliefen. In der *Unexplored Mansion*, dem *Little Palace*, der *Royal Villa* und in dem Gebäude von Kannia kam es zu späteren Siedlungsaktivitäten und zur potentiellen Räumung zerstörter Objekte und Bauglieder. Der Baubefund Zominthos war mit einer Vielzahl unterschiedlicher Fundmaterialien und teils außergewöhnlicher Objekte dem Anschein nach von wenigen späteren Eingriffen betroffen. Die im Rahmen der Untersuchungsbeispiele außergewöhnlich anmutende Fundzusammenstellung aus der *Villa Reale* bietet drei Erklärungen. Es ist denkbar, dass nach den Zerstörungen in der Keramikphase SM IB nicht tiefgreifend in das Gebäude eingegriffen wurde. So verblieben reliefverzierte Steingefäße und viele weitere Objekte bis zur Freilegung im Baubefund. Ebenso besteht die Möglichkeit, dass die Fundzusammenstellung nur einen Teil einer weitaus größeren Gesamtmenge an wertvollen Objekten darstellt. In diesem Zusammenhang ist es denkbar, dass deren restliche Teile nach Zerstörung des Gebäudes im Zuge von Aufräumarbeiten entfernt wurden. Möglicherweise haben die Objekte jedoch auch ihren ursprünglichen Wert und Nutzen verloren und verblieben damit bewusst im zerstörten Gebäude. Ähnliche Erklärungen sind in verschiedenen Verhältnissen auch für die anderen Untersuchungsbeispiele und deren Fundzusammenstellungen diskutierbar.

# Interpretation

## 4.1 Lagebedingungen

Die heterogenen Forschungsstände der Untersuchungsbeispiele erschweren vergleichende Analysen der Siedlungsplätze und hemmen übergeordnete Interpretationen der spätbronzezeitlichen Siedlungsverhältnisse Kretas. Für weitere theoretische Annäherungen an diese Thematiken ist es nötig, die Informationsbasis auszuweiten und neue Faktoren in die Bewertung miteinzubeziehen. Zu diesen zählen die geographischen Verhältnisse der Siedlungsplätze und die Topographie Kretas[1196]. Die folgende Kategorisierung von Untersuchungsbeispielen und weiteren spätbronzezeitlichen Siedlungs- sowie Fundplätzen bildet dabei einen Ausgangspunkt zu einem allgemeineren Verständnis. Die theoretischen Überlegungen basieren auf den gegenwärtigen geographischen Verhältnissen der Orte. Zwischen gegenwärtigen Erscheinungen und Interpretationen bronzezeitlicher geographischer Verhältnissen liegen teils erhebliche Differenzen vor. Deren Erforschung steht in den meisten Fällen noch aus, ist aber aufgrund neuer Forschungen von erheblicher Bedeutung. So erbrachten geoarchäologische Arbeiten bei Phaistos den Nachweis eines Frischwassersees am südlichen Fuße des Siedlungsplatzes, welcher mutmaßlich in der Bronzezeit bestand, im 8. Jh. v. Chr. verlandete, sich ab diesem Zeitpunkt in eine Sumpfgegend verwandelte und heuzutage ohne diese Forschungen kaum zu erkennen ist[1197].

Eine erste Kategorie umfasst küstennahe Siedlungsplätze auf Hügeln inmitten von Ebenen unterschiedlicher Größe. Hierzu gehören die Siedlungsplätze Agia Triada und Phaistos am Nordwest- und Südostabhang eines Hügels südlich des Geropotamos am westlichen Abschluss der Messara. Weitere Siedlungsplätze sind in ähnlichen Situationen gelegen. So im Osten Sitias der küstennahe Siedlungsplatz Petras auf einem vierzig Meter hohen Hügel östlich der Mündung des Stomion[1198]. Am nördlichen Ende des Isthmus zwischen Pacheia Ammos und Ierapetra liegt der Siedlungsplatz Gournia in Nachbarschaft zu einem Fluss am nördlichen Abhang eines 45 Meter hohen Hügels[1199]. Der Siedlungsplatz Sisi befindet sich auf einem zehn Meter hohen Hügel an der Nordküste östlich von Malia ebenfalls in Nachbarschaft zu einer Flussmündung[1200].

1196 Der Begriff Topographie findet Anwendung als Beschreibung und Darstellung geographischer Örtlichkeiten. Zu den geographischen Eigenschaften der Orte und Gebiete zählen die Lage, das Klima, die Böden und Gewässer. Der geographische Landschaftsbegriff meint als Interpretation die Gesamtgestalt äußerer Merkmale eines Ortes, einer Gegend, eines Gebietes oder einer Region.

1197 Siehe hierzu die Ausführungen bei Galanidou u. a. 2014; Ghilardi u. a. 2015.

1198 Tsipopoulou 1997; Tsipopoulou 2012b.

1199 Hawes u. a. 1908; Fotou 1993; Watrous 1999; Watrous u. a. 2015.

1200 Morgan u. a. 2008/2009, 85–88; Gaignerot-Driessen – Driessen 2012.

Küstenferne Siedlungsplätze in erhöhtem Terrain, auf einem Plateau oder auf einem Hügel bilden eine zweite Kategorie. Dies trifft auf die Siedlungsplätze Tylissos, Vathypetro und Prophitis Ilias zu. Sie bieten durch ihre Randlagen in erhöhtem Terrain sowie auf Plateaus und Hügeln weite Aussichten über ihre Umgebungen (Abb. 43–44). Die weite Fernsicht von Vathypetro über die westlich liegenden Regionen stechen in dieser Gruppe heraus (Abb. 35). Ähnliche Lagebedingungen sind für weitere Siedlungsplätze festzustellen. Weiter Fernblick war durch erhöhte Lagebedingungen von den Siedlungsplätzen Apodoulou zwischen Kedros- und Idagebirge auf 270 Meter und Krousonas an der östlichen Flanke des Idagebirges auf 730 Meter Höhe möglich[1201]. Der großflächige Siedlungsplatz Galatas südöstlich von Vathypetro entspricht mit seiner Lage auf einem 420 Meter hohen Plateau östlich eines Flusslaufs ebenfalls dieser Kategorie[1202]. Ein weiteres Beispiel ist der Siedlungsplatz Skinias auf 190 Meter Höhe in der südöstlichen Messara südwestlich eines Flusslaufs mit Weitblick über die nördlich und nordöstlich angrenzenden Gebiete (Abb. 37)[1203].

Eine dritte Kategorie umfasst küstennahe Siedlungsplätze im Bereich von Flussmündungen. Zu diesen zählen Amnisos und Nirou Khani an der Nord- sowie Pyrgos und Makrygialos an der Südküste. Alle vier Beispiele haben durch ihre küstennahe Lage marine Verbindungsmöglichkeiten zum Kretischen oder Libyschen Meer. Über benachbarte Flussläufe bestanden potentiell auch fluviale Anbindungen zu den entsprechenden Regionen im Inland Kretas. Den Küsten sind im Norden die Insel Dia und im Süden die Inseln Chrisi und Koufonisi vorgelagert. Im Gegensatz zum flachen Hinterland der kretischen Nordküsten, liegen an der Südküste abgeschlossene gebirgige Gebiete vor. Bei den Siedlungsplätzen Pyrgos und Amnisos deuten lang zurückreichende Siedlungsbefunde auf kontinuierliche Siedlungsaktivitäten im Bereich dieser Flussmündungen hin (Abb. 36).

Weitere Siedlungsplätze sind in ähnlichen Situationen gelegen. Ein Beispiel hierfür bietet die kleinflächige Bucht Karoumes östlich der Schlucht von Chochlakies zwischen Palaikastro und Kato Zakros[1204]. Vor Ort liegen Siedlungsplätze unmittelbar oberhalb des Schluchtverlaufs auf einer Höhe von 25 Meter. Der großflächige Siedlungsplatz Kato Zakros auf einer Höhe von drei Meter und nördlich einer Flussmündung liegt ebenfalls in einer kleinflächigen Bucht[1205]. Im Südwesten Kretas, vier Kilometer nordwestlich von Paleochora, ist im Westen der Flussmündung

---

1201 Godart – Tzedakis 1994; Tzigounaki 1999; Rethemiotakis 2009.

1202 Rethemiotakis 2002; Rethemiotakis 2011.

1203 Knappett 2011b.

1204 Vokotopoulos 2011a; Vokotopoulos 2011b.

1205 Platon 1971.

des Pelekaniotikos ein Fundplatz in ähnlicher Weise lokalisiert[1206]. An der Nordküste Kretas liegen zwischen Rethymnon und Stavromenos, Missiria-Papoura und bei Platanes-Gouledhianos mehrere Fundplätze in Nachbarschaft zu Flussmündungen inmitten flacher Küstenebenen[1207]. Der küstennahe Fundplatz Kamini bei Arvi, zwölf Kilometer westlich von Myrtos, weist durch die Lage auf einem 100 Meter hohen Hügel und durch die Nachbarschaft zu einer Flussmündung auffallende Übereinstimmungen mit dem Siedlungsplatz Pyrgos auf[1208].

Siedlungsplätze in Randgebieten von Küstenebenen bilden eine vierte Kategorie. Hierzu gehören Nerokourou, Achladia, Klimataria und Pitsidia. Durch die veränderte Küstengeomorphologie weisen die gegenwärtigen Lagebedingungen mutmaßlich erhebliche Unterschiede zu den bronzezeitlichen Verhältnissen auf[1209]. Nerokourou und Klimataria bieten dank der Lage in flachen Küstenebenen geringe Distanzen zu den großflächigen küstennahen Siedlungsplätzen bei Petras und Chania. Verbindungen zu Land zwischen diesen Orten mussten wenige Terrainunterschiede bewältigen. Bei Achladia und Pitsidia waren durch die erhöhte Terrainlage im Hinterland die Entfernungen zu den Siedlungsplätzen Petras und Kommos höher. Hier mussten Verbindungen zu Land hingegen mehrere Terrainunterschiede bewältigen. Weitere Siedlungsplätze liegen in ähnlichen Situationen. Der Siedlungsplatz Vasiliki, südöstlich von Gournia, liegt auf einem siebzig Meter hohen Hügel am Rand des Isthmus zwischen Pacheia Ammos und Ierapetra westlich eines Flusslaufs[1210]. Im Westen Kretas zeigt der Fundplatz Siopata 24 Kilometer westlich von Chania, im Südosten von Noxia, eine ähnliche Lage[1211].

Die fünfte Kategorie umfasst großflächige Siedlungsplätze in Tälern in geringer Entfernung zur Küste. In solch einem Kontext liegen der *Little Palace*, die *Unexplored Mansion*, die *Royal Villa* und das *South House* am Siedlungsplatz Knossos. Der großflächige Siedlungsplatz wird an den südlichen, westlichen und östlichen Seiten von Gebirgsterrain umschlossen. Zwei aus dem Süden kommenden Flussläufe treffen sich unmittelbar südlich des Siedlungshügels Kephala. Ein weiterer Siedlungsplatz befindet sich in einer ähnlichen Gesamtsituation. Der großflächige Siedlungsplatz Archanes wird sechs Kilometer südlich von Knossos in einer Senke in Nachbarschaft zu einem Flusslauf auf einer Höhe von 490 Meter ebenfalls an den Seiten von Gebirgszügen eingerahmt[1212].

---

1206 Hood 1967, 49–52.

1207 Hood u. a. 1964, 60–64; Müller 1997, 303.

1208 Hood u. a. 1964, 89–91.

1209 Vergleiche hierzu die grundlegenden Ausführungen bei Kelletat 1979; Mourtzas u. a. 2015.

1210 Hawes u. a. 1908; Zois 1992.

1211 Hood 1965, 105.

1212 Sakellarakis – Sapouna-Sakellarakis 1991; Lahanes 1993; Sakellarakis – Sapouna-Sakellarakis 1997.

Küstenferne Siedlungsplätze in Hinterlandsebenen bilden eine sechste Kategorie. Zu diesen gehören Kannia im Zentrum der Messara und Epano Zakros im Osten Kretas. Bei Kannia ist inmitten einer großflächigen Ebene aufgrund der geringen Terrainunterschiede keine Weitsicht gegeben. Bei Epano Zakros sind dank der Terrainunterschiede vor allem die angrenzeden Gebiete in südlicher Richtung einsehbar. In ähnlichen Situationen befinden sich weitere Siedlungsplätze. Im Zentrum des Amari-Tals wird der großflächige Siedlungsplatz Monastiraki auf 350 Meter Höhe östlich eines Flusslaufs in ähnlicher Weise von seitlichen Gebirgsmassiven eingerahmt[1213]. Zwölf Kilometer östlich von Monastiraki ist im Umfeld von Spili bei Kefalia, nördlich eines Flusslaufs, ein weiterer Fundplatz in einer ähnlichen Situation gelegen[1214]. In der Umgebung von Spili, bei Kostili und Koxara, sind ferner weitere Fundplätze in einem Korridor, welcher an den Seiten von ansteigendem Gebirgsterrain umschlossen wird, lokalisiert[1215]. Auch der Siedlungsplatz Kastelli befindet sich neun Kilometer nordöstlich von Galatas in einer flachen Ebene auf 350 Meter Höhe[1216]. In der Hinterlandsebene zwischen Epano Zakros, Chochlakies und Argilia wurden durch Oberflächenfunde insgesamt 56 weitere Fundstellen identifiziert[1217]. Die Fundplätze bei Pretoria und Kato Kastelliana in der östlichen Messara, im Umfeld des Verlaufs des Geropotamos, sind ebenfalls in diese Kategorie einzuordnen[1218].

Eine siebte Kategorie sind küstenferne Siedlungsplätze in räumlich begrenzten Hochplateaus oder in Nachbarschaft zu Schluchten. Der Siedlungsplatz Zou am Rand einer solchen Schlucht besitzt, obgleich er terrainbedingt im Hinterland gelegen ist, unmittelbare Anbindungsmöglichkeiten an die nördlich situierte Küstenebene. Die Lage des Siedlungsplatzes Sklavokampos am südlichen Rand des Hochplateaus und in Nachbarschaft zu einer Schlucht ist in dieser Kombination inselweit bisher singulär. Weitere Siedlungsplätze sind in ähnlichen Regionen und Gegenden gelegen. Der Siedlungsplatz Kephali-Sphendili auf 220 Meter Höhe südwestlich von Malia liegt in einem unregelmäßig geformten Hochplateau, welches an allen Seiten durch Gebirgszüge eingerahmt wird[1219]. Die Siedlungsplätze Lazanes und Kefali nordwestlich von Myrtos sind auf 430 Meter hohen und 150 Meter voneinander entfernten Hügelspitzen ebenfalls in einem Tal gelegen, welches von Gebirgsterrain umschlossen wird (Abb. 38)[1220].

---

1213 Dunbabin 1947; Kirsten 1951a; Kirsten 1951b.
1214 Hood – Warren 1966, 174 f.
1215 Hood – Warren 1966, 175. 177.
1216 Rethemiotakis 1992.
1217 Schlager 1987, 64. 68–71.
1218 Blackman 1999/2000, 139; Blackman 2000/2001, 133; Blackman 2001/2002, 107. 110.
1219 Bennet 2011/2012, 62. 66; Christakis u. a. 2015, 293. 301.
1220 Vavouranakis 2004.

Siedlungsplätze im Hochgebirge bilden eine achte Kategorie. Im Rahmen der Untersuchungsbeispiele ist lediglich der Siedlungsplatz Zominthos in diese Kategorie einzuordnen. In ähnlichen Gegenden der Insel befinden sich weitere Siedlungsplätze. Der Siedlungsplatz Gaidorouphas nordöstlich von Pyrgos liegt auf 850 Meter Höhe an den südlichen Hängen eines Hügels[1221]. Der am südwestlichen Rand der Hochebeene von Lasithi identifizierte Siedlungsplatz bei Plati liegt ebenfalls auf 850 Meter Höhe[1222]. Der Siedlungsplatz Kato Syme befindet sich auf einer Höhe von 1100 Meter an den südlichen Ausläufern des Diktigebirges ebenso im Hochgebirge[1223].

Durch die Einbeziehung weiterer Fund- und Siedlungsplätze Kretas, die bisher keiner Kategorie zugeordnet wurden, lassen sich drei weitere Gruppen formieren. Eine neunte Kategorie umfasst küstennahe Siedlungsplätze in flachem Terrain. Im Osten Kretas liegen der großflächige Siedlungsplatz Palaikastro sowie der kleinflächige Siedlungsplatz Kouremenos auf 15 Meter Höhe in einer Küstenebene, welche in südlicher, westlicher und nördlicher Richtung durch ansteigendes Terrain umschlossen wird (Abb. 39)[1224]. Weiter nördlich liegen bei Vai und Itanos auf zehn Meter Höhe küstennahe Siedlungsplätze in kleinflächigen Ebenen[1225]. Ähnliche Verhältnisse liegen bei der kleinflächigen Küstenebene bei Xerokampos im äußersten Südosten Kretas vor, in welcher ein küstennaher Siedlungsplatz auf fünf Meter Höhe dokumentiert wurde[1226]. Die Lage in einer vom Land her abgeschlossenen Bucht wiederholt sich zudem bei dem küstennahen Siedlungsplatz Papadiokampos westlich von Petras auf zwei Meter Höhe[1227]. Weiter westlich ist der Fundplatz Tholos im Süden der Südspitze Pseiras ebenfalls in einer flachen Küstenebene situiert[1228]. An der Nordküste Kretas lässt sich der großflächige Siedlungsplatz Malia mit der Lage in einer flachen weiträumigen Ebene auf 15 Meter Höhe ebenfalls in diese Kategorie einordnen[1229]. Im Westen Kretas scheint dies auch für den großflächigen Siedlungsplatz im Stadtgebiet Chanias mit einer küstennahen Lage auf 15 Meter Höhe zuzutreffen[1230].

Siedlungsplätze im Bereich von Steilküsten bilden eine zehnte Kategorie. Zwei solcher Fundplätze wurden in abfallendem Gelände sowie an der gegenwärtigen

1221 Papadatos – Chalikias 2019, 79–81.
1222 Dawkins 1913/1914.
1223 Lebessi 2009.
1224 Hogarth 1902/1903, 329–335.
1225 Wroncka 1959, 529. 532.
1226 Pendlebury 1939, 179. 296; Lehmann 1939, 225; Wroncka 1959, 532.
1227 Brogan u. a. 2011a; Brogan u. a. 2011b.
1228 Haggis 1996, 401–408.
1229 Bradfer-Burdet – Pomadere 2011; Shaw 2015.
1230 Tzedakis – Chryssoulaki 1987.

Küste im Südwesten von Saktouria, nordwestlich von Agia Triada, anhand von Streufunden dokumentiert[1231]. Die elfte Kategorie umfasst Siedlungsplätze in Nachbarschaft zu Inseln. Hierzu zählen die Siedlungsbefunde bei Mochlos auf dem Festland, auf der vor Mochlos liegenden Insel sowie die Siedlungsbefunde auf einer Landzunge an der Ostküste Pseiras[1232]. Der Siedlungsplatz Priniatikos Pyrgos westlich von Gournia gehört mit der Lage auf einer Halbinsel auf zwei Meter Höhe ebenfalls in diese Kategorie[1233]. Gleiches gilt für den Siedlungsplatz Pera Galenoi auf einer ins Meer ragenden Halbinsel an der Nordküste Kretas, nordwestlich von Sklavokampos, auf fünf Meter Höhe[1234].

Eine zwölfte Kategorie sind Fundplätze, die sich auf den vorgelagerten Inseln Dia, bei Katalymata auf Gavdos, an der Nordküste Chrisis sowie auf Koufonisi befinden[1235]. Die Insel Gavdos hat an der Nordküste flache ausgedehnte Küstenebenen und an der südlichen Seite eine Steilküste[1236]. Die Insel Dia besitzt an der Südküste tief eingeschnittene Buchten und auf der gegenüberliegenden Seite Steilküstenabschnitte[1237]. Auf der flachen Insel Chrisi liegen an der Nordküste in einer weiträumigen Bucht Siedlungsplätze[1238]. Von Koufonisi sind an der Nordküste römische Siedlungsbefunde sowie im südwestlichen Bereich spätbronzezeitliche Tholoi überliefert[1239].

Die Kategorisierung spätbronzezeitlicher Siedlungs- und Fundplätze Kretas anhand ihrer geographischen Verhältnisse und der Topographie Kretas lässt folgende Schlüsse zu. Erstens gehen die theoretischen Kategoriegrenzen ineinander über, sodass küstennahe Siedlungsplätze auf Hügeln durch die benachbarten Flussläufe und Mündungsgebiete gleichfalls in die Kategorie der Siedlungsplätze im Bereich von Flussmündungen gehören könnten. Zweitens sind die großflächigen spätbronzezeitlichen Siedlungsplätze auf küstennahen Hügeln, in küstennahen Ebenen sowie in Tälern oder in erhöhter Plateaulage im Hinterland in unterschiedlichen Gebieten situiert. Mit Ausnahme von Galatas und Monastiraki weisen alle zumeist eine küstennahe Lage oder eine geringe Entfernung zur Küste auf. Drittens lässt sich durch den Einbeziehung kleinflächiger Siedlungsplätze eine höhere Gesamtmenge an Siedlungsplätzen in Küstenbereichen und anschließenden Ebenen sowie Tälern erkennen. Viertens wird diese Tendenz jedoch durch neu auftretende

1231 Hood – Warren 1966, 172 f.
1232 Seager 1909; Betancourt 1995; McEnroe u. a. 2001; Soles 2003.
1233 Lehman 1939, 216–219; Hayden – Tsipopoulou 2012.
1234 Banou – Tsivilika 2006
1235 Kopaka – Kossyva 1999.
1236 Pendlebury 1939, 45; Evely 2007/2008, 111; Morgan u. a. 2008/2009, 99 f.; Kopaka 2015.
1237 Evans 1921, 298 f.; Evans 1928a, 238 f.; Pendlebury 1939, 124. 177. 233.
1238 Evely 2009/2010, 171; Apostolakou u. a. 2014, 326; Chalikias 2015, 43 f.; Apostolakou u. a. 2016.
1239 Sanders 1982, 137. 146; French 1991/1992, 64.

Fund- und neu freigelegte Siedlungsplätze im Hochgebirge sowie in unwegsamem oder unerforschtem Gelände laufend in Frage gestellt. Auf Basis dieser theoretischen Überlegungen und der Verteilung der Fund- und Siedlungsplätze scheinen in der späten Bronzezeit Kretas unterschiedliche Regionen und Gegenden als Siedlungsräume genutzt worden zu sein. Ein übergeordnetes oder nur auf bestimmte Regionen, Gegenden und Gebieten konzentriertes Siedlungsverhalten legt diese Betrachtungsweise vor dem gegenwärtigen Forschungsstand nicht nahe.

## 4.2 Siedlungsverhältnisse

Ausgehend von der theoretischen Kategorisierung der Lagebedingungen lassen sich in einzelnen Regionen, Gegenden und Gebieten Differenzen in den Ressourcen diskutieren[1240]. In Küstennähe bestand prinzipiell die Möglichkeit der Gewinnung, Nutzung und Verarbeitung mariner Ressourcen in Form von Meerestieren oder -pflanzen[1241]. Dem entgegen ist im Inland eine Nutzung dieser Ressourcen und Objekte durch die höhere Distanz zur Küste und das dazwischen liegende abfallende beziehungsweise ansteigende Gebirgsterrain unwahrscheinlicher. Die weite Verbreitung von Funden und Befunden im Inland zur Gewinnung, Erzeugung und Lagerung von Wein und Öl deutet auf eine intensive Erwirtschaftung dieser Ressourcen hin. Dies betrifft Orte in Ebenen des Hinterlandes, in hügeligem Terrain sowie auf erhöhten Plateaus[1242]. Diese Beobachtung gilt jedoch durch den Nachweis jener Tätigkeiten in der Bucht von Kato Zakros nicht exklusiv für inländische Siedlungen[1243]. Mit der weitesten Entfernung zu Küstengebieten lagen im angesteigenden und abgeschiedenen Gebirgsterrain sowie dem Hochgebirge Kretas andere klimatische wie geologische Bedingungen für die Nutzung dieser Areale vor[1244].

Die vielfältigen omnipräsenten kretischen Gebirgszüge konstruieren räumlich voneinander abgegrenzte Regionen, Gegenden und Gebiete. An den Küsten werden

1240 Für theoretische Überlegungen über das Verhältnis von Siedlungsplätzen und verfügbaren Ressourcen mit Blick auf die Entwicklung voneinander abweichender Territorien siehe exemplarisch bei Dyson-Hudson – Smith 1978.

1241 Für die marinen Fundobjekte aus Chrisi und Papadiokampos siehe Reese 1987; Reese 1990; Mylona u. a. 2013; Apostolakou u. a. 2014; Apostolakou u. a. 2016.

1242 Siehe einführend dazu Kopaka – Platon 1993.

1243 Kopaka – Platon 1993, 56–59.

1244 Vergleiche die Ausführungen über die Interaktion zwischen Menschen und den sie umgebenden Landschaften im Bereich der kretischen Berge bei Widman 2014, 443–463.

die meisten Buchten unmittelbar durch ansteigendes Gebirgsterrain umschlossen[1245]. An der Ostküste betrifft dies beispielsweise die Buchten von Vai, Palaikastro, Karoumes und Kato Zakros (Abb. 39). Im Inselinneren umgeben Gebirgzüge einzelne Regionen ebenfalls in markanter Form. Die Messara als langgestreckter Korridor erhält im Norden durch das Idagebirge und im Süden durch das Asterousiagebirge Begrenzung (Abb. 37). In gleicher Form gilt dies auch für die kleinflächige Ebene im Osten zwischen Chochlakies und Agrilia. Gleichfalls wird zwischen Sitia und Makrygialos ein Hügelterrain an den westlichen und östlichen Seiten durch Gebirgsmassive umschlossen (Abb. 44). Eine ähnliche Situation entsteht im Isthmus zwischen Pacheia Ammos und Ierapetra. Die Hochebenen von Lasithi und Omalos sind in verwandter Weise von Hochgebirge umschlossen. Das nordzentralkretische Terrain zwischen dem Idagebirge im Westen und dem Diktigebirge im Osten ist neben der Messara das zweite großflächige Areal der Insel, welches durch Hochgebirge begrenzt wird.

Zwischen diesen einzelnen Regionen, Gegenden und Gebieten lassen sich durch die Einbeziehung des omnipräsenten Gebirgsterrains Kretas und der geographischen und orographischen Verhältnisse Kontaktmöglichkeiten diskutieren. An den Küsten bestanden durch die Nähe zum Meer und durch die Lage in Ebenen unterschiedlicher Größe vielfältige Kontakte zu See und zu Land. Inwieweit Flussläufe in Verbindungen eingebunden waren, lässt sich aufgrund weniger geomorphologischer Forschungen über deren Gestalt und Verlauf in der Bronzezeit nicht nachvollziehen[1246]. Bei Regionen im Inland bestanden vornehmlich vielschichtige Kontakte über Landwege, die sich mutmaßlich an der Beschaffenheit des Terrains in mehrere oder nur bestimmte Richtungen orientierten. Im Hochgebirge und im angrenzenden unwegsamen Gebirgsterrain waren die Kontakte auf dem Landweg terrainbedingt eingeschränkter oder auf bestimmte Richtungen und einzelne Gebiete begrenzt.

Mit Blick auf dieses stark vereinfachte Schema liegt es nahe, dass zwischen Regionen, Gebieten und Gegenden, in denen wenige und geringe Gebirgszüge oder andere Landformen lagen, mutmaßlich vielfältigere Kontaktmöglichkeiten und engere Verknüpfungen bestanden. Zu diesen Regionen zählen die großflächige Messara, der nordzentralkretische Raum zwischen Dikti- und Idagebirge, die östlichen Abschnitte der Nordküste und die Ostküste der Insel (Abb. 43). Neben Landverbindungen waren die Areale dem Anschein nach auch über Seewege miteinander verknüpft. Dafür sprechen einerseits die teils unwegsamen küstennahen Gebirgszüge westlich von Iraklion, östlich von Malia und zwischen der Bucht von Mirabello und Sitia. Andererseits deutet die weite Verteilung von Siedlungs- und Fundplätzen

1245 Siehe hierzu die Darstellung der kretischen Küsten bei Kelletat 1979.

1246 Eine der wenigen publizierten Arbeiten sind die geoarchäologischen Untersuchungen im Verlauf des Kairatos an der Nordküste Kretas bei Galanidou u. a. 2014

in klein- wie auch großflächigen Buchten auf eine marine Nutzung dieser Areale (Abb. 39). Naheliegend ist zudem die Einbindung der östlichen Südküste mit der Bucht von Makrygialos, den Inseln Chrisi und Koufonisi und schließlich Ierapetra am südlichen Ende des Isthmus.

Die weiteren Küstenabschnitte im Süden, Südwesten und Westen Kretas weisen trotz diverser Forschungslücken in regelmäßigen Abständen ebenfalls Fundplätze auf. Daher ist es wahrscheinlich, auch hier, zusammen mit der südlich situierten Insel Gavdos, von miteinander verknüpften Arealen auszugehen. In diesen Regionen, Gegenden und Gebieten bestanden dynamische Prozesse der Verbreitung von Ideen, Einflüssen und Objekten. Auf diese Weise sind an unterschiedlichen Siedlungs- und Fundplätzen Übereinstimmungen in Raumkonzeptionen, in der Verwendung und der Verzierung von Architekturelementen, in den Motiven und Symbolen sowie in Kleinobjekten zu erklären.

Zwischen Regionen, Gebieten und Gegenden, in welchen unwegsame und massive Gebirgszonen oder andere Landformen lagen, bestanden hingegen weniger Kontaktmöglichkeiten und lose Verknüpfungen. Zu diesen Regionen gehören die großflächigen Hochgebirge Dikti, Ida und Lefka Ori im Inland sowie andere weiträumige Gebirgszüge in Form des Kedros oder des Thripti[1247]. Weitere Gebirgsgebiete befinden sich Südosten Kretas, zwischen Makrygialos und Mochlos sowie im Westen der Bucht von Mirabello. Weiter westlich gilt dies flächendeckend für die Umgebung des Diktigebirges und in südwestlicher Richtung für das Asterousiagebirge als südliche Begrenzung der Messara. Das Idagebirge im Norden der Messara verläuft in südwestlicher Richtung über das Kedros fast nahtlos bis zu den Lefka Ori. Von dort ziehen sich die Gebirgszüge vor allem im südlichen Teil an die Westküste Kretas und bilden ein besonders gebirgiges Terrain. In diesen Regionen, Gegenden und Gebieten lagen weniger dynamische Prozesse für die Verbreitung von Ideen, Einflüssen und Objekten vor. Auf diese Weise finden an unterschiedlichen Siedlungsplätzen Abweichungen und Variationen von Raumkonzeptionen, Architekturelementen, Motiven, Symbolen und Kleinobjekten eine Eklärung.

Vor dieser stark vereinfachten Aufteilung in zwei Kontaktmöglichkeiten ergeben sich für die Funde und Befunde der Siedlungsplätze folgende Schlußfolgerungen. Die Tongefäße, die in den Keramikphasen SM IA und SM IB stilistische und motivische Übereinstimmungen aufzeigen, stammen von allen Untersuchungsbeispielen und sind ebenso von den anderen Fund- sowie Siedlungsplätzen überliefert. Derartig übereinstimmende Keramikgattungen in unterschiedlichen Regionen, Gebieten und Gegenden mögen auf regelmäßigen, aber auch nur auf latenten lokalen, regionalen und inselweiten Austausch zwischen Orten und Arealen hindeuten.

---

1247 Überlegungen über die Berge Kretas als Wirtschaftsregion sind zu finden bei Chaniotis 1996; Widman 2014.

Mit Blick auf die skizzierten Kontaktmöglichkeiten verlief dieser Transfer in miteinander verknüpften Arealen mutmaßlich in einer dynamischen Form. In den voneinander abgetrennten Gebirgsregionen und zwischen räumlich weit voneinander entfernten Orten waren die Prozesse mutmaßlich weniger dynamisch und zeitlich sowie räumlich eingeschränkt. Für die Verbreitung der Tongefäße sind mit Blick auf die geographischen und orographischen Verhältnisse Kretas vielfältige Möglichkeiten und Prozesse anzunehmen.

Die einzelnen Regionen, Gebiete und Gegenden lassen sich zudem anhand der dokumentierten Raumkonzeptionen und Kleinfunde unterschiedlicher Siedlungsplätze miteinander verknüpfen. So belegen Übereinstimmungen in Raumkonzeptionen in Nerokourou, Nirou Khani, Amnisos, Knossos, Tylissos und Agia Triada Verknüpfungen zwischen Küstenabschnitten und Hinterlandsebenen, welche dem Anschein nach über den See- wie auch den Landweg verliefen[1248]. Übereinstimmungen in anthropomorphen Metallfigurinen aus Tylissos, Agia Triada und Zominthos sowie Ähnlichkeiten von Tongefäßen mit Meeresmotiven aus Agia Triada, Nirou Khani, Pyrgos und Makrygialos sind ebenfalls Hinweise darauf, dass diese Regionen, Gegenden und Gebieten über den Land- wie auch den Seeweg verbunden waren[1249]. Das Auftreten von Triglyphen und Metopen auf Bänken aus Nirou Khani, Agia Triada und Pyrgos unterstreicht die Tendenz, dass zwischen Orten, die über Anbindungsmöglichkeiten auf dem Land- und dem Seeweg verfügten, ein mutmaßlich engerer Kontakt vorlag[1250].

Indessen bleiben Verbindungen zwischen Siedlungsplätzen, welche räumlich weiter voneinander entfernt und durch Gebirgsterrain getrennt waren, mindestens diskutabel[1251]. Diese dürften vielmehr lediglich indirekt bestanden haben. Abweichende Raumkonzeptionen und fehlende Übereinstimmungen in den Baubefunden lassen vor dem gegenwärtigen Kenntnisstand den Schluß von ortsspezifischen Eigenheiten zu. Derartige Entwicklungen mögen auch innerhalb benachbarter oder miteinander agierender Regionen, Gebiete und Gegenden verlaufen sein[1252]. Am Siedlungsplatz Palaikastro schildern die baulichen Änderungen an einer *Minoischen Halle*

---

1248 Vergleiche hierzu Überlegungen abweichender Entwicklungen in Knossos und Malia aufgrund der jeweiligen Ortsspezifika bei Adams 2007, 414 f. Siehe zudem Kontaktverhältnisse zwischen Knossos und der südlich gelegenen Pediada bei Panagiotakis 2004. Vergleiche zudem die Ausführungen zur Verbreitung von Architekturelementen bei Shaw 2015, 163–165.

1249 Siehe hierzu die Ansprache bestimmter Gefäße aus der Keramikphase SM IB als Importgüter knossischer Werkstätten bei Müller 1997, 289 f. 297. 302. 305 f.

1250 Für die Verbreitung der Motive auf den Bänken siehe bei Shaw 2015, 139 f.

1251 Vergleiche die Diskussionen am Beispiel der Motivverbreitung auf Siegeln bei Betts 1967, 26; Niemeier 1985, 218; Cherry 1986, 21–23; Weingarten 1990, 110–112; Weingarten 1991; Wingerath 1995, 55 f.; Hallager 1996, 237 f.; Schoep 1999, 213–217; Krzyszkowska 2008, 141. 151. 179. 187–192; Shaw 2009, 169; Weingarten 2010.

1252 Siehe beispielsweise die Überlegungen zu lokalen Eigenheiten bei McEnroe 1990.

dem Anschein nach eine bewusste Abwendung von zentralkretischen Raumkonzepten und eine Ausbildung ortseigener Architekturformen[1253]. Gemeinsamkeiten bei Raumkonzeptionen und Tongefäßen sowie singuläre Eigenheiten an Siedlungsplätzen in unterschiedlichen Lagebedingungen lassen damit folgenden Schluss zu. Die geographischen und orographischen Verhältnisse Kretas ermöglichten variantenreiche Kontaktmöglichkeiten und begünstigten auf diese Weise heterogene Siedlungsentwicklungen zwischen unterschiedlichen Regionen, Gegenden und Gebieten.

Im Folgenden lassen sich durch die Einbeziehung der gegenwärtigen geographischen Verhältnisse der Untersuchungsbeispiele zusammengehörige oder miteinander agierende Gegenden, Gebiete und Regionen unterschiedlicher Größen und Formen umschreiben. Eine kleinflächige zusammengehörige Gegend könnte der Verlauf des Mirtos gewesen sein, welcher heutzutage an drei Seiten durch Gebirgszüge eingerahmt wird. Der Siedlungsplatz Pyrgos auf einem Hügel im Mündungsbereich des Mirtos mag dabei den strategisch günstigen Schnittpunkt von Land- und Seewegen dieses Areals reflektieren (Abb. 36). Das Hochplateau zwischen Idagebirge und Stroumboulas mit dem Siedlungsplatz Sklavokampos am südlichen Rand mag hingegen ein vereintes kleinflächiges Gebiet darstellen, welches an allen Seiten durch Gebirgsterrain physische Begrenzung erhält. Die Küstenebene und der Flusslauf des Stomion bilden zusammen hingegen ein großflächiges Gebiet. In diesem weist der Siedlungsplatz Petras an der Mündung eine ähnliche Situation wie der Siedlungsplatz bei Pyrgos auf. Im vergleichsweise großflächigen Hinterland liegen hier jedoch bei Klimataria, Achladia und Zou gleich mehrere Siedlungsplätze in Nachbarschaft zum Flusslauf. Die flache Messaraebene zwischen Asterousia- und Idagebirge im südlichen Zentrum ist die mit Abstand großflächigste zusammengehörige Region Kretas. In dieser verbindet der Geropotamos von Osten nach Westen in einem langgestreckten Korridor unterschiedliche Gebiete, ohne von hohen Gebirgszügen oder anderen markanten Landformen unterbrochen zu werden (Abb. 37). Mit Blick auf die Topographie Kretas sind durch die Einbeziehung der geographischen Verhältnisse nicht überall räumlich klar gegliederte Regionen, Gebiete und Gegenden eindeutig voneinander abzugrenzen. Vielmehr begünstigen vielerorts die Verhältnisse fließende Übergänge zwischen verschiedenen räumlichen Einheiten unterschiedlicher Form und Größe.

Auf ähnliche Zusammenhänge weisen die jüngeren Siedlungsentwicklungen- und -verhältnisse der Antike Kretas hin. Aus dem *Palast* von Knossos weisen Tontafeln mit Zeichen der Linearschrift B über 100 kretische Ortsnamen auf, die teils identifiziert und teils nicht lokalisiert wurden[1254]. Im Schiffskatalog der Ilias findet durch die Bezeichnung Κρήτην ἑκατόμπολιν eine potentiell hohe Anzahl kretischer Siedlungen

1253 MacGillivray u. a. 1998, 252 f. 260; Driessen 1999, 229 f.; Knappett – Cunningham 2012, 6. 14 f. 318. 321.

1254 Wilson 1977; MacArthur 1981.

in ähnlicher Weise Berücksichtigung[1255]. Im Zeitraum von 1200–600 v. Chr. deuten auch die archäologischen Befunde und Funde von 90 Heiligtümern im Zentrum und dem Osten Kretas auf zahlreiche Siedlungsplätze hin[1256]. Zusammen mit den Siedlungs- und Grabplätzen lasssen sich für den Zeitraum des 13. – 5. Jahrhunderts v. Chr. fragmentierte Siedlungsverhältnisse und eigenständige Entwicklungen in vielen Bereichen Kretas feststellen[1257]. Darüber hinaus belegen archaische und klassische Gesetzesschriften im Westen, im Zentrum und im Osten die Konflikte zwischen den herausgebildeten Poleis über die wenigen bewirtschaftbaren Gebiete und Meereszugänge[1258]. Auch die *Staatsverträge* sowie klassische und hellenistische Münzen geben Auseinandersetzungen zwischen regionalen Machtzentren und lokalen Ansiedlungen wieder[1259]. Die archäologischen, epigraphischen und schriftlichen Hinweise verdeutlichen somit, dass die hohen Mengen an Siedlungsplätzen in unterschiedlichen Regionen, Gebieten und Gegenden mit variantenreichen Bezügen untereinander eine wesentliche Eigentümlichkeit der antiken Siedlungsverhältnisse Kretas darstellen.

Eben jene Eigentümlichkeit ist mit Blick auf die analysierten Fund- und Siedlungsplätze sowie die geographischen und orographischen Verhältnisse auch für das spätbronzezeitliche Kreta anzunehmen. Dabei ist die Untersuchung dieser Eigentümlichkeit in der Spätbronzezeit durch viele Lücken mit unerforschten Arealen erschwert. Dies betrifft großflächige Regionen im Westen, Südwesten und Süden sowie viele kleinflächige Gebiete und Gegenden in fast allen Inselbereichen (Abb. 40–42). In einigen dieser Lücken sind durch geographische und orographische Übereinstimmungen mit erforschten und dokumentierten Siedlungsräumen spätbronzezeitliche Siedlungsaktivitäten naheliegend. Beispielsweise zeigt die Bucht von Goudouras nördlich von Koufonisi auffallende Übereinstimmungen zu den Küstenebenen von Kato Zakros und Papadiokampos[1260]. An der Südwestküste Kretas präsentiert die Bucht von Plakias mit hügeligem Hinterland Übereinstimmungen mit der Küste von Palaikastro, die benachbarte Küstenebene von Frangokastello weist hingegen Parallelen mit der Küstenebene von Xerokampos auf (Abb. 39)[1261]. Eine andere kleinflächige Küstenebene am Südwestzipfel Kretas bei Gialos in Nachbarschaft zur Halbinsel von Paleochora zeigt Gemeinsamkeiten mit der Situation von Priniatikos Pyrgos[1262]. Im Nordwesten Kretas wiederholen die Küstenabschnitte bei Kissamos, Kolymvari und

1255 Hom. Il. 2, 649.
1256 Prent 2005.
1257 Wallace 2010.
1258 Seelentag 2015; Gagarin – Perlman 2016.
1259 Chaniotis 2005; Cross 2011.
1260 Vergleiche vereinzelte Funde aus der Bucht von Goudouras und Überlegungen über die dortigen Verlandungsprozesse bei Schachermeyr 1938, 479; Wroncka 1959, 536.
1261 Vergleiche die Oberflächenbegehungen in diesen Gebieten bei Hood 1967, 53–56.
1262 Siehe für diesen durch Oberflächenfunde dokumentierten Fundplatz Hood 1967, 48–52.

Chania mit mehreren benachbarten Flussläufen in hügeligem Terrain die Verhältnisse nordzentralkretischer Küstenabschnittte. In ähnlicher Form sind diese auch zwischen Georgioupoli und Petres sowie zwischen Rethymnon und Skaleta zu erkennen[1263].

Zusammenfassend bilden die Untersuchungsbeispiele auch durch die Einbeziehung anderer Fund- und Siedlungsplätze lediglich einen geringen Anteil an der Gesamtmenge der anzunehmenden spätbronzezeitlichen Siedlungen Kretas. Groß- wie auch kleinflächige Lücken erschweren, übergeprägen oder verfälschen weiterhin Interpretationen der spätbronzezeitlichen Siedlungsverhältnisse. Dennoch erlauben die Untersuchungsbeispiele und weitere Fund- und Siedlungsplätze unter Berücksichtigung der geographischen und orographischen Verhältnisse die vereinfachte Systematik von Verbindungs- und Kontaktmöglichten. In miteinander verknüpften Ebenen und Küstenbereichen, welche seit jeher im Forschungsmittelpunkt standen, waren über wenige trennende Landformen hinweg vielfältige dynamische Kontakte möglich. Übereinstimmungen an Orten dieser Gegenden deuten auf ähnliche Entwicklungen unter einer potentiell gegenseitigen Beeinflussung hin.

Dem entgegen waren im Hochgebirge sowie in weiträumigen Gebirgsregionen, welche mit wenigen Ausnahmen bisher selten im Forschungsmittelpunkt standen, Kontakte ob des unwegsamen Geländes eingeschränkter und weit weniger dynamisch. Variationen und Eigenständigkeiten an Siedlungsplätzen deuten auf voneinander abweichende Entwicklungen unter einer mutmaßlich geringen gegenseitigen Beeinflussung hin. Eine klare Dichotomie von dynamischen Kontakten in Ebenen und Küsten und weniger dynamischen Kontakten im Hochgebirge und weiteren Gebirgsregionen ist dennoch keineswegs gegeben. Die mosaikartige Topographie Kretas bietet mit vielfältigem Gebirgsterrain, alternierenden Hügeln und Ebenen sowie abweichenden Küsten eine facettenreiche Grundlage für die Herausbildung vieler semiseparater Regionen, Gebiete und Gegenden mit teils klaren und teils fließenden Übergängen untereinander. Die langgestreckte Landmasse und der Variantenreichtum der geographischen und orographischen Ausprägungen formieren auf Kreta ein besonders abwechslungsreiches Zusammenspiel zwischen einzelnen Regionen, Gebieten, Gegenden und Orten.

[1263] Vergleiche Hood – Warren 1964, 53–67.

# Fazit

## 5.1 Vergleich

In der vorliegenden Arbeit wurden 23 spätbronzezeitliche Gebäude und Siedlungsplätze Kretas, die bisher unter dem Sammelbegriff der *Minoischen Villen* subsumiert wurden, miteinander verglichen. Auf Basis dieser Gegenüberstellung und durch die Einbeziehung der geographischen und orographischen Verhältnisse Kretas wurde eine Revision des Forschungsfeldes der *Minoischen Villen* durchgeführt. Die Untersuchungsbeispiele besitzen in Bezug auf ihre Forschungsstände sowie verfügbaren Publikationen und Informationen vielschichtige Abweichungen untereinander. Daher ist eine gegenüberstellende Überprüfung der Standorte, Baubefunde und Funde von wesentlichen Schwierigkeiten begleitet.

Die Orte im Hochgebirge, auf Plateaus, auf Hügeln, am Berghang, in Tälern oder Küstenebenen weisen variantenreiche Lagebedingungen auf. Weitere Divergenzen kristallisieren sich zwischen großflächigen Gebäuden und kleinflächigen Bauten mit Blick auf ihre freigelegten Größenverhältnisse heraus. Die unklare Ausdehnung vieler Bauwerke und die unbekannte Gestalt der Umgebung schränken die Analyse hierbei wesentlich ein. In Nachbarschaft zu den freigelegten Bauten sind zumeist dennoch weitere Siedlungsbefunde bekannt, die jedoch durch keine Ausgrabungen geprüft wurden. Zusammen mit weiteren Fund- und Siedlungsplätzen in der weiteren Umgebung lassen sich in unterschiedlichen Gebieten und Gegenden teils dichte spätbronzezeitliche Siedlungsverhältnisse erahnen. Eine isolierte Lage der Orte und Baubefunde, die im Laufe des Forschungsdiskurses vielfach beschrieben wurde, ist somit für kein Untersuchungsbeispiel festzustellen.

Die Baumaterialien und Konstruktionsformen zeigen mit Bruchsteinmauern, Quadermauerwerk sowie megalithischen Mauern weitere Unterschiede. Inselweit dienten Bruchsteinmauern, die zumeist in der Binnengliederung der Bauten angewandt wurden, dem grundlegenden Gebäudeaufbau. Bearbeitetes Quadermauerwerk tritt in hohen Mengen vermehrt an Beispielen im zentralkretischen Raum auf, megalithische Bauglieder wurden hingegen häufig an Untersuchungsbeispielen Ostkretas erkannt. Andere Gemeinsamkeiten, die ebenfalls vor allem an Beispielen in Nordzentralkreta auftraten, waren ähnlich gestaltete L- und T-förmige Türwangenbasen sowie eingeritzte Mauerzeichen auf Baugliedern. Weitere Übereinstimmungen, die hingegen eine hohe Verbreitung auf der gesamten Insel aufweisen, lagen beispielsweise in der Verwendung von Säulen und Pfeilern sowie in der Verzierung von Bankkonstruktionen.

Des Weiteren liegen an einigen Untersuchungsbeispielen der verschiedenen Regionen teils übereinstimmende Raumkonzeptionen vor. So sind Varianten großflächiger *Minoischer Hallen* im *Little Palace* in Nordzentralkreta und in der *Villa Reale* in der Messara verbreitet. Bei Nerokourou, Knossos, Tylissos und Nirou Khani in unterschiedlichen Regionen der kretischen Nordküste lagen zudem deutliche Übereinstimmungen in Form kleinflächiger *Minoischer Hallen* vor. In den Regionen Nordzentralkretas und der Messara treten auch in Bezug auf die *Pfeilerkrypten* und *Lustralbäder* Übereinstimmungen untereinander auf.

Von den Gebäuden selbst sind häufig nur die Bauglieder ihrer Keller- und Erdgeschosse erhalten. Der vertikale Gebäudeaufbau ist in den meisten Fällen in Form herabgestürzter Materialien rekonstruierbar. Nur selten, wie am Siedlungsplatz von Knossos, sind Baubefunde des weiteren Gebäudeaufbaus in situ überliefert. Allen voran die *Royal Villa* und das *South House* in auffälliger Hanglage geben durch ihre Baubefunde Einblicke in den vertikalen Gebäudeaufbau. Bei anderen Untersuchungsbeispielen, darunter bei Klimataria, Prophitis Ilias, Pyrgos und Kannia, verbleibt die Gestalt des vertikalen Gebäudeaufbaus hingegen unklar. Dies liegt unter anderem in der unterschiedlichen Lage der Gebäude auf Hügeln, am Hang und flach in der Ebene sowie den fehlenden Nachweisen über Treppenstufen und -aufgänge begründet (Abb. 44).

Die dokumentierten Funde belegen grundlegende Gemeinsamkeiten zwischen den analysierten Siedlungsplätzen. Vielerorts sind Tongefäße in Form von Pithoi, Amphoren, Dreifüßen, Bechern, Schalen, Kannen und Krügen erhalten. Multifunktionale Werkzeuge, Verwaltungsdokumente oder Kleinmobiliar aus Ton sind hingegen in geringen und untereinander varrierenden Mengenverhältnissen überliefert. Die vielen gesiegelten Tonobjekte und Tontafeln aus der *Villa Reale* von Agia Triada bilden einen deutlichen Kontrast zu den wenigen Funden dieser Objektklassen an anderen Untersuchungsbeispielen. Hohe Mengen an Steinobjekten wurden vieleorts als Werkzeuge, Siegel und Gefäße genutzt. Auch in Bezug auf diese Materialien und Objekte entsteht ein Kontrast zwischen wenigen Befundkontexten mit hohen Mengen und vielen Befundkontexten mit geringen Quantitäten. Zu Metallobjekten, die im Vergleich in geringeren Zahlenverhältnissen überliefert sind, zählen Werkzeuge, anthropomorphe und zoomorphe Figurinen sowie Rohmaterialien. Derartige Metallfunde wurden an vielen unterschiedlichen Orten in zumeist geringen Mengen dokumentiert. Einzig die unzähligen Metallfunde aus der *Unexplored Mansion* bilden als Ausnahme einen weiteren deutlichen Kontrast zu den restlichen Untersuchungsbeispielen.

## 5.2 Interpretation

Anhand der Baubefunde und Funde lassen sich in den Gebäuden selbst oder in Nachbarschaft zu diesen mehrere Tätigkeiten interpretieren. Zu diesen gehören vor allem handwerkliche und landwirtschaftliche Prozesse. Im Rahmen dieser waren Keramikfertigungen durch Öfen und Wein- sowie Ölverarbeitungen durch fest installierte Gefäße auf bestimmte Räume begrenzt. Dies ist anhand der Befundkontexte in Zominthos, Prophitis Ilias, Epano Zakros und Vathypetro abzulesen. Andere Tätigkeiten und Prozesse sind zwar in ihren Funden und teils Befunden überliefert, jedoch nicht mit bestimmten Räumlichkeiten in Verbindung zu bringen. Zu diesen weit verbreiteten Tätigkeiten zählten an verschiedenen Orten die Herstellung sowie die Be- und verarbeitung von Textilien, Holz und Steinen.

Die weit verbreiteten handwerklichen und landwirtschaftlichen Tätigkeiten an den Untersuchungsbeispielen und vielen anderen spätbronzeitlichen Siedlungsplätzen Kretas bilden somit eine wesentliche Gemeinsamkeit unterschiedlicher Regionen, Gegenden und Gebiete. Die wenigen Befundkontexte von festen Installationen und Beifunden sowie die vielen Befundkontexte von Streufunden spiegeln dem Anschein nach mehr den Forschungsstand und weiterhin bestehende Forschungslücken als real existierende Unterschiede zwischen einzelnen Orten und Siedlungsplätzen wieder. Auf Basis der heterogenen Fundinventare der Gebäude und Siedlungsplätze sind mit Ausnahme der *Unexplored Mansion* und der *Villa Reale* augenscheinlich keine speziellen Ausrichtungen auf bestimmte Tätigkeiten abzulesen.

Die Divergenzen zwischen den Untersuchungsbeispielen untereinander und weiteren Siedlungsplätzen Kretas lassen sich vielmehr als Hinweise varrierender Entwicklungsmöglichkeiten von Siedlungsplätzen in unterschiedlichen Regionen, Gegenden und Gebieten begreifen. In diesen Arealen waren vorhandene Rahmenbedingungen wesentliche Faktoren für die Herausbildung groß- und kleinflächiger sowie lang- und kurzfristig genutzter Siedlungsplätze. Als günstige Rahmenbedingungen gelten großflächige Ebenen, Täler mit mehreren Flussläufen, geringe Terrainunterschiede in der Umgebung und Schnittpunkte von Land- und Seewegen. Weniger günstige Rahmenbedingungen waren hingegen das unwegsame Terrain der Hochgebirge, hohe Terrainunterschiede in der Umgebung und eingeschränktere Anbindungen über Landwege.

An folgenden Orten lagen günstige Rahmenbedingungen vor, die zur Entwicklung großflächiger und langfristig genutzter Siedlungsplätze fürten. Zu diesen gehören die Siedlungsplätze Agia Triada und Phaistos in Hügellage, die am westlichen Ende der großflächigen Messara unmittelbar an der Küste einen markanten Schnittpunkt von Land- und Seewegen besetzen. In einem Tal Nordzentralkretas mit geringer Distanz zur Nordküste lagen auch für den Siedlungsplatz Knossos am Zusammenfluss zweier Flussläufe günstig Rahmenbedingungen vor. Vor Ort bilden die *Unexplored Mansion*, der *Little Palace*, die *Royal Villa* und das *South House* lediglich Teilelemente eines besonders großflächigen und in der Antike kontinuierlich genutzten Siedlungsplatzes. Bei den nicht weit entfernten Siedlungsplätzen Tylissos und Amnisos deuten drei benachbarte Gebäude und verstreute Baubefunde ebenso auf großflächige Siedlungen hin. Deren Gestalt und Größe sowie die chronologischen Entwicklungen verbleiben im Vergleich zu den Siedlungsplätzen Agia Triada und Knossos im Unklaren. An der Südküste Kretas weist der auf einem Hügel situierte Siedlungsplatz Pyrgos an der Mündung des Mirtos ebenso Hinweise auf langfristige Siedlungsvorgänge auf (Abb. 36). Wie Agia Triada und Phaistos scheint das Mündungsgebiet mit dem benachbarten Hügel einen bedeutenden Schnittpunkt von Land- und Seewegen eingenommen zu haben.

An folgenden Siedlungsplätzen lagen hingegen weniger günstige Rahmenbedingungen vor, die zur Entwicklung kleinflächiger und kurzfristig genutzter Siedlungsplätze führten. Dies betrifft dem Anschein nach die Untersuchungsbeispiele Nerokourou, Klimataria, Achladia, Zou und Prophitis Ilias im Hinterland von Sitia, Pitsidia in der Messara und Sklavokampos im Hochplateau bei Gonies (Abb. 44). Die weiteren Untersuchungsbeispiele entwickelten sich mit mutmaßlich unter ebenfalls günstigen Rahmenbedingungen. Dazu gehören der großflächigen Siedlungsplätze Nirou Khani und Makrygialos unmittelbar an der Nord- und Südküste, Vathypetro im Inland Nordzentralkretas, Kannia in der Messara und Zominthos im Hochgebirge (Abb. 35).

An einzelnen Untersuchungsbeispielen lassen sich die Rahmenbedingungen zusammen mit Funden und Befunden auf unterschiedliche Ausprägungen landwirtschaftlicher Tätigkeiten beziehen. Der Siedlungsplatz Vathypetro mag aufgrund der Größe des Bauwerkes, der Lage auf einem Plateau mit Weitblick über die westlich angrenzenden Täler und der fest installierten Pressvorrichtungen der Wein- und Ölverarbeitung mit großräumig ausgerichteten landwirtschaftlichen Tätigkeiten in Verbindung stehen (Abb. 35). Bei den Siedlungsplätzen Epano Zakros und Prophitis Ilias lagen dem Anschein nach eher kleinräumig ausgerichtete landwirtschaftliche Tätigkeiten vor, da von diesen Orten geringerer Weitblick über die Umgebung möglich war (Abb. 44).

In ähnlicher Weise ist es anhand der Rahmenbedingungen, Funde und Befunde möglich, unterschiedliche Ausprägungen von Tätigkeiten der Lagerung und Vorratshaltung zu differenzieren. Die Pithoi und Amphoren bezeugen in unterschiedlichen Mengen an allen Orten Tätigkeiten der Lagerung. Diese standen dem Anschein nach vor allem mit den essenziellen Bedürfnissen der Speise- und Flüssigkeitsaufnahme in Verbindung. Nur für wenige Gebäude an den Siedlungsplätzen in Agia Triada, Tylissos und Kannia sind Räumlichkeiten, deren hauptsächlicher Zweck in der Lagerung von Gütern in Gefäßen lag, dokumentiert. Diese speziell auf Lagerung von Gütern ausgerichteten Räume lagen in großflächigen Gebäuden inmitten von weiträumigen Küstenebenen und im Hinterland. Es ist naheliegend in diesen Fällen nicht nur von einer Ausrichtung auf die essenziellen Bedürfnisse, sondern vor allem von einer intensiven landwirtschaftlichen Nutzung an diesen Orten und in der Umgebung auszugehen.

Auch Tätigkeiten der Verwaltung lassen sich anhand der Rahmenbedingungen sowie der Funde und Befunde untergliedern. Die gesiegelten Tonobjekte und Tontafeln mit Zeichen der Linearschrift A aus der *Villa Reale* von Agia Triada stellen inselweit die mit Abstand höchsten Mengen dieser Objektklassen dar. Zusammen mit den Lagerstätten an diesem Ort, der Lage inmitten einer großflächigen Küstenebene am Schnittpunkt von See- und Landverbindungen sind großräumig ausgerichtete Verwaltungstätigkeiten naheliegend. An den Siedlungsplätzen Sklavokampos und Tylissos, inmitten vergleichsweise kleinflächiger Gebiete und Gegenden, waren Verwaltungsprozesse aufgrund geringerer Mengen dieser Objekte und weniger Lagerstätten in den Gebäuden kleinräumiger ausgerichtet. In diesen Fällen ist es denkbar, dass die gesiegelten Tonobjekte und Tontafeln mit Zeichen der Linearschrift A in Verwaltungsprozesse der nordzentralkretischen Region involviert waren. Die ähnlichen Funde aus Pyrgos lassen sich hingegen aufgrund der Lage des Ortes an einem anderen Schnittpunkt von See- und Landverbindungen als eine Mischung klein- und großräumig agierender Verwaltungsprozesse auslegen (Abb. 36). An den weiteren Untersuchungsbeispielen bezeugen vereinzelte gesiegelte Tonobjekte Verwaltungsprozesse, die dem Anschein nach auf kleinflächige Gegenden der Umgebung begrenzt waren.

Zusammenfassend deuten an den großflächigen Siedlungsplätzen Agia Triada und Knossos lang zurückreichende Siedlungsphasen, großräumige und teils mehrstöckige Baubefunde sowie variantenreiche und außergewöhnliche Fundmaterialien auf dynamische Siedlungsentwicklungen unter günstigen Rahmenbedingungen hin. An den kleinflächigen Siedlungsplätzen Epano Zakros, Zou und Achladia lagen mutmaßlich undynamischere Entwicklungen unter weniger günstigen Rahmenbedingungen vor. An diesen Orten sind in kleinräumigen Gebäuden nur wenige Hinweise auf lang zurückgehende Siedlungsaktivitäten und nur wenige variantenreiche und außergewöhnliche Objekte bekannt.

Zwischen diesen beiden theoretischen Entwicklungsmöglichkeiten von Siedlungsplätzen sind die weiteren Untersuchungsbeispiele einzuordnen. Deren Einteilung ist aufgrund der unklaren Informationen zu Größe und Ausdehnung der Gebäude und Siedlungsplätze vor erhebliche Probleme gestellt. Die restlichen Untersuchungsbeispiele von Zominthos, Tylissos, Amnisos, Nirou Khani, Vathypetro, Pyrgos und Makrygialos scheinen sich, aufgrund der Lage in miteinander verbundenen Regionen oder Gegenden und aufgrund übereinstimmender Befund- und Fundzusammenhänge, eher dynamisch unter günstigen Rahmenbedingungen entwickelt zu haben. Die Siedlungsplätze Sklavokampos, Pitsidia, Kannia und Klimataria sind aufgrund ihrer Lagebedingungen und aufgrund ihrer Fundzusammenhänge mutmaßlich der zweitgenannten Gruppe mit undynamischeren Entwicklungen unter weniger günstigen Rahmenbedingungen näher.

Die dargelegten theoretischen Differenzierungsmöglichkeiten der Siedlungsplätze unterstreichen Schwierigkeiten bei der Einordnung der Untersuchungsbeispiele in eine zusammenhängende Kategorie an Gebäuden oder Siedlungsplätzen. Diese Schwierigkeiten liegen vordergründig in den heterogenen Forschungsständen und Informationshintergründen zu den Gebäuden und Siedlungsplätzen begründet. Dieser Sachverhalt lässt an der wissenschaftlichen Grundlage zweifeln, auf welcher die Untersuchungsbeispiele als konstruierte Gruppierung überhaupt Bestand haben sollten. Interpretationen gleichartiger Entwicklungen, die über weite Regionen, Gegenden und Gebiete Kretas hinweg verliefen, sind vor diesem Hintergrund zweifelhaft. Vielmehr verdeutlichen die theoretischen Differenzierungsmöglichkeiten, dass in variierenden Regionen, Gebieten und Gegenden Kretas ortspezifische Rahmenbedingungen abweichende Entwicklungsmöglichkeiten unterschiedlicher Siedlungsplätze bereitsstellten.

Die Tongefäße der Keramikphasen MM III–SM I, die in den Gebäuden dokumentiert wurden, dienen seit jeher als wesentliche Grundlage zur Datierung der Bauwerke und Siedlungsplätze. Ein tatsächlich zeitgleicher Nutzungshorizont der Untersuchungsbeispiele lässt sich aufgrund ausführlicher stratigraphischer Beobachtungen und aufgrund der räumlichen Nähe einiger Baubefunde nur bei wenigen Beispielen an den großflächigen Siedlungsplätzen Knossos, Tylissos oder Agia Triada erkennen. Bei weit voneinander entfernten Orten sind durch verzögerte Transferprozesse an Informationen und aufgrund ortsspezifischer Siedlungsentwicklungen hingegen Verschiebungen der Nutzungszeiträume wahrscheinlicher. Zeitliche Übereinstimmungen zwischen Siedlungsplätzen in weit voneinander entfernten Küstenebenen und Orten im Hochgebirge sind somit zweifelhaft. Die problematische Terminologie der Zeit- und Keramikphasen der Spätbronzezeit Kretas und die unterschiedlichen Anwendung dieser Termini in wisssenschaftlichen Untersuchungen der spätbronzezeitlichen Siedlungsplätze stellt eine wesentliche Erschwernis der vergleichenden Analyse dar.

Weitere Diskussionspunkte der Chronologie, die auf Basis des gegenwärtigen Forschungsstandes offen bleiben, betreffen baugeschichtliche Entwicklungen und Zerstörungsursachen der Gebäude. Einheitliche Gründe und Zeitpunkte der Zerstörungen aller Untersuchungsbeispiele sind aufgrund der Differenzen in ihren Lagebedingungen und Siedlungsaktivitäten unwahrscheinlich. Vielmehr sind Verkettungen unterschiedlicher Ursachen für die Zerstörungen anzunehmen, deren

Erforschung eine erweiterte Kenntnis der lokalen und regionalen Entwicklungen in unterschiedlichen Gegenden und Gebieten bedarf.

Ein weiteres ungeklärtes Forschungsfeld betrifft im Kontext baugeschichtlicher Entwicklungen der Gebäude Funde und Befunde frühere und spätere Siedlungsaktivitäten am selben Ort und in denselben Baugliedern. Diese sind zumeist nur in geringen Mengen oder einzelnen Abschnitten dokumentiert, liefern aber bedeutende Hinweise über Entscheidungen an diesen Plätzen, mehrfach, kontinuierlich oder nur unter bestimmten Bedingungen zu siedeln. Die für viele Bauwerke vorgetragene Trennung in Vorgängerbauten, *Villen* und verstreute Nachfolgesiedlungen am gleichen Ort ist den meisten Fällen nicht mit Baubefunden und Funden zu belegen und damit zweifelhaft. Vor diesem problematischen Hintergrund ist eine zeitliche Begrenzung der *Villen* auf die *Neupalastzeit* und eine Ansprache als Phänomen dieser Zeitphase zumindest kritisch zu betrachten.

Die Analyse der Untersuchungsbeispiele identifizierte an den Siedlungsplätzen einige grundlegende Übereinstimmungen. Zu diesen gehören vor allem Tätigkeiten und Prozesse der Produktion, Nutzung, Lagerung und Verwaltung landwirtschaftlicher Erzeugnisse. Damit sind oberflächlich durchaus bestimmte Eigenschaften gegeben, die mit römischen *villae rusticae* und großflächigen Gebäudekomplexen der venezianischen Epoche als Zentren landwirtschaftlicher Betriebe assoziiert wurden. Stärker jedoch zeigen die herausgearbeiteten mehrschichtigen Divergenzen zwischen den Untersuchungsbeispielen, dass es sich, trotz dieser übereinstimmenden Tätigkeiten und Prozesse, bei den bronzezeitlichen Gebäuden keineswegs um eine einheitliche Gebäudegruppe handelt, die aus gleichen Ambitionen heraus errichtet oder durch eine übergeordnete Vorgabe in verschiedenen Regionen, Gebieten und Gegenden Kretas erbaut wurden. Aufgrund dieser Zusammenschau ist die Verwendung des Begriffs *Villa* als subsumierende Bezeichnung einer Gebäudekategorie und als funktional-interpretativer Begriff von Bauwerken und Orten im Kontext bronzezeitlicher Archäologie Kretas abzulehnen. Vor dem gegenwärtigen Informationshintergrund sind fortwährende klassifizierende oder interpretative Bezeichnungen der analysierten Bauwerke wenig zielführend. Vielmehr sollten die Orte als Siedlungen und die Bauformationen als Gebäude unbekannter Gesamtgestalt und Ausdehnung eine wertfreie Ansprache erfahren.

Weitere Analysen der Untersuchungsbeispiele sind von der Durchführung mehrerer Forschungsansätze abhängig. Forschungsdesiderate der einzelnen Untersuchungsbeispiele umfassen Oberflächenbegehungen, geophysikalische Prospektionen und räumlich begrenzte Ausgrabungen zur Klärung der Größe von Gebäuden und der Ausdehnung von Siedlungsplätzen. Durch die Lage in flachen Ebenen bieten sich vor allem bei Nerokourou, Kannia und Amnisos geophysikalische Messungen an. Geoarchäologische Arbeiten an den Siedlungsplätzen und in der kleinräumigen Umgebung dienen zudem der Analyse der unmittelbaren spätbronzezeitlichen Siedlungskontexte. In diesem Rahmen bieten sich die Flussmündungen und -täler an den Siedlungsplätzen Pyrgos, Amnisos und Klimataria als Untersuchungsgebiete an (Abb. 36). Über die Anfertigung von Steinplänen im Zuge von Bauaufnahmen sind ausführliche architektonische Vergleichsstudien möglich. Partielle Tiefenschnitte innerhalb der Baubefunde können neue stratigraphische Informationen zur orts- und gebäudespezifischen Baugeschichte liefern. Revisionen der Tongefäße unterschiedlicher Orte erweitern durch die Einbeziehung neuer Ergebnisse der Keramikforschung die Kenntnisse über die ortsspezifische Chronologie. Archäometrische Analysen der Tonobjekte können darüber hinaus Hinweise über die Verteilung und Herkunft einzelner Gefäße sowie über die Verhältnisse zwischen Siedlungsplätzen liefern.

Durch die Einbeziehung der gegenwärtigen geographischen Verhältnisse wird ein tieferes Verständnis für die Siedlungsplätze und deren Verhältnisse untereinander ermöglicht. Studien räumlich begrenzter und abgegrenzter Gegenden und Gebiete bieten dabei ergiebige Perspektiven für neuerliche Interpretation der spätbronzezeitlichen Siedlungsplätze und deren Verhältnisse untereinander. Die Fokussierung lokaler und regionaler Untersuchungsebenen dient der Erweiterung der Informationbasis orts- und regionsspezifischer Verhältnisse und Entwicklungen. Die Sammlung fundierter Informationen über räumlich begrenzte Gegenden und Gebiete sollte die Ausgangsbasis von Überlegungen über großflächige Verknüpfungen einzelner Regionen und schließlich über inselweite Beziehungen dieser Regionen sein.

# Anhang

# Abbildungen

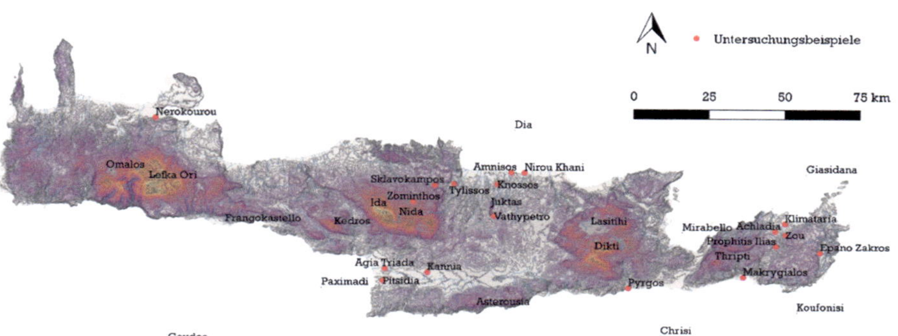


Abb. 1: Übersichtskarte von Kreta

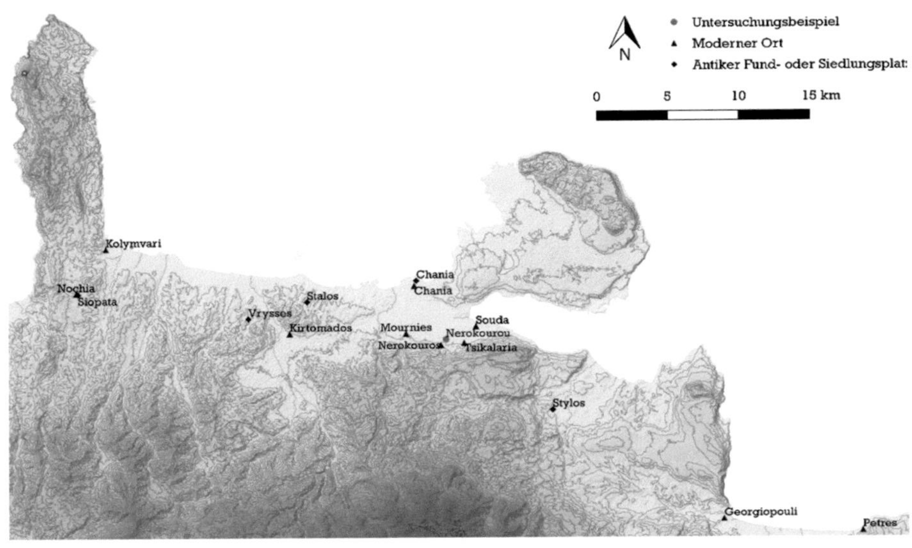


Abb. 2: Umgebungskarte von Nerokourou und Chania, Westkreta

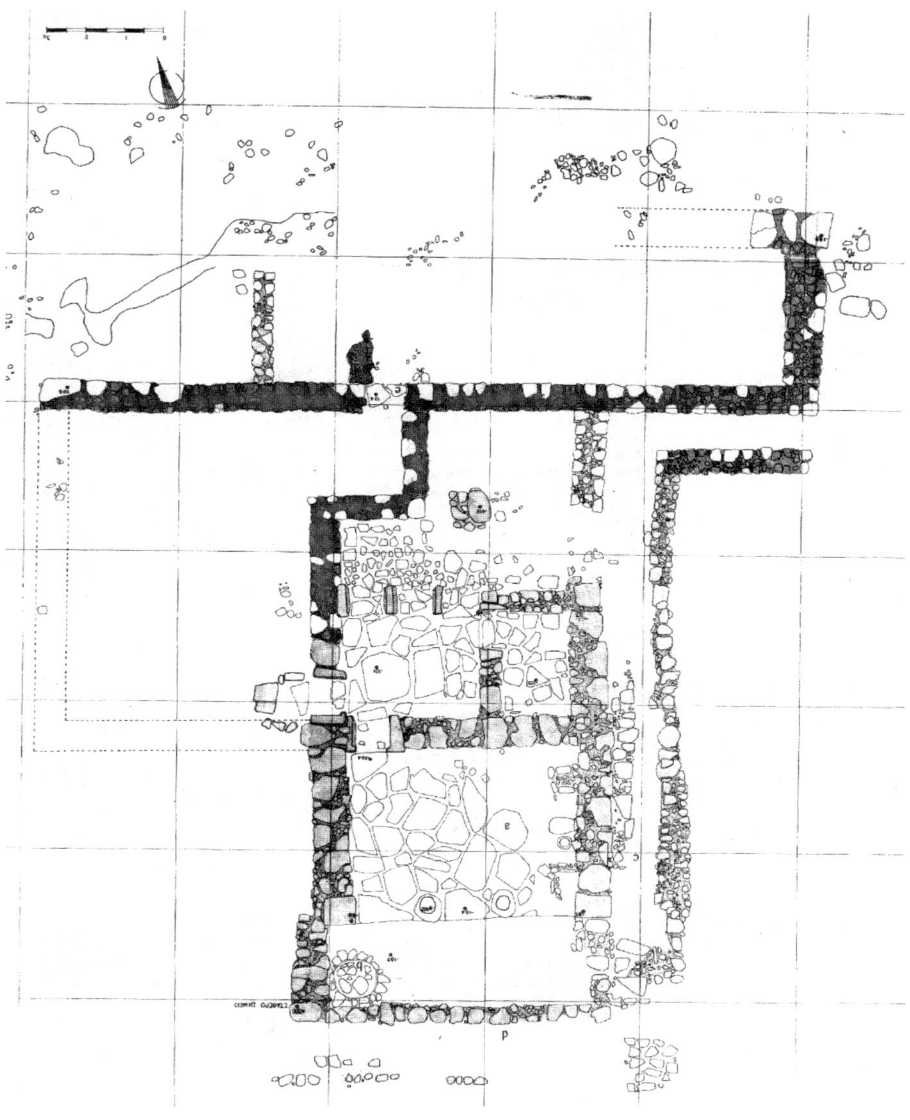

Abb. 3: Steinplan des Baubefundes von Nerokourou

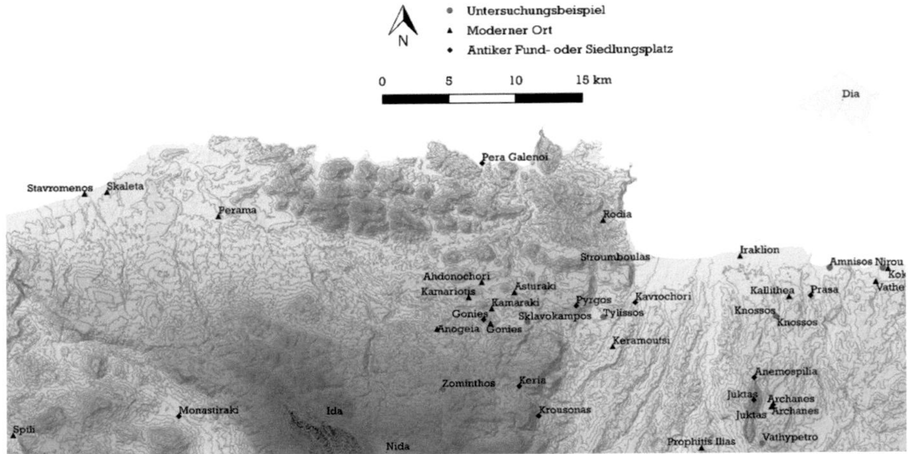


Abb. 4: Umgebungskarte von Zominthos, Sklavokampos und Tylissos, Nordzentralkreta

Abb. 5: Steinplan des Baubefundes von Zominthos, Stand 2006

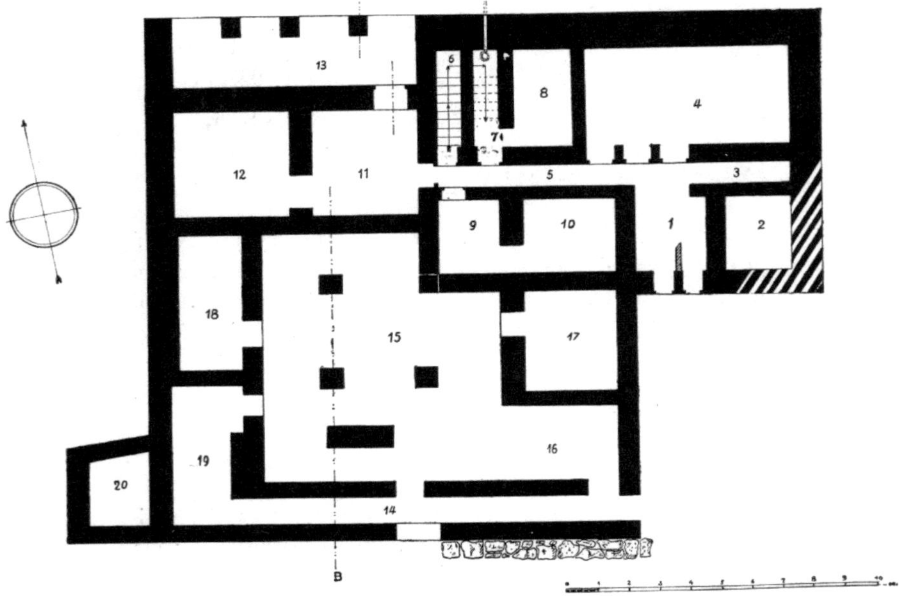


Abb. 6: Plan des Baubefundes von Sklavokambos

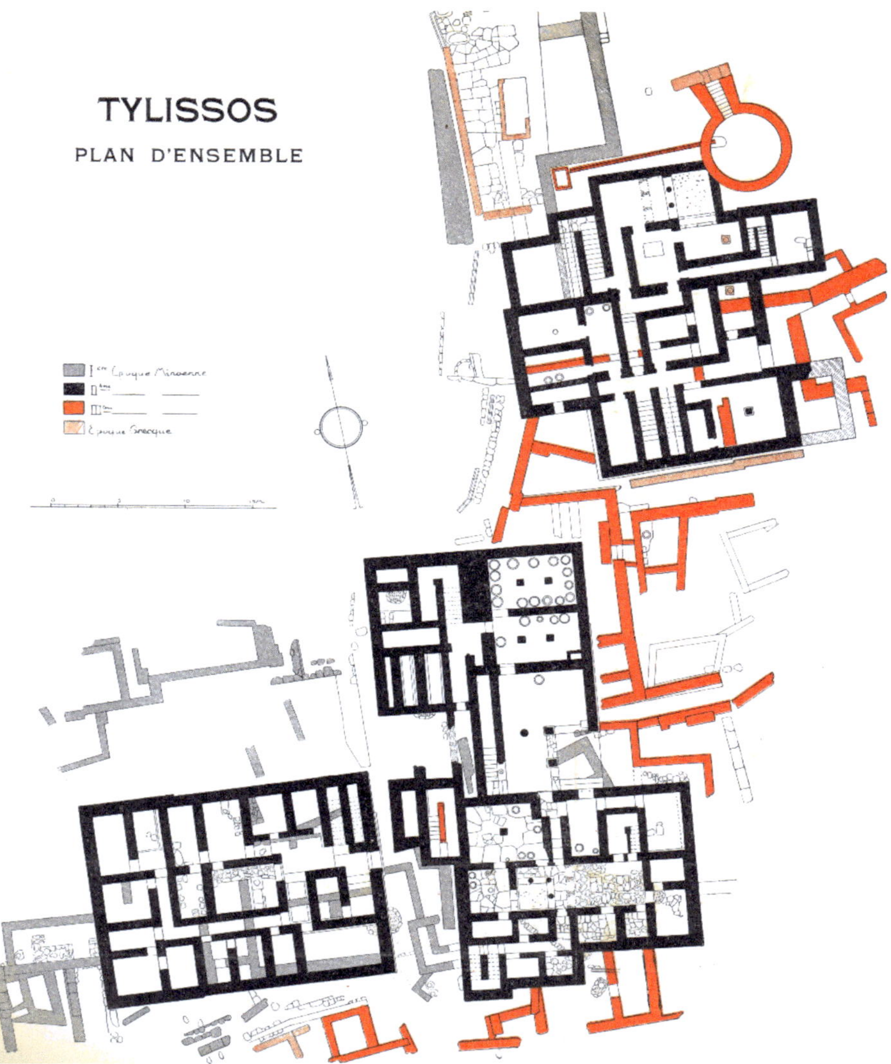


Abb. 7: Übersichts- und Phasenplan von Tylissos

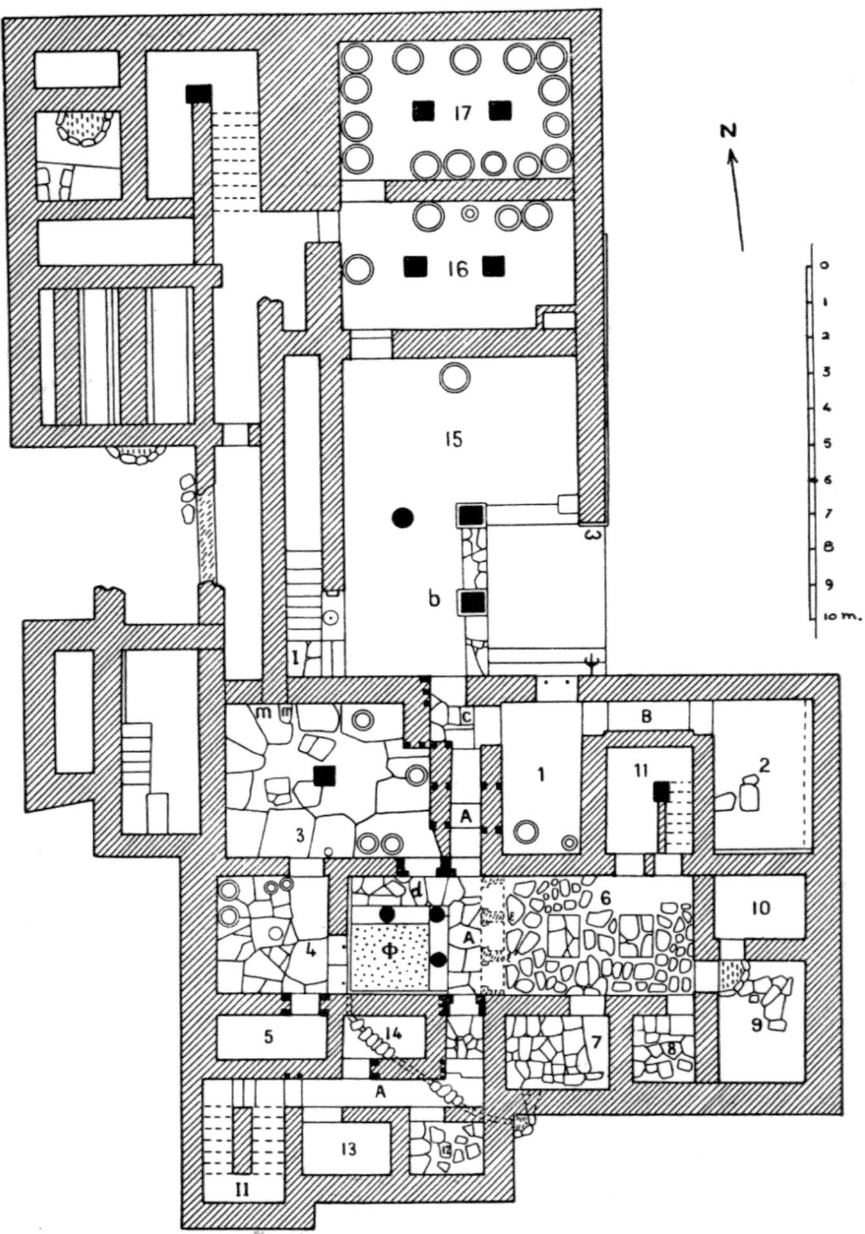


Abb. 8: Plan der *Villa A* von Tylissos

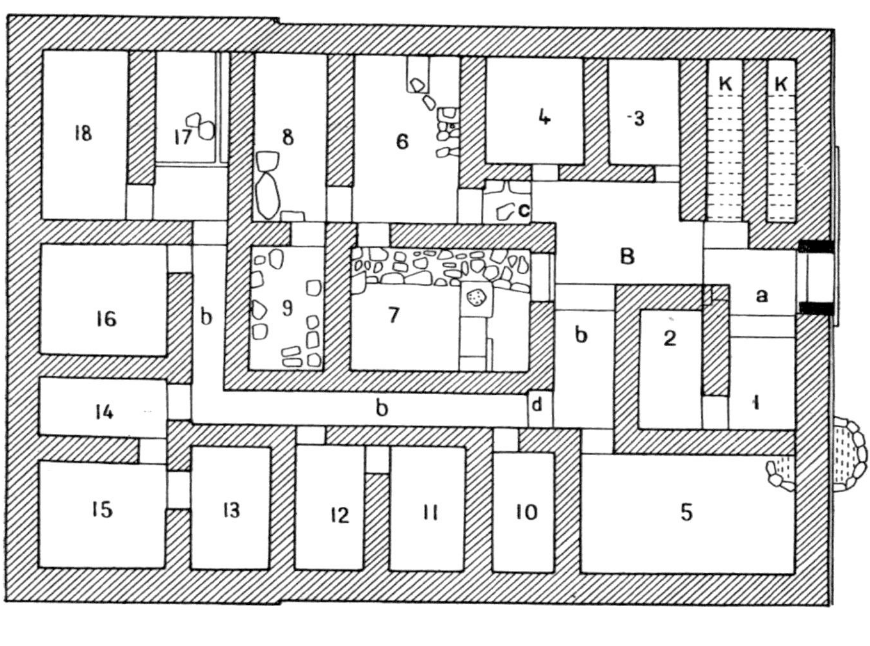


Abb. 9: Plan der *Villa B* von Tylissos

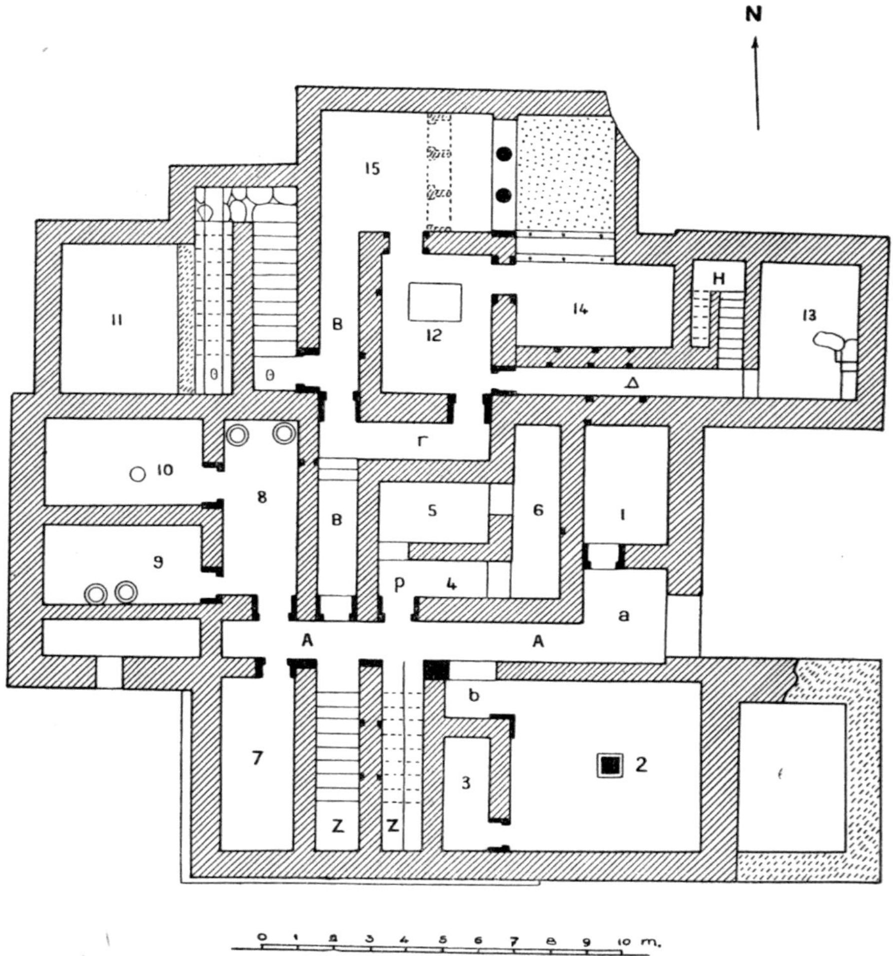


Abb. 10: Plan der *Villa C* von Tylissos

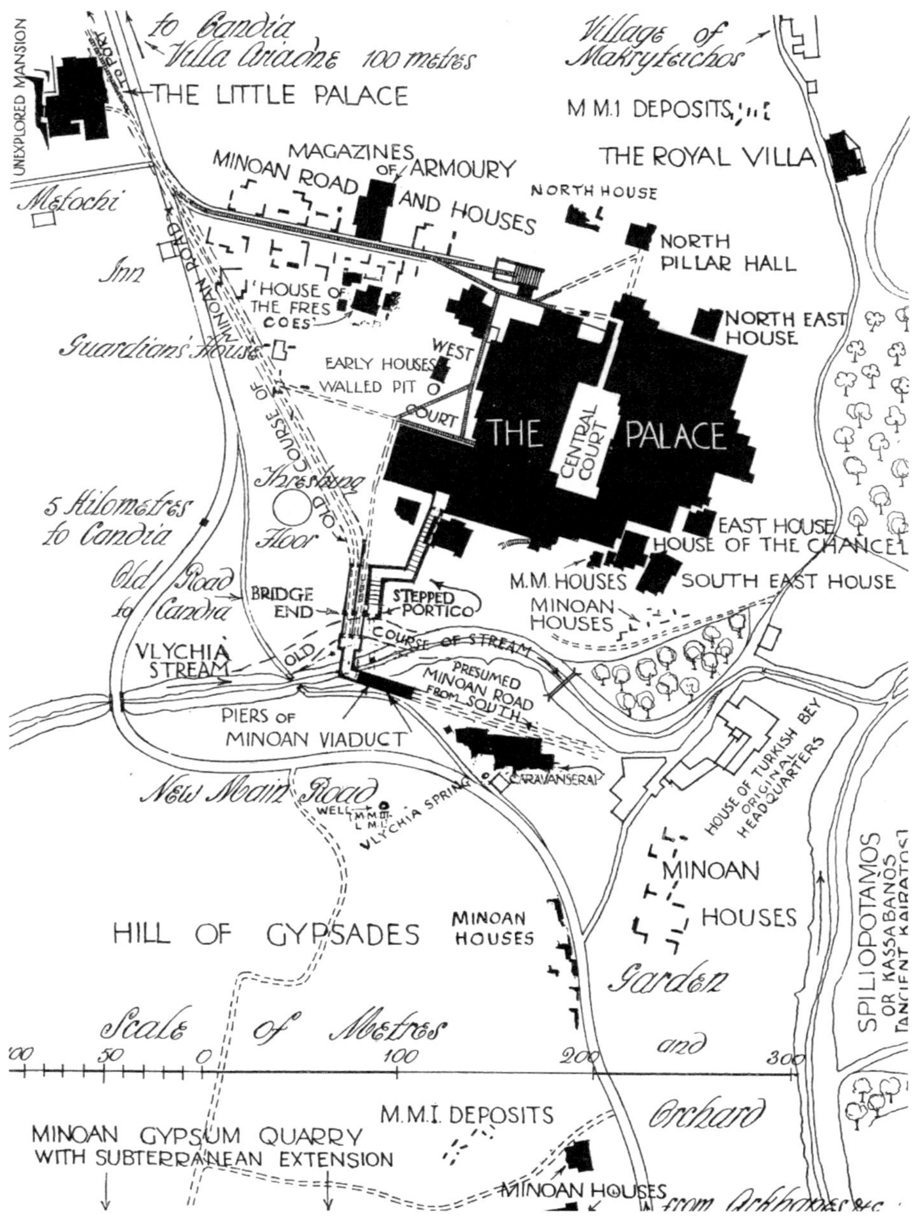


Abb. 11: Übersichtsplan von Knossos

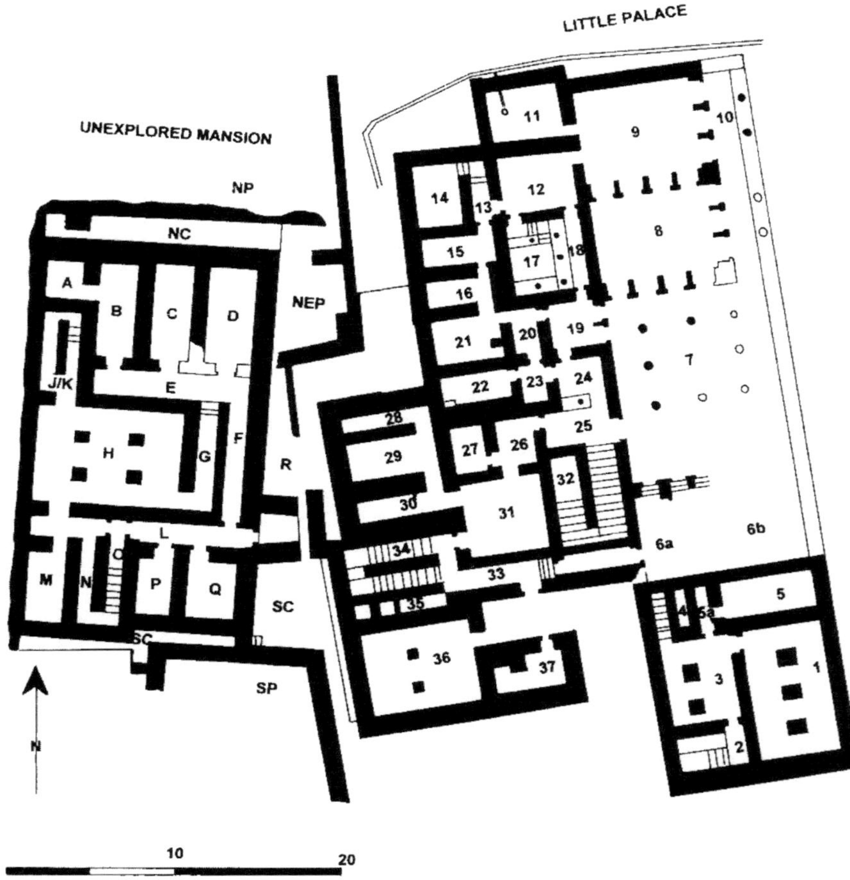


Abb. 12: Plan der *Unexplored Mansion* und des *Little Palace*

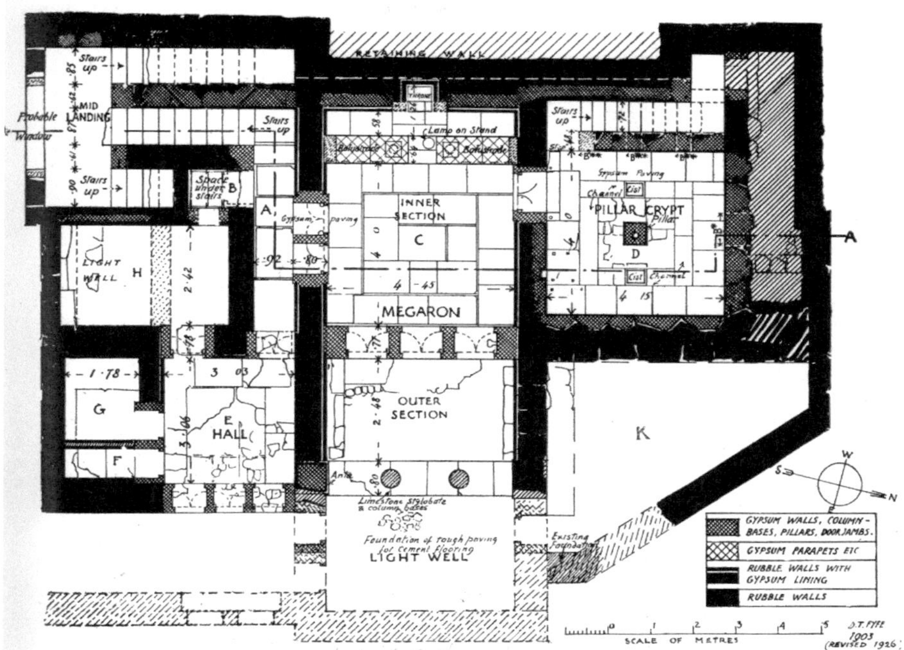


Abb. 13: Plan der *Royal Villa*

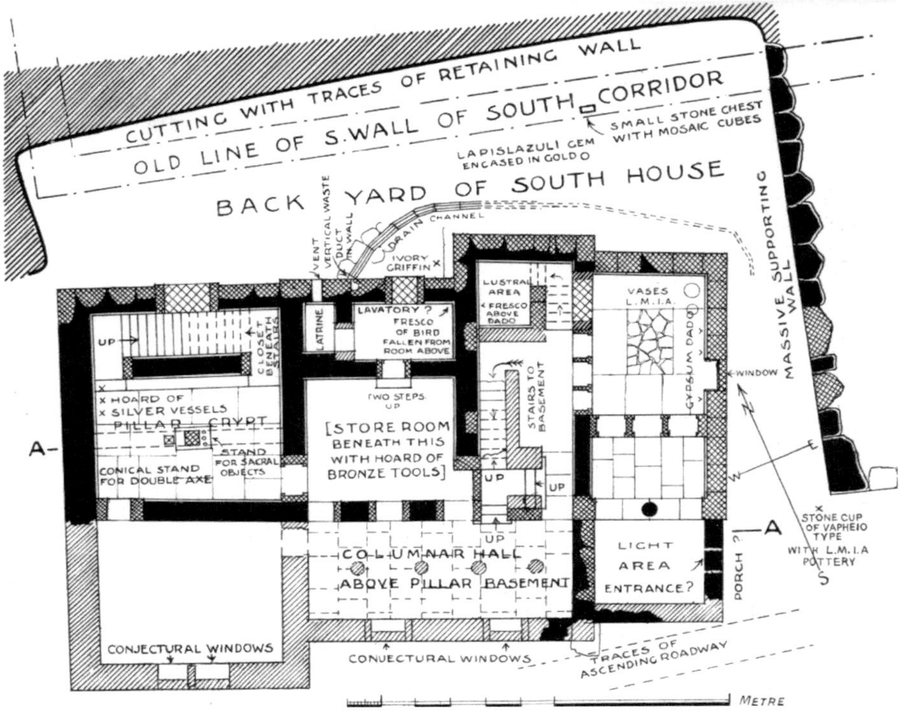


Abb. 14: Plan des *South House*

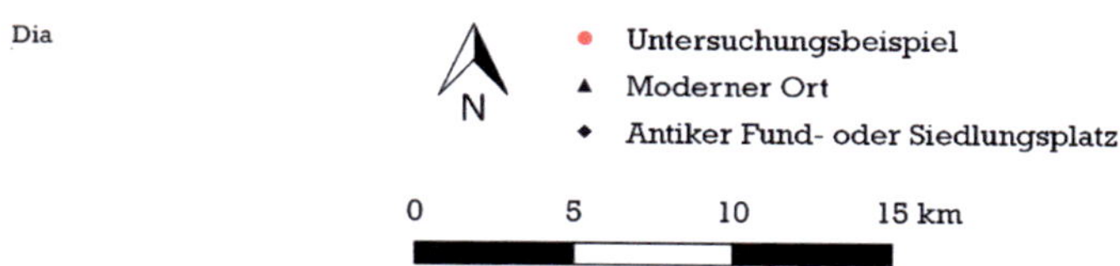


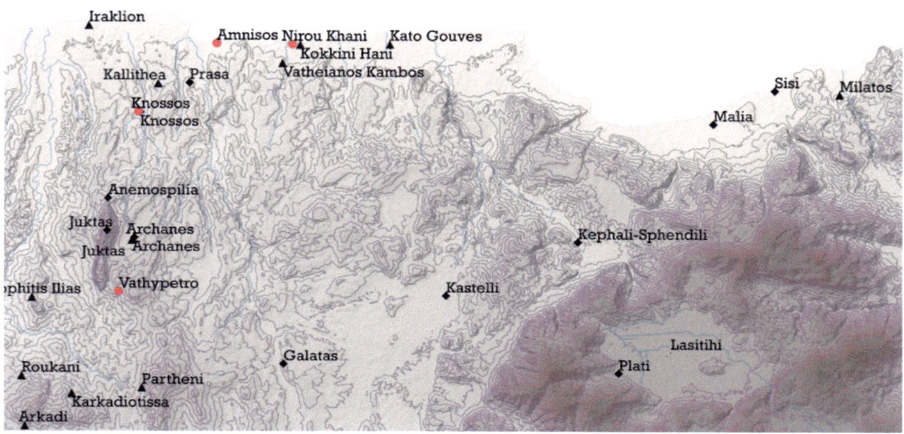


Abb. 15: Umgebungskarte von Knossos, Amnisos und Nirou Khani, Nordzentralkreta

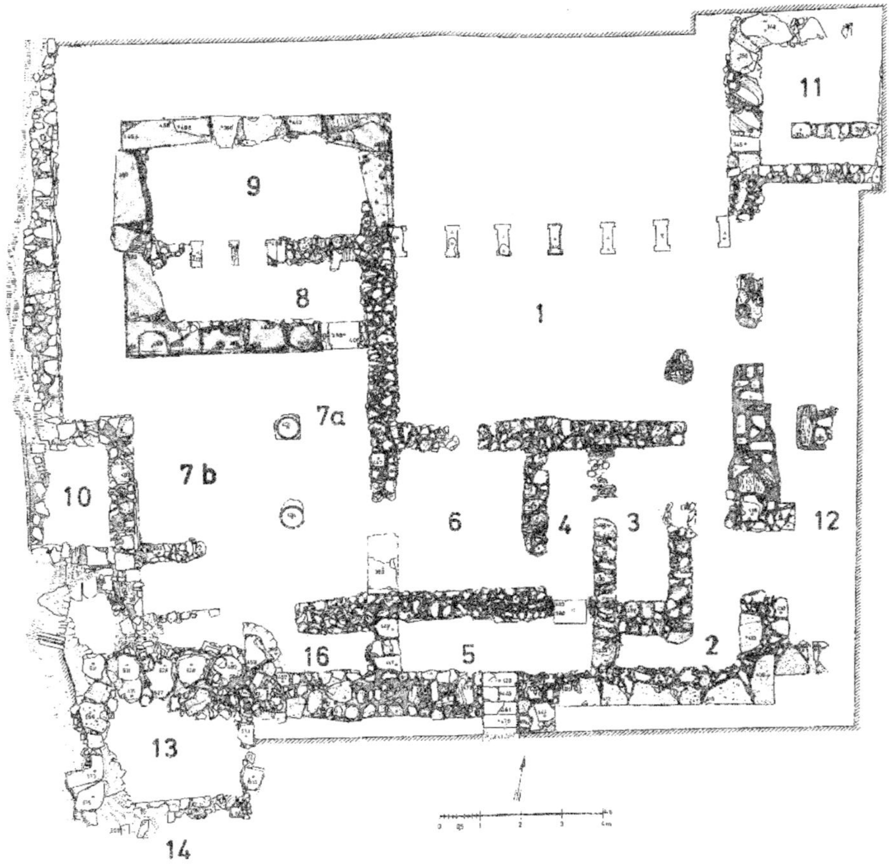


Abb. 16: Steinplan des Baubefundes von Amnisos

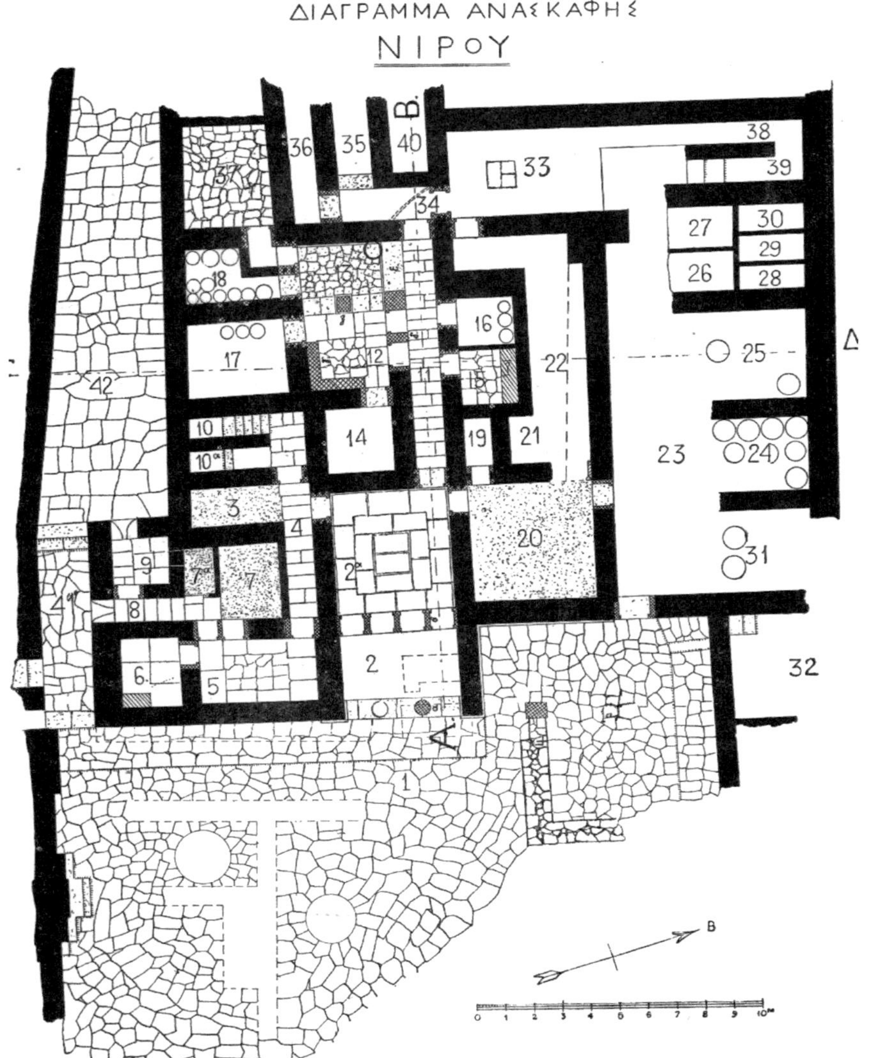


Abb. 17: Plan des Baubefundes von Nirou Khani

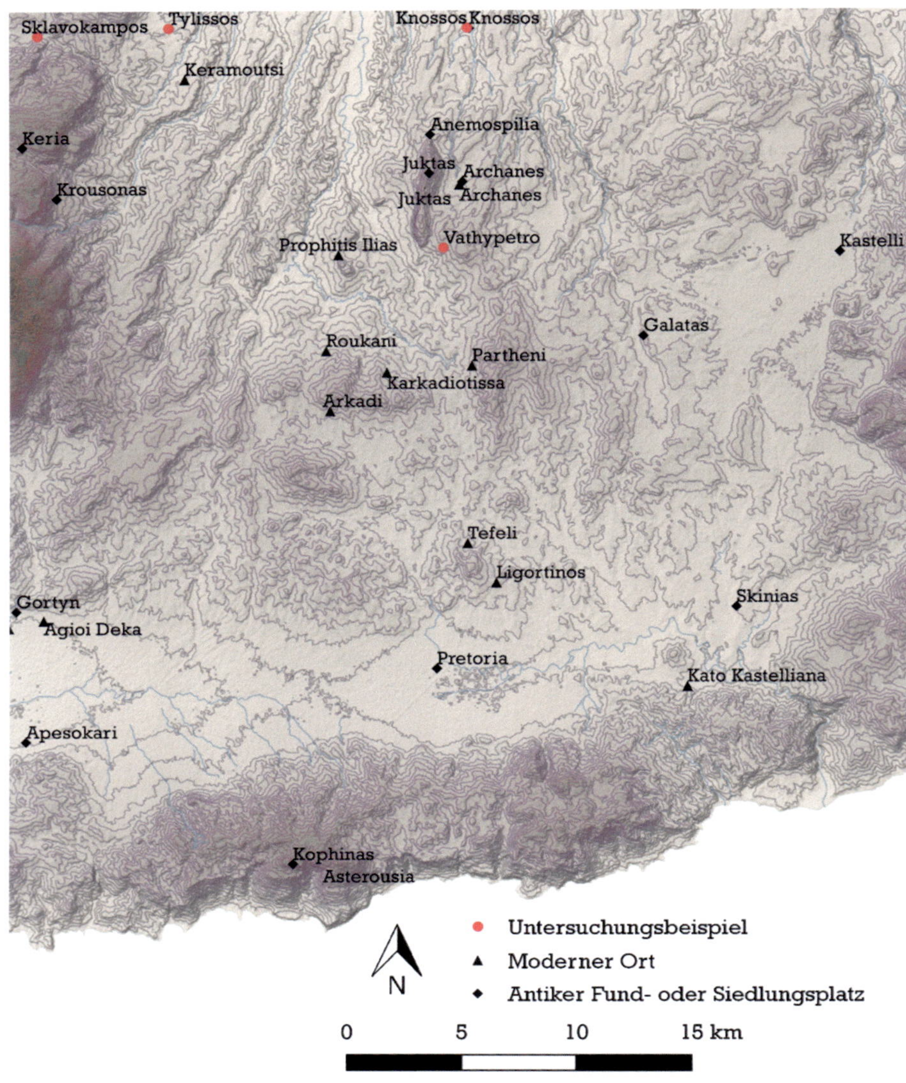


Abb. 18: Umgebungskarte von Vathypetro, Zentralkreta

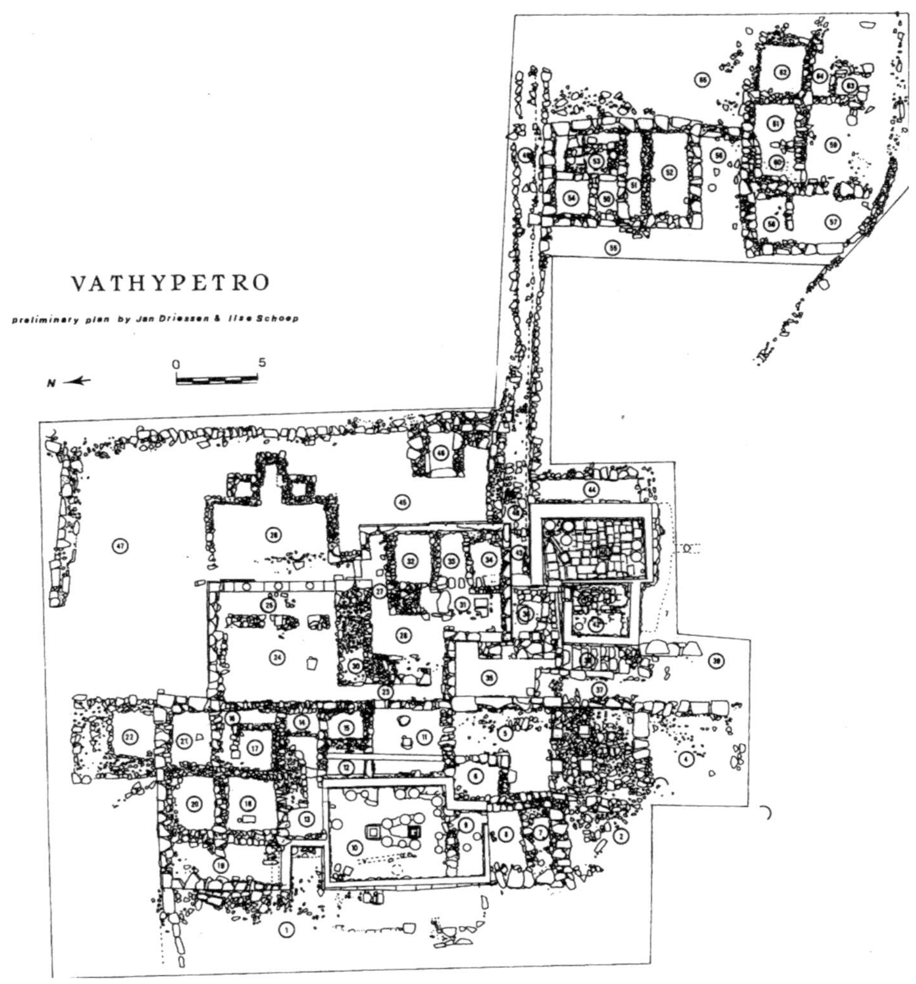


Abb. 19: Steinplan des Baubefundes von Vathypetro

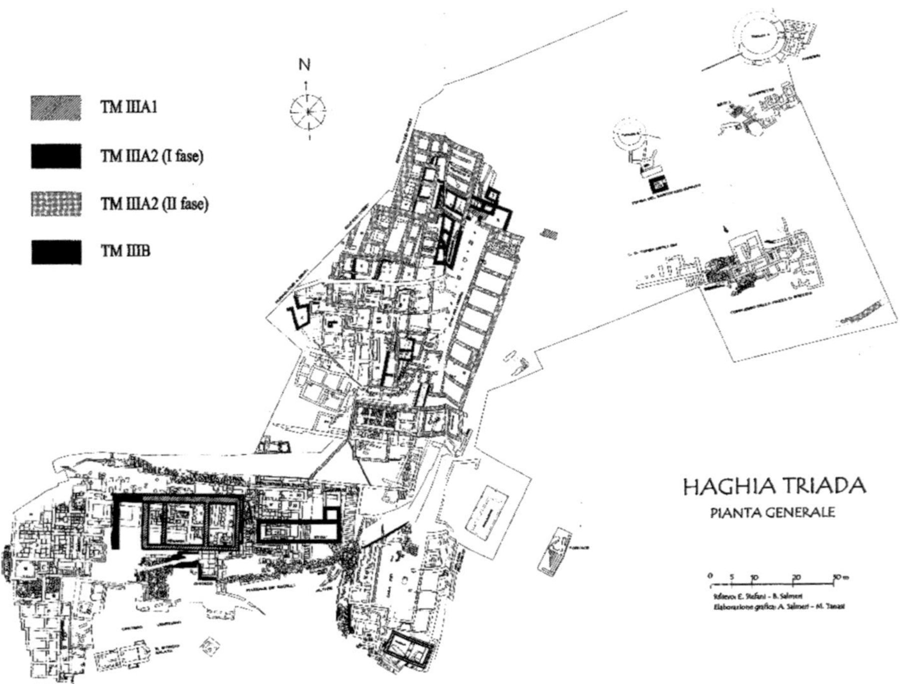


Abb. 20: Übersichts- und Phasenplan von Agia Triada

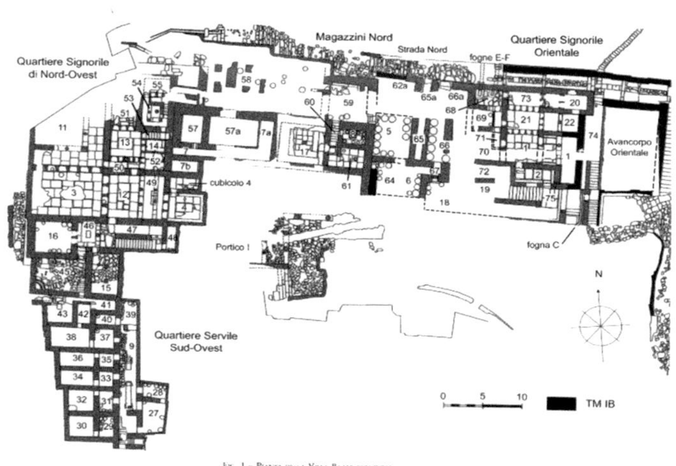


Abb. 21: Plan der *Villa Reale*

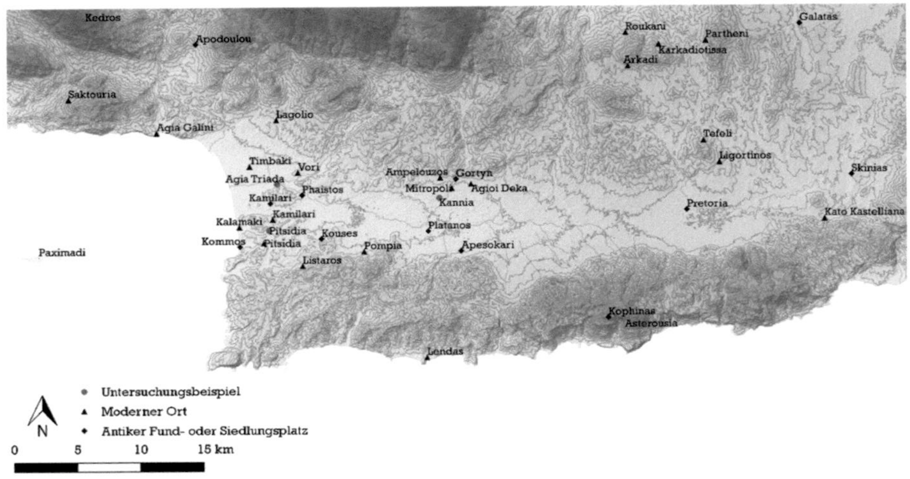


Abb. 22: Umgebungskarte von Agia Triada, Pitsidia und Kannia, Südzentralkreta

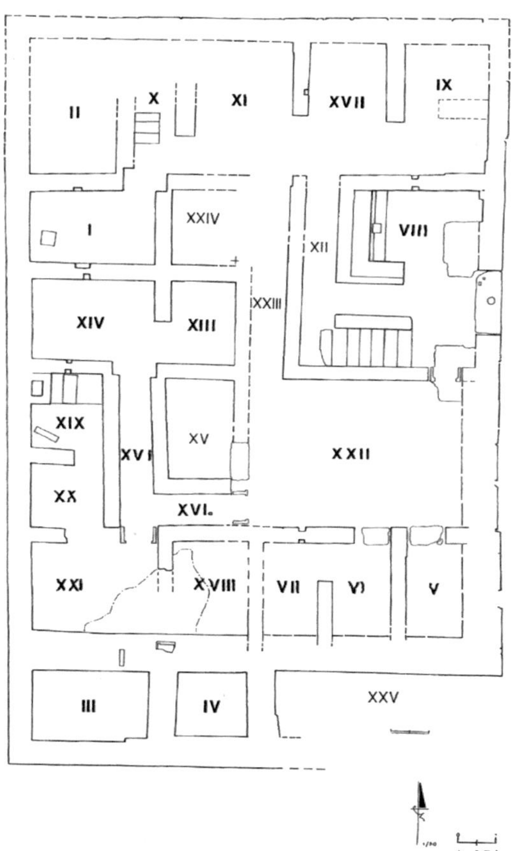


Abb. 23: Plan des Baubefundes von Pitsidia

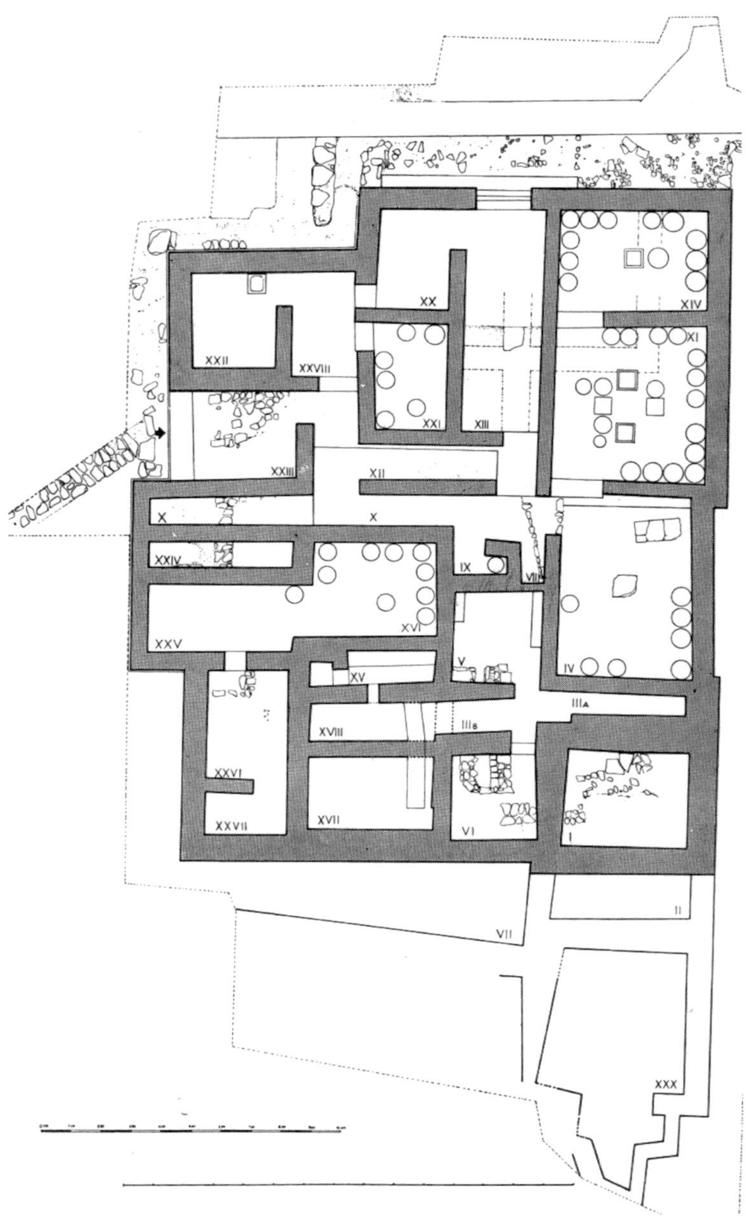


Abb. 24: Plan des Baubefundes von Kannia

Abb. 25: Umgebungskarte von Pyrgos, Südkreta

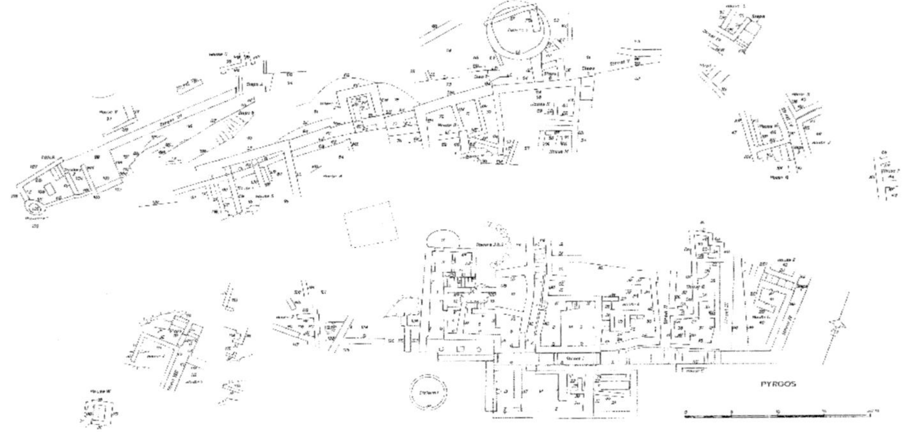


Abb. 26: Übersichtsplan von Pyrgos

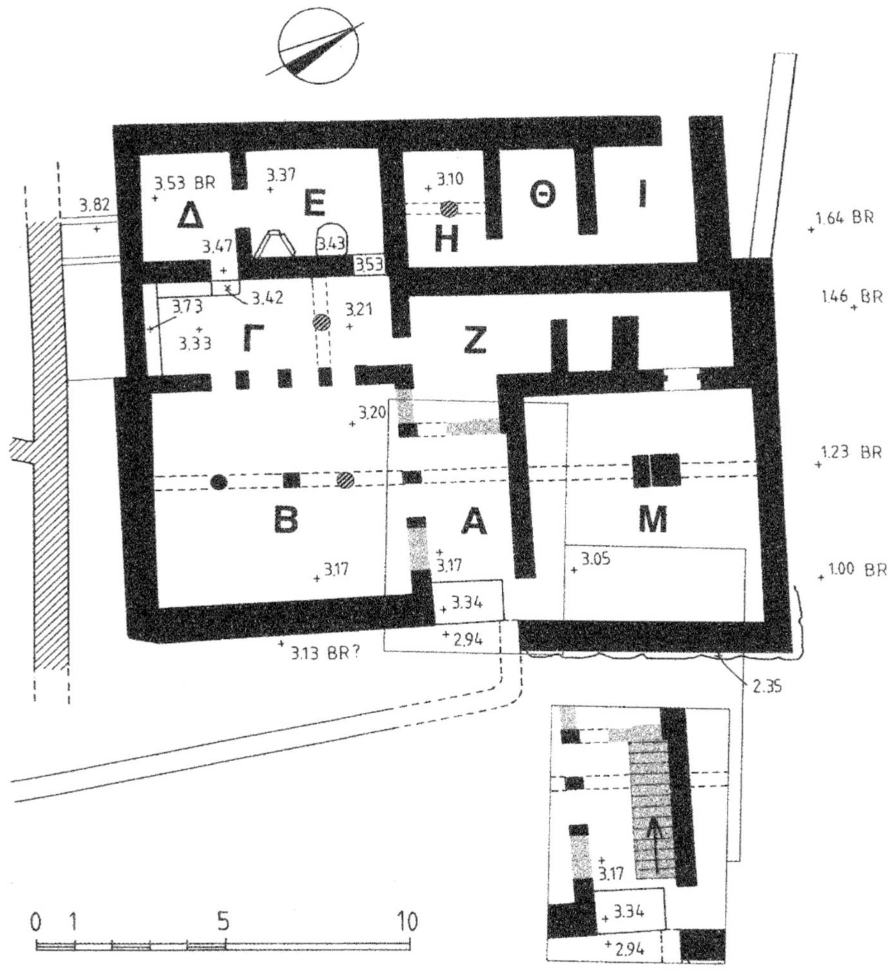


Abb. 27: Plan des Baubefundes von Achladia

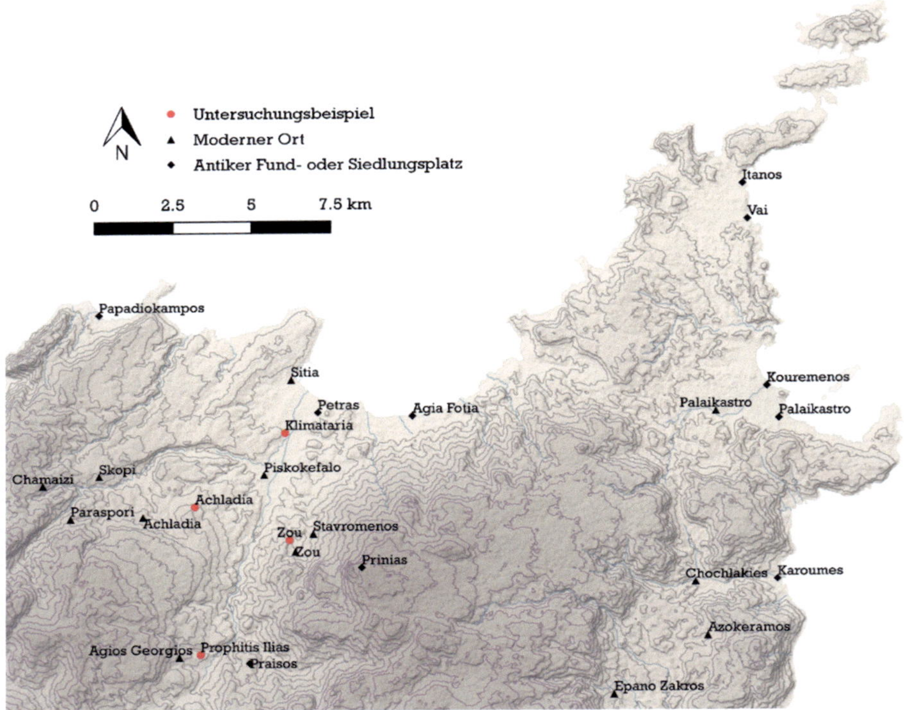


Abb. 28: Umgebungskarte von Achladia, Klimataria und Zou, Nordostkreta

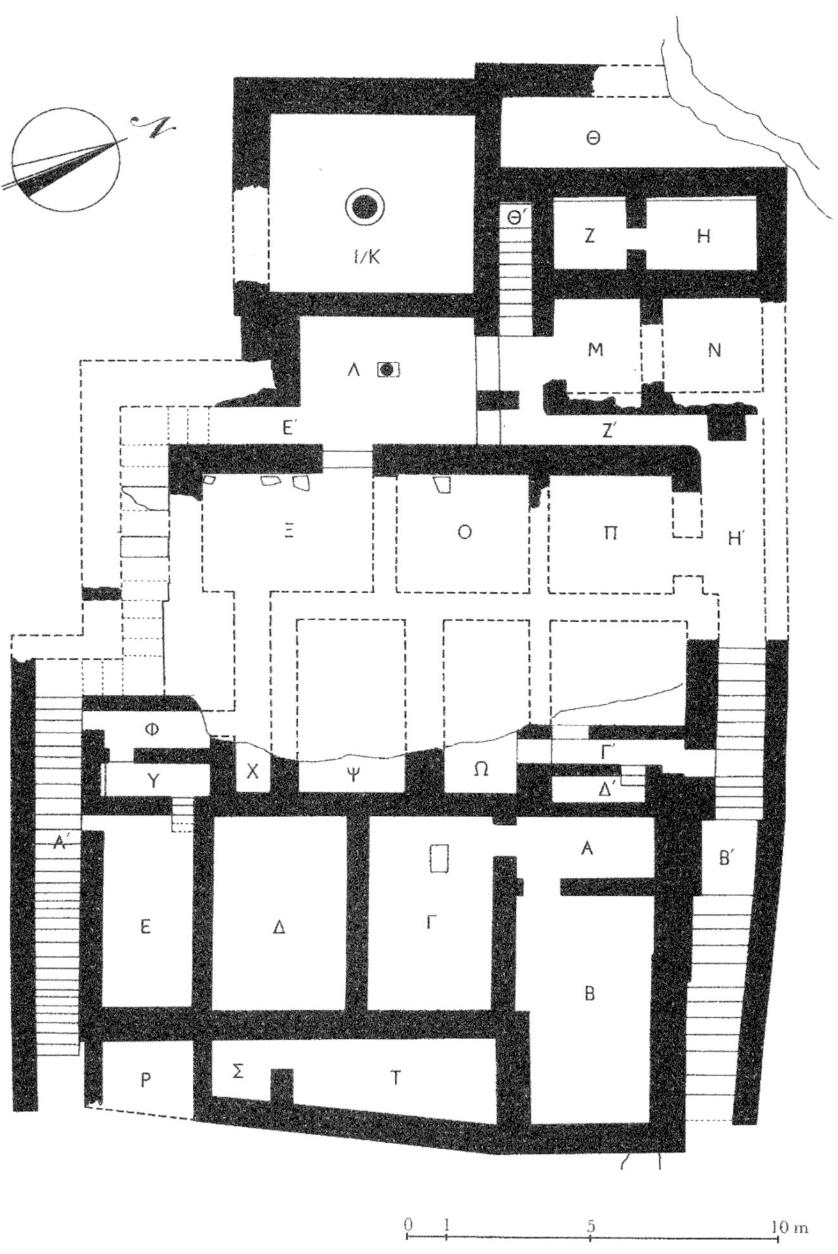


Abb. 29: Plan des Baubefundes von Klimataria

Abb. 30: Plan des Baubefundes von Prophitis Ilias

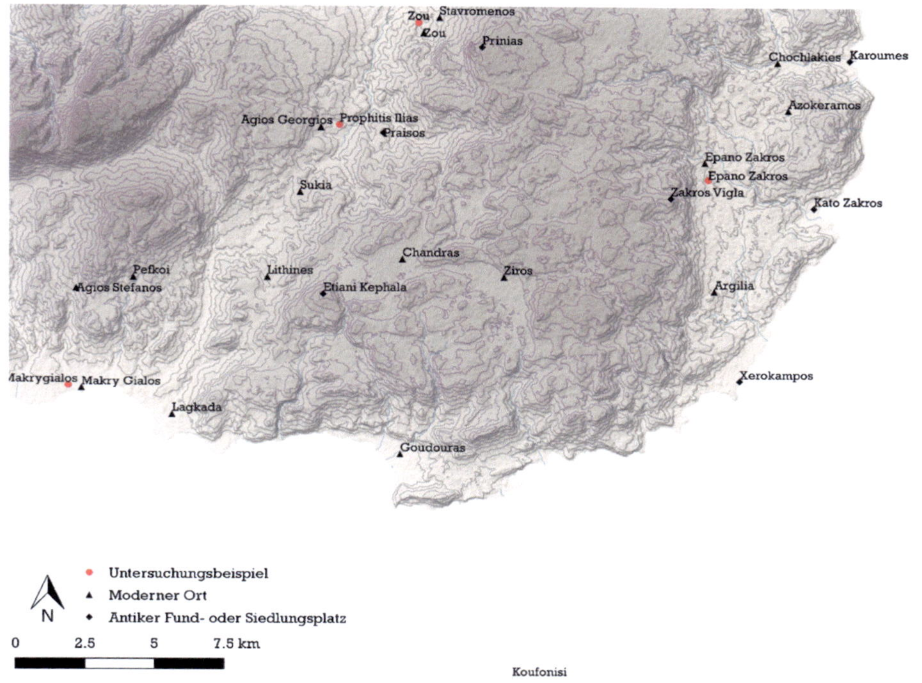


Abb. 31: Umgebungskarte von Prophitis Ilias, Epano Zakros und Makrygialos, Südostkreta

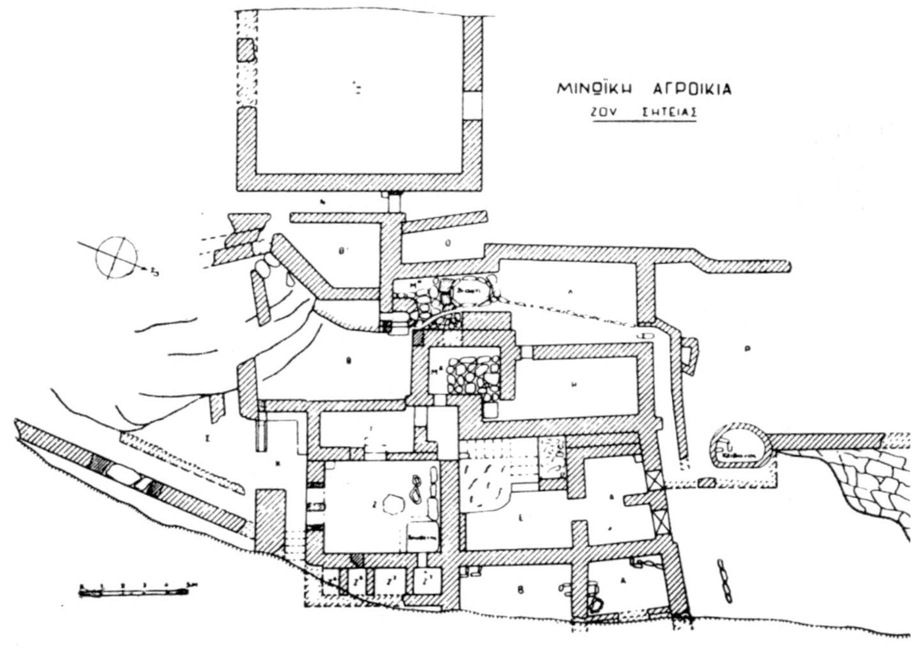


Abb. 32: Plan des Baubefundes von Zou

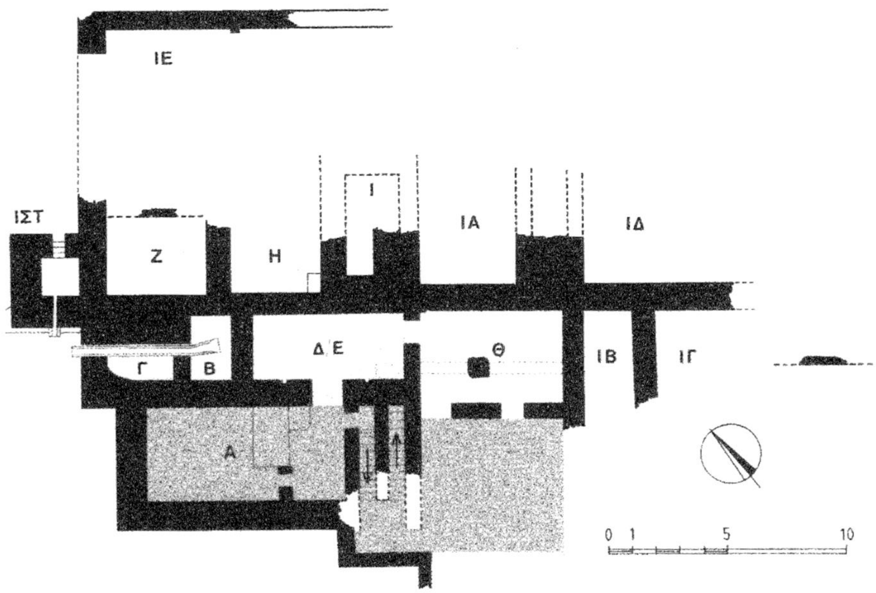


Abb. 33: Plan des Baubefundes von Epano Zakros

Abb. 34: Luftbild des Baubefundes von Makryialos

Abb. 35: Blick von Vathypetro in Richtung Idagebirge

Abb. 36: Blick auf den Siedlungshügel von Pyrgos

Abb. 37: Blick über die Messara bei Skinias

Abb. 38: Blick über das Tal von Chondros

Abb. 39: Blick nach Palaikastro und Kouromenos

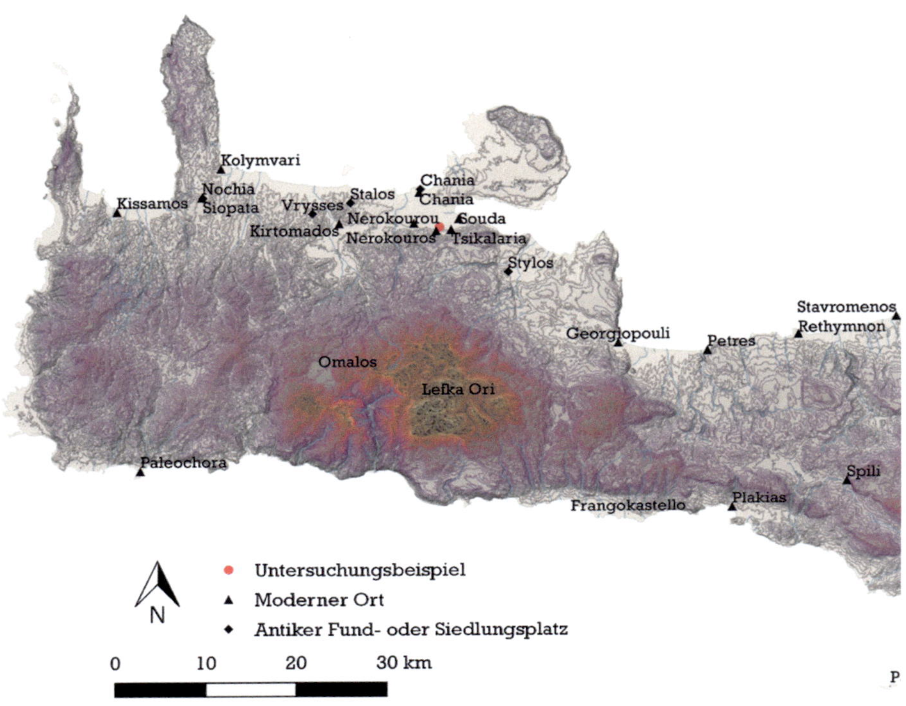


Abb. 40: Übersichtskarte von Westkreta

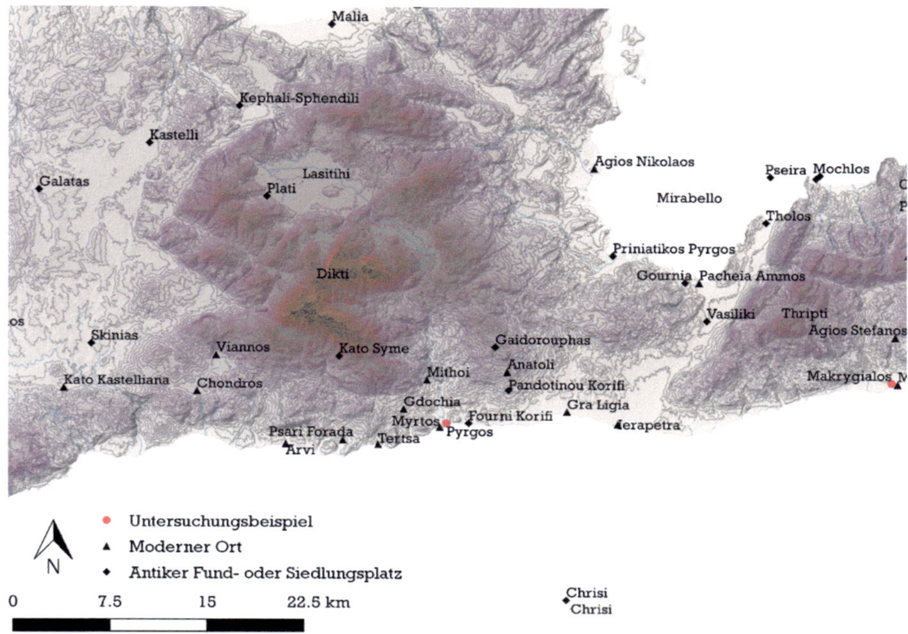


Abb. 41: Übersichtskarte von Ostzentralkreta

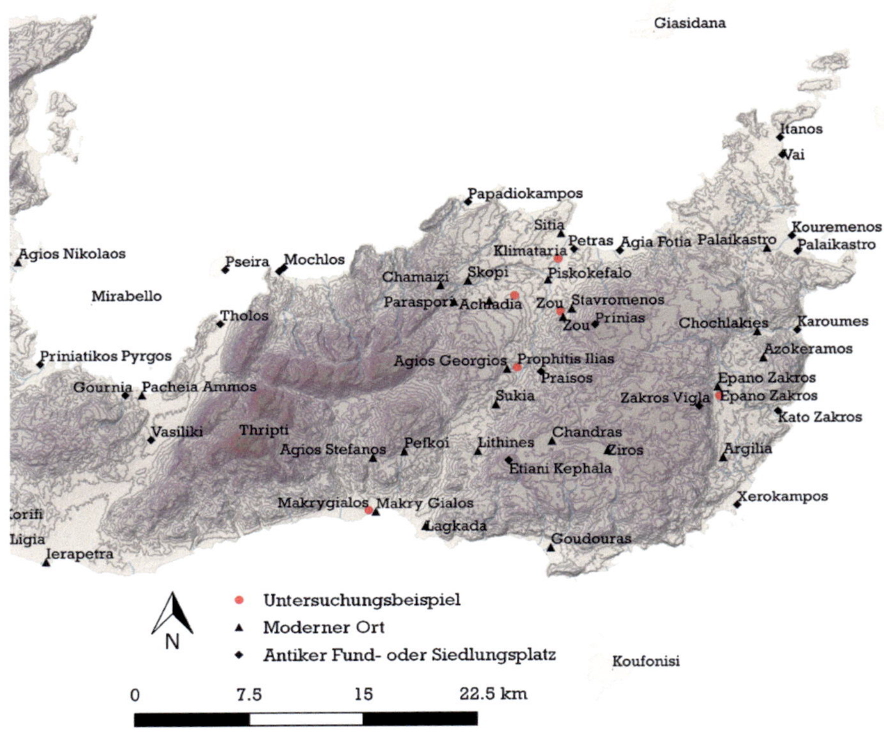


Abb. 42: Übersichtskarte von Ostkreta

Abb. 43: Blick vom Juktas auf das Idagebirge

Abb. 44: Blick auf Prophitis Ilias

# Abbildungsnachweise

Abb. 1, 2, 4, 15, 18, 22, 25, 28, 31, 40, 41, 42: Adlung, QGIS
Abb. 3: nach Chryssoulaki 1997, Abb. 1
Abb. 5: nach Panagiotopoulos 2006, Abb. 4
Abb. 6: nach Marinatos 1948, Abb. 4
Abb. 7: nach Chatzidakis 1934, Tafel XXXIII
Abb. 8: nach Chatzidakis 1934, Tafel VI
Abb. 9: nach Chatzidakis 1934, Tafel VII
Abb. 10: nach Chatzidakis 1934, Tafel XI
Abb. 11: nach Evans 1928a, Abb. 71
Abb. 12: nach Hatzaki 2005, Plan 2
Abb. 13: nach Evans 1928b, Abb. 227
Abb. 14: nach Evans 1928a, Abb. 208
Abb. 16: nach Schäfer 1992a, Tafel 124
Abb. 17: nach Xanthoudídes 1922, Plan A
Abb. 19: nach Driessen–Sakellerakis 1997, Abb. 4
Abb. 20: nach Cucuzza 2003, Abb. 2; © Archivio disegni SAIA; NIG 42
Abb. 21: nach Puglisi 2003b, Abb. 1; © Archivio disegni SAIA; NIG 1322)

Abb. 23: nach Chatzi-Vallianou 2011, Abb. 3
Abb. 24: nach Levi 1959, Abb. 2
Abb. 26: nach Cadogan 2011a, Abb. 1
Abb. 27: nach Mantzourani–Vavouranakis 2005, Abb. 5
Abb. 29: nach Mantzourani u. a. 2005, Abb. 7
Abb. 30: nach Mantzourani–Vavouranakis 2011, Abb. 12.2
Abb. 32: nach BCH 1957, Abb. 34
Abb. 33: nach Mantzourani–Vavouranakis 2005, Abb. 19
Abb. 34: nach Mantzourani 2011, Abb. 1
Abb. 35, 36, 37, 38, 39, 43, 44: Adlung, Privatarchiv (2016–2018)

## Quellenverzeichnis

Hom. Od.
Homer. The Odyssey with an English Translation by A. T. Murray (Cambridge 1919).

Hom. Il.
Homer. The Ilias with an English Translation by A. T. Murray (Cambridge 1924).

Paus.
Pausanias. Pausanias Description of Greece with an English Translation by W. H. S. Jones, D. Litt and H. A. Ormerod (Cambridge 1918).

Strab.
Strabo. The Geography of Strabo, edited by H. L. Jones (Cambridge 1924).

# Literaturverzeichnis

Abkürzungen und Zitate erfolgen nach dem Autor-Jahr-System des DAI (Stand April 2014) beziehungsweise den Abkürzungen nach DNP III (1997) S. XII–XXXVI. Weitere Abkürzungen und Abkürzungen griechischer und lateinischer Autorennamen richten sich ebenso nach dem Abkürzungsverzeichnis des DNP III (1997) S. XXXVI–XLIV und des DAI.


Adams 2004
E. Adams, Power and Ritual in Neopalatial Crete. A Regional Comparison, WorldA 36, 2004, 26–42.

Adams 2006
E. Adams, Social Strategies and Spatial Dynamics in Neopalatial Crete. An Analysis of the North-Central Area, AJA 110, 2006, 1–36.

Adams 2007
E. Adams, Time and Chance. Unravelling Temporality in North-Central Neopalatial Crete, AJA 111, 2007, 391–421.

Alberti 2012
M. E. Alberti, Vessels in Cooking Fabrics from Petras House I.1 (LM IA). Overview and Capacity Measures, in: Tsipopolou 2012a, 235–253.

Alberti 2013
L. Alberti, Middle Minoan III Burial Customs at Knossos. A Pianissimo Intermezzo?, in: MacDonald–Knappett 2013, 47–55.

Alexiou 1967
S. Alexiou, Contribution to the Study of the Minoan Sacred Knot, in: Brice 1967, 1–6.

Alexiou 1987
S. Alexiou, Minoan Palaces as Centres of Trade and Manufacture, in: Hägg–Marinatos 1987, 251–253.

Alexiou 1992
S. Alexiou, Areale H (Motel Xeania), G (Öffentliches Strandbad), F (Öffentliches Strandbad), E (Bauten am Strand). Bericht über die Ausgrabungen der Jahre 1963 und 1967, in: Schäfer 1992a, 186–192.

Alušík 2002
T. Alušík, Minoan Tripartite Shrine. The Beginnings of Its Architectonic Form and Its Relationship to the Ancient Cultures of the Near East, Studia Hercynia VI, 2002, 111–122.

Alušík 2003
T. Alušík, Tripartite Shrine in the Minoan Architecture and Iconography, Eirene XXXIX, 2003, 56–118.

Alušík 2007
T. Alušík, Defensive Architecture of Prehistoric Crete, BAR International Series 1637 (Oxford 2007).

Andersson Strand 2015
E. Andersson Strand, The Basics of Textile Tools and Textile Technology. From Fibre to Fabric, in: Andersson Strand u. a. 2015, 39–60.

Andersson Strand u. a. 2015
E. Anderson Strand–M. L. Nosch–J. Cutler (Hrsg.), Tools, Textiles and Contexts. Investigating Textile Production in the Aegean and Eastern Mediterranean Bronze Age (Oxford 2015).

Andreadaki-Vlasaki 2002
M. Andreadaki-Vlasaki, Are We Approaching the Minoan Palace of Khania?, in: Driessen u. a. 2002, 157–166.

Andreadaki-Vlasaki 2011
M. Andreadaki-Vlasaki, LM IB Pottery in Khania, in: Brogan–Hallager 2011, 55–74.

Angelier u. a. 1982
J. Angelier–N. Lyberis–X. Le Pichon–E. Barrier–P. Huchon, The Tectonic Development of the Hellenic Arc and the Sea of Crete. A Synthesis, Tectonophysics 86, 1982, 159–196.

Apostolakou u. a. 2014
S. Apostolakou–P. Betancourt–T. Brogan–D. Mylona–C. Sofianou, Tritons Revisited, in: Touchais u. a. 2014, 325–332.

Apostolakou u. a. 2016
S. Apostolakou–P. Betancourt–T. Brogan–D. Mylona, Chryssi and Pefka. The Production and Use of Purple Dye on Crete in the Middle and Late Bronze Age, in: J. Ortiz–C. Alfaro–L. Turell–M. J. Martinez (Hrsg.), Textiles, Basketry and Dyes in the Ancient Mediterranean World, Proceedings of the Vth International Symposium on Textiles and Dyes in the Ancient Mediterranean World, Montserrat, 19–22 March 2014 (Valencia 2016) 199–208.

Athanasaki 2014
K. Athanasaki, A Serpentine Quarry-Scape in Gonies, North-Central Crete, in: G. Touchais–R. Laffineur–F. Rougemont (Hrsg.), Physis. L´Environment Naturel et la Relation Homme-milieu dans le monde égéen protohistorique, Actes de la 14e Rencontre égéenne international, Paris, Institut National d´Histoire de l´Art, 11–14 decembre 2012 (Leuven–Liege 2014) 67–72.

Banou 2008
E. Banou, Minoan Horns of Consecration Revisited. A Symbol of Sun Worship in Palatial and Post-Palatial Crete?, MAA 8 (1), 2008, 27–47.

Banou–Rethemiotakis 1997
E. Banou–G. Rethemiotakis, Centre and Periphery. New Evidence for the Relations Between Knossos and Area of Viannos in the LM II–IIIA Periods, BCH Suppl. 30, 1997, 23–57.

Banou–Tsivilika 2006
E. S. Banou–E. Tsivilika, Provincial Middle Minoan Pottery. The Case of Pera Galenoi, in: Wiener u. a. 2006, 95–118.

Banti u. a. 1980
L. Banti–F. Halbherr–E. Stefani, Haghia Triada nel periodo tardo-palaziale, ASAtene 55, 1980, 13–296.

Barber 1991
E. J. W. Barber, Prehistoric Textiles. The Development of Cloth in the Neolithic and Bronze Ages, With Special Reference to the Aegean (Princeton 1991).

Barnard–Brogan 2003
K. A. Barnard–T. M. Brogan, Mochlos IB. Period III. Neopalatial Settlement on the Coast. The Artisans' Quarter and the Farmhouse at Chalinomouri. The Neopalatial Pottery (Philadelphia 2003).

Barnard–Brogan 2011
K. A. Barnard–T. M. Brogan, Pottery of the Neopalatial Periods at Mochlos, in: Brogan–Hallager 2011, 427–449.

Barnard u. a. 2003
K. A. Barnard–T. M. Brogan–A. M. Nicgorski–M. E. Soles, The Neopalatial Pottery. A Catalog, in: Barnard–Brogan 2003, 33–98.

Barrowclough 2007
D. Barrowclough, Putting Cult in Context. Ritual, Religion and Cult in Temple Period Malta, in: D. Barrowclough–C. Malone (Hrsg.), Cult in Context. Reconsidering Ritual in Archaeology (Oxford 2007) 45–53.

Bechert 2011
T. Bechert, Kreta in römischer Zeit (Darmstadt 2011).

Becker 1976
M. J Becker, Soft-Stone Sources on Crete, JFieldA 3 (4), 1976, 361–374.

BecKilometerann 2012
S. BecKilometerann, Domesticating Mountains in Middle Bronze Age Crete. Minoan Agricultural Landscaping in the Agios Nikolaos Region (Diss., University of Rethymno 2012).

Begg 2004a
D. J. I. Begg, An Archaeology of Palatial Mason´s Marks on Crete, in: Chapin, 2004, 1–25.

Begg 2004b
D. J. I. Begg, An Interpretation of Mason Mark´s at Knossos, in: Cadogan u.a. 2004, 219–223.

Belfiore u. a. 2007
C. M. Belfiore–P. M. Day–A. Hein–V. Kilikoglou–V. La Rosa–P. Mazzoleni–A. Pezzino, Petrographic and Chemical Charakterization of Pottery Production of the Late Minoan I Kiln at Haghia Triada, Crete, Archaeometry 49, 4, 2007, 621–653.

Belli 1995
P. Belli, L´Architettura della Tholos, in: Tsipopoulou–Vagnetti 1995a, 89–114.

Bennet 1990
J. Bennet, Knossos in Context. Comparative Perspectives on the Linear B Administration of LM II–III Crete, AJA 94, 1990, 193–211.

Bennet 1992
J. Bennet, Rez. zu T. G. Palaima (Hrsg,), Aegean Seals, Sealings and Administration, Proceedings of the NEH-Dickson Conference of the Program in Aegean Scripts and Prehistory of the Deparment of Classics, University of Texas at Austin, January 11–13, 1989, (Liege 1990) AJA 96, 1991, 176–179.

Bennet 2010/2011
J. Bennet, Crete (Prehistoric to Roman), in: Archaeology in Greece 2010–2011, AR 57, 2010–2011, 63–72.

Bennet 2011/2012
J. Bennet, Crete (Prehistoric to Roman), in: Archaeology in Greece 2011–2012, AR 58, 2011–2012, 58–74.

Bennet 2012/2013
J. Bennet, Crete (Prehistoric), in: Archaeology in Greece 2012–2013, AR 59, 2012–2013, 56–67.

Bennet 2015/2016
J. Bennet, Archaeology in Greece 2015–2016. The Work of the British School at Athens, AR 62, 2015–2016, 7–22.

Béquignon 1929
Y. Béquignon, Chronique des fouilles et découvertes archéologiques dans l' Orient hellénique, BCH 53, 1929, 491–534.

Béquignon 1930
Y. Béquignon, Chronique des fouilles et découvertes archéologiques dans l´Orient hellénique, BCH 54, 1930, 452–528.

Bernini 1995
L. E. Bernini, Ceramics of the Early Neo–palatial Period at Palaikastro, BSA 90, 1995, 55–82.

Best 1972
J. G. P. Best, A Linear A Inscription on a Pithos from Epano Zakro, Talanta 4, 1972, 82–84.

Betancourt 1979
P. Betancourt (Hrsg.), Temple University Aegean Symposium. A Compendium (Philadelphia 1979).

Betancourt 1985
P. Betancourt, The History of Minoan Pottery (Princeton 1985).

Betancourt 1995
P. P. Betancourt, Pseira, Crete. The Economic Base for a Bronze Age Town, Aegaeum 12, 1995, 163–167.

Betancourt 2002
P. P. Betancourt, Who Was in Charge of the Palaces?, in: Driessen u. a. 2002, 207–212.

Betancourt 2004
P. P. Betancourt, Pseira and Knossos. The Transformation of an East Cretan Seaport, in: Day u. a. 2004, 21–28.

Betancourt 2006
P. P. Betancourt, Land Use on the Chrysokamino Farmstead, in: P. P. Betancourt (Hrsg.), The Chrysokamino Metallurgy Workshop and Its Territory, Hesp. Suppl. 36 (Athen 2006) 241–256.

Betancourt 2009
P. P. Betancourt, Evidence from Pseira for the Santorini Eruption, in: Warburton 2009, 101–105.

Betancourt 2011
P. P. Betancourt, Pottery at Pseira in LM IB, in: Brogan–Hallager 2011, 401–412.

Betancourt–Marinatos 1997
P. P. Betancourt–N. Marinatos, The Minoan Villa, in: Hägg 1997, 91–97.

Betancourt u. a. 1999
P. P. Betancourt–V. Karagheorgis–R. Laffineur–W.-D. Niemeier (Hrsg.), Meletemata. Studies in Aegean Archaeology Presented to Malcolm Wiener as he Enters his 65th Year, Aegaeum 20 (Liege 1999).

Betts 1967
J. H. Betts, New Light on Minoan Bureaucracy. A Re-Examination of Some Cretan Seals, Kadmos 6, 1967, 15–40.

Betts 1984
J. H. Betts, The Sealstones and Sealings, in: Popham u. a. 1984, 187–196.

Bicknell 2000
P. Bicknell, Late Minoan IB Marine Ware, the Marine Environment of the Aegean, and the Bronze Age Eruption of the Thera Volcano, in: W. G. McGuire–D. R. Griffiths–O. L. Hancock–I. S. Stewart (Hrsg.), The Archaeology of Geological Catastrophes (London 2000) 95–103.

Binnberg 2013
J. Binnberg, Form, Funktion und Kontext der Tritonschnecken in der minoischen Kultur, AA, 2013, 1–30.

Bintliff 1977
J. Bintliff, Natural Environment and Human Settlement in Prehistoric Greece, BAR 28 (Oxford 1977).

Bintliff 1984
J. Bintliff, Structuralism and Myth in Minoan Studies, Antiquity 58, 1984, 33–38.

Blackman 1996/1997
D. Blackman, Archaeology in Greece 1996–1997, AR 43, 1996–1997, 1–125.

Blackman 1997/1998
D. Blackman, Archaeology in Greece 1997–1998, Eastern Crete, AR 44, 1997–1998, 117–120.

Blackman 1998/1999
D. Blackman, Archaeology in Greece 1998–1999, AR 45, 1998–1999, 1–124.

Blackman 1999/2000
D. Blackman, Archaeology in Greece 1999–2000, AR 46, 1999–2000, 127–150.

Blackman 2000/2001
D. Blackman, Archaeology in Greece 2000–2001, AR 47, 2000–2001, 1–144.

Blackman 2001/2002
D. Blackman, Archaeology in Greece 2001–2002, AR 48, 2001–2002, 104–115.

Blackman –Branigan 1975
D. Blackman – K. Branigan, An Archaeological Survey of the South Coast of Crete, between the Ayiofarango and Christostomos, BSA 70, 1975, 17–36.

Blackman – Branigan 1977
D. Blackman – K. Branigan, An Archaeological Survey of the Lower Catchment of the Ayiofarango Valley, BSA 72, 1977, 13–84.

Blakolmer 1995
F. Blakolmer, Komparative Funktionsanalyse des malerischen Raumdekors in minoischen Palästen und Villen, in: Laffineur–Niemeier 1995, 463–474.

Blakolmer u. a. 2011
F. Blakolmer–C. Reinholdt–J. Weilhartner–G. Nightingale (Hrsg.), Österreichische Forschungen zur Ägäischen Bronzezeit 2009, Akten der Tagung vom 6.–7. März 2009 am Fachbereich Altertumswissenschaften der Universität Salzburg (Wien 2011).

Blitzer 1979
H. Blitzer, Ground Stone Implements at Gournia. Comments and Queries, in: Betancourt 1979, 207–211.

Blitzer 1993
H. Blitzer, Olive Cultivation and Oil Production in Minoan Crete, in: M.-C. Amourtti–J. P. le Brun (Hrsg.), Le production de vin et de l´huile en Mediterranée de l´Age Bronze a la fin du Xvléme siecle, Actes du Symposium International, Aix-en-Provence et Toulon, 20–22 novembre 1991 (Paris 1993) 163–175.

Blitzer 1995
H. Blitzer, Minoan Implements and Industries, in: Shaw–Shaw 1995, 403–536.

Bloedow 1990
E. F. Bloedow, The Sanctuary Rhyton from Zakros. What Do the Goats Mean?, in: R. Laffineur (Hrsg.) Annales d'archeologie egeenne del' Universite de Liege 6 (Liege 1990) 59–78.

Bonacasa 1968
N. Bonacasa, Patrikies. Una stazione medio-minoico fra Haghia Triada e Festos, ASAtene 29–39, 1968, 7–54.

Borgna 2004
E. Borgna, Aegean Feasting. A Minoan Perspective, Hesp. 73, 2004, 247–279.

Bosanquet 1901/1902
R. C. Bosanquet, Excavations at Palaikastro. I, BSA 8, 1901/1902, 286–316.

Bosanquet u. a. 1902/1903
R. C. Bosanquet–R. M. Dawkins–M. Niebuhr Tod–W. L. H. Duckworth–J. L. Myres, Excavations at Palaikastro II, BSA 9, 1902/1903, 274–387.

Bosanquet–Tod 1902
R. Bosanquet–M. N. Tod, Archaeology in Greece 1901–1902, JHS 22, 1902, 378–394.

Bosanquet–Dawkins 1923
R. C. Bosanquet–R. M. Dawkins, The Unpublished Objects from the Palaikastro Excavations 1902–1906 (Athen 1923).

Bradfer-Burdet–Pomadere 2011
I. Bradfer-Burdet–M. Pomadere, Delta Beta at Malia. Two Houses or One Large Complex?, in: Glowacki–Vogeikoff-Brogan 2011, 99–108.

Branigan 1970
K. Branigan, The Tombs of Mesara. A Study of Funerary Architecture and Ritual in Southern Crete, 2800–1700 B.C. (London 1970).

Branigan 1971
K. Branigan, Cycladic Figurines and Their Derivatives, BSA 66, 1971, 57–78.

Branigan 1972
K. Branigan, Minoan Settlements in East Crete, in: P. J. Ucko–R. Tringham–G. W. Dimbleby (Hrsg.), Man, Settlement and Urbanism. Proceedings of a Meeting of the Research Seminar in Archaeology and Related Subjects held at the Institute of Archaeology, London University (London 1972) 751–759.

Branigan 1993
K. Branigan, Dancing with Death. Life and Death in Southern Crete ca. 3000–2000 BC (Amsterdam 1993).

Branigan 1998
K. Branigan, Prehistoric and Early Historic Settlement in the Ziros Region, Eastern Crete, BSA 93, 1998, 23–90.

Branigan 2001
K. Branigan (Hrsg.), Urbanism in the Aegean Bronze Age (Sheffield 2001).

Brice 1967
W. H. Brice (Hrsg.), Europa. Studien zur Geschichte und Epigraphik der frühen Ägäis, Festschrift für Ernst Grumach (Berlin 1967).

Brogan 2012
T. M. Brogan, Harvesting an Old Rattle. The Bronze Sistrum from the Royal Villa at Hagia Triada, in: Mantzourani–Betancourt 2012, 15–23.

Brogan u. a. 2011a
T. M. Brogan–C. Sofianou–J. E. Morrison, The LM IB Pottery from Papadiokampos. A Response to Leonidas Vokotopoulos, in: Brogan–Hallager 2011, 573–593.

Brogan u. a. 2011b
T. M. Brogan–C. Sofianou–J. E. Morrison, In Search of the Upper Story of LM I House A.1 at Papadiokampos. An Integrated Architectural and Ceramic Perspective, in: Wiener u. a. 2011, 31–39.

Brogan–Hallager 2011
T. M. Brogan–E. Hallager (Hrsg.), LM IB Pottery. Relative Chronology and Regional Differences, Acts of a Workshop Held at the Danish Institute at Athens in Collaboration with the INSTAP Study Center for East Crete, 27–29 June 2007 (Athen 2011).

Brogan–Sofianou 2009
T. M. Brogan–C. Sofianou, Papadiokambos. New Evidence for the Impact of the Theran Eruption on the Northeast Coast of Crete, in: Warburton 2009, 117–124.

Brogan–Sofianou 2011
T. M. Brogan–C. Sofianou, Papadiokampos and the Siteia Bay in the Second Millennium B.C. Exploring Patterns of Regional Hierarchy and Exchange in Eastern Crete, in: Brogan–Hallager 2011, 327–337.

Brown 2002
A. C. Brown, Arthur Evans Travels in Crete 1894–1899, BAR International Series 1000 (Oxford 2002).

Brown–Peatfield 1987
A. Brown–A. A. D. Peatfield, Stous Athropolithois. A Minoan Site Near Epano Zakros, Sitias, BSA 82, 1987, 23–33.

Bruins u. a. 2008
H. J. Bruins–A. MacGillivray–C. E. Synolakis, Geoarchaeological Tsunami Deposits at Palaikastro (Crete) and the late Minoan IA Eruption of Santorini, JASc 35, 2008, 191–212.

Bruins u. a. 2009
H. J. Bruins–J. Van der Pflicht–A. MacGillivray, The Minoan Santorini Eruption and Tsunami Deposits in Palaikastro (Crete). Dating by Geology, Archaeology, 14C, and Egyptian Chronology, Radiocarbon 51, 2009, 397–411.

Bruun-Lundgren u. a. 2015
M. Bruun-Lundgren–E. Andersson Strand–B. P. Hallager, Textile Tools from Khania, Crete, Greece, in: Andersson Strand u. a. 2015, 197–206.

Buchholz 1959
H.-G. Buchholz, Zur Herkunft der kretischen Doppelaxt. Geschichte und auswärtige Beziehungen eines minoischen Kultsymbols (München 1999).

Burke 1997
B. Burke, The Organization of Textile Production on Bronze Age Crete, in: Laffineur–Betancourt 1997, 413–422.

Burke 2003
B. Burke, The Spherical Loomweights, in: Mountjoy 2003a, 195–197.

Burke 2005
B. Burke, Materialization of Mycenaean Ideology and the Ayia Triada Sarcophagus, AJA 109 (3), 2005, 403–422.

Burke 2010
B. Burke, From Minos to Midas. Ancient Cloth Production in the Aegean and in Anatolia, Ancient Textiles Series Vol. 7 (Oxford 2010).

Cadogan 1976
G. Cadogan, Palaces of Minoan Crete (London–New York 1976).

Cadogan 1977/1978
G. Cadogan, Pyrgos, Crete 1970–1977, AR 24, 1977–1978, 70–84.

Cadogan 1997
G. Cadogan, The Role of the Pyrgos Country House in Minoan Society, in: Hägg 1997, 99–103.

Cadogan 2000
G. Cadogan, The Pioneers. 1900–1914, in: Huxley 2000, 15–27.

Cadogan 2007
G. Cadogan, Water Management in Minoan Crete, Greece. The Two Cisterns of One Middle Bronze Age Settlement, in: A. Angelakis–D. Koutsoyiannis (Hrsg.), Insights into Water Management. Lessons from Water and Wastewater Technologies in Ancient Civilizations (London 2007) 103–111.

Cadogan 2008
G. Cadogan, A Shrine or Shrine Treasury in the Country House at Myrtos-Pyrgos, in: G. Gallou–M. Georgiadis–G. M. Muskett (Hrsg.), Dioskouroi. Studies Presented to W. G. Cavanagh and C. B. Mee on the Anniversary of Their 30-Year Joint Contribution to Aegean Archaeology, BAR-IS 1889, 2008, 6–14.

Cadogan 2009
G. Cadogan, Tubular Stands in Neopalatial Crete, in: D´Agata–Van de Moortel 2009, 201–212.

Cadogan 2011a
G. Cadogan, Myrtos. From Phournou Koryphi to Pyrgos, in: Glowacki–Vogeikoff-Brogan 2011, 39–49.

Cadogan 2011b
G. Cadogan, Kythera, the Levant, Myrtos-Pyrgos and Knossos. A Response to Iphigenia Tournavitou, in: Brogan–Hallager 2011, 141–152.

Cadogan 2011c
G. Cadogan, A Power House of the Dead. The Functions and Long Life of the Tomb at Myrtos-Pyrgos, in: J. M. A. Murphy (Hrsg.), Prehistoric Crete. Regional and Diachronic Studies on Mortuary Systems (Philadelphia 2011) 103–118.

Cadogan 2013
G. Cadogan, Where has Middle Minoan III gone? A Lack at Myrtos-Pyrgos and Elsewhere? What does it mean?, in: MacDonald–Knappett 2013, 179–181.

Cadogan 2014
G. Cadogan, Water Worries and Water Works in Bronze Age Southern Crete, in: Touchais u. a. 2014, 73–78.

Cadogan–Harrison 1978
G. Cadogan–R. K. Harrison, Evidence of Tephra in Soil Samples from Pyrgos, Crete, in: 2. Thera 1, 1978, 235–255.

Cadogan u. a. 2004
G. Cadogan–E. Hatzaki–A. Vasilakis (Hrsg.), Knossos. Palace, City, State, Proceedings of the Conference in Herakleion in November 2000, BSA Studies 12 (London 2004).

Cadogan u. a. 2012
G. Cadogan–M. Iacovou–K. Kopaka–J. Whitley (Hrsg.), Parallel Lives. Ancient Island Societies in Crete and Cyprus. Papers Arising from the in Nicosia Organised by the British School at Athens, the University of Crete and University of Cyprus, in November–December 2006 (Athen 2012).

Cameron 1984
M. Cameron, The Frescoes, in: Popham u. a. 1984, 127–150.

Cappel u. a. 2015
S. Cappel – U. Günkel-Maschek – D. Panagiotopoulos (Hrsg.), Proceedings of the Conference Minoan Archaeology. Challenges and Perspectives for the 21st Century' Held in Heidelberg, 23–27 March 2011 (Heidelberg 2015).

Caputo u. a. 2010
R. Caputo – S. Catalano – C. Monaco – G. Romagnoli – G. Tortorici – L. Tortorici, Active Faulting on the Island of Crete (Greece), Geophys. J. Int. 183, 2010, 111–126.

Catling 1971/1972
H. W. Catling, Archaeology in Greece, 1971–1972, AR 18, 1971–1972, 3–26.

Catling 1973/1974
H. W. Catling, Archaeology in Greece, 1973–1974, AR 20, 1973–1974, 3–41.

Catling 1975/1976
H. W. Catling, Archaeology in Greece, 1975–1976, AR 22, 1975–1976, 3–33.

Catling 1977/1978
H. W. Catling, Archaeology in Greece, 1976–1977, AR 24, 1977–1978, 3–69.

Catling 1978/1979
H. W. Catling, Archaeology in Greece, 1978–1979, AR 25, 1978–1979, 3–42.

Catling 1979/1980
H. W. Catling, Archaeology in Greece, 1979–1980, AR 26, 1979–1980, 3–53.

Catling 1980/1981
H. W. Catling, Archaeology in Greece, 1980–1981, AR 27, 1980–1981, 3–48.

Catling 1984/1985
H. W. Catling, Archaeology in Greece, 1984–1985, AR 31, 1984–1985, 3–69.

Catling 1985/1986
H. W. Catling, Archaeology in Greece, 1985–1986, AR 32, 1985–1986, 3–101.

Catling 1987/1988
H. W. Catling, Archaeology in Greece, 1987–1988, AR 34, 1987–1988, 3–85.

Catling 1988/1989
H. W. Catling, Archaeology in Greece, 1988–1989, AR 35, 1988–1989, 3–116.

Catling u. a. 1979
E. Catling–H. Catling–D. Smyth–G. Jones–R. E. Jones, Knossos 1975. Middle Minoan III and Late Minoan I Houses by the Acropolis, BSA 74, 1979, 1–80.

Catling – Catling 1984
H. W. Catling–E. Catling, The Bronzes and Metalworking Equipment, in: Popham u. a. 1984, 203–222.

Chalikias 2009/2010
K. Chalikias, Searching for the Missing Palace. Proto- and Neopalatial Settlement Dynamics in the Southern Ierapetra Isthmus. The Recent Evidence, AEA 10, 2009–2010, 33–46.

Chalikias 2015
K. Chalikias, Chryssi Island. New Evidence on the Bronze Age Settlement Patterns of the Ierapetra Area, in: Cappel u. a. 2015, 37–51.

Chaniotis 1991
A. Chaniotis, Von Hirten, Kräutersammlern, Epheben und Pilgern. Leben auf den Bergen im antiken Kreta, Ktema 16, 1991, 93–109.

Chaniotis 1992
A. Chaniotis, Die Geschichte von Amnisos von Homer bis zur Eroberung Kretas durch die Türken, in: Schäfer 1992a, 18–50.

Chaniotis 1996
A. Chaniotis, Die kretischen Berge als Wirtschaftsraum, in: E. Olshausen–H. Sonnabend (Hrsg.), Suttgarter Kolloquium zur Historischen Geographie des Altertums 5 (Stuttgart 1993) 255–266.

Chaniotis 1999
A. Chaniotis (Hrsg.), From Minoan Farmers to Roman. Sidelights on the Economy of Ancient Crete (Stuttgart 1999).

Chaniotis 2005
A. Chaniotis, War in the Hellenistic World. A Social and Cultural History (Oxford 2005)

Chapin 2004
A. P. Chapin (Hrsg.), ΧΑΡΙΣ. Essays in Honor of Sara A. Immerwahr, Hesp. Suppl. 33 (Athen 2004).

Chapin – Shaw 2006
A. P. Chapin–M. C. Shaw, The Frescos from the House of the Frescoes at Knossos. A Reconsideration of Their Architectural Context and a New Reconstruction of the Crocus Panel, BSA 101, 2006, 57–88.

Chatzi-Vallianou 2011
D. Chatzi-Vallianou, LM Pottery from the Rural Villa of Pitsidia. A Response to Jeremy Rutter, in: Brogan–Hallager 2011, 345–377.

Chatzidakis 1921
J. Chatzidakis, Tylissos a l´epoque minoenne (Paris 1921).

Chatzidakis 1934
J. Chatzidakis, Les villes minoennes de Tylissos (Paris 1934).

Cherry 1986
J. F. Cherry, Poloties and Palaces. Some Problems in Minoan State Formation, in: Cherry–Renfrew 1986, 19–45.

Cherry 1999
J. F. Cherry, Introductory Reflections on Economies and Scale in Prehistoric Crete, in: Chaniotis 1999, 17–23.

Cherry – Renfrew 1986
J. F. Cherry–C. Renfrew (Hrsg.), Peer Polity Interaction and Socio-Political Change (Cambridge 1986).

Chlouveraki 2003
S. Chlouveraki, Gypsum in Minoan Architecture. Exploitation, Utilisation and Weathering of a Prestige Stone (Diss. University College London, 2003).

Christakis 1999
K. S. Christakis, Minoan Pithoi and Their Significance for the Household Subsistence Economy of Neopalatial Crete (Diss., University of Bristol 1999).

Christakis 2003
K. Christakis, Pithoi and Staple Storage in the South House, in: Mountjoy 2003a, 153–161.

Christakis 2005
K. S. Christakis, Cretan Bronze Age Pithoi. Traditions and Trends in the Production and Consumption of Storage Containers in Bronze Age Crete (Philadelphia 2005).

Christakis 2006
K. S. Christakis, Traditions and Trends in the Production and Consumption of Storage Containers in Protopalatial and Neopalatial Crete, in: Wiener u. a. 2006, 119–137.

Christakis 2008
K. S. Christakis, The Politics of Storage. Storage and Sociopolitical Complexity in Neopalatial Crete (Philadelphia 2008).

Christakis 2010
K. S. Christakis, A Wine Offering to the Central Palace Sanctuary at Knossos. The Evidence from KN Zb 27, in: Krzyszkowska 2010, 49–55.

Christakis 2012
K. Christakis, Petras, Siteia. Political, Economic and Ideological Trajectories of a Polity, in: Tsipopoulou 2012a, 205–219.

Christakis 2013
K. S. Christakis, The Syme Sanctuary at the Transition from the Protopalatial to the Early Neopalatial Periods. The Evidence of the Pottery, in: MacDonald–Knappett 2013, 169–177.

Christakis–Rethemiotakis 2011
K. S. Christakis–G. Rethemiotakis, Landscapes of Power in Protopalatial Crete. New Evidence from Galatas, Pediada, SMEA 53, 2011, 195–218.

Christakis u. a. 2015
K. Christakis–M. Mavraki-Balanou–A. Kastanakis, Economic and Political Complexity in the Aposelemis Valley. A Preliminary Assessment, in: P. Karanastasi–A. Tzigounaki–C. Tsigonaki (Hrsg.), Archaeological Work in Crete III, Proceedings of the 3rd Meeting, Rethymnon, 5–8 December 2013 (Rethymnon 2015) 293–306.

Chryssoulaki 1997
S. Chryssoulaki, Nerokourou Building I and its Place in Neopalatial Crete, in: Hägg 1997, 27–32.

Chryssoulaki 1999
S. Chryssoulaki, Minoan Roads and Guard Houses. War Regained, in: Laffineur 1999, 75–85.

Chryssoulaki–Platon 1997
S. Chrysoulaki–L. Platon, Relations between the Town and Palace of Zakros, in: Hägg–Marinatos 1987, 77–84.

Clarke 2013
C. F. Clarke, The Manufacture of Minoan Metal Vessels. Theory and Practice (Uppsala 2013).

Cline 2010
E. H. Cline (Hrsg.), The Oxford Handbook of the Bronze Age Aegean (ca. 3000–1000 BC) (Oxford 2010).

Cline–Stannish 2011
E. H. Cline–S. M. Stannish, Sailing the Great Green Sea? Amenhotep III´s Aegean List from Kom El-Hetan, Once More, Journal of Ancient Egyptian Interconnections 3:2, 2011, 6–16.

Coldstream u. a. 1999
J. N. Coldstream–G. L. Huxley–V. E. S. Webb, Knossos. The Archaic Gap, BSA 94, 1999, 289–307.

Colleu u. a. 2015
M. Colleu–M. Ghilardi–D. Psomiadis–D. Delanghe-Sabatier–F. Demory–J. Fleury, La queston de l´incursion marine dans le golfe de Timbaki (Crète, Grèce) à l´Holocène récent. Résultats préliminaires à partir de données de carottages, in: Lèfevre-Novaro u. a. 2015, 113–124.

Cross 2011
M. Cross, The Creativity of Crete. City States and the Foundations of the Modern World (Oxford 2011).

Cucuzza 2003
N. Cucuzza, Il volo del grifo, Osservazioni sulla Haghia Triada micenae, CretAnt 4, 2003, 199–272.

Cucuzza 2009
N. Cucuzza, Progetto Kannìa. Rapporto preliminare sullo studio della villa minoica, ASAtene 87, 2009, 927–935.

Cucuzza 2017
N. Cucuzza, The Minoan Villa at Kannia. Preliminary Report on a New Project, Annuario della Scuola Archeologica di Atene e delle Missioni Italiana in Oriente 95, 2017, 413–426.

Cullen 2001
T. Cullen (Hrsg.), Aegean Prehistory. A Review (Boston 2001).

Cunningham 2007
T. Cunningham, In the Shadows of Kastri. An Examination of Domestic and Civic Space at Palaikastro (Crete), in: Westgate u. a. 2007, 99–109.

Cunningham 2013
T. Cunningham, Deconstructing Destructions. A Contextual Approach to Methodology and Meaning in Archaeology, in: Driessen 2013, 53–61.

Cunningham 2017
T. Cunningham, Best Laid Plans. An Archaeology of Architectural Anomalies in Bronze Age Crete, in: Letesson–Knappett 2017a, 31–56.

D´Agata–Van de Moortel 2009
L. D´Agata–A. Van de Moortel (Hrsg.), Archaeologies of Cult. Essays on Ritual and Cult in Crete in Honor of Geraldine C. Gesell, Hesp. Suppl. 42 (Princeton 2009).

D´Agata 1992
A. L. D´Agata, Late Minoan Crete and Horns of Consecration. A Symbol in Action, in: R. Laffineur–J. L. Crowley (Hrsg.), Eikon. Aegean Bronze Age Iconography. Shaping a Methodology, Proceedings of the 4th International Aegean Conference, University of Tasmania, Hobart, Australia, 6–9 April 1992 (Liege 1992) 247–256.

D´Agata 1997
A. L. D´Agata, The Shrines on the Piazalla dei Sacelli at Ayia Triadha. The LM IIIC and SM Material. A Summary, in: Driessen–Farnoux 1997, 85–99.

Dabney u. a. 1996
M. K. Dabney–K. A. Schwab–M. C. Shaw–J. Bennet–H. Whittaker–D. S. Reese–O. H. Krzyszkowska–C. Sease, Catalogue of Miscellaneous Finds, in: Shaw–Shaw 1996, 243–344.

Darcque–Treuil 1990
P. Darcque–R. Treuil (Hrsg.), L´habitat égéen préhistorique, BCH Suppl. 19 (Paris 1990).

Darcque–Van de Moortel 2009
P. Darcque–A. Van de Moortel, Special, Ritual, or Cultic. A Case Study from Malia, in: D´Agata–Van de Moortel 2009, 31–41.

Darcque–Baurain 1983
P. Darcque–C. Baurain, Un triton en pierre a Malia, BCH 107, 1, 1983, 3–73.

Daux 1951
M. G. Daux, Chronique des fouilles et découvertes archéologiques en Grèce en 1950, BCH 75, 1951, 196–198.

Daux 1957
M. G. Daux, Chronique des fouilles et découvertes archéologiques en Grèce en 1956, BCH 81, 1957, 497–713.

Daux 1958
M. G. Daux, Chronique des fouilles et découvertes archéologiques en Grèce en 1957, BCH 82, 1958, 644–830.

Daux 1959
M. G. Daux, Chronique des fouilles et découvertes archéologiques en Grèce en 1958, BCH 83, 1959, 567–793.

Daux 1967
M. G. Daux, Chronique des fouilles et découvertes archéologiques en Grèce en 1966, BCH 91, 1967, 777–779.

Davaras 1976
C. Davaras, Guide to Cretan Antiquities (Park Ridge 1976).

Davaras 1980a
C. Davaras, A Minoan Pottery Kiln at Palaikastro, BSA 75, 1980, 115–126.

Davaras 1980b
C. Davaras, Une ancre minoeene sacrée?, BCH 104, 1980, 47–71.

Davaras 1988
C. Davaras, A Minoan Beetle-Rhyton from Prinias Siteias, BSA 83, 1988, 45–54.

Davaras 1992
C. Davaras, Aj. Nikolaos, Mus: Makrijalos, in: Pini 1992, 60.

Davaras 1997
C. Davaras, The Cult Villa at Makrygialos, in: Hägg 1997, 117–135.

Davaras 2001
C. Davaras, Comments on the Plateia Building, in McEnroe 2001, 79–88.

Davaras 2010
C. Davaras, One Minoan Peak Sanctuary Less. The Case of Thylakas, in: Krzyszkowska 2010, 71–87.

Davis 2008
B. Davis, Libation and the Minoan Feast, in: Hitchcock u. a. 2008, 47–55.

Davies–Davis 2007
S. Davies–J. L. Davis (Hrsg.), Between Venice and Istanbul. Colonial Landscapes in Early Modern Greece, Hesp. Suppl. 40 (Athen 2007).

Dawkins 1905/1906
R. M. Dawkins, Excavations at Palaikastro V, BSA 12, 1905/1906, 1–8.

Dawkins 1910
R. M. Dawkins, Archaeology in Greece (1909–1910), JHS 30, 1910, 357–364.

Dawkins 1913/1914
R. M. Dawkins, Excavations at Plati in Lasithi, Crete, BSA 20, 1913/1914, 1–17.

Dawkins–Currelly 1903/1904
R. M. Dawkins–C. T. Currelly, Excavations at Palaikastro III, BSA 10, 1903/1904, 192–231.

Dawkins u. a. 1904/1905
R. M. Dawkins–C. H. Hawes–R. C. Bosanquet, Excavations at Palaikastro IV, BSA 11, 1904/1905, 258–308.

Day 1988

P. M. Day, The Production and Distribution of Storage Jars in Neopalatial Crete, in: French–Wardle 1988, 499–508.

Day 1997

P. M. Day, Ceramic Exchange between Towns and Outlying Settlements in Neopalatial East Crete, in: Hägg 1997, 219–227.

Day u. a. 2004

L. P. Day–M. S. Mook–J. D. Muhly (Hrsg.), Crete Beyond the Palaces, Proceedings of the Crete 2000 Conference Crete 2000. A Centennial Celebration of American Archaeological Work on Crete, 1900–2000 (Philadelphia 2004).

Demargne–Gallet de Santerre 1953

P. Demargne–H. Gallet de Santerre, Fouilles exécutées à Malia. Exploration des maisons e quartiers d´habitation (1921–1948), EtCret 9 (Paris 1953).

Deshayes 1952

J. Deshayes, Chronique des fouilles et découvertes archéologiques en Grèce en 1951, BCH 76, 1952, 201–288.

Deshayes 1953

J. Deshayes, Chronique des fouilles et découvertes archéologiques en Grèce en 1952, BCH 77, 1953, 190–292.

Dickinson 1994

O. Dickinson, The Aegean Bronze Age (Cambridge 1994).

Dietrich 1978

B. C. Dietrich, The Origins of Greek Religion (Berlin 1978).

Dimopoulou 1983

N. Dimopoulou, Νιπηδητός Πεδιάδας, ArchDelt 38, 1983, 356.

Dimopoulou 1999

N. Dimopoulou, The Neopalatial Cemetery of the Knossian Harbour-Town at Poros. Mortuary Behaviour and Social Ranking, in: Römisch-Germanisches Zentralmuseum Mainz (Hrsg.), Eliten in der Bronzezeit. Ergebnisse zweier Kolloquien in Mainz und Athen 1 (Mainz 1999) 27–36.

Di Vita 1992

A. Di Vita, Gortyn, in: Myers u. a. 1992, 96–103.

Doumas 1974

C. Doumas, The Minoan Eruption of the Santorini Volcano, Antiquity 48, 1974, 110–115.

Driessen 1982

J. Driessen, The Minoan Hall in Domestic Architecture on Crete. To Be in Vogue in Late Minoan IA?, ActaALov 21, 1982, 27–92.

Driessen 1987

J. Driessen, Earthquake-Resistant Construction and the Wrath of the Earth-Shaker, Journal of the Society of Architectural Historians 46 (2), 1987, 171–178.

Driessen 1989/1990

J. Driessen, The Proliferation of Minoan Palatial Architectural Style, ActaALov 28–29, 1989–90, 3–23.

Driessen 1999
J. Driessen, The Dismantling of a Minoan Hall at Palaikastro. Knossians go Home?, Aegaeum 20, 1999, 227–236.

Driessen 2001
J. Driessen, History and Hierarchy. Preliminary Observations on the Settlement Pattern of Minoan Crete, in: Branigan 2001, 51–71.

Driessen 2002
J. Driessen, The King Must Die. Some Observations on the Use of Minoan Court Compounds, in: Driessen u. a. 2002, 1–14.

Driessen 2003
J. Driessen, An Architectural Overview, in: Mountjoy 2003a, 27–35.

Driessen 2010
J. Driessen, Spirit of Place. Minoan Houses as Major Actors, in: Pullen 2010, 35–65.

Driessen 2011
J. Driessen, Das andere Geschlecht. Beobachtungen zur Sozialstruktur im minoischen Kreta, in: Blakolmer u. a. 2011, 15–30.

Driessen 2013
J. Driessen (Hrsg.), Destruction. Archaeological, Philological and Historical Perspectives, Proceedings of an International Round Table Held at Louvain-la-Neuve, 24–26 November 2011 (Louvain-la-Neuve 2013).

Driessen–MacDonald 1997
J. Driessen–C. F. MacDonald (Hrsg.), The Troubled Island. Minoan Crete before and after the Santorini Eruption, Annales d´archéologie égéenne de l´Université de Liège, Aegaeum 17 (Liège 1997).

Driessen–MacGillivray 1989
J. Driessen–J. A. McGillivray, The Neopalatial Period in East Crete, in: Laffineur 1989, 178–189.

Driessen–Sakellarakis 1997
J. Driessen–J. Sakellarakis, The Vathypetro-complex. Some Observations on its Architectural History and Function, in: Hägg 1997, 63–77.

Driessen–Schoep 1995
J. Driessen–I. Schoep, The Architect and the Scribe. Political Implications of Architectural and Administrative Changes on MM II–LM IIIA Crete, in: Laffineur–Niemeier 1995, 649–664.

Driessen u. a. 2002
J. Driessen–I. Schoep–R. Laffineur (Hrsg.), Monuments of Minos. Rethinking the Minoan Palaces, Proceedings of the International Workshop Crete of the Hundred Palaces? Held at Université de Louvain, Louvain-laNeuve, 14–15 December 2001, Aegaeum 23 (Liège 2002).

Dunbabin 1944
T. J. Dunbabin, Archaeology in Greece, 1939–1945, JHS 64, 1944, 78–97.

Dunbabin 1947
T. J. Dunbabin, Antiquities of Amari, BSA 42, 1947, 184–193.

Dunn 2005
S. Dunn, From Juktas to Thera. People and Their Environment in Middle and Late Minoan Crete, in: A. Dakouri-Hild–S. Sherratt (Hrsg.), Autochthon. Papers Presented to O.T.P.K. Dickinson on the Occasion of his Retirement, Institute of Classical Studies, University of London, 9 November 2005 (Oxford 2005) 115–125.

Dyson-Hudson–Smith 1978
R. Dyson-Hudson–E. A. Smith, Human Territoriality. An Ecological Reassessment, American Anthropologist 80, 1978, 21–41.

Efstratiou u. a. 2004
N. Efstratiou–A. Karetsou–E. S. Banou–D. Margomenou, The Neolithic Settlement of Knossos. New Light on an Old Picture, in: Cadogan u. a. 2004, 39–49.

Eliopoulos 2000
T. Eliopoulos, A Minoan Potter´s Wheel with Marine Decoration from Skhinias, Mirabello District, BSA 95, 2000, 107–114.

Ervin-Caskey 1970
M. Ervin-Caskey, News Letter from Greece, AJA 74 (3), 1970, 278–282.

Ervin-Caskey 1971
M. Ervin-Caskey, News Letter from Greece, AJA 75 (3), 1971, 310–312.

Ervin-Caskey 1977
M. Ervin-Caskey, News Letter from Greece, AJA 81 (4), 1977, 520–522.

Evans 1895
A. Evans, Cretan Pictographes and Prae-Phoenicican Script. With An Account of a Sepulchral Deposit at Hagios Onuphrios Near Phaestos in Its Relation to Primitive Cretan and Aegean Culture (London 1895).

Evans 1899/1900
A. Evans, Knossos. Report of the Excavation in 1900. I. The Palace, BSA 6, 1899/1900, 3–70.

Evans 1900/1901
A. Evans, The Palace of Knossos, BSA 7, 1900–1901, 1–120.

Evans 1901
A. Evans, Mycenaean Tree and Pillar Cult and Its Mediterranean Relations, JHS 21, 1901, 99–204.

Evans 1901/1902
A. Evans, The Palace of Knossos, BSA 8, 1901–1902, 1–124.

Evans 1902/1903
A. Evans, The Palace of Knossos, BSA 9, 1902–1903, 1–153.

Evans 1904/1905
A. Evans, The Pillar Rooms and Ritual Vessels of the Little Palace at Knossos, in: B. Hart (Hrsg.), Archaeologia or Miscellaneous Tracts Relating to Antiquity XV (Oxford 1904–1905) 59–94.

Evans 1906
A. Evans, Essai de classification des époques de la civilisation minoenne. Résume d´un discours fait au Congrès d´Archéologie à Athènes (London 1906).

Evans 1921
A. Evans, The Palace of Minos. A Comparative Account of the Successive Stages of the Early Cretan Civilization as Illustrated by the Discoveries at Knossos, Vol. 1. The Neolithic and Early and Middle Minoan Ages (London 1921).

Evans 1928a
A. Evans, The Palace of Minos. A Comparative Account of the Successive Stages of the Early Cretan Civilization as Illustrated by the Discoveries at Knossos, Vol. 2.1, Fresh Lights on Origins and External Relations (London 1928).

Evans 1928b
A. Evans, The Palace of Minos. A Comparative Account of the Successive Stages of the Early Cretan Civilization as Illustrated by the Discoveries at Knossos, Vol. 2.2, Town-houses in Knossos of the New Era and Restored West Palace Section with Its State Approach (London 1928).

Evans 1930
A. Evans, The Palace of Minos. A Comparative Account of the Successive Stages of the Early Cretan Civilization as Illustrated by the Discoveries at Knossos, Vol. 3, The Great Transitional Age in the Northern and Eastern Sections of the Palace (London 1930).

Evans 1935a
A. Evans, The Palace of Minos. A Comparative Account of the Successive Stages of the Early Cretan Civilization as Illustrated by the Discoveries at Knossos, Vol. 4.1, Emergence of Outer Western Enceinte, with New Illustrations, Artistic and Religious, of the Middle Minoan Phase (London 1935).

Evans 1935b
A. Evans, The Palace of Minos. A Comparative Account of the Successive Stages of the Early Cretan Civilization as Illustrated by the Discoveries at Knossos, Vol. 4.2, Camp-stool Fresco. Long-robed Priests and Beneficent Genii, Chryselephantine Boy-god and Ritual Hair-offering, Intaglio Types, II, Late Hoards of Sealings, Deposits of Inscribed Tablets and the Palace, Linear Script B and its Mainland Extension, Closing Palatial Phase, Throne and Final Catastrophe (London 1935).

Evely 1984
D. Evely, The Other Finds of Stone, Clay, Ivory, Fayence, lead etc., in: Popham u. a. 1984, 223–260.

Evely 1988a
D. Evely, Potters' Wheel in Minoan Crete, BSA 83, 1988, 83–126.

Evely 1988b
D. Evely, Minoan Craftsmen. Problems of Recognition and Definition, in: French–Wardle 1988, 397–414.

Evely 2000
D. Evely, Minoan Crafts. Tools and Techniques. An Introduction, Volume Two (Jonsered 2000).

Evely 2003
R. D. G. Evely, The Stone, Bone, Ivory, Bronze and Clay Finds, in: Mountjoy 2003a, 167–194.

Evely 2007/2008
D. Evely, Crete, in: Archaeology in Greece 2007–2008, AR 56, 2007/2008, 94–112.

Evely 2009/2010
D. Evely, Crete, in: Archaeology in Greece 2009–2010, AR 56, 2009/2010, 169–200.

Fabricius 1886
E. Fabricius, Alterthümer auf Kreta. IV. Funde der mykenischen Epoche in Knossos, AM 11, 1886, 135–149.

Fassoulas 2017
C. Fassoulas, The Geological Setting of Crete. An Overview, in: Jusseret–Sintubin 2017a, 135–164.

Faure 1966
P. Faure, Les minerais de la Crète antique, RevA, 1966, 45–78.

Faure 1969
P. Faure, Sur trois sortes de sanctuaries crétois, BCH 93 (1), 1969, 174–213.

Faure 1983
P. Faure, Kreta. Das Leben im Reich des Minos (Stuttgart 1983).

Fieldnotes 2005
Zominthos Fieldnotes 2005, https://www.archaeological.org/field-notes-2005/ (12.03.2020).

Fieldnotes 2006
Zominthos Fieldnotes 2006, https://www.archaeological.org/field-notes-2006/> (12.03.2020).

Fieldnotes 2007
Zominthos Fieldnotes 2007, https://www.archaeological.org/field-notes-2007/ (12.03.2020).

Fieldnotes 2009
Zominthos Field Notes 2009: Weeks 3&4, https://www.archaeological.org/field-notes-2009-weeks-3-4/ (12.03.2020).

Fieldnotes 2010
Zominthos Field Notes 2010: Week 1, https://www.archaeological.org/field-notes-2010-week-1/ (12.03.2020).

Zominthos Field Notes 2010: Week 2, https://www.archaeological.org/field-notes-2010-week-2/ (12.03.2020).

Zominthos Field Notes 2010: Week 3, https://www.archaeological.org/field-notes-2010-week-3/ (12.03.2020).

Zominthos Field Notes 2010: Week 4, https://www.archaeological.org/field-notes-2010-week-4/ (12.03.2020).

Fieldnotes 2011
Zominthos Field Notes 2011: Week 1, https://www.archaeological.org/field-notes-2011-week-1/ (12.03.2020).

Zominthos Field Notes 2011: Week 2, https://www.archaeological.org/field-notes-2011-week-2/ (12.03.2020).

Zominthos Field Notes 2011: Week 3, https://www.archaeological.org/field-notes-2011-week-3/ (12.03.2020).

Zominthos Field Notes 2011: Week 4, https://www.archaeological.org/field-notes-2011-week-4/ (12.03.2020).

Zominthos Field Notes 2011: Week 5, https://www.archaeological.org/field-notes-2011-week-5/ (12.03.2020).

Fieldnotes 2012

Zominthos Field Notes 2012: Week 1, https://www.archaeological.org/field-notes-2012-week-1/ (12.03.2020).

Zominthos Field Notes 2012: Week 2, https://www.archaeological.org/field-notes-2012-week-2/ (12.03.2020).

Zominthos Field Notes 2012: Week 5, https://www.archaeological.org/field-notes-2012-week-5/ (12.03.2020).

Fieldnotes 2013

Zominthos Field Notes 2013: Week 1, https://www.archaeological.org/field-notes-2013-week-1/ (12.03.2020).

Zominthos Field Notes 2013: Week 2, https://www.archaeological.org/field-notes-2013-week-2/ (12.03.2020).

Zominthos Field Notes 2013: Week 3, https://www.archaeological.org/field-notes-2013-week-3/ (12.03.2020).

Zominthos Field Notes 2013: Week 5, https://www.archaeological.org/field-notes-2013-week-5/ (12.03.2020).

Fieldnotes 2014

Zominthos Field Notes 2014: Week 1, https://www.archaeological.org/field-notes-2014-week-1/ (12.03.2020).

Zominthos Field Notes 2014: Week 2, https://www.archaeological.org/field-notes-2014-week-2/ (12.03.2020).

Zominthos Field Notes 2014: Week 3, https://www.archaeological.org/field-notes-2014-week-3/ (12.03.2020).

Zominthos Field Notes 2014: Week 4, https://www.archaeological.org/field-notes-2014-week-4/ (12.03.2020).

Zominthos Field Notes 2014: Week 5, https://www.archaeological.org/field-notes-2014-week-5/ (12.03.2020).

Fieldnotes 2015

Zominthos Field Notes 2015: Week 1-2, https://www.archaeological.org/field-notes-2015-weeks-12/ (12.03.2020).

Zominthos Field Notes 2015: Week 3, https://www.archaeological.org/field-notes-2015-week-3/ (12.03.2020).

Zominthos Field Notes 2015: Week 4, https://www.archaeological.org/field-notes-2015-week-4/ (12.03.2020).

Zominthos Field Notes 2015: Week 5, https://www.archaeological.org/field-notes-2015-week-5/ (12.03.2020).

Fieldnotes 2016

Zominthos Field Notes 2016: Week 1, https://www.archaeological.org/field-notes-2016-week-1/ (12.03.2020).

Zominthos Field Notes 2016: Week 4, https://www.archaeological.org/field-notes-2016-week-4/ (12.03.2020).

Zominthos Field Notes 2016: Week 5, https://www.archaeological.org/field-notes-2016-week-5/ (12.03.2020).

Fieldnotes 2017

Zominthos Field Notes 2017: Week 1, https://www.archaeological.org/field-notes-2017-week-1/ (12.03.2020).

Zominthos Field Notes 2017: Week 2, https://www.archaeological.org/field-notes-2017-week-2/ (12.03.2020).

Zominthos Field Notes 2017: Week 3, https://www.archaeological.org/field-notes-2017-week-3/ (12.03.2020).

Zominthos Field Notes 2017: Week 4, https://www.archaeological.org/field-notes-2017-week-4/ (12.03.2020).

Zominthos Field Notes 2017: Week 5, https://www.archaeological.org/field-notes-2017-week-5/ (12.03.2020).

Fieldnotes 2018

Zominthos Field Notes 2018: Week 1, https://www.archaeological.org/field-notes-2018-week-1/ (12.03.2020).

Zominthos Field Notes 2018: Week 2, https://www.archaeological.org/field-notes-2018-week-2/ (12.03.2020).

Zominthos Field Notes 2018: Week 4, https://www.archaeological.org/field-notes-2018-week-4/ (12.03.2020).

Fieldnotes 2019

Zominthos Field Notes 2019: Week 1, https://www.archaeological.org/zominthos-2019-week-1/ (12.03.2020).

Zominthos Field Notes 2019: Week 2, https://www.archaeological.org/zominthos-2019-week-2/ (12.03.2020).

Zominthos Field Notes 2019: Week 4, https://www.archaeological.org/zominthos-2019-week-4/ (12.03.2020).

Zominthos Field Notes 2019: Week 6, https://www.archaeological.org/zominthos-2019-week-6/ (12.03.2020).

Finkelberg 1990/1991

M. Finkelberg, Minoan Inscriptions on Libation Vessels, Minos 25–26, 1990–1991, 43–85.

Fitton 1995

L. Fitton, The Discovery of Greek Bronze Age (London 1995).

Flaccus 1992

E. Flaccus, The Climate and Vegetation of Crete, in: Myers u. a. 1992, 27–29.

Flinders Petrie 1890

W. M. Flinders Petrie, The Egyptian Bases of Greek History, JHS 11, 1890, 271–277.

Flood–Soles 2014

J. M. Flood–J. S. Soles, Water Managment in Neopalatial Crete and the Development of the Mediterranean Dry-Season, in: Touchais u. a. 2014, 79–84.

Flouda 2012

G. Flouda, Reassessing the Apesokari Tholos. A Funerary Record. Preliminary Thoughts, Rivista di Archeologia 35, 2012, 111–121.

Floyd–Betancourt 2010
C. R. Floyd–P. P. Betancourt, The Excavation of Chrysokamino Chomatas. A Preliminary Report, Hesp. 79 (4), 2010, 465–498.

Forbes–Foxhall 1978
H. A. Forbes–L. Foxhall, The Queen of all Trees. Preliminary Notes on the Archaeology of the Olive, Expedition 1978, 37–47.

Forsdyke 1926/1927
E. J. Forsdyke, The Mavro Spelio Cemetery at Knossos, BSA 28, 1926–1927, 243–296.

Forsdyke 1954
J. Forsdyke, The Harvester Vase of Hagia Triada, JWCI 17 (1/2), 1954, 1–9.

Foster 1979
K. P. Foster, Aegean Fayence of the Bronze Age (New Haven/London 1979).

Foster 1987
K. P. Foster, Reconstruction Minoan Palatial Fayence Workshops, in: Hägg–Marinatos 1987, 287–292.

Foster 2008
K. P. Foster, Minoan Fayence Revisited, in: C. M. Jackson–E. C. Wagner (Hrsg.), Vitreous Materials in the Late Bronze Age Aegean, Sheffield Studies in Aegean Archaeology 9 (Sheffield 2008) 173–186.

Foster–Laffineur 2003
K. P. Foster–R. Laffineur (Hrsg.), METRON. Measuring the Aegean Bronze Age, Proceedings of the 9th International Aegean Conference. New Haven, Yale University, 18–21 April 2002, Aegaeum 24 (Leuven 2003).

Fotou 1993
V. Fotou, New Light on Gournia. Unknown Documents of the Excavation at Gournia and Other Sites on the Isthmus of Ierapetra by Harried Ann Boyd, Aegeaum 9, Annales d´archeologie egeenne de l´Universite de Liege et UT-PASP (Liege 1993).

Fotou 1997
V. Fotou, Éléments d´analyse architectural et la question de fonctions de trios batiments–villas. La Royal Villa, le Mégaron de Nirou et le Mégaron de Sklavokambos, in: Hägg 1997, 33–50.

Francis–Kouremenos 2016
J. E. Francis–A. Kouremenos (Hrsg.), Roman Crete. New Perspectives (Oxford 2016).

Fraser 1971
P. M. Fraser, Archaeology in Greece, 1970–1971, AR 17, 1971, 3–32.

French 1989/1990
E. B. French, Archaeology in Greece 1989–1990, AR 36, 1989–1990, 2–82.

French 1990/1991
E. B. French, Archaeology in Greece 1990–1991, AR 37, 1990–1991, 3–78.

French 1991/1992
E. B. French, Archaeology in Greece 1991–1992, AR 38, 1991–1992, 3–70.

French 1992/1993
E. B. French, Archaeology in Greece 1992–1993, AR 39, 1992–1993, 3–81.

French 1993/1994
E. B. French, Archaeology in Greece 1993–1994, AR 40, 1993–1994, 3–84.

French–Wardle 1988
E. B. French–K. A. Wardle (Hrsg.), Problems in Greek Prehistory (Bristol 1988).

Friedrich 2000
W. L. Friedrich, Fire in the Sea. The Santorini Volcano. Natural History and the Legend of Atlantis (New York 2000).

Friedrich 2013
W. L. Friedrich, The Minoan Eruption of Santorini around 1613 B. C. and Its Consequences, in: H. Meller–F. Beremes (Hrsg.), Cultural Change in the Shadow of the Thera-Eruption?, 4th Archaeological Conference of Central Germany, October 14–16, 2011 in Halle (Saale), Tagungen des Landesmuseums für Vorgeschichte Halle 9 (Halle 2013) 37–48.

Friedrich–Sigalas 2009
W. L. Friedrich–N. Sigalas, The Effects of the Minoan Eruption. Visible at Various Archaeological Sites on Santorini, Greece, in: Warburton 2009, 91–100.

Fröhlich 1987
M. Fröhlich, Westkreta. Zur Geographie der Agrarlandschaft (Berlin 1987).

Furumark 1941
A. Furumark, The Mycenaean Pottery. Analysis and Classification (Stockholm 1941).

Gagarin–Perlman 2016
M. Gagarin–P. Perlman, The Laws of Ancient Crete c. 650–400 BCE (Oxford 2016).

Gaignerot-Driessen–Driessen 2012
F. Gaignerot-Driessen–J. Driessen, The Presence of Pumice in Late Minoan IIIB Levels at Sissi, Crete, in: Mantzourani–Betancourt 2012, 35–42.

Galanidou u. a. 2014
N. Galadinou–N. Gaki-Papanastassiou–E. Karymbalis–H. Maroukian–E. Koskeridou–C. Giangas, The Palaeographic Evolution of the Kairatos Drainage Basin and Its Coastal Plain During the Holocene, Κρητικά Χρονικά 2014, 97–122.

Gauß u. a. 2011
W. Gauß–M. Lindblom–R. A. K. Smith–J. C. Wright (Hrsg.), Our Cups are Full. Pottery and Society in the Aegean Bronze Age, Papers Presented to Jeremy B. Rutter on the Occasion of his 65th Birthday (Oxford 2011).

Georgiou 1973
H. S. Georgiou, Minoan Fireboxes from Gournia, Expedition 1973, 7–14.

Georgiou 1979
H. Georgiou, The Late Minoan I Destruction of Crete. Metal Groups and Stratigraphic Considerations (Los Angeles 1979).

Georgiou 1980
H. S. Georgiou, Minoan Fireboxes. A Study of Form and Function, SMEA 21, 1980, 123–187.

Gesell 1976
G. C. Gesell, The Minoan Snake Tube. A Survey and Catalogue, AJA 80 (3), 1976, 247–259.

Gesell 1985
G. C. Gesell, Town, Palace and House Cult in Minoan Crete (Göteborg 1985).

Gesell 1987
G. C. Gesell, The Minoan Palace and Public Cult, in: Hägg–Marinatos 1987, 123–128.

Gesell 2004
G. C. Gesell, From Knossos to Kavousi. The Popularizing of the Minoan Palace Goddess, in: Chapin 2004, 131–150.

Ghilardi u. a. 2015
M. Ghilardi–M. Colleu–D. Psomiadis–F. Gasse–L. Sinibaldi–D. Delanghe-Sabatier–J. Fleury–V. Andrieu-Ponel–M. Renard–L. Lespz–F. Longo–A. Rossi–V. Amato, Étude paléoenvironnementale autour du site de Phaistos (plaine de Messara, Crète, Grèce). Mise en évidence d'une phase de sédimentation lacustre pendant l'époque minoenne, in: Lèfevre-Novaro u. a. 2015, 125–140.

Gifford 1992
J. A. Gifford, The Geomorphology of Crete, in: Myers u. a. 1992, 17–25.

Gill u. a. 2002
M. Gill–W. Müller–I. Pini–N. Platon, CMS I, 8. Die Siegelabdrücke von Knossos, durch die Einbeziehung von Funden aus anderen Museen (Mainz 2002).

Gillis 1990a
C. Gillis, Minoan Conical Cups. Form, Function and Significance (Göteburg 1990).

Gillis 1990b
C. Gillis, Akrotiri and its Neighbours to the South. Conical Cups Again, in: Hardy 1990, 98–117.

Girella 2007a
L. Girella, Forms of Commensal Politics in Neopalatial Crete, Creta Antica 8, 2007, 135–168.

Girella 2007b
L. Girella, Toward a Definition of the Middle Minoan III Ceramic Sequence in South–Central Crete. Returning to the Traditional MM IIIA and IIIB Division?, in: F. Felten–W. Gauss–R. Smetana (Hrsg.), Middle Helladic Pottery and Synchronisms, Proceedings of the International Workshop held at Salzburg October 31st–November 2nd, 2004 (Wien 2007) 233–256.

Girella 2010
L. Girella, The Gold of Rhadamanthus. Ceramic Deposits and Wares Distribution at Phaistos and Ayia Triada during Middle Minoan III Period, in: B. Horejs–R. Jung–P. Pavuk (Hrsg.), Analysing Pottery. Processing, Classification, Publication (Bratislave 2010) 163–186.

Girella 2011
L. Girella, A New MM III Deposit from Ayia Triada and the Problem of the MM IIIB in South–Central Crete, in 10th International Cretological Congress, Khania, 1–8 October 2006 (Iraklion 2011) 185–206.

Girella 2012
L. Girella, The Kamilari Project Publication, in: G. Bretschneider (Hrsg.), Rivista di Archaeologia 35 (Rom 2012) 123–136.

Girella 2013a
L. Girella, Exhuming an Excavation. Preliminary Notes on the Use of the Kamilari Tholos Tomb in Middle Minoan III, in: MacDonald–Knappett 2013, 149–159.

Girella 2013b
L. Girella, Evidence for Middle Minoan III Occupation at Ayia Triada, in: MacDonald–Knappett 2013, 123–135.

Glowacki–Vogeikoff-Brogan 2011
G. T. Glowacki–N. Vogeikoff-Brogan (Hrsg.), Στεγα. The Archaeology of Houses and Households in Ancient Crete, Hesp. Suppl. 44 (Athen 2011).

Godart–Tzedakis 1994
L. Godart–J. Tzedakis, Les nécropoles d'Apodoulou et d'Armenoi au MR III B, in: L. Rochetti (Hrsg.), Sybrita. La valle di Amari fra Bronzo e Ferro, 1 (Roma 1994) 61–66.

Graham 1977
J. W. Graham, Bathrooms and Lustral Chambers, in: Kinzl 1977, 110–125.

Graham 1979
J. W. Graham, Further Notes on Minoan Palace Architecture. 2. Access to, and Use of, Minoan Palace Roofs, AJA 83 (1), 1979, 64–69.

Graham 1987
J. W. Graham, The Palaces of Crete (Princeton 1987).

Grove u. a. 1990
D. Grove–J. Moody–O. Rackham (Hrsg.), Stability and Change in the Cretan Landscape (Cambridge 1990).

Guttandin u. a. 2014
T. Guttandin–D. Panagiotopoulos–H. Pflug, Die Häfen des Minos. Auf der Suche nach den Grundlagen der minoischen maritimen Macht, AW, 2014 (2), 15–24.

Hägg–Marinatos 1981
R. Hägg–N. Marinatos (Hrsg.), Sanctuaries and Cults in the Aegean Bronze Age, Proceedings of the First International Symposium at the Swedish Institute in Athens, 12–13 May, 1980 (Stockholm 1981).

Hägg–Marinatos 1984
R. Hägg–N. Marinatos (Hrsg.), The Minoan Thalassocracy. Myth and Reality, Proceedings of the Third International Symposium at the Swedish Institute in Athens, 31 May–5 June, 1982 (Stockholm 1984).

Hägg–Marinatos 1987
R. Hägg–N. Marinatos (Hrsg.), The Function of the Minoan Palaces, Proceedings of the 4. International Symposium at the Swedish Institute in Athens, 10–16 June, 1984 (Göteborg 1987).

Hägg 1985
R. Hägg, Pictorial Programmes in the Minoan Palaces and Villas?, BCH Suppl. 11, 1985, 209–217.

Hägg 1997
R. Hägg (Hrsg.), The Function of the Minoan Villa, Proceedings of the Eighth International Sympostium at the Swedish Institute at Athens, 6–8 June 1992 (Stockholm 1997).

Haggis 1992
D. Haggis, The Kavousi–Thripiti Survey. An Analysis of the Settlement Patterns in an Area of Eastern Crete in the Bronze Age and the Early Iron Age (Minnesota 1992).

Haggis 1996
D. Haggis, Archaeological Survey at Kavousi, East Crete. Preliminary Report, Hesp. 65, 1996, 373–432.

Haggis–Mook 1993
D. C. Haggis–M. S. Mook, The Kavousi Coarse Wares. A Bronze Age Chronology for Survey in the Mirabello Area, East Crete, AJA 97, 1993, 265–293.

Haggis–Nowicki 1993
D. C. Haggis–K. Nowicki, Khalasmeno and Katalimata. Two Early Iron Age Settlements in Monastiraki, East Crete, Hesp. 62, 1993, 303–337.

Hakulin 2008
L. Hakulin, Bronzeworking on Late Minoan Crete. An Overview Based on Published Data, in: Tzachili 2008a, 197–209.

Halbherr 1903
F. Halbherr, Resti dell´età micenea. Scoperti ad Haghia Triada presso Phaestos, MonAnt 13, 1903, 5–74.

Hall 1912
E. H. Hall, Excavations in Eastern Crete. Spoungharas, University of Pennsylvania The Museum Anthropological Publications, Vol. III (2) (Philadelphia 1912).

Hallager 1990
E. Hallager, Upper Floors in LM I Houses, in: Darcque–Treuil 1990, 281–292.

Hallager 1996
E. Hallager, The Minoan Roundel and Other Documents in the Neopalatial Linear A Administration, Aegaeum 14 (Liege 1996).

Hallager 2010a
E. Hallager, Crete, in: Cline 2010, 149–159.

Hallager 2010b
B. Hallager, Minoan Pottery, in: Cline 2010, 405–414.

Halstead 1981
P. Halstead, From Determinism to Uncertainty. Social Storage and the Rise of the Minoan Palace, in: A. Sheridan–G. Bailey (Hrsg.), Economic Archaeology. Towards an Integration of Ecological and Social Approaches (Oxford 1981) 187–213.

Halstead 1997
P. Halstead, Storage Strategies and States on Prehistoric Crete. A Reply to Strasser, JMA 10, 1997, 103–107.

Hamann 2003
W. H. Hamann, Polythyra. Untersuchungen zur Funktion von Räumen mit mehrtürigen Öffnungen in MM III–SM I (Diss. Universität München 2003).

Hamilakis 1996
Y. Hamilakis, Wine, Oil and the Dialectics of Power in Bronze Age Crete. A Review of the Evidence, OxfJA 15 (1), 1996, 1–32.

Hamilakis 2002a
Y. Hamilakis (Hrsg.), Labyrinth Revisited. Rethinking `Minoan Archaeology´ (Oxford 2002).

Hamilakis 2002b
Y. Hamilakis, Too Many Chiefs? Factional Competition in Neopalatial Crete, in: Driessen u. a. 2002, 179–200.

Hankey 1986
V. Hankey, Pyrgos. The Communal Tomb in Pyrgos IV (Late Minoan I), BICS 33, 1986, 135–137.

Hansen Streily 2000
A. Hansen Streily, Bronzezeitliche Töpferwerkstätten in der Ägäis und in Westanatolien (Diss., Universität Mannheim 2000).

Hardy 1990
D. A. Hardy (Hrsg.), Thera and the Aegean World III, Proceedings of the Third International Congress. Santorini, Greece 3–9 September 1989 (London 1990).

Hatzaki 2004
E. Hatzaki, From Palatial to Postpalatial Knossos. A View from the Late Minoan II to Late Minoan IIIB Town, in: Cadogan u. a. 2004, 121–126.

Hatzaki 2005
E. Hatzaki (Hrsg.), Knossos. The Little Palace, BSA Suppl. 38 (London 2005).

Hatzaki 2007
E. Hatzaki, Neopalatial (MM IIIB–LM IB): KS 178, Gypsades Well (Upper Deposit), and SEX North House Groups, in: Momigliano 2007, 151–196.

Hatzaki 2011
E. Hatzaki, Defining Domestic Architecture and Household Assemblages in Late Bronze Age Knossos, in: Glowacki–Vogeikoff-Brogan 2011, 247–262.

Hatzaki 2015
E. Hatzaki, Ceramic Production and Consumption at the Neopalatial Settlement of Myrtos-Pyrgos. The Case of In-and-Out Bowls, in: MacDonald u. a. 2015, 49–57.

Hayden 1984
B. J. Hayden, Late Bronze Age Tylissos. House Plans and Cult Center, Expedition 26, 1984, 37–46.

Hayden u. a. 1992
B. Hayden–J. Moody–O. Rackham, The Vrokastro Survey Project, 1986–1989. Research Design and Preliminary Results, Hesp. 61, 1992, 293–353.

Hayden–Tsipopoulou 2012
B. J. Hayden–M. Tsipopoulou, The Priniatikos Pyrgos Project. Preliminary Report on the Rescue Excavation of 2005–2006, Hesp. 81 (4), 2012, 507–584.

Haysom 2010
M. Haysom, The Double Axe. A Contextual Approach to the Understanding of a Cretan Symbol in the Neopalatial Period, OxfJA 29 (1), 2010, 35–55.

Haysom 2013/2014
M. Haysom, Archaeology in Greece 2013–2014, AR 60, 2013–2014, 82–87.

Hawes u. a. 1908
H. A. B. Hawes–B. E. Williams–R. B. Seager–E. H. Hall, Gournia, Vasiliki, and Other Prehistoric Sites on the Isthmus of Hierapetra, Crete (Philadelphia 1908).

Hein u. a. 2004
A. Hein–P. M. Day–P. S. Quinn–V. Kilikoglou, The Geochemical Diversity of Neogene Clay Deposits in Crete and Its Implications for Provenance Studies of Minoan Pottery, Archaeometry 46 (3), 2004, 357–384.

Helck 1979
W. Helck, Die Beziehungen Ägyptens und Vorderasiens zur Ägäis bis ins 7. Jahrhundert v. Chr. (Darmstadt 1979).

Helck 1992
W. Helck, Amnisos in einem ägyptischen Text Amenophis´ III., in: Schäfer 1992a, 13–18.

Hempel 1991
L. Hempel, Forschungen zur physischen Geographie der Insel Kreta im Quartär (Göttingen 1991).

Higgins 1984
R. A. Higgins, Terracotta Figurines, in: Popham u. a. 1984, 197–202.

Hiller 1977
S. Hiller, Das Minoische Kreta nach den Ausgrabungen des letzten Jahrzehntes (Wien 1977).

Hiller 1992
S. Hiller, Amnisos in den Tontafelarchiven von Knosos, in: Schäfer 1992a, 18–50.

Hitchcock 1994
L. Hitchcock, The Minoan Hall System. Writing the Present out of the Past, in: M. Locock (Hrsg.), Meaningful Architecture. Social Interpretations of Buildings, Worldwide Archaeology Series (Avebury 1994) 14–43.

Hitchcock 2000
L. Hitchcock, Minoan Architecture. A Contextual Analysis (Jonsered 2000).

Hitchcock–Preziosi 1997
L. Hitchcock–D. Preziosi, The Knossos Unexplored Mansion and the Villa-Annex, in: Hägg 1997, 51–62.

Hitchcock u. a. 2008
L. A. Hitchcock–R. Laffineur–J. Crowley (Hrsg.), DAIS. The Aegean Feast, Proceedings of the 12th International Aegean Conference, University of Melbourne, Centre for Classics and Archaeology, 25–29 March 2008, Aegaeum 29 (Liège 2008).

Höflmayer 2008
F. Höflmayer, Das Ende von SM IB. Naturwissenschaftliche und archäologische Datierung, ÄgLev 18, 2008, 157–171.

Höflmayer 2010
F. Höflmayer, Die Synchronisierung der minoischen Alt– und Neupalastzeit mit der ägyptischen Chronologie (Diss., Universität Wien 2010).

Hogarth 1899/1900a
D. G. Hogarth, Knossos. Summary Report of the Excavations in 1900. II. Early Town and Cemeteries, BSA 6, 1899–1900, 70–85.

Hogarth 1899/1900b
D. G. Hogarth, The Dictaian Cave, BICS 6, 1899–1900, 94–116.

Hogarth 1900/1901
D. G. Hogarth, Excavations at Zakro, Crete, BSA 7, 1900–1901, 121–149.

Hood 1955
M. S. F. Hood, Archaeology in Greece 1954, AR 1, 1955, 3–19.

Hood 1956
M. S. F. Hood, Archaeology in Greece 1956, AR 3, 1956, 3–23.

Hood 1957
M. S. F. Hood, Archaeology in Greece 1957, AR 4, 1957, 3–25.

Hood 1958
M. S. F. Hood, Archaeology in Greece 1958, AR 5, 1958, 3–24.

Hood 1960
M. S. F. Hood, Archaeology in Greece 1959–1960, AR 6, 1960, 3–26.

Hood 1961
M. S. F. Hood, Archaeology in Greece 1960–1961, AR 7, 1961, 3–35.

Hood 1962
M. S. F. Hood, Archaeology in Greece 1961–1962, AR 8, 1962, 3–31.

Hood 1965
M. S. F. Hood, Minoan Sites in the Far West of Crete, BSA 60, 1965, 99–113.

Hood 1967
S. Hood, Some Ancient Sites in South–West Crete, BSA 62, 1967, 47–56.

Hood 1970
S. Hood, The International Scientific Congress on the Volcano of Thera 15th–23rd September 1969, Kadmos 9, 1970, 98–106.

Hood 1971
S. Hood, The Minoans. Crete in the Bronze Age (London 1971).

Hood 1977
S. Hood, Minoan Town-Shrines, in: Kinzl 1977, 158–172.

Hood 1981a
S. Hood, History of the Knossos Area, in: Hood–Smyth 1981a, 6–26.

Hood 1981b
S. Hood, Catalogue, in: Hood–Smyth 1981a, 34–61.

Hood 1983
S. Hood, The Country House and Minoan Society, in: Krzyszkowska 1983, 129–136.

Hood 1987
S. Hood, Mason´s Marks in the Palaces, in: Hägg–Marinatos 1987, 205–212.

Hood 1997
S. Hood, The Magico–Religious Background of the Minoan Villa, in: Hägg 1997, 105–115.

Hood 2010
S. Hood, The Middle Minoan Cemetery on Ailias at Knossos, in: Krzyszkowska 2010, 161–168.

Hood–Boardman 1956
M. S. F. Hood–J. Boardman, Archaeology in Greece, AR 2, 1956, 3–38.

Hood–Smyth
1981a: S. Hood–D. Smyth, Archaeological Survey of the Knossos Area, BSA Suppl. 14 (London 1981).

Hood–Smyth 1981b
S. Hood–D. Smyth, Introduction, in: Hood–Smyth 1981a, 1–4.

Hood–Warren 1966
S. Hood–P. Warren, Ancient Sites in the Province of Ayios Vasilios, Crete, BSA 61, 1966, 163–191.

Hood u. a. 1958/1959
S. Hood–G. Huxley–N. Sandars–A. E. Werner, A Minoan Cemetery on Upper Gypsades (Knossos Survey 156), BSA 53/54, 1958/1959, 194–262.

Hood u. a. 1964
S. Hood–P. Warren–G. Cadogan, Travels in Crete, 1962, BSA 59, 1964, 50–99.

Hooker 1973
J. T. Hooker, A Note on the Linear A Tablet from Pirgos, Kadmos 12, 1973, 93–94.

Housley u. a. 1999
R. A. Housley–S. W. Manning–G. Cadogan–R. E. Jones–R. E. M. Hedges, Radiocarbon, Calibration, and the Chronology of the Late Minoan IB Phase, JAS 26, 1999, 159–171.

Hutchinson 1963
R. W. Hutchinson, Prehistoric Crete (Harmondsworth 1963).

Huxley 2000
D. Huxley (Hrsg.), Cretan Quests. British Explorers, Excavators and Historians (London 2000).

Immerwahr 1990
S. A. Immerwahr, Aegean Painting in the Bronze Age (London 1990).

Indelicato–Chigine 1984
S. D. Indelicato–M. Chigine, A New Kouloura at Phaistos, AJA 88, 1984, 229–230.

Jones 1986
R. E. Jones, Greek and Cypriot Pottery. A Review of Scientific Studies (Athen 1986).

Jones 1999
D. W. Jones, Peak Sanctuaries and Sacred Caves in Minoan Crete. Comparison of Artifacts (Jonsered 1999).

Jones 2014
B. R. Jones, Revisiting the Figures and Landscapes on the Frescoes at Hagia Triada, in: Touchais u. a. 2014, 493–497.

Jusseret 2017
S. Jusseret, Archaeoseismological Research on Minoan Crete. Past and Present, in: Jusseret–Sintubin 2017a, 223–247.

Jusseret–Sintubin 2017a
S. Jusseret–M. Sintubin (Hrsg.), Minoan Earthquakes. Breaking the Myth through Interdisciplinary, Studies in Archaeological Sciences 5 (Leuven 2017).

Jusseret–Sintubin 2017b
S. Jusseret–M. Sintubin, Earthquakes and Minoan Crete. Breaking the Myth through Interdisciplinary, in: Jusseret–Sintubin 2017a, 389–395.

Kaiser 1976
B. Kaiser, Untersuchungen zum Minoischen Relief (Bonn 1976).

Kanta 1980
A. Kanta, The Late Minoan III Period in Crete (Göteborg 1980).

Kanta 1984
A. Kanta, The Minoan Settlement of the Northern Part of the District Apokoronas and Minoan Apatawa, in: Centre G. Glotz (Hrsg.), Aux origines de l' Hellènisme. La Crète et Grèce. Hommage à Henri van Efenterre presente par le Centre G. Glotz, Paris, (Paris 1984) 9–14.

Kanta 1989
A. Kanta, Lo Scavo, in: Tzedakis u. a. 1989b, 109–131.

Kanta 2011
A. Kanta, A West Cretan Response (Nerokourou) to Lefteris Platon and the LM IB Pottery from Zakros, in: Brogan–Hallager 2011, 613–626.

Kanta–Rochetti 1989a
A. Kanta–L. Rochetti, English Summary, in: Tzedakis u. a. 1989b, 291–329.

Kanta–Rochetti 1989b
A. Kanta–L. Rochetti, La ceramica del primo edificio, in: Tzedakis u. a. 1989b, 101–280.

Karadimas 2015
N. Karadimas, The Unknown Past of Minoan Archaeology. From the Renaissance Until the Arrival of Sir Arthur Evans in Crete, in: Cappel 2015 u. a. 3–15.

Karadimas–Momigliano 2004
N. Karadimas–N. Momigliano, On the Term Minoan before Evans´s Work in Crete (1894) SMEA 46, 2004, 243–258.

Karetsou 1981
A. Karetsou, The Peak Sanctuary of Mt. Juktas, in: Hägg–Marinatos 1981, 137–153.

Karetsou 2013
A. Karetsou, The Middle Minoan III Building at Alonaki, Juktas, in: MacDonald–Knappett 2013, 71–92.

Karetsou–Mathioudaki 2012
A. Karetsou–I. Mathioudaki, The Middle Minoan III Building Complex at Alonaki, Juktas, Creta Antica 13, 2012, 83–107.

Kelletat 1979
D. Kelletat, Geomorphologische Studien an den Küsten Kretas. Beiträge zur regionalen Küstenmorphologie des Mittelmeerraumes (Göttingen 1979).

Kessler 2013
T. P. Kessler, Subsistenz und Macht. Palatiale und elitäre Vorratshaltung auf Kreta während der Alt- und Neupalastzeit (Diss., Universität Heidelberg 2013).

Kessler 2015
T. P. Kessler, A Royal Gift? Bulk Grain Storage in Protopalatial and Neopalatial Crete, SMEA 1, 2015, 137–70.

Killen 1964
J. T. Killen, The Wool Industry of Crete in the Late Bronze Age, BSA 59, 1964, 1–15.

Kinzl 1977
K. H. Kinzl (Hrsg.), Greece and the Eastern Mediterranean in Ancient History and Prehistory. Studies Presented to Fritz Schachermeyr on the Occasion of his 80th Birthday (Berlin 1977).

Kirsten 1951a
E. Kirsten, E. Kirsten–K. Grundmann, Die Grabung auf der Charakeshöhe bei Monastiraki I, II, in: F. Matz (Hrsg.), Forschungen auf Kreta 1942 (Berlin 1951) 27–71.

Kirsten 1951b
E. Kirsten, Siedlungsgeschichtliche Forschungen in West-Kreta, in: F. Matz (Hrsg.), Forschungen auf Kreta 1942 (Berlin 1951) 118–152.

Klahr 2011
L. Klahr, Minoische Lustralbassins, Boreas 34, 2011, 1–101.

Knappett 2003
C. Knappett, The Early Minoan and Middle Minoan Pottery, in: Mountjoy 2003a, 41–50.

Knappett 2011
C. Knappett, Time, Place and Practice in the East Mesara. The Case of Skinias. A Response to Stella Mandalaki, in: Brogan–Hallager 2011, 393–400.

Knappett–Hilditch 2015
C. Knappett–J. Hilditch, Colonial Cups? The Minoan Plain Handleless Cup as Icon and Index, in: C. Glatz (Hrsg.), Plain Pottery Traditions of the Eastern Mediterranean and Near East. Production, Use and Social Significance (Walnut Creek 2015) 91–113.

Knappett–Cunningham 2003
C. Knappett–T. Cunningham, Three Neopalatial Deposits from Palaikastro, East Crete, BSA 98, 2003, 107–187.

Knappett–Cunningham 2012
C. Knappett–T. Cunningham, Palaikastro Block M. The Proto- and Neopalatial Town (Athens 2012).

Knappett–Cunningham 2013
C. Knappett–T. Cunningham, Defining Middle Minoan IIIA and IIIB at Palaikastro, in: MacDonald–Knappett 2013, 183–195.

Knappett u. a. 2013
C. Knappett–I. Mathioudaki–C. F. MacDonald, Stratigraphy and Ceramic Typology in the Middle Minoan III Palace at Knossos, in: MacDonald–Knappett 2013, 9–19.

Knoblauch 1992
P. Knoblauch, Areal J. Paliochorahügel, in: Schäfer 1992a, 201–215.

Knoblauch–Niemeier 1992
P. Knoblauch–W.-D. Niemeier, Der Weg nach Knossos, in: Schäfer 1992a, 323–328.

Knoblauch–Schäfer 1992
P. Knoblauch–J. Schäfer, Areal B. Das Brunnenhaus und die Höhle am Paliochora-Nordhang, in: Schäfer 1992a, 151–155.

Koehl 1981
R. B. Koehl, The Functions of Aegean Bronze Age Rhyta, in: Hägg–Marinatos 1981, 179–188.

Koehl 1986
R. B. Koehl, The Chieftain Cup and a Minoan Rite of Passage, JHS 106, 1986, 99–110.

Koehl 1997
R. B. Koehl, The Villas at Ayia Triada and Nirou Chani and the Origin of the Cretan andreion, in: Hägg 1997, 137–149.

Kopaka 2015
K. Kopaka, Archaeological Research by the University of Crete in 2011–2013, in: Π Καραναστάση–Α. Τσιγκουνάκη–Χ. Τσιγωνάκη (Hrsg.), Αρχαιολογικό Έργο Κρήτης 3, Α', (Iraklion 2015) 33–52.

Kopaka–Kossyva 1999
K. Kopaka–A. Kovyssa, An Island´s Isles. Crete and Ist Insular Components. A Preliminary Approach, in: Betancourt u. a. 1999, 435–441.

Kopaka–Platon 1993
K. Kopaka–L. Platon, Ληνοί Μινωικοί. Installations minoennes de traitement des produit liquids, BCH 117, 1993, 35–101.

Kouremenos 2016
A. Kouremenos, The Double Axe (λαβρυς) in Roman Crete and Beyond. The Iconography of a Multi-faceted Symbol, in: Francis–Kouremenos 2016, 43–57.

Kryzszkowska 1983
O. Krzyszkowska (Hrsg.), Minoan Society, Proceedings of the Cambridge Colloquium 1981 (Bristol 1983).

Kryzszkowska 2003
O. H. Krzyszkowska, The Seals, in: Mountjoy 2003a, 199–206.

Kryzszkowska 2005
O. Krzyszkowska, Aegean Seals. An Introduction (London 2005).

Kryzszkowska 2010
O. Krzyszkowska (Hrsg.), Cretan Offerings. Studies in Honour of Peter Warren, BSA Studies 18 (Athen 2010).

La Rosa 1984
V.La Rosa, Hagia Triada, in: Di Vita 1984, 108–142.

La Rosa 1985
V. La Rosa, Preliminary Considerations on the Problem of the Relationship between Phaistos and Hagia Triada in: Percival 1985, 44–54.

La Rosa 1992
V. La Rosa, Ayia Triada, in: Myers u. a. 1992, 70–77.

La Rosa 2010
V. La Rosa, Agia Triada, in: Cline 2010, 495–508.

Laffineur 1988
R. Laffineur (Hrsg.), Annales d´archeologie egeene de l´Universite de Liege, Aegaeum 2 (Liege 1988).

Laffineur 1989
R. Laffineur (Hrsg.), Transition. Le monde égéen du Bronze Moyen au Bronze Récent. Actes de la 2e Rencontre égéenne internationale de l'Université de Liège, 18–20 avril 1988, Aegaeum 3 (Liège 1989).

Laffineur 1999
R. Laffineur (Hrsg.), POLEMOS. Le Contexte guerrier en égée à L´age du bronze, Actes de la 7e Rencontre égéenne international Université de Liège, 14–17 avril 1998 (Liege 1999).

Laffineur–Basch 1991
R. Laffineur–L. Basch (Hrsg.), Thalassa. L´Egée préhistorique et la mer, Actes de la 3e Recontre égéene international de l´Université de Liège, Station de recherché sous-marines et océanographiques, Calvi, Corse, 23–25 avril 1990, Aegaeum 7 (Liège 1991).

Laffineur–Betancourt 1997
R. Laffineur–P. P. Betancourt (Hrsg.), Texnh. Craftsmen, Craftswomen and Craftsmenship in the Aegaen Bronze Age, Proceedings of the 6th International Aegean Conference, Philadelphia, Temple University, 18–21 April 1996, Aegaeum 16 (Liège 1997).

Laffineur–Niemeier 1995
R. Laffineur–W.-D. Niemeier (Hrsg.), POLITEIA. Society and State in the Aegean Bronze Age, Proceedings of the 5th International Aegean Conference, University of Heidelberg, Archäologisches Institut, 10–13 April 1994, Aegaeum 12 (Liège 1995).

Laffineur u. a. 2007
R. Laffineur–Niemeier–J. Driessen–K. van Lerberghe (Hrsg.), Power and Architecture. Monumental Public Architecture in the Bronze Age Near East and Aegean, Proceedings of the International Conference Power and Architecture organized by the Katholieke Universiteit Leuven, the Universite Catholique de Louvain and the Westfälische Wilhelms-Universität Münster on the 21st and 22nd of November 2002 (Leuven–Paris 2007).

Lahanas 1993
A. Lahanas, Ein Keramikdepot aus Archanes und seine Bedeutung für die Entwicklung der mittelminoischen Keramik (1993).

Larsen 2011
E. Larsen, Deconstructing Gender Oppositions in the Minoan Harvester Vase and Hagia Triada Sarcophagus, Studia Antiqua 10 (1), 2011, 37–47.

Laviosa 1975
C. Laviosa, L´abitato prepalaziale di Haghia Triada, ASAtene 50–51, 1975, 503–513.

Lebessi 2009
A. Lebessi, The Erotic Goddess of the Syme Sanctuary, Crete, AJA 113 (4), 2009, 521–545.

Lefèvre-Novaro u. a. 2015
D. Lefèvre-Novaro–L. Martzolff–M. Ghilardi (Hrsg.), Géosciences, archéologie et histoire en Crète de l'âge du bronze récent à l'époque archaïque, Actes du colloque international pluridisciplinaire de Strabours 16–18 octobre 2013 (Padova 2015).

Legarra Herrero 2015
B. Legarra Herrero, A Square Tomb with a Round Soul. The Myrtos-Pyrgos Tomb in the Funerary Context of Middle Bronze Age Crete, in: MacDonald u. a. 2015, 76–81.

Lehmann 1939
H. Lehmann, Die Siedlungsräume Ostkretas im Wandel der Zeiten, Geographische Zeitschrift 45 (6), 1939, 212–228.

Letesson 2009
Q. Letesson, Du phenotype au génotype. Analyse de la syntaxe spatiale en architecture minoenne (MM IIIB–MR IB) (Louvain 2009).

Letesson 2013
Q. Letesson, Minoan Halls. A Syntactical Genealogy, AJA 117, 2013, 303–351.

Levi 1959
D. Levi, La villa rurale minoica di Gortina, BdA 44, 1959, 237–265.

Levi 1976
D. Levi, Festos e la civilta minoica (Rom 1976).

Levi–Laviosa 1986
D. Levi–C. Laviosa, Il forno minoico da vasaio di Haghia Triada, ASAtene 57–58, 1986, 7–48.

Lloyd 1997/1998
J. F. Lloyd, The Minoan Hall System and the Problem of an Entrance to the South House at Knossos, OpAth 22–23, 1997–98, 117–140.

Lloyd 1999
J. F. Lloyd, The Three-dimensional Form of the Light Area of the Minoan Hall System and the Southeast Corner of the South House at Knossos, OpAth 24, 1999, 51–77.

Lloyd 2011
J. F. Lloyd, The South House at Knossos. More than a House?, in: Glowacki–Vogeikoff-Brogan 2011, 163–175.

Long 1959
C. R. Long, Shrines in Sepluchres? A Re-Examination of Three Middle to Late Minoan Tombs, AJA 63 (1), 1959, 59–65.

Lowe Fri 2011
M. Lowe Fri, The Minoan Double Axe. An Experimental Study of Production and Use, BAR International Series 2304 (Oxford 2011).

Lupack 2010
S. Lupack, Minoan Religion, in: Cline 2010, 251–262.

Lyrintzis–Papanastasis 1995
G. Lyrintzis–V. Papanastasis, Human Activities and Their Impact on Land Degradation, Psilorites Mountain in Crete. A Historical Perspective, Land Degradation & Rehabilitation 6, 1995, 79–93.

McDonald–Thomas 1990
W. A. McDonald–C. G. Thomas, Progress into the Past. The Rediscovery of Mycenaean Civilization (Indianapolis 1990).

MacArthur 1981
J. MacArthur, The Textual Evidence for Location of Place-names in the Knossos Tablets, Minos 17 (1), 1981, 147–210.

MacDonald 2017
C. MacDonald, Punctuation in Palatial Prehistory. Earthquakes as the Stratigraphical Markers of the 18th–15th Centuries BC in Central Crete, in: Jusseret–Sintubin 2017a, 327–358.

MacDonald–Knappett 2013
C. MacDonald–C. Knappett (Hrsg.), Intermezzo. Intermediacy and Regeneration in Middle Minoan III Palatial Crete, BSA Studies 21 (London 2013).

MacDonald u. a. 2015
C. F. Macdonald–E. Hatzaki–S. Andreou (Hrsg.), The Great Islands. Studies of Crete and Cyprus presented to Gerald Cadogan (Athen 2015).

MacGillivray 1984
J. A. MacGillivray (Hrsg.), An Archaeological Survey of the Roussolakkos Area at Palaiokastro, BSA 79, 1984, 129–159.

MacGillivray 1987
J. A. MacGillivray, Pottery Workshops and the Old Palaces in Crete, in: Hägg–Marinatos 1987, 273–279.

MacGillivray 1993
J. A. MacGillivray, Rez. zu: Y. Tzedakis–A. Sacconi–L. Vagnetti (Hrsg.), Scavi a Nerokourou, Kydonias, Ricerche Greco-Italiane in Creta Occicentale I (Rom 1989) AJA 97, 1993, 360–361.

MacGillivray 2009
J. A. MacGillivray, Thera, Hatshepsut, and the Keftiu. Crisis and Response in Egypt and the Aegean in the Mid-Second Millennium BC, in: Warburton 2009, 155–170.

MacGillivray–Driessen 1990
J. A. MacGillivray–J. M. Driessen, Minoan Settlement at Palaikastro, in: Darcque–Treuil 1990, 395–412.

MacGillivray u. a. 1984
J. A. McGillivray–L. H. Sackett, An Archaeological Survey of the Roussolakkos Area at Palaikastro, BSA 79, 1984, 129–159.

MacGillivray u. a. 1987
J. A. McGillivray–L. H. Sackett–J. Driessen–D. Smyth, Excavations at Palaikastro, 1986, BSA 82, 1987, 135–154.

MacGillivray u. a. 1991
J. A. McGillivray–L. H. Sackett–J. Driessen–A. Farnoux–D. Smyth, Excavations at Palaikastro, 1990, BSA 86, 1991, 121–147.

MacGillivray u. a. 1992
J. A. McGillivray–L. H. Sackett–J. M. Driessen–S. Hemingway, Excavations at Palaikastro 1991, BSA 87, 1992, 121–152.

MacGillivray u. a. 1998
J. A. McGillivray–L. H. Sackett–J. M. Driessen–E. Hatzake–I. Schoep, Excavations at Palaikastro, 1994 and 1996, BSA 93, 1998, 221–268.

MacGillivray u. a. 2007
J. A. MacGillivray–L. H. Sackett–J. M. Driessen, Palaikastro. Two Late Minoan Wells (Athens 2007).

Mandalaki 2011
S. Mandalaki, Pottery from the LM IB Building at Skinias, in: Brogan–Hallager 2011, 379–391.

Mantzourani–Betancourt 2012
E. Mantzourani–P. P. Betancourt (Hrsg.), Philistor. Studies in Honor of Costis Davaras, Prehistory Monographs 36 (Philadelphia 2012).

Manning 2010a
S. W. Manning , Chronology and Terminology, in: Cline 2010, 11–28.

Manning 2010b
S. W. Manning, Eruption of Thera/Santorini, in: Cline 2010, 457–474.

Manning 2014
S. W. Manning, Test of Time and a Test of Time Revisited. The Volcano of Thera and the Chronology and History of the Aegean and East Mediterranean in the Mid-second Millenium BC (Oxford 2014).

Manning 2015
S. Manning, Two Notes on Myrtos-Pyrgos and Maroni-Vournes, in: MacDonald u. a. 2015, 198–205.

Manning u. a. 2006
S. W. Manning–C. B. Ramsey–W. Kutschera–T. Higham–B. Kromer–P. Steier–E. M. Wild, Chronology for the Aegean Late Bronze Age 1700–1400 B.C., Science 312, 2006, 565–569.

Mantzourani 2011
E. Mantzourani, Makrygialos Reloaded. The LM IB Pottery. A Response to Dario Puglisi, in: Brogan–Hallager 2011, 291–305.

Mantzourani 2012
E. Mantzourani, Sexuality of Fertility Symbol? The Bronze Figurine from Makrygialos, in: Mantzourani–Betancourt 2012, 105–112.

Mantzourani–Vavouranakis 2005a
E. Mantzourani–G. Vavouranakis, Megalithic Versus Status. The Architectural Design and Masonry of Exceptional Late Bronze Age I Buildings in East Crete, Mediterranean Archaeology and Archaeometry (5.2), 2005, 35–48.

Mantzourani–Vavouranakis 2005b
E. Mantzourani–G. Vavouranakis, Achladia and Epano Zakros. A Re-examination of the Architecture and Topography of Two Possible Minoan Villas in East Crete, OpAth 30, 2005, 99–125.

Mantzourani–Vavouranakis 2011
E. Mantzourani–G. Vavouranakis, The Minoan Villas in East Crete. Households or Seats of Authority? The Case of Prophitis Ilias Praisou, in: Glowacki–Vogeikoff-Brogan 2011, 125–135.

Mantzourani u. a. 2005
E. Mantzourani–G. Vavouranakis–C. Kanellopoulos, The Klimataria-Manares Building Reconsidered, AJA 109, 2005, 743–776.

Maraghiannis u. a. 1907
G. Margaghiannis–L. Pernier–G. Karo, Antiquités crétoises I (Vienna 1907).

Marinatos 1924/1925
S. Marinatos, Μεσομινωική οικία εις Κάτω Μεσαρά, ArchDelt 9, 1924/1925, 53–78

Marinatos 1926
S. Marinatos, Ἀνασκαφαὶ Νίρου Χάνι Κρήτης, PAE 1926, 141–147.

Marinatos 1933
S. Marinatos, Funde und Forschungen auf Kreta, AA 48, 1933, 297.

Marinatos 1948
S. Marinatos, Το Μινωικόν μέγαρον Σκλανόκαμπου, ArchEph 1939–1941, 1948, 69–96.

Marinatos 1950
S. Marinatos, Ανασκαφαί Βατυπέτρου Αρχανών Κρήτης 1949, PAE, 1950, 100–109.

Marinatos 1951
S. Marinatos, Ανασκαφαί Βατυπέτρου Αρχανών Κρήτης 1950, PAE, 1951, 242–257.

Marinatos 1952
S. Marinatos, Ανασκαφαί Βατυπέτρου Αρχανών Κρήτης 1951, PAE, 1952, 258–272.

Marinatos 1953
S. Marinatos, Ανασκαφαί Βατυπέτρου Αρχανών Κρήτης 1952, PAE, 1953, 592–610.

Marinatos 1973
S. Marinatos, Kreta, Thera und das mykenische Hellas (München 1973).

Marinatos 1993
N. Marinatos, Minoan Religion. Ritual, Image and Symbol (Columbia 1993).

Marinatos 2013a
N. Marinatos, Minoan Kingship and the Solar Goddess (Chicago 2013).

Marinatos 2013b
N. Marinatos, Minoan Religion, in: M. R. Salzman–M. A. Sweeney (Hrsg.), (The Cambridge History of Religions in the Ancient World, Volume I. From The Bronze Age to the Hellenistic Age (Cambridge 2013) 237–255.

Marinatos–Hägg 1986
N. Marinatos–R. Hägg, On the Ceremonial Function of the Minoan Polythyron, OpAth 16, 1986, 57–73.

Marinatos–Hirmer 1973
S. Marinatos–M. Hirmer, Kreta, Thera und das mykenische Hellas (München 1973).

Marshall–Bosanquet 1901/1902
J. H. Marshall–R. C. Bosanquet, Excavations at Praesos. I, BSA 8, 1901–1902, 231–270.

Matthäus 1980
H. Matthäus, Die Bronzegefäße der kretisch-mykenischen Kultur (München 1980).

Matthäus 2009
H. Matthäus, Minoische Hausarchitektur. Gebäudetypen und Bautechnik, in: Verein 2009, 91–97.

Mathioudaki 2014
I. Mathioudaki, Shifting Boundaries. The Transition from the Middle to the Late Bronze Age in the Aegean under a New Light, Aegean Studies 1, 2014, 1–20.

Mavroudi 2011
N. Mavroudi, Interpreting Domestic Space in Neopalatial Crete. A Few Thoughts on House II at Petras, Siteia, in: Glowacki–Vogeikoff-Brogan 2011, 119–124.

Mavroudi 2012
N. Mavroudi, House II. 1 at Petras, Siteia. Its Architectural Life, in: Tsipopolou 2012, 221–233.

McEnroe 1979
J. McEnroe, Minoan House and Town Arrangement (Diss. University of Toronto, Toronto 1979).

McEnroe 1982
J. McEnroe, A Typology of Minoan Neopalatial Houses, AJA 86, 1982, 3–19.

McEnroe 1990
J. McEnroe, The Significance of Local Styles in Minoan Vernacular Architecture, in: Darcque–Treuil 1990, 195–202.

McEnroe 2001
J. C. McEnroe, The Architecture of Pseira, in: McEnroe u. a. 2001, 1–78.

McEnroe 2010
J. McEnroe, Architecture of Minoan Crete. Constructing Identity in the Aegaen Bronze Age (Austin 2010).

McEnroe u. a. 2001
J. C. McEnroe–C. Davaras–P. P. Betancourt, Pseira, 5. The Architecture of Pseira (Philadelphia 2001).

Mee 2010
C. Mee, Death and Burial, in: Cline 2010, 277–290.

Megaw 1965
A. H. S. Megaw, Archaeology in Greece 1964–1965, AR 11, 1965, 3–31.

Megaw 1968
A. H. S. Megaw, Archaeology in Greece 1967–1968, AR 14, 1968, 3–26.

Michaelidis 1993
P. Michaelidis, Potter´s Workshops in Minoan Crete, SMEA 32, 1993, 7–39.

Miller 2007
M. Miller, The Funerary Landscape at Knossos. A Diachronic Study of Minoan Burial Customs with Special Reference to the Warrior Graves (Diss., University of Göteborg 2007).

Militello u. a. 2015a
P. Militello–E. Andersson Strand–M.-L. Nosch–J. Cutler, Textile Tools from Ayia Triada, Crete, Greece, in: Andersson Strand u. a. 2015, 207–214.

Militello u. a. 2015b
P. Militello–E. Andersson Strand–M.-L. Nosch–J. Cutler, Textile Tools from Phaistos, Crete, Greece, in: Andersson Strand 2015, 215–227.

Möbius 1933
M. Möbius, Pflanzenbilder der Minoischen Kunst in Botanischer Betrachtung, JdI 48, 1933, 1–39.

Möbius–Wrede 1927
H. Möbius–W. Wrede, Archäologische Funde in den Jahren 1926–1927, AA 1917, 404–406.

Momigliano 2007
N. Momigliano (Hrsg.), Knossos Pottery Handbook. Neolithic and Bronze Age (Minoan) (Athen 2007).

Monaco–Tortorici 2003
C. Monaco–L. Tortorici, Effects of Earthquakes on the Minoan Royal Villa at Haghia Triada (Crete), Creta Antica 4, 2003, 403–413.

Montecchi 2008
B. Montecchi, Planning a Feast in Neopalatial Crete. A Look at the Linear A Evidence, ASAtene LXXXIX (3), 2011, 111–133.

Moody 2000
J. Moody, Holocene Climate Change in Crete. An Archaeologist´s View, in: P. Halstead–C. Frederick (Hrsg.), Landscape and Land Use in Postglacial Greece, Sheffield Studies in Aegean Archaeology 3 (Sheffield 2000) 52–61.

Moody 2004
J. Moody, Western Crete in the Bronze Age. A Survey of the Evidence, in: Day u. a. 2004, 247–264.

Moody 2009a
J. Moody, Changes in Vernacular Architecture and Climate at the End of the Aegean Bronze Age, in: C. Bachhuber–R. Roberts (Hrsg.), Forces of Transformation. The End of the Bronze Age in the Mediterranean, Proceedings of an International Symposium held at St. John´s College, University of Oxford 25 th–26th March 2006 (Oxford 2006) 6–19.

Moody 2009b
J. Moody, Environmental Change and Minoan Sacred Landscapes, in: D´Agata–A. Van de Moortel 2009, 241–249.

Moody 2012
J. Moody, Hinterlands and Hinterseas. Resources and Production Zones in Bronze Age and Iron Age Crete, in: Cadogan u. a. 2012, 233–271.

Moody–Rackham 2000
J. Moody–O. Rackham, Die Insel Kreta. Landschaft, Natur und Umwelt, in: Siebenmorgen 2000, 29–40.

Morris 2017
C. Morris, Minoan and Mycenaean Figurines, in: T. Insoll, (Hrsg.), The Oxford Handbook of Prehistoric Figurines (Oxford 2017) 651–679.

Morris–Peatfield 2014
C. Morris–A. Peatfield, Health and Healing on Cretan Bronze Age Peak Sanctuaries, in: D. Michaelides (Hrsg.), Medicine and Healing in the Ancient Mediterranean (Oxford 2014) 54–63.

Morgan 1988
L. Morgan, The Miniature Wall Paintings of Thera. A Study in Aegean Culture and Iconography (Cambride 1988).

Morgan 2014/2015
C. Morgan, The Work of the British School at Athens, 2014–2015, AR 2014/2015, 34–48.

Morpugo-Davies–Cadogan 1971
A. Morpugo-Davies–G. Cadogan, A Linear A Tablet from Pirgos, Mirtos, Crete, Kadmos 10, 1971, 105–109.

Morpugo-Davies–Cadogan 1977
A. Morpugo-Davies–G. Cadogan, A Second Linear A Tablet from Pyrgos, Kadmos 16, 1977, 7–9.

Mortzos 1982
C. Mortzos, Ein Siegelring aus Vrysses Kydonias, in: B. v. Freytag gen. Löringhoff (Hrsg.), Praestant interna. Festschrift für Ulrich Hausmann (Tübingen 1982) 311–314.

Mountjoy 1984
P. Mountjoy, The Marine Style Pottery of LMIB/LH IIA. Toward a Corpus, BSA 79, 1984, 161–219.

Mountjoy 2003a
P. A. Mountjoy (Hrsg.), Knossos. The South House (London 2003).

Mountjoy 2003b
P. A. Mountjoy, Introduction, in: Mountjoy 2003a, 1–26.

Mountjoy 2003c
P. A. Mountjoy, The Late Minoan Pottery, in: Mountjoy 2003a, 51–152.

Mountjoy 2003d
P. A. Mountjoy, The Fresco Fragments, in: Mountjoy 2003a, 37–39.

Mountjoy 2003e
P. A. Mountjoy, The Silver Vessels, in: Mountjoy 2003a, 163–166.

Mountjoy u. a. 1978
P. A. Mountjoy–R. E. Jones–J. F. Cherry, Provenance Studies of the LMIB/LHIIA Marine Style, BSA 73, 1978, 143–171.

Mourtzas u. a. 2015
N. Mourtzas–E. Kolaiti–M. Anzidei, Vertical Land Movements and Sea Level Changes Along the Coast of Crete (Greece) Since Late Holocene, Quaternary International XXX, 2015, 1–28.

Müller 1991
S. Müller, Routes Minoennes en Relation avec le Site de Malia, BCH 115, 1991, 545–560.

Müller 1997
W. Müller, Kretische Tongefäße mit Meeresdekor. Entwicklung und Stellung innerhalb der feinen Keramik von Spätminoisch IB auf Kreta, Archäologische Forschungen 19 (Berlin 1997).

Müller 2013
K. Müller, Gournia. Ein urbanes Zentrum der Spätbronzezeit (Berlin 2013).

Müller 2014
K. Müller, Das rituelle Wege-Konzept im minoischen Gournia, in: D. Kurapkat–P. I. Schneider–U. Wulf-Rheidt (Hrsg.), Die Architektur des Weges. Gestaltete Bewegung im gebauten Raum. Internationales Kolloquium in Berlin vom 8–11 Februar 2012 (Stuttgart 2014) 86–101.

Müller 2015
K. Müller, Defining Minoan Cult Rooms. Past and Present Approaches to the Archaeology of Cult, in: Cappel u. a. 2015, 109–124.

Müller u. a. 1998
W. Müller–I. Pini–N. Platon (Hrsg.), CMS II, 7. Die Siegelabdrücke von Kato Zakros, durch die Einbeziehung von Funden aus anderen Museen (Berlin 1998).

Muhly 1979a
J. D. Muhly, The Ox-hide Ingots and the Development of Copper Metallurgy in the Late Bronze Age, in: Betancourt 1979, 13–17.

Muhly 1979b
J. D. Muhly, Metals and Metallurgy in Crete and the Aegean at the Beginning of the Late Bronze Age, in: Betancourt 1979, 243–253.

Muhly 1984
P. M. Muhly, Minoan Hearths, AJA 88 (2), 1984, 107–122.

Muhly 2008
J. D. Muhly, An Introduction to Minoan Archaeometallurgy, in: Tzachili 2008a, 35–41.

Muhly 2010
J. D. Muhly, History of Research, in: Cline 2010, 3–10.

Murphy 2012
C. Murphy, Minoan Three-Dimensional Anthropomorphic Representations. Problems of Definition, Creta Antica 13, 2012, 61–82.

Musgrave 2015
J. H. Musgrave, Myrtos-Pyrgos. A Snapshot of Dental and Skeletal Health in Bronze Age Crete, in: MacDonald u. a. 2015, 82–89.

Myers u. a. 1992
J. W. Myers–J. A. Gifford–S. Alexiou (Hrsg.), The Aerial Atlas of Ancient Crete (London 1992).

Mylona u. a. 2013
D. Mylona–D. Margaritis–J. E. Morrison–C. Sofianou–T. M. Brogan, Living off the Fruits of the Sea. New Evidence for Dining at Papadiokampos, Crete, in: S. Voutsaki–S. M. Valamoti (Hrsg.), Diet, Economy and Society in the Ancient Greek World. Towards a Better Integration of Archaeology and Science, Proceedings of the International Conference held at the Netherlands Institute at Athens on 22–24 March 2010 (Leuven 2013) 123–132.

Nevros–Zvorykin 1939
K. Nevros–I. Zvorykin, Zur Kenntnis der Böden der Insel Kreta (Griechenland), Bodenkundliche Forschungen VI (4/5) 242–307.

Niemeier 1980
W. D. Niemeier, Die Katastrophe von Thera und die spätminoische Chronologie, JdI 95, 1980, 1–76.

Niemeier 1984
W. D. Niemeier, The End of the Minoan Thalassocracy, in: Hägg–Marinatos 1984, 205–215.

Niemeier 1985
W. D. Niemeier, Die Palaststilkeramik von Knossos. Stil, Chronologie und historischer Kontext, Archäologische Forschungen 13 (Berlin 1985).

Niemeier 1997
W. D. Niemeier, The Origins of the Minoan Villa System, in: Hägg 1997, 15–18.

Niemeier 2010
W. D. Niemeier, Die Bedeutung des Corpus der minoischen und mykenischen Siegel für die Erforschung der Archäologie der Ägäischen Bronzezeit, in: W. Müller (Hrsg.), CMS, Beiheft 8. Die Bedeutung der minoischen und mykenischen Glyptik, VI, Internationals Siegel-Symposium aus Anlass des 50. Jährigen Bestehens des CMS Marburg, 9.–12. Oktober 2008 (Mainz 2010) 11–26.

Niemeier 2011
W. D. Niemeier, Closing Comments, in: Brogan–Hallager 2011, 627–628.

Niemeier u. a. 2009
W. D. Niemeier–E. Hallager–C. F. MacDonald (Hrsg.), The Minoans in the Central, Eastern and Northern Aegean. New Evidence, Acts of a Minoan Seminar 22–23 January 2005 in Collaboration with the Danish Institute at Athens and the German Archaeological Institute at Athens (Athen 2009).

Nilsson 1927
M. P. Nilsson, Minoan-Mycenaean Religion and Its Survival in Greek Religion (Lund 1927).

Nixon 1987
L. Nixon, Neo-palatial Outlying Settlements and the Function of the Minoan Palaces, in: Hägg–Marinatos 1987, 95–98.

Nowicki 1994
K. Nowicki, Some Remarks on the Pre- and Protopalatial Peak Sanctuaries in Crete, AEA 1, 1994, 31–48.

Nowicki 1996
K. Nowicki, Lasithi (Crete). One Hundred Years of Archaeological Research, AEA 3, 1996, 27–47.

Nowicki 1999
K. Nowicki, The Historical Background of Defensible Sites on Crete. Late Minoan IIIC Versus Protopalatial, in: Laffineur 1999, 191–197.

Nowicki 2000
K. Nowicki, Defensible Sites in Crete, 1200–800 B.C. LM IIIB/LM IIIC through Early Geometric, Aegeaum 21 (Liege 2000).

Nowicki 2001
K. Nowicki, Minoan Peak Sanctuaries. Reassessing Their Origins, in: R. Laffineur–R. Hägg (Hrsg.), POTNIA. Deities and Religion in the Aegean Bronze Age, Proceedings of the 8th International Aegean Conference Göteborg, Göteborg University, 12–15 April 2000, Aegaeum 22 (Liege 2001) 31–37.

Nowicki 2007
K. Nowicki, Some Remarks on New Peak Sanctuaries in Crete. Topography of a Ritual Area and Relation with Settlements, JdI 122, 2007, 1–31.

Nowicki 2012
K. Nowicki, East Cretan Peak Sanctuaries Revisited, in: Betancourt–Mantzourani 2012, 139–154.

Oddo 2015
E. Oddo, Cross-Joins and Archaeological Sections. The Myrtos-Pyrgos Cistern. Reconstructing a Neopalatial Stratigraphy, in: MacDonald u. a. 2015, 58–62.

Oddo–Cadogan 2016
E. Oddo–G. Cadogan, Sherd Cross-Joins, Ceramic Use-Wear, and Depositional History. Rethiniking the Sociopolitical Aftermath of a Collapsed Bronze Age Cistern at Myrtos-Pyrgos, Crete, in: A. P. Sullivan III–D. I. Olszewski (Hrsg.), Archaeological Variability and Interpretation in Global Perspective (Colorado 2016) 175–190.

O´Flynn 1967
J. M. O´Flynn, Theatral Areas in Minoan Crete (Montreal 1967).

Orengo–Knapett 2018
H. A. Orengo–C. Knappett, Toward a Definition of Minoan Agropastoral Landscapes. Results of the Survey of Palaikasto (Crete), AJA 122 (3), 2018, 479–507.

Owen–Preston 2009
S. Owen–L. Preston (Hrsg.), Inside the City. Studies of Urbanism from the Bronze Age to the Hellenistic Period (Oxford 2009).

Page 1970
D. L. Page, The Santorini Volcano and the Destruction of Minoan Crete, The Society for the Promotion of Hellenic Studies, Suppl. 12 (London 1970).

Pakkanen 2015
P. Pakkanen, Depositing Cult. Considerations on What Makes a Cult Deposit, in: P. Pakkanen–S. Bocher (Hrsg.), Cult Material from Archaeological Deposits to Interpretation of Early Greek Religion (Helsinki 2015) 25–48.

Palyvou 1987
C. Palyvou, Circulatory Patterns in Minoan Architecture, in: Hägg–Marinatos 1987, 195–203.

Palyvou 2000
C. Palyvou, Central Courts. The Supremacy of the Void, in: Driessen u. a. 2002, 167–178.

Palyvou 2003
C. Palyvou, Architecture and Archaeology. The Minoan Palaces in the Twenty-First Century, in: J. K. Papadopoulos–R. M. Leventhal (Hrsg.), Theory and Practice in Mediterranean Archaeology, Old World and New World Perspectives (Los Angeles 2003) 205–234.

Palyvou 2005
C. Palyvou, Architecture in Aegean Bronze Age Art. Facades with No Interiors, in: Morgan 2005, 185–197.

Palyvou 2009
C. Palyvou, The Comparative Analysis of Spatial Organization as a Tool for Understanding Aegean Bronze Age Architecture. Minoan and Mycenaean, in: Verein 2009, 115–125.

Panagiotakis 2003
N. Panagiotakis, L'évolution archéologique de la Pediada (Crète Centrale). Premier bilan d' une prospection, BCH 127, 2003, 327–430.

Panagiotakis 2004
N. Panagiotakis, Contacts between Knossos and the Pediada Region in Central Crete, in: Cadogan u. a. 2004, 177–186.

Panagiotopoulos 2007
D. Panagiotopoulos, Minoische Villa in den Wolken Kretas, AW 38 (4), 2007, 17–24.

Panagiotopoulos u. a. 2011
D. Panagiotopoulos–T. Guttandin–H. Pflug–G. Plath (Hrsg.), Inseln der Winde. Die maritime Kultur der bronzezeitlichen Ägäis, Ausstellungskatalog zur Ausstellung am Institut für Klassische Archäologie der Universität Heidelberg, 27.11.2010–24.07.2011 (Heidelberg 2011).

Papadatos–Chalikias 2019
Y. Papadatos–K. Chalikias, Minoan Land-Use Patterns and Landscape Transformation in the Mountains of the Ierapetra Area. The Building at Gaidorouphas, in: K. Chalikias–E. Oddo (Hrsg.), Exploring a Terra Incognita on Crete. Recent Research on Bronze Age Habitation in the Southern Ierapetra Isthmus (Philadelphia 2019) 79–96.

Papadopoulos 2017
G. A. Papadopoulos, Earthquake Sources and Seismotectonics in the Area of Crete, in: Jusseret–Sintubin 2017a, 165–190.

Papadopoulos–Sakellarakis 2013
C. Papadopoulos–Y. Sakellarakis, Virtual Windows to the Past. Reconstructing the ‚Ceramics Workshop´ at Zominthos, Crete, in: F. Contreras–J. Melero (Hrsg.), CAA' 2010 Fusion of Cultures, Proceedings of the 38th Conference on Computer Applications and Quantitative Methods in Archaeology Granada, Spain, April 2010, BAR International Series 2494 (Oxford 2013) 1–8.

Papadopoulou-Chrysikopoulou u. a. 2016
E. Papadopoulou-Chrysikopoulou–V. Chrysikopoulos–G. Christakopoulou (Hrsg.), Achaios. Studies Presented to Professor Thanasis I. Papadopoulos (Oxford 2016).

Papatsaroucha 2014
E. Papatsaroucha, Minoan Landscapes. Plant Communities and Their Artistic Representations, in: Touchais u. a. 2014, 199–210.

Paribeni 1904
R. Paribeni, Ricerche nel sepolcreto di Haghia Triada presso Phaestos, MonAnt 14, 1904, 677–756.

Pariente 1990
A. Pariente, Chronique des fouilles et découvertes archéologiques en Grèce en 1983, BCH 114, 1990, 703–850.

Pariente 1992
A. Pariente, Chronique des fouilles et découvertes archéologiques en Grèce en 1991, BCH 116, 1992, 833–954.

Pashley 1837
R. Pashley, Travels in Crete (London–New York 1837).

Payne 1932
H. G. G. Payne, Archaeology in Greece, 1931–1932, JHS 52 (2), 1932, 236–255.

Peatfield 1983
A. Peatfield, The Topography of Minoan Peak Sanctuaries, BSA 78, 1983, 273–279.

Peatfield 1987
A. Peatfield, Palace and Peak. The Political and Religious Relationship between Palaces and Peak Sanctuaries, in: Hägg–Marinatos 1987, 89–93.

Peatfield 1990
A. Peatfield, Minoan Peak Sanctuaries. History and Society, OpAth 18, 1990, 117–131.

Peatfield 2009
A. Peatfield, The Topography of Minoan Peak Sanctuaries Revisited, in: D´Agata–van de Moortel 2009, 251–259.

Pelon 2002
O. Pelon, Contribution du Palais de Malia à L´Étude et à L´Interprétation des Palais Minoens, in: Driessen u. a. 2002, 111–121.

Pelon u. a. 1992
O. Pelon–J.-C. Poursat–R. Treuil–H. van Effenterre, Mallia, in: Myers u.a. 1992, 175–185.

Percival 1985
A. Percival, A Great Minoan Triangle in Southcentral Crete, Kommos, Hagia Triada, Phaistos, Proceedings of the Kommos Symposium Held at the Royal York Hotel, Toronto, Canada on Dec. 29, 1984 (Toronto 1985).

Pendlebury 1933a
J. D. S. Pendlebury, A Handbook to the Palace of Minos at Knossos with Its Dependencies (London 1933).

Pendlebury 1933b
J. D. S. Pendlebury, A Guide to the Stratigraphical Museum in the Palace at Knossos (London 1933).

Pendlebury 1936/1937
J. D. S. Pendlebury, Lasithi in Ancient Times, BSA 37, 1936/1937, 194–200.

Pendlebury 1939
J. D. S. Pendlebury, The Archaeology of Crete. An Introduction (London 1939).

Pendlebury u. a. 1932/1933
J. D. S. Pendlebury–M. B. Money-Coutts–E. Eccles, Journeys in Crete, 1934, BSA 33, 1932–1933, 80–100.

Pernier 1902
L. Pernier, Scavi della missione italiana a Phaestos. 1900–1901, Monumenti antichi 12, 1902, 5–142.

Pernier–Banti 1951
L. Pernier–L. Banti, Il palazzo minoico di Festos II. Il Secondo Palazzo, Vol. II (Rom 1951).

Petit 1990
F. Petit, Les jarres funéraires du Minoen Ancien III au Minoen Récent I, Aegaeum 5, 29–57.

Pichler–Schiering 1980
H. Pichler–W. Schiering, Der spätbronzezeitliche Ausbruch des Thera-Vulkans und seine Auswirkungen auf Kreta, AA 1980, 1–37.

Pini 1968
I. Pini, Beiträge zur Minoischen Gräberkunde (Wiesbaden 1968).

Pini 1970
I. Pini, CMS II, 5. Die Siegelabdrücke von Phaistos (Berlin 1970).

Pini 1992
I. Pini (Hrsg.), CMS V, Suppl.1A. Ägina–Korinth (Berlin 1992).

Pini 2002
I. Pini, Einleitung, in: Knossos 2002a, 1–23.

Pini–Platon 1984
N. Platon–I. Pini, CMS II, 3. Die Siegel der Neupalastzeit (Berlin 1984).

Pini–Platon 1985
N. Platon–I. Pini, CMS II, 4. Die Siegel der Nachpalastzeit und undatierbare spätminoische Siegel (Berlin 1985).

Pini–Platon 1998
N. Platon–I. Pini, CMS II, 7. Die Siegelabdrücke von Kato Zakros (Berlin 1998).

Pini–Platon 1999
N. Platon–I. Pini, CMS II, 6. Die Siegelabdrücke von Aj. Triada und anderen zentral-und ostkretischen Fundorten (Berlin 1999).

Platon 1951
N. Platon, Ανασκαφή Μινωικών οικιών εις Πρασά Ηρακλείου, PAE 1951, 246–257.

Platon 1952
N. Platon, Ανασκαφαί περιοχής Σιτείας, PAE, 1952, 643–648.

Platon 1955
N. Platon, Archaeological Activity in Crete in 1955, CretChron IX, 1955, 553–569.

Platon 1956
N. Platon, Ανασκαφαή μινωικης άγροικίας εις Ζου Σητείας, PAE, 1956, 232–240.

Platon 1958a
N. Platon, Führer durch das archäologische Museum von Heraklion (Heraklion 1958).

Platon 1958b
N. Platon, Inscribed Libation Vessel from a Minoan House at Prassa, Herkleion, in: E: Grumach (Hrsg.), Minoica. Festschrift zum 80. Geburtstag von Johannes Sundwall (Berlin 1958) 305–318.

Platon 1959
N. Platon, Ανασκαφή Αχλαδιών Σιτείας, PAE 1959, 210–219.

Platon 1960
N. Platon, Μινωική αγροικία Προφήτου Ηλία τουρτούλων Σητείας, PAE, 1960, 294–307.

Platon 1961
N. Platon, Chronologie de la Crète et des Cyclades à l´Âge du Bronze, in: G. Bersu (Hrsg.), Bericht über den V. Internationalen Kongress für Vor- und Frühgeschichte, Hamburg 1958 (Berlin 1961) 671–676.

Platon 1967
N. Platon, Bathrooms and Lustral Basins in Minoan Dwellings, in: Brice 1967, 236–245.

Platon 1969
N. Platon, Iraklion, Archäologisches Museum. Teil 1, Die Siegel der Vorpalastzeit, CMS II (Berlin 1969).

Platon 1971
N. Platon, Zakros. The Discovery of a Lost Palace of Ancient Crete (Amsterdam 1971).

Platon 1983
N. Platon, The Minoan Palaces. Centers of Organization of a Theocratic, Social and Political System, in: Kryzszkowska 1983, 273–276.

Platon 1988
E. M. Platon, The Workshops and Working Areas of Minoan Crete. The Evidence of the Palace and Town of Zakros for a Comparative Study (Diss., University of Bristol 1988).

Platon 1992
N. Platon, Zakros, in: Myers u. a. 1992, 292–301.

Platon 1997
L. Platon, The Minoan Villa in Eastern Crete. Riza, Akhladia, and Prophetes Elias, Praissos. Two Different Specimens of One Category?, in: Hägg 1997, 187–202.

Platon 2002
L. Platon, The Political and Cultural Influence of the Zakros Palace on Nearby Sites in a Wider Context, in: Driessen u. a. 2002, 145–156.

Platon 2011
L. Platon, Zakros. One or two Destructions Around the end of the LM IB Period, in: Brogan–Hallager 2011, 595–612.

Platon 2016
L. Platon, Some Fresh Thoughts on the Use of the Minoan Strainer, in: Papadopoulou-Chrysikopoulou u. a. 2016, 241–253.

Prent 2005
M. Prent, Cretan Sanctuaries and Cults. Continuity and Change from Late Minoan IIIC to the Archaic Period (Leiden–Boston 2005).

Preston 2013
L. Preston, The Middle Minoan III Funerary Landscape at Knossos, in: MacDonald–Knappett 2013, 57–70.

Preziosi 1983
D. Preziosi, Minoan Architectural Design. Formation and Signification (Berlin 1983).

Preziosi–Hitchcock 1999
D. Preziosi–L. Hitchcock, Aegean Art and Architecture (Oxford 1999).

Privitera 2005
S. Privitera, The Rhyton-hoards as Evidence for Feasting in Neopalatial Crete. The Case of Gournia, CretAnt 6, 2005, 187–198.

Privitera 2011
S. Privitera, Looking for a Home in a Houseless Town. Exploring Domestic Architecture in Final Palatial Ayia Triada, in: Glowacki–Vogeikoff-Brogan 2011, 263–272.

Privitera 2014
S. Privitera, Long-term Grain Storage and Political Economy in Bronze Age Crete. Contextualizing Ayia Triada's Silo Complexes, AJA 118, 2014, 429–449.

Privitera 2015
S. Privitera, Haghia Triada, 3. The Late Minoan III Buildings in the Villagio (Athen 2015).

Pope 1960
M. Pope, The Cretulae and the Linear A Accounting System, BSA 55, 1960, 200–210.

Pope 2004
K. O. Pope, Geoarchaeology of the Western Mesara, in: Watrous u. a. 2004, 39–58.

Popham 1970
M. Popham, The Destruction of the Palace at Knossos. Pottery of the Late Minoan IIIA Period (Göteborg 1970).

Popham 1984a
M. R. Popham, The Excavation, in: Popham u. a. 1984, 1–98.

Popham 1984b
M. R. Popham, Summary and Conclusion, in: Popham u. a. 1984, 261–264.

Popham 1984c
M. R. Popham, The Pottery, in: Popham u. a. 1984, 152–186.

Popham u. a. 1984
M. R. Popham–J. H. Betts–M. Cameron–H. W. Catling–D. Evely–R. A. Higgins–D. Smyth, The Minoan Unexplored Mansion at Knossos, BSA Suppl. 17 (Oxford 1984).

Pugliese Caratelli 1945
G. Pugliese Carratelli, Le iscrizioni preellenische di Haghia Triada in Crete e della Grecia peninsulare, MonAnt 40, 1945, 421–610.

Puglisi 2003a
D. Puglisi, Il Bastione Tardo Minoico I ad Haghia Triada. Nuove osservazioni su cronologia e funzione, ASAtene 81, 2003, 573–593.

Puglisi 2003b
D. Puglisi, Haghia Triada nel Periodo Tardo Minoico I, Creta Antica 4, 2003, 145–198.

Puglisi 2007
D. Puglisi, L´Organizzazione a Terrazze nel Villagio TM I Di Haghia Triada, Creta Antica 8, 2007, 169–200.

Puglisi 2011a
D. Puglisi, From the End of LM IA to the End of LM IB. The Evidence from the Pottery of Aghia Triada, in: Brogan–Hallager 2011, 267–290.

Puglisi 2011b
D. Puglisi, La Fornace da Vasaio TM IB di Haghia Triada. Le Ceramiche e il Sistema di Produzione, Distribuzione e Consumo, CretAnt 12, 2011, 199–271.

Puglisi 2012
D. Puglisi, Ritual Performances in Minoan Lustral Basins. New Observations on an Old Hypothesis, ASAtene 90, 2012, 199–211.

Pullen 2010
D. J. Pullen (Hrsg.), Political Economies of the Aegean Bronze Age, Papers from the Langford Conference, Florida State University, Tallahassee, 22–24 February 2007 (Oxford 2010).

Rackham u. a. 2010
O. Rackham–J. Moody–L. Nixon–S. Price, Some Field Systems in Crete, in: Krzyszkowska 2010, 269–284.

Rackham–Moody 1996
O. Rackham–J. Moody, The Making of the Cretan Landscape (Manchester–New York 1996).

Rahmstorf 2015
L. Rahmstorf, An Introduction to the Investigation of Archaeological Textile Tools, in: Andersson Strand u. a. 2015, 1–23.

Reese 1987
D. S. Reese, Palaikastro Shells and Bronze Age Purple-Dye Production in the Mediterranean Basin, BSA 82, 1987, 201–206.

Reese 1990
D. S. Reese, Triton Shells in East Mediterranean Cults, JPrehistRel 3–4, 1990, 5–14.

Reese u. a. 1995
D. S. Reese–M. J. Rose–S. Payne, The Minoan Fauna, in: Shaw–Shaw 1995, 163–291.

Rehak 1995
P. Rehak, The Use and Destruction of Minoan Stone Bull´s Head Rhyta, in: Laffineur–Niemeier 1995, 435–460.

Rehak 1997
P. Rehak, The Role of Religious Painting in the Function of the Minoan Villa. The Case of Ayia Triada, in: Hägg 1997, 163–174.

Rehak–Younger 1998
P. Rehak–J. G. Younger, Review of Aegean Prehistory VII. Neopalatial, Final Palatial and Postpalatial Crete, AJA 102, 1998, 91–173.

Rehak–Younger 2000
P. Rehak–J. G. Younger, Minoan and Mycenaean Administration in the Early Late Bronze Age. An Overview, in: M. Perna (Hrsg.), Administrative Documents in the Aegean and Their Near Eastern Counterparts, Proceedings of the International Colloquium, Naples, February 29–March 2, 1996 (Rom 2000) 277–301.

Reid 2007
J. Reid, Minoan Kato Zakro. A Pastoral Economy, BAR International Series 1713 (Oxford 2007).

Renfrew 1972
C. Renfrew, The Emergence of Civilization. The Cyclades and the Aegean in the Third Millenium BC (London 1972).

Rethemiotakis 1992
G. Rethemiotakis, The Minoan Central Building at Kastelli Pediada, ADelt 47, 1992, 29–64.

Rethemiotakis 1999
G. Rethemiotakis, The Hearths of the Minoan Palace at Galatas, Aegaeum 20, 1999, 721–728.

Rethemiotakis 2001
G. Rethemiotakis, Minoan Clay Figures and Figurines. From the Neopalatial to the Subminoan Period (Athen 2001).

Rethemiotakis 2002
G. Rethemiotakis, Evidence on Social and Economic Changes at Galatas and Pediada in the New–palace Period, Aegaeum 23, 2002, 55–69.

Rethemiotakis 2009
G. Rethemiotakis, A Neopalatial Shrine Model from the Minoan Peak Sanctuary at Gournos Krousonas, in: D´Agata–Van de Moortel 2009, 189–199.

Rethemiotakis 2011
G. Rethemiotakis–K. Christakis, LM I Pottery Groups from the Palace and the Town of Galatas, Pediada, in: Brogan–Hallager 2011, 205–227.

Rethemiotakis 2012
G. Rethemiotakis, God Save Our Home. The Case of the Horns of Consecration from Galatas, in: Mantzourani–Betancourt 2012, 169–176.

Rethemiotakis–Christakis 2013
G. Rethemiotakis–K. Christakis, The Middle Minoan III Period at Galatas. Pottery and Historical Implications, in: MacDonald–Knappett 2013, 93–105.

Riley 1983
J. A. Riley, The Contribution of Ceramic Petrology to Our Understanding of Minoan Society, in: Krzyszkowska 1983, 283–292.

Riley 1999
F. R. Riley, The Role of the Traditional Mediterranean Diet in the Development of Minoan Crete, BAR International Series 810 (Oxford 1999).

Riley 2002
F. R. Riley, Olive Oil Production on Bronze Age Crete. Nutritional Properties, Processing Methods and Storage Life of Minoan Olive Oil, OJA 21 (1), 2002, 63–75.

Riley 2004
F. R. Riley, The Olive Industry of Bronze Age Crete. Evidence for Volcanic Damage to Olive Groves and Property in Central and Eastern Crete, Akroterion 49, 2004, 1–6.

Roberts 1981
N. Roberts, The Physical Environment of the Knossos Area, in: Hood–Smyth 1981a, 5.

Romano 2003
D. G. Romano, Minoan Surveyors and Town Planning at Gournia, in: Foster–Laffineur 2003, 247–256.

Rumpel 2007
D. Rumpel, The Harvester Vase Revisited, Anistorion Journal, InSitu 10 (3), 2007, 1–13.

Rutkowski 1972
B. Rutkowski, Cult Places in the Aegean World (Warschau 1972).

Rutkowski 1981
B. Rutkowski, Frühgriechische Kultdarstellungen, Athen. Mitt. Beiheft 8 (Berlin 1981).

Rutkowski 1988
B. Rutkowski, Minoan Peak Sanctuaries. The Topography and the Architecture, in: Laffineur 1988, 71–99.

Rutkowski 1991
B. Rutkowski, Petsophas. A Cretan Peak Sanctuary (Warschau 1991).

Rutter 2011
J. B. Rutter, Late Minoan IB at Kommos. A Sequence of at Least Three Distinct Stages, in: Brogan–Hallager 2011, 307–343.

Rupp–Tsipopoulou 1999
D. W. Rupp–M. Tsipopoulou, Conical Cup Concentrations at Neopalatial Petras. A Case for a Ritualized Reception Ceremony with Token Hospitality, in: Betancourt u. a. 1999, 729–739.

Säflund 1981
G. Säflund, Cretan and Theran Questions, in: Hägg–Marinatos 1981, 189–208.

Sackett u. a. 1965
L. H. Sackett–M. R. Popham–P. M. Warren–L. Engstrand, Excavations at Palaikastro VI, BSA 60, 1965, 249–315.

Sanavia 2014
A. Sanavia, How to Improve on Nature. Some Middle Minoan Triton Shells from Phaistos (Crete), in: Touchais u. a. 2014, 543–545.

Sanavia–Weingarten 2016
A. Sanavia–J. Weingarten, The Transformation of Tritons. Some Decorated Middle Minoan Triton Shells and an Anatolian Counterpart, in: E. Alram-Stern–F. Blakolmer–S. Deger-Jalkotzy–R. Laffineur–J. Weilhartner (Hrsg.), Metaphysis. Ritual, Myth and Symbolism in the Aegean Bronze Age, Proceedings of the 15th International Aegean Conference, Vienna, Institute for Oriental and European Archaeology, Aegean and Anatolia Department, Austrian Academy of Sciences and Institute of Classical Archaeology, University of Vienna, 22–25, April 2014 (Liege 2016) 335–344.

Sanders 1982
I. F. Sanders, Roman Crete (Warminster 1982).

Sakellarakis 1967
J. A. Sakellarakis, Mason Mark´s from Archanes, in: Brice 1967, 277–288.

Sakellarakis 1978
J. A. Sakellarakis, Museum Heraklion. Illustrierter Führer durch das Museum (Athen 1978).

Sakellarakis 1983
J. A. Sakellarakis, Ανασκαφη Ιδαίου Άντρου, PAE 1983, 488–500.

Sakellarakis–Sapouna-Sakallerakis 1991
Y. Sakellarakis–E. Sapouna-Sakellarakis, Archanes. Ausgrabung in Archanes (Athen 1991).

Sakellarakis–Sapouna-Sakallerakis 1992a
J. A. Sakellarakis–E. Sapouna-Sakellarakis, Archanes-Anemospilia, in: Myers u. a. 1992, 51–53.

Sakellarakis–Sapouna-Sakallerakis 1992b
Y. Sakellarakis–E. Sapouna-Sakellarakis, Archanes-Tourkoyeitonia, in: Myers u. a. 1992, 59–62.

Sakellarakis–Sapouna-Sakallerakis 1997
Y. Sakallerakis–E. Sapouna-Sakallerakis, Archanes. Minoan Crete in a New Light (Athens 1997).

Sakellarakis–Panagiotopoulos 2006
Y. Sakellarakis–D. Panagiotopoulos, Minoan Zominthos, in: I. Gavrilaki–Y. Tzifopoulos (Hrsg.), Mylopotamos from Antiquity to the Present. Environment, Archaeology, History, Folklore, Sociology (Rethymnon 2006) 47–75.

Sakellariou 1964
A. Sakellariou, Die minoischen und mykenischen Siegel des Nationalmuseums in Athen, CMS I (Berlin 1964).

Sapouna-Sakellarakis 1995
E. Sapouna-Sakellarakis, Die bronzenen Menschenfiguren auf Kreta und in der Ägäis (Stuttgart 1995).

Sarpaki 1992
A. Sarpaki, The Palaeoethnobotanical Approach. The Mediterranean Triad or is it a Quartet?, in: B. Wells (Hrsg.), Agriculture in Ancient Greece, Proceedings of the Seventh International Symposium at the Swedish Institute at Athens, 16–17 May, 1990 (Stockholm 1992) 61–76.

Sarpaki 2012
A. Sarpaki, The Taming of an Island Environment. Crete from Dawn to Noon (Neolithic to the End of the Bronze Age), in: Cadogan u. a. 2012, 5–45.

Schachermeyr 1938
F. Schachermeyr, Vorbericht über eine Expedition nach Ostkreta, AA 1938, 466–480.

Schachermeyr 1979
F. Schachermeyr, Die minoische Kultur des alten Kreta (Stuttgart 1979).

Schäfer 1991
J. Schäfer, Amnisos. Harbour Town of Minos?, in: Laffineur–Basch 1991, 111–116.

Schäfer 1992a
J. Schäfer, (Hrsg.), Amnisos. Nach den archäologischen, historischen und epigraphischen Zeugnissen des Altertums und in der Neuzeit (Berlin 1992).

Schäfer 1992b
J. Schäfer, Topographie und Forschungsgeschichte, in: Schäfer 1992a, 1–12.

Schäfer 1992d
J. Schäfer, Areal C. Das Megaron, in: Schäfer 1992a, 155–159.

Schäfer 1992e
J. Schäfer, Areal D. Das Heiligtum des Zeus Thenatas, in: Schäfer 1992a, 159–185.

Schäfer 1992f
J. Schäfer, Areal F. Baukomplex beim Öffentlichen Strandbad. Baubeschreibung (Zustand 1985), in: Schäfer 1992a, 192–200.

Schäfer 1992h
J. Schäfer, Zusammenfassung und Diskussion, in: Schäfer 1992a, 335–353.

Schiering 1998
W. Schiering, Minoische Töpferkunst. Die bemalten Tongefäße der Insel des Minos (Mainz 1998).

Schlager 1987
N. Schlager, Untersuchungen zur prähistorischen Topographie im äußersten Südosten Kretas: Zakros bis Xerokampos, in: Archäologisches Seminar der Universität Mannheim (Hrsg.), Kolloquium zur Ägäischen Vorgeschichte Mannheim, 20.–22. 02. 1986, Schriften des Deutschen Archäologen-Verbandes 9 (Mannheim 1987) 64–82.

Schlager 2001
N. Schlager, Pleistzäne, neolithische, bronzezeitliche und rezente Befunde und Ruinen im fernen Osten Kretas, ÖJh 70, 2001, 157–220.

Schneider 2005
L. Schneider, Kreta. 5000 Jahre Kunst und Kultur. Minoische Paläste, byzantinische Kapellen und venezianische Stadtanlagen (Köln 2005).

Schoep 1994
I. Schoep, Home Sweet Home. Some Comments on the So-called House Models from the Prehellenic Aegean, Opuscula Atheniensia 20 (13), 1994, 189–210.

Schoep 1999
I. Schoep, Tablets and Territories? Reconstructing Late Minoan IB Political Geography through Undeciphered Documents, AJA 103, 1999, 201–221.

Schoep 2001
I. Schoep, Managing the Hinterland. The Rural Concerns of Urban Administration, in: Branigan 2001, 87–102.

Schoep 2002a
I. Schoep, The State of the Minoan Palaces of the Minoan Palace–State?, in: Driessen u.a. 2002, 16–34.

Schoep 2002b
I. Schoep, The Administration of Neopalatial Crete. A Critical Assessment of the Linear A Tablets and Their Role in the Administrative Process (Salamanca 2002).

Schoep 2002c
I. Schoep, Social and Political Organization on Crete in the Proto-Palatial Period. The Case of Middle Minoan II Malia, JMedA 15 (1), 2002, 101–133.

Schoep 2004
I. Schoep, Assessing the Role of Architecture in Conspicuous Consumption in the Middle Minoan I–II Periods, OxfJA 23, 2004, 243–269.

Schoep 2007
I. Schoep, Architecture and Power. The Origins of Minoan Palatial Architecture, in: Laffineur u. a. 2007, 213–236.

Schoep 2010a
I. Schoep, The Minoan Palace-Temple Reconsidered. A Critical Assessment of the Spatial Concentration of Political, Religious and Economic Power in Bronze Age Crete, JMedA 23.2, 2010, 219–244.

Schoep 2010b
I. Schoep, Crete, in: Cline 2010, 113–125.

Schoep–Tomkins 2012
I. Schoep–P. Tomkins, Back to the Beginning for the Early and Middle Bronze Age on Crete, in: Schoep u. a. 2012, 1–31.

Schoep u. a. 2012
I. Schoep–P. Tomkins–J. Driessen (Hrsg.), Back to the Beginning. Reassessing Social and Political Complexity on Crete during the Early and Middle Bronze Age (Oxford 2012).

Schoo 1937
J. Schoo, Vulkanische und seismische Aktivität des ägäischen Meeresbeckens im Spiegel der griechischen Mythologie, Mnemosyne 4 (4), 1937, 257–294.

Seager 1909
R. B. Seager, Excavations on the Island of Mochlos, Crete, in 1908, AJA 13, 1909, 273–303.

Seager 1910
R. B. Seager, Excavations on the Island of Pseira, Crete (Philadelphia 1910).

Seelentag 2015
G. Seelentag, Das archaische Kreta. Institutionalisierung im frühen Griechenland (Berlin–Boston 2015).

Shaw 1972
M. C. Shaw, The Miniature Frescoes of Tylissos Reconsidered, AA 1972 (2), 171–188.

Shaw 1977
J. W. Shaw, Excavations at Kommos (Crete) during 1976, Hesp. 46, 1977, 199–240.

Shaw 1978a
J. W. Shaw, Evidence for the Minoan Tripartite Shrine, AJA 82 (1), 1978, 429–448.

Shaw 1978b
M. C. Shaw, A Minoan Fresco from Katsamba, AJA 82 (1), 1978, 27–34.

Shaw 1990a
J. W. Shaw, Bronze Age Aegean Harbour Sides, in: Hardy 1990, 420–436.

Shaw 1990b
M. C. Shaw, The Late Minoan Hearths and Ovens at Kommos, Crete, in: Darcque–Treuil 1990, 231–254.

Shaw 1995
J. W. Shaw, The Topography and Archaeological Exploration of the Western Mesara, in: Shaw–Shaw 1995, 1–7.

Shaw 1996a
M. C. Shaw, Town Arrangement and Domestic Archictecture, in: Shaw–Shaw 1996, 345–379.

Shaw 1996b
J. W. Shaw, Domestic Economy and Site Development, in: Kommos 1996a, 379–400.

Shaw 2002
M. S. Shaw, Minoan and Mycenaean Wall Hangings. New Light from a Wall Painting at Hagia Triada, Crete Antica 3, 2002, 93–104.

Shaw 2003
M. C. Shaw, The Painted Pavilion of the Caravanserai at Knossos, in: L. Morgan (Hrsg.), Aegean Wallpainting. A Tribute to Mark Cameron, BSA Studies 13 (Athen 2005) 91–111.

Shaw 2004
J. W. Shaw, Roof Drains and Parapets in the Southern Aegean, BSA 99, 2004, 173–188.

Shaw 2006a
J. W. Shaw, Kommos. A Minoan Harbor Town and Greek Sanctuary in Southern Crete (Athen 2006).

Shaw 2006b
M. C. Shaw, Plasters from the Monumental Minoan Buildings. Evidence for Painted Decoration, in: Kommos 2006b, 117–260.

Shaw 2009
J. W. Shaw, Minoan Architecture. Materials and Techniques (Padova 2009).

Shaw 2011
J. W. Shaw, Tracing the Ancestry of the Minoan Hall System, BSA 106, 2011, 141–156.

Shaw 2012a
M. C. Shaw, The Architecture, Stratigraphy, and Diachronic Use of House X, in: Shaw–Shaw 2012, 1–52.

Shaw 2012b
W. Shaw, Loomweights and Spindle Whorls, in: Shaw–Shaw 2012, 78–81.

Shaw 2012c
J. W. Shaw, Selected Objects of Metal (Copper, Bronze, and Lead), in: Shaw–Shaw 2012, 75–77.

Shaw 2012d
M. C. Shaw, Terracotta Sculpture, in: Shaw–Shaw 2012, 88–90.

Shaw 2015
J. W. Shaw, Elite Minoan Architecture. Its Development at Knossos, Phaistos and Malia (Philadelphia 2015).

Shaw 2017
J. W. Shaw, The Middle Minoan Slipway for Ships at the Kommos Harbour, and Harbour Development in Prehistoric Crete, in: Letesson–Knappett 2017a, 228–256.

Shaw–Shaw 1995
J. S. Shaw–M. C. Shaw (Hrsg.), Kommos I. The Kommos Region and the Houses of the Minoan Town, Volume 1, Part 1, The Kommos Region, Ecology and Minoan Industries (Princeton 1995).

Shaw–Shaw 1996
J. W. Shaw–M. C. Shaw (Hrsg,), Kommos I. The Kommos Region and Houses of the Minoan Town, Volume 1, Part 2, The Minoan Hilltop and Hillside Houses (Princeton 1996).

Shaw–Shaw 2006
J. W. Shaw–M. C. Shaw (Hrsg.), Kommos V. The Monumental Minoan Buildings at Kommos (Princeton 2006).

Shaw–Shaw 2012
M. C. Shaw–J. W. Shaw, House X at Kommos, a Minoan Mansion Near the Sea, 1. Architecture, Stratigraphy and Selected Finds (Philadelphia 2012).

Shaw–Nixon 1996
M. C. Shaw–L. F. Nixon, The Hilltop Settlement at Kommos, in: Shaw–Shaw 1996, 15–138.

Shaw u. a. 2001a
J. W. Shaw–A. van de Moortel–P. M. Day–V. Kilikoglou (Hrsg.), A LM IA Ceramic Kiln in South-Central Crete. Function and Pottery Production, Hesp. Suppl. 30 (Athen 2001).

Shaw u. a. 2001b
J. W. Shaw–A. van de Moortel–P. M. Day–V. Kilikoglou, Conclusion, in: Kommos 2001a, 135–137.

Shaw u. a. 2006a
J. W. Shaw–M. C. Shaw–D. Ruscillo, Catalogue of Miscellaneous Finds from the Southern Area, in: Shaw 2006, 716–844.

Shaw u. a. 2006b
J. W. Shaw–L. Costaki–C. Murphy, The Architecture and Stratigraphy of the Civic Buildings, in: Shaw–Shaw 2006, 1–116.

Shay u. a. 1995
C. T. Shay–J. M. Shay–K. A. Frego–J. Zwiazek, The Modern Flora and Plant Remains from Bronze Age Deposits at Kommos, in: Shaw–Shaw 1995, 91–162.

Shay–Shay 2004
J. M. Shay–C. T. Shay, Environment, Land Capability and Botanical Studies in the Western Mesara, in: Watrous u. a. 2004a, 59–110.

Shelmerdine 2008
C. W. Shelmerdine (Hrsg.), The Cambridge Companion to the Aegean Bronze Age (Cambridge 2008).

Siart 2010
C. Siart, Geomorphologisch-geoarchäologische Untersuchungen im Umfeld der minoischen Siedlung von Zominthos. Ein Beitrag zur Erforschung der holozänen Landschaftsgeschichte Zentralkretas, Heidelberger Geographische Arbeiten Heft 130 (Diss., Universität Heidelberg 2010).

Siart–Eitel 2013
C. Siart–B. Eitel, Santorini Tephra on Crete. A Mineralogical Record of Bronze Age Environmental Change, in: Meller u. a. 2013, 77–87.

Siebenmorgen 2000
H. Siebenmorgen (Hrsg.), Im Labyrinth des Minos. Kreta, die erste europäische Hochkultur, Ausstellung des Badischen Landesmuseums 27.01.–29.04.2001 Karlsruhe, Schloss (München 2000).

Sikla 2011
E. Sikla, The Elusive Domestic Shrine in Neopalatial Crete. On the Archaeological Correlates of Domestic Religion, in: Glowacki–Vogeikoff-Brogan 2011, 219–231.

Simpson 1995
R. H. Simpson, The Archaeological Survey of the Kommos Area, in: Shaw–Shaw 1995, 325–402.

Smyth u. a. 1984
D. Smyth–M. R. Popham–K. McFadzean, The Architecture, in: Popham u. a. 1984, 99–126.

Soetens 2009
S. Soetens, Juktas and Kophinas: Two Ritual Landscapes out of the Ordinary, in: D`Agata–van der Moortel 2009, 261–268.

Soetens u. a. 2008
S. Soetens–A. Sarris–K. Vansteenhuyse, Between Peak and Palace. Reinterpretation of the Minoan Cultural Landscape in Space and Time, in: Y. Facorellis–N. Zacharias–K. Polikreti (Hrsg.), Proceedings of the 4th Symposium of the Hellenic Society for Archaeometry, BAR–IS 1746 (Oxford 2008) 153–161.

Soles 1979
J. S. Soles, The Early Gournia Town, AJA 83, 1979, 149–167.

Soles 1991
J. S. Soles, The Gournia Palace, AJA 95, 1991, 17–78.

Soles 1992
J. Soles, The Prepalatial Cemeteries at Mochlos and Gournia and the House Tombs of Bronze Age Crete, Hesp. Suppl. 24 (Athen 1992).

Soles 1999
J. Soles, The Collapse of Minoan Civilization. The Evidence of the Broken Ashlar, in: Laffineur 1999, 57–65.

Soles 2003a
J. S. Soles (Hrsg.), Mochlos IA. Period III. Neopalatial Settlement on the Coast, the Artisans´ Quarter and the Farmhouse at Chalinomouri. The Sites (Philadelphia 2003).

Soles 2003b
J. S. Soles, Conclusions on the Artisans´ Quarter, in: Mochlos 2003a, 91–100.

Soles 2008
J. S. Soles, Metal Hoards from LM IB Mochlos, Crete, in: Tzachili 2008a, 143–156.

Soles 2009
J. S. Soles, The Impact of the Minoan Eruption of Santorini on Mochlos, a Small Minoan Town on the North Coast of Crete, in: Warburton 2009, 107–116.

Soles–Davaras 1996
J. S. Soles–C. Davaras, Excavations at Mochlos, 1992–1993, Hesp. 65, 1996, 175–230.

Soles u. a. 2003a
J. S. Soles–D. Mylona–S. D. Reese–A. Sarpaki–R. A. K. Smith–W. H. Schoch, The Chalinomouri Farmhouse, in: Soles 2003, 103–127.

Soles u. a. 2003b
J. S. Soles–C. Frederick–D. Mylona–D. S. Reese–A. Sarpaki–W. H. Schoch, The Artisans´ Quarter. Building A, in: Soles 2003, 7–40.

Soles u. a. 2003c
J. S. Soles–D. Mylona–D. S. Reese–A. Sarpaki–W. H. Schoch, The Artisans´ Quarter. Building B, in: Soles 2003, 41–90.

Spratt 1865
T. A. B. Spratt, Travels and Researches in Crete (London 1865).

Stallsmith 2007
A. B. Stallsmith, One Colony, Two Mother Cities. Cretan Agriculture under Venetian and Ottoman Rule, in: Davies–Davis 2007, 151–171.

Stefani–Banti 1933
E. Stefani–L. Banti, La grande tomba a tholos di Haghia Triada, ASAtene 13–14, 1933, 146–251.

Stieglitz 1983
R. R. Stieglitz, The Minoan Pithos Inscription from Zakro, Kadmos 22, 1983, 5–7.

Strasser 1997
T. Strasser, Storage and States on Prehistoric Crete. The Function of the Koulouras in the First Minoan Palaces, JMA 10, 1997, 73–100.

Stronk 1972
J. Stronk, A Pithos from Epano Zakros, Talanta 4, 1972, 85–87.

Stürmer 1990
V. Stürmer, Zur Organisation minoischer Hafenanlagen, in: Darcque–Treuil 1990, 413–420.

Stürmer 1992a
V. Stürmer, Areal A. Die Villa der Lilien, in: Schäfer 1992a, 129–150.

Stürmer 1992b
V. Stürmer, Die Funde. Areal A. Die Villa der Lilien, in: Schäfer 1992a, 219–223.

Sweetman 2004
R. J. Sweetman, The Changing Nature of Knossos. Roman to Late Antique, Some Problems, in: Cadogan u. a. 2004, 481–488.

Sweetman 2007
R. J. Sweetman, Roman Knossos. The Nature of a Globalized City, AJA 111 (1), 2007, 61–81.

Terrenato–Haggis 2011
N. Terrenato–D. C. Haggis (Hrsg.), State Formation in Italy and Greece. Questioning the Neoevolutionist Paradigm (Oxford 2011).

Thaler 2002
U. Thaler, Open Door Policies? A Spatial Analysis of Neopalatial Domestic Architecture with Special Reference to the Minoan Villa, in: G. Muskett–A. Koltsida–M. Georgiadis (Hrsg.), Symposium on Mediterranean Archaeology, Proceedings of the Fifth Annual Meeting of Postgraduate Researchers, The University of Liverpool, 23–25 February 2001 (Oxford 2002) 112–122.

Todd–Warren 2012
I. A. Todd–P. Warren, Islandscapes and the Built Environments. The Placing of Settlements from Village to City State (Third to First Millenia BC) in Cyprus and Crete, in: Cadogan u. a. 2012, 47–60.

Tomkins 2012
P. Tomkins, Behind the Horizon. Reconsidering the Genesis and Function of the First Palace at Knossos (Final Neolithic IV–Middle Minoan IB), in: Schoep u. a. 2012, 32–88.

Tomkins u. a. 2004
P. Tomkins–P. M. Day–V. Kilikoglou, Knossos and the Earlier Neolithic Landscape of the Herakleion Basin, in: Cadogan u. a. 2004, 51–59.

Tomlinson 1994/1995
R. A. Tomlinson, Archaeology in Greece 1994–1995, AR 41, 1994–1995, 60–74.

Tomlinson 1995/1996
R. A. Tomlinson, Archaeology in Greece 1995–1996, AR 42, 1995–1996, 1–47.

Touchais 1977
G. Touchais, Chronique des fouilles et découvertes archéologiques en Grèce en 1976, BCH 101, 1977, 513–666.

Touchais 1978
G. Touchais, Chronique des fouilles et découvertes archéologiques en Grèce en 1977, BCH 102, 1978, 760.

Touchais 1979
G. Touchais, Chronique des fouilles et découvertes archéologiques en Grèce en 1978, BCH 103, 1979, 527–615.

Touchais 1981
G. Touchais, Chronique des fouilles et découvertes archéologiques en Grèce en 1980, BCH 105, 771–889.

Touchais 1982
G. Touchais, Chronique des fouilles et découvertes archéologiques en Grèce en 1981, BCH 106, 1982, 529–635.

Touchais 1984
G. Touchais, Chronique des fouilles et découvertes archéologiques en Grèce en 1983, BCH 108, 1984, 735–843.

Touchais u. a. 2014
G. Touchais–R. Laffineur–F. Rougemont (Hrsg.), Physis. L´environment naturel et la relation homme-milieu dans le monde égéen protohistorique, Actes de la 14e Recontre égéene internationale, Paris, Institut National d´Histoire de l´Art (INHA), 11–14 décembre 2012 (Leuven 2014).

Tournavitou 1988
I. Tournavitou, Towards an Identification of a Workshop Space, in: French–Wardle 1988, 447–467.

Traunmüller 2009
S. Traunmüller, The Neopalatial Pottery from the Ceramic Workshops at Zominthos. And Its Implications for Minoan Relative Chronology (Diss., Univerisät Heidelberg 2009).

Traunmüller 2011
S. Traunmüller, The LM I Pottery from the Ceramic Workshop at Zominthos, in: Brogan–Hallager 2011, 93–107.

Traunmüller 2012
S. Traunmüller, A New Fixed Point in Minoan Relative Chronology? The Pottery Assemblage from the Ceramic Workshop at Zominthos and Its Implications for Neopalatial Chronology, AA 2012, 1–27.

Tsakanika 2017
E. Tsakanika, Minoan Structural Systems. Earthquake-resistant Characteristics. The Role of Timber, in: Jusseret–Sintubin 2017a, 267–304.

Tsakanika-Theohari 2009
E. Tsakanika-Theohari, The Constructional Analysis of Timber Load Bearing Systems as a Tool for Interpreting Aegean Bronze Age Architecture, in: Verein 2009, 127–139.

Tsipopoulou 1989
M. Tsipopoulou, Archaeological Survey at Ayia Photia, Siteia, SIMA PB 76 (Partille 1989).

Tsipopoulou 1995a
M. Tsipopoulou, The Finds from the Settlement at Platyskinos and from the Survey in the Surrounding Area, in: Tsipopoulou–Vagnetti 1995a, 31–80.

Tsipopoulou 1995b
M. Tsipopoulou, English Summary, in: Tsipopoulou–Vagnetti 1995a, 203–206.

Tsipopoulou 1997
M. Tsipopoulou, Palace-Centered Polities in Eastern Crete: Neopalatial Petras and Its Neighbors, in: W. E. Aufrecht–N.A. Mirau–S.W. Gauley (Hrsg.), Urbanism in Antiquity. From Mesopotamia to Crete, Journal for the Study of the Old Testament Supplement Series 244 (Sheffield 1997) 263–277.

Tsipopoulou 2002
M. Tsipopoulou, Petras, Siteia. The Palace, the Town, the Hinterland and the Protopalatial Background, in: Driessen u. a. 2002, 133–144.

Tsipopoulou 2006
M. Tsipopoulou, Counting Sherds at Neopalatial Petras, Siteia, East Crete. Integrating Ceramic Analysis with Architectural Data, in: D. Papaconstantinou (Hrsg.), Deconstructing Context. A Critical Approach to Archaeological Practice (Oxford 2006) 138–158.

Tsipopoulou 2007
M. Tsipopoulou, The Central Court of the Palace of Petras, in: Betancourt u. a. 2007, 49–59.

Tsipopoulou 2012a
M. Tsipopoulou (Hrsg.), Petras, Siteia. 25 Years of Excavations and Studies, Acts of a Two-day Conference Held at the Danish Institute at Athens, 9–10 October 2010 (Aarhus 2012).

Tsipopoulou 2012b
M. Tsipopoulou, Introduction. 25 Years of Excavations and Studies at Petras, in: Tsipopoulou 2012a, 45–68.

Tsipopoulou–Hallager 1996
M. Tsipopoulou–E. Hallager, Inscriptions with Hieroglyphics and Linear A from Petras, Siteia, SMEA 37, 1996, 7–46.

Tsipopoulou–Alberti 2011
M. Tsipopoulou–E. M. Alberti, LM IB Petras. The Pottery from Room E in House II.1, in: Brogan–Hallager 2011, 463–498.

Tsipopoulou–Papacostopoulou 1997
M. Tsipopoulou–A. Papacostopoulou, Villas and Villages in the Hinterland of Petra, Siteia, in: Hägg 1997, 203–214.

Tsipopoulou–Vagnetti 1995a
M. Tsipopoulou–L. Vagnetti (Hrsg.), Achladia. Scavi e ricerche della Missione Greco-Italiana in Creta Orientale (1991–1993) (Roma 1995).

Tsipopoulou–Vagnetti 1995b
M. Tsipopoulou–L. Vagnetti, Exploration at Achladia and its Relation to Research on Minoan Occupation in the Area of the Sitia Bay, in: Tsipopoulou –Vagnetti 1995a, 11–14.

Tzachili 2008a
I. Tzachili (Hrsg.), Aegean Metallurgy in the Bronze Age. Proceedings of an International Symposium Held at the University of Crete, Rethymnon, Greece, on November 19–21, 2004 (Athens 2008).

Tzachili 2008b
I. Tzachili, Aegean Metallurgy in the Bronze Age. Recent Developments, in: Tzachili 2008a, 7–33.

Tzedakis–Chryssoulaki 1987
Y. Tzedakis–S. Chryssoulaki, Neopalatial Architectural Elements in the Area of Chania, in: Hägg–Marinatos 1987, 111–115.

Tzedakis u. a. 1989a
Y. Tzedakis–S. Chryssoulaki–Y. Venieri–M. Avgouli, Routes minoennes. Un rapport préliminaire, Défense de la circulation ou circulation de la défense?, BCH 113, 1989, 43–75.

Tzedakis u. a. 1989b
Y. Tzedakis–A. Sacconi–L. Vagnetti (Hrsg.), Scavi a Nerokourou, Kydonias, Ricerche Greco–Italiane in Creta Occicentale I (Rom 1989).

Tzedakis u. a. 1990
Y. Tzedakis–S. Chryssoulaki–Y. Venieri–M. Avgouli, Les routes minoennes. Le poste de Choiromandres et le contrôle des communications, BCH 114, 1990, 43–62.

Tzigounaki 1999
M. Tzigounaki, Apodhoulou, Elements of Architecture of a Protopalatial Settlement, in: Betancourt u. a. 1999, 863–868.

Tzonou-Herbst 2010
I. Tzonou-Herbst, Figurines, in: Cline 2010, 210–222.

Vagnetti u. a. 1989
L. Vagnetti–A. Christopoulou–I. Tzedakis, Saggi Necli Strati Neolitici, in: Tzedakis u. a. 1989b, 9–98.

Vagnetti–Tsipopoulou 1995
L. Vagnetti–M. Tsipopoulou, Scavi e Ricerche del 1991–92, in: Tsipopoulou–Vagnetti 1995a, 17–30.

Van de Moortel 2011
A. van de Moortel, Late Minoan IB Ceramic Phases at Palaikastro and Malia. A Response to Sean Hemingway, J. Alexander MacGillivray and to L. Hugh Sackett, in: Brogan–Hallager 2011, 531–548.

Van Effenterre 1980
H. van Effenterre, Le palais de Mállia et la cité minoenne. Études de synthèse (Rom 1980).

Van Effenterre–Van Effenterre 1997
H. Van Effenterre–M. Van Effenterre, Towards a Study of Neopalatial Villas. Modern Words for Minoan Things, in: Hägg 1997, 9–13.

Van Leuven 1981
J. C. Van Leuven, Problems and Methods of Prehellenic Naology, in: Hägg–Marinatos 1981, 11–26.

Vansteenhuyse 2002
K. Vansteenhuyse, Minoan Courts and Ritual Competition, in: Driessen u. a. 2002, 235–248.

Vansteenhuyse 2011
K. Vansteenhuyse, Centralisation and the Political Institution of Late Minoan IA Crete, in: Terrenato–Haggis 2011, 61–74.

Vasilakis 1992
A. Vasilakis, Platanos, in: Myers u. a. 1992, 248–250.

Vavouranakis 2004
G. Vavouranakis, The Neopalatial Farmhouse at Kephali Lazana, Chondros Viannous, Re-examined, in: Day u. a. 2004, 247–253.

Vavouranakis 2006
G. Vavouranakis, Burials and the Landscapes of Gournia, Crete, in the Bronze Age, in: J. D. Seibert–D. C. Fernandez–M. U. Zender (Hrsg.), Space and Spatial Analysis in Archaeology (Calgary 2006) 233–242.

Vavouranakis 2007
G. Vavouranakis, Funerary Landscapes East of Lasithi, Crete, in the Bronze Age, BAR International Series 1606 (Oxford 2007).

Vavouranakis 2014
G. Vavouranakis, Funerary Pithoi in Bronze Age Crete. Their Introduction and Significance at the Threshold of Minoan Palatial Society, AJA 118, 2014, 197–222.

Verein 2009
Verein zur Förderung der Aufarbeitung der Hellenischen Geschichte e.V. (Hrsg.), Bronze Age Architectural Traditions in the Eastern Mediterranean. Diffusion and Diversity, Proceedings of the Symposium, 07.–08.05.2008 in Gasteig München (Weilheim 2009).

Vermeule 1963
E. Vermeule, The Fall of Knossos and the Palace Style, AJA 67 (2), 1963, 195–199.

Vokotopoulous 2011a
L. Vokotopoulos, Between Palaikastro and Zakros. The Pottery from the Final Neopalatial Horizon of the Sea Guard-House, Karoumes, in: Brogan–Hallager 2011, 553–572.

Vokotopoulous 2011b
L. Vokotopoulos, A View of the Neopalatial Countryside. Settlement and Social Organization at Karoumes, Eastern Crete, in: Glowacki–Vogeikoff-Brogan 2011, 137–149.

Vokotopoulos u. a. 2014
L. Vokotopoulos–G. Plath–F. W. McCoy, The Yield of the Land. Soil Conservation and the Exploitation of Arable Land at Choiromandres, Zakros in the New Palace Period, in: Touchais u. a. 2014, 251–263.

Walberg 1984
G. Walberg, Provincial Middle Minoan Pottery (Mainz 1984).

Walberg 1995
G. Walberg, Minoan Economy. An Alternative Model, Aegaeum 12, 1995, 159–161.

Wallace 2010
S. Wallace, Ancient Crete. From Successful Collapse to Democracy´s Alternatives, Twelfth to Fifth Centuries BC (Cambridge 2010).

Warburton 2009
D. A. Warburton (Hrsg.), Time's up! Dating the Minoan Eruption of Santorini, Acts of the Minoan Eruption Chronology Workshop, Sandbjerg, November 2007 (Aarhus 2009).

Warren 1965
P. Warren, Two Palatial Stone Vases from Knossos, BSA 60, 1965, 154–155.

Warren 1969
P. Warren, Minoan Stone Vases (Cambridge 1969).

Warren 1972
P. Warren, Myrtos. An Early Bronze Age Settlement in Crete (London 1972).

Warren 1980/1981
P. M. Warren, Knossos. Stratigraphical Museum Excavations, 1978–1980, Part I, AR 27, 1980–1981, 73–92.

Warren 1994
P. Warren, The Minoan Roads of Knossos, in: D. Evely–H. Hughes–Brock–N. Momigliano (Hrsg.), Knossos. A Labyrinth of History. Studies Presented in Honour of Sinclair Hood (Oxford 1994) 189–210.

Warren 1999
P. Warren, LM IA. Knossos, Thera, Gournia, in: Betancourt u. a. 1999, 893–903.

Warren 2000
P. Warren, Early Travellers from Britain and Ireland, in: D. Huxley (Hrsg.), Cretan Quests. British Explorers, Excavators and Historians (London 2000) 1–8.

Warren 2002
P. Warren, Political Structure in Neopalatial Crete, in: Driessen u. a. 2002, 201–205.

Warren 2004
P. Warren, Terra cognita? The Territory and Boundaries of the Early Neopalatial Knossian State, in: Cadogan u. a. 2004, 159–168.

Warren 2012
P. M. Warren, Petras in Context. Localism, Regionalism, Internationalism, in: Tsipopolou 2012b, 355–359.

Warren 2013
P. Warren, Middle Minoan III Pottery from the Town of Knossos. The Vlachakis Plot, in: MacDonald–Knappett 2013, 31–35.

Warren–Hankey 1989
P. Warren–V. Hankey, Aegean Bronze Age Chronology (Bristol 1989).

Watrous 1984
L. V. Watrous, Ayia Triada. A New Perspective on the Minoan Villa, AJA 88, 1984, 123–134.

Watrous 1993
L. V. Watrous, Rez. zu: Myers u. a. 1992, AJA 97, 1993, 360.

Watrous 1995
L. V. Watrous, Some Observations on Minoan Peak Sanctuaries, in: Laffineur–Niemeier 1995, 393–403.

Watrous 1996
L. V. Watrous, The Cave Sanctuary of Zeus at Psychro. A Study of Extra-Urban Sanctuaries in Minoan and Early Iron Age Crete, Aegaeum 15 (Liege 1996).

Watrous 2004
L. V. Watrous, A Cultural Geography of the Island, in: Watrous u. a. 2004a, 29–38.

Watrous 2012
L. V. Watrous, The Harbour Complex of the Minoan Town at Gournia, AJA 116, 2012, 521–541.

Watrous–Blitzer 1982
L. V. Watrous–H. Blitzer, Lasithi. A History of Settlement on a Highland Plain in Crete, Hesp. Suppl. 18 (Princeton 1982).

Watrous–Blitzer 1999
L. V. Watrous–H. Blitzer, The Region of Gournia in the Neopalatial Period, Aegaeum 20, 1999, 905–909.

Watrous–Hadzí-Vallianou 2004a
L. V. Watrous–D. Hadzí-Vallianou, Palatial Rule and Collapse (Middle Minoan IB–Late Minoan IIIB), in: Watrous u. a. 2004a, 277–306.

Watrous–Hadzí-Vallianou 2004b
L. V. Watrous–D. Hadzí-Vallianou, Register of Archaeological Sites, in: Watrous u. a. 2004a, 525–540.

Watrous–Heimroth 2011
L. V. Watrous–A. Heimroth, Household Industries of Late Minoan IB Gournia and the Socioeconomic Status of the Town, in: Glowacki–Vogeikoff-Brogan 2011, 199–212.

Watrous u. a. 1993
L. V. Watrous–K. Pope–N. Mourtzas–J. Shay–J. Bennet–D. Tsoungarakis–E. Angelomati–Tsoungarakis–C. Vallianos–H. Blitzer–C. T. Shay–D. Hadzí–Vallianou, A Survey of the Western Mesara Plain in Crete. Preliminary Report of the 1984, 1986, and 1987 Field Seasons, Hesp. 62, 1993, 191–248.

Watrous u. a. 2004a
L. V. Watrous–D. Hadzí-Vallianou–H. Blitzer (Hrsg.), The Plain of Phaistos. Cycles of Social Complexity in the Mesara Region of Crete (Los Angeles 2004).

Watrous u. a. 2004b
L. V. Watrous–D. Hadzí-Vallianou–H. Blitzer, Introduction, in: Watrous u. a. 2004a, XXV–XXVI.

Watrous u. a. 2015
L. V. Watrous–D. M. Buell–J. C. McEnroe–J. G. Younger–L. A. Turner–B. S. Kunkel–K. Glowacki–S. Gallimore–A. Smith–P. A. Pantou–A. Chapin–E. Margaritis, Excavations at Gournia, 2010–2012, Hesp. 84 (3), 2015, 397–465.

Weingarten 1987
J. Weingarten, Seal-use at Late Minoan IB Ayia Triada. A Minoan Elite in Action, 1. Administrative Considerations, Kadmos 26, 1987, 1–38.

Weingarten 1988
J. Weingarten, Seal-use at Late Minoan IB Ayia Triada. A Minoan Elite in Action, 2. Aesthetic Considerations, Kadmos 27, 1988, 89–114.

Weingarten 1990
J. Weingarten, Three Upheavels in Minoan Sealing Administration. Evidence for Radical Change, Aegaeum 5, 1990, 105–120.

Weingarten 1991
J. Weingarten, Late Bronze Age Trade Within Crete. The Evidence of Seals and Sealings, in: N. H. Gale (Hrsg.), Bronze Age Trade in the Mediterranean, Papers Presented at the Conference Held at Oxford in December 1989 (Jonsered 1991) 303–315.

Weingarten 2010
J. Weingarten, Corridors of Power. A Social Network Analysis of the Minoan Replica Rings, in: W. Müller (Hrsg.), Die Bedeutung der minoischen und mykenischen Glyptik, CMS Beiheft 8 (Mainz 2010) 395–412.

Weingarten 2015
J. Weingarten, Old, Worn and Obscured. Stampled Pot Handles at Pyrgos, in: MacDonald u. a. 2015, 71–75.

Westerburg Eberl 2000
S. Westerburg-Eberl, Minoische Villen in der Neupalastzeit, in: Siebenmorgen 2000, 87–95.

Westerburg Eberl 2009
S. Westerburg-Eberl, Bautechniken in der spätminoischen Hausarchitektur am Beispiel der ländlichen Villen auf Kreta, in: Verein 2009, 98–113.

Whitelaw 2001a
T. Whitelaw, From Sites to Communities. Defining the Human Dimensions of Minoan Urbanism, in: Branigan 2001, 15–37.

Whitelaw 2001b
T. Whitelaw, The Floor Area of 207 Minoan Houses, in: Branigan 2001, 174–180.

Whitelaw 2004
T. Whitelaw, Estimating the Population of Neopalatial Knossos, in: Cadogan u. a. 2004, 147–158.

Whitelaw 2012
T. Whitelaw, The Urbanisation of Prehistoric Crete. Settlement Perspectives on Minoan State Formation, in: Schoep u. a. 2012, 114–176.

Whitelaw–Morgan 2008/2009
T. Whitelaw–C. Morgan, Crete, in: Archaeology in Greece, AR 55, 2008–2009, 79–100.

Whitley 1992
J. Whitley, Praisos, in: Myers u. a. 1992, 256–261.

Whitley 2002/2003
J. Whitley, Archaeology in Greece, 2002–2003, AR 49, 2002–2003, 78–88.

Whitley 2003/2004
J. Whitley, Archaeology in Greece, 2003–2004, AR 50, 2003–2004, 77–92.

Whitley 2004/2005
J. Whitley, Archaeology in Greece, 2004–2005, AR 51, 2004–2005, 100–118.

Whitley u. a. 1995
J. Whitley–K. O´Conor–H. Mason, Praisos III. A Report on the Architectural Survey Undertaken in 1992, BSA 90, 1995, 405–428.

Whitley u. a. 2006/2007
J. Whitley–S. Germanidou–D. Urem-Kotsou–A. Dimoula–I. Nikolakopoulou–A. Karnava–D. Evely, Archaology in Greece 2006–2007, AR 53, 2006–2007, 96–120.

Widman 2014
E. Widman, Ain´t no Mountain High Enough. Man and the Environment in the Uplands of Crete from the Neolithic to the End of the Roman Period (Diss., Universität Heidelberg 2014).

Wiener 1984
M. H. Wiener, Crete and the Cyclades in LM I. The Tale of the Conical Cups, in: Hägg–Marinatos 1984, 17–26.

Wiener 1987
M. H. Wiener, Trade and Rule in Palatial Crete, in: Hägg–Marinatos 1987, 261–268.

Wiener 2006
M. H. Wiener, Pots and Polities, in: Wiener u. a. 2006, 1–21.

Wiener u. a. 2006
M. Wiener–J. Warner–J. Polonsky–E. Hayes (Hrsg.), Pottery and Society. The Impact of Recent Studies in Minoan Pottery. Gold Medal Colloquium in Honor of Philip P. Betancourt, 104th Annual Meeting of the Archaeological Institute of America, New Orleans, Louisiana, 5th January 2003 (Boston 2006).

Wilson 1977
A. L. Wilson, The Place-name in the Linear-B Tablets from Knossos. Some Preliminary Considerations, Minos 16, 1977, 67–125.

Wingerath 1995
H. Wingerath, Studien zur Darstellung des Menschen in der minoischen Kunst der älteren und jüngeren Palastzeit (Marburg 1995).

Woodward 1926
A. M. Woodward, Archaeology in Greece, 1925–1926, JHS 46 (2), 1926, 223–249.

Woodward 1927
A. M. Woodward, Archaeology in Greece, 1926–1927, JHS 47 (2), 1927, 234–263.

Wright–McEnroe 1996
J. C. Wright–J. McEnroe, The Central Hillside at Kommos, in: Shaw–Shaw 1996, 139–242.

Wroncka 1959
T. Wroncka, Pour un atlas archéologique de la Crète minoenne. Sitia I, BCH 83 (2), 1959, 523–542.

Xanthoudídes 1922
S. Xanthoudídes, Μινωικὸν μέγαρον Νίρου, ArchEph, 1922, 1–25.

Xanthoudídes 1924
S. Xanthoudídes, The Vaulted Tombs of Mesara. An Account of Some Early Cemeteries of Southern Crete (London 1924).

Xanthoudídes 1927
S. Xanthoudídes, Some Minoan Potter´s-Wheel Discs, in: S. Casson (Hrsg.), Essays in Aegean Archaeology Presented to Sir Arthur Evans in Honour of his 75th Birthday (Oxford 1927) 111–128.

Younger 2015
J. G. Younger, The Myrtos-Pyrgos and Gournia Roundels Inscribed in Linear A. Suffixes, Prefixes, and A Journey to Syme, in: MacDonald u. a. 2015, 67–70.

Younger–Rehak 2008a
J. G. Younger–P. Rehak, The Material Culture of Neopalatial Crete, in: Shelmerdine 2008, 140–164.

Younger–Rehak 2008b
J. G. Younger–P. Rehak, Minoan Culture. Religion, Burial Customs, and Administration, in: Shelmerdine 2008, 165–185.

Zeimbekis 1998
M. Zeimbekis, The Typology, Forms and Functions of Animal Figures from Minoan Peak Sanctuaries With Special Reference to Juktas and Kophinas (Diss., University of Bristol 1998).

Zois 1982
A. Zois, Gibt es Vorläufer der minoischen Paläste auf Kreta? Ergebnisse neuer Untersuchungen, in: D. Papenfuß–V. M. Strocka (Hrsg.), Palast und Hütte. Beiträge zum Bauen und Wohnen im Altertum von Archäologen, Vor- und Frühgeschichtlichern. Tagungsbeiträge eines Symposiums der Alexander von Humboldt-Stiftung Bonn-Bad Godesberg veranstaltet vom 25.–30. November 1979 in Berlin (Mainz 1982) 207–215.

Zois 1992
A. Zois, Vasiliki, in: Myers u. a. 1992, 276–282.

## Über den Autor

SEBASTIAN ADLUNG hat das Studium der Klassischen Archäologie und Byzantinistik mit dem Master of Arts abgeschlossen. Er promovierte von 2015–2018 mit einem Stipendium des Graduiertenkollegs der Geisteswissenschaften der Universität Hamburg und unternahm mehrere Forschungsreisen nach Kreta. Seit 2018 ist er als Wissenschaftlicher Mitarbeiter im Forschungsprojekt Kommunikationsraum Adria tätig, einem Teilprojekt des von der DFG finanzierten SPP 1630.